中航信托股份有限公司简介
中航信托股份有限公司是经中国银监会批准设立的股份制非银行金融机构，是经中国商务部核准的外商投资企业，前身是江西江南信托股份有限公司，于2009年12月底完成重新登记开业，注册地为南昌市红谷滩新区“中航广场”24-25楼，注册资本为16.86亿元。公司由国内大型央企中国航空工业集团公司及境外战略投资者新加坡华侨银行等单位共同发起组建，是中航工业集团旗下金融产业发展平台的重要组成部分。2016年6月末，公司净资产57.73亿元，管理信托资产3872亿元。
公司始终贯彻“高起点、高境界、可持续、快发展”的经营方针；倡导先进的经营理念和高效的经营机制，聘任了卓越的独立董事，率先设置了首席风险控制官岗位，导入了适用的管理工具，建立了适应市场竞争的各级人才队伍，构造了信息化的管理规范；坚持走专业化、差异化发展道路，专注于具有行业优势和区域优势、能可持续发展、形成核心能力的产品和业务，信守对客户、员工、合作伙伴及社会各界的庄重承诺，以专业化金融整合服务，打造多边开放的财富管理平台，致力发展成为信誉卓著、运营卓越的一流金融服务商！
公司坚持以人为本，积极投身社会公益事业，先后投入资金兴建希望小学，持续做好对弱势群体的关心扶助，努力践行社会责任，凭借守土有责的大爱情怀和追求发展的雄心壮志获得社会的广泛认可，先后获得“中国最具成长性信托公司”“中国优秀信托公司”等荣誉称号。
财富热线：400-8855-258
中航信托
GRAND SKYLIGHT INTERNATIONAL

2016年中国信托公司经营蓝皮书

中国人民大学信托与基金研究所　编著

战略合作伙伴：中航信托股份有限公司

中国财富出版社

图书在版编目（CIP）数据

2016年中国信托公司经营蓝皮书／中国人民大学信托与基金研究所编著．—北京：中国财富出版社，2016.8

ISBN 978－7－5047－6187－3

Ⅰ.①2…　Ⅱ.①人…　Ⅲ.①信托公司—经营管理—研究报告—中国—2016　Ⅳ.①F832.39

中国版本图书馆CIP数据核字（2016）第172971号

策划编辑　寇俊玲　　**责任编辑**　谷秀莉　倪嘉彬

责任印制　方朋远　　**责任校对**　杨小静　　**责任发行**　敬　东

出版发行　中国财富出版社

社　　址　北京市丰台区南四环西路188号5区20楼　　**邮政编码**　100070

电　　话　010－52227568（发行部）　　010－52227588转307（总编室）

010－68589540（读者服务部）　　010－52227588转305（质检部）

网　　址　http://www.cfpress.com.cn

经　　销　新华书店

印　　刷　北京京都六环印刷厂

书　　号　ISBN 978－7－5047－6187－3/F·2632

开　　本　787mm×1092mm　1/16　　**版　　次**　2016年8月第1版

印　　张　30.5　**彩　插**　4　　**印　　次**　2016年8月第1次印刷

字　　数　551千字　　**定　　价**　150.00元（含光盘）

前 言

截至2016年4月30日，68家信托公司按照规定时间披露了年度报告，68家信托公司全部实现赢利。信托公司的2015年经营业绩依然骄人，信托业管理的信托资产规模实现跨越式增长，全行业信托资产管理规模超过16万亿元，平均信托资产达到历史最高点的2405.02亿元，比上一年增长16.08%。68家信托公司当年净利润一举超过上一年525亿元的净利润总额，达到592.83亿元。人均利润约达到427.14万元，在从业人员规模大幅增长的同时，仍比上一年有所增长。

2015年我国经济发展面临世界经济持续不振、欧洲政府债务危机愈演愈烈的大背景，国内经济发展则面临三期叠加的复杂形势，第一个是经济增速换挡期，第二个是结构调整阵痛期，第三个是前期刺激政策消化期。对信托业来说，则是五期叠加，还要加上两期，一个是利率市场化的推进期，另一个是资产管理业务的扩张期。此外，风险因素有所集聚，主要集中于房地产宏观调控政策效应逐渐显现，全国70个大中城市房价普遍回落，交易量低迷，除个别一线城市房地产价格环比仍保持微幅增长之外，绝大部分二、三线城市，特别是三、四线城市房地产价格都出现明显回落，甚至是剧烈下跌；与此同时，大宗商品价格仍然处于下降通道，宏观经济仍处于下降周期，钢铁、煤炭、电力等行业不同程度出现亏损，甚至一些地区的矿产企业出现倒闭风潮；地方政府债务压力仍然巨大，“土地财政”的弱化和退出，使得地方政府不同形式的融资平台违约风险骤增，违约案例不断；钢贸企业的巨亏以及宏观经济的周期变动，导致银行不良资产上升较快等，也是主要风险源之一。在GDP[①]继续下调的预期下，这些风险源的风险级别可能上升。面对种种政策环境和剧烈变化的新常态经济环境，信托公司经受住全面的考验，信托业整体大盘仍然基本稳定，增长幅度进入稳定期，核心指标实现平稳

① GDP指国内生产总值。

增长。就信托公司的整体经营而言，综合业绩仍然骄人。

本报告是中国人民大学信托与基金研究所精心打造的系列报告，迄今已经连续出版了12部。2016年的报告，在总结前11部经验的基础上，进一步改进和提升了实证分析模型和研究分析的方法和手段，强调横向分析与纵向比较相结合，通过财务状况实证分析、经营成果实证分析、赢利能力与收益水平分析、经营效率与经营质量以及风险分析等多个方面几十个具体指标进行了系统、全面、深入、规范、客观、真实的归纳、汇总、概括、提炼、分类、排序和分析。报告突出运用实证分析的方法，客观公正地反映了当前我国信托公司较为完整的概貌，力求为各信托公司和广大投资者以及监管部门提供一部系统全面、客观真实的研究报告和数据体系。

本报告对进一步加深社会各界和投资者对信托业的了解，全面提升信托公司整体形象，促进各信托公司之间的了解和交流，使其相互借鉴、取长补短来说，都是不可多得的重要学术研究报告和业务参考书。

本报告所引用的数据严格依据各信托公司年报所公开披露的资料，或在披露数据基础上加以计算。本报告对各公司所披露年报中数据资料的真实性、口径方法的适用性及内容指标的完整性原则上不做主观评判。报告采集数据原则以银监会规定的信息披露截止日2016年4月30日为最后期限。

本报告力求全面、真实、准确地反映行业全貌，但因为本报告时效性极强，编纂时间紧张，所涉及数据十分庞杂繁复，2016年披露的年报中指标体系和数据口径与往年相比又有明显变化和较大调整，所以在数据采集过程中难免有疏漏之处，所有原始数据最终均以各信托公司公布的年报及年报摘要原文为准。限于篇幅，本报告下篇信托公司的年报摘要以光盘形式予以记录，附在本书之后。

本报告的编纂，得到了中国银监会信托监管部、中国信托业协会、中航信托股份有限公司、华融国际信托有限责任公司、兴业国际信托有限公司、昆仑信托有限责任公司以及中国财富出版社寇俊玲主任的大力支持，在此一并向其表示衷心的感谢。

中国人民大学信托与基金研究所

2016年5月

目录

上篇　2015 年信托公司经营暨年度报告分析研究

上篇

2015年信托公司经营暨年度报告分析研究

第一章　行业纵览

截至2016年4月30日，68家信托公司年报已经全部披露，行业经营概貌露出清晰轮廓。与往年相比，业内同行、同业机构、社会各界对信托公司2016年的集体亮相似乎更为关注。一方面说明，伴随信托业的不断壮大，其社会影响力和关注度有较大提升；另一方面也说明，伴随资管市场竞争的加剧和部分信托公司个案风险的暴露，广大投资者对信托公司经营状况和市场信誉也更加敏感。

信托公司行业整体状况如图1－1和图1－2所示，行业管理信托资产规模继续快速增长，平均信托资产规模达到历史最高点的2405.02亿元，比2014年增长

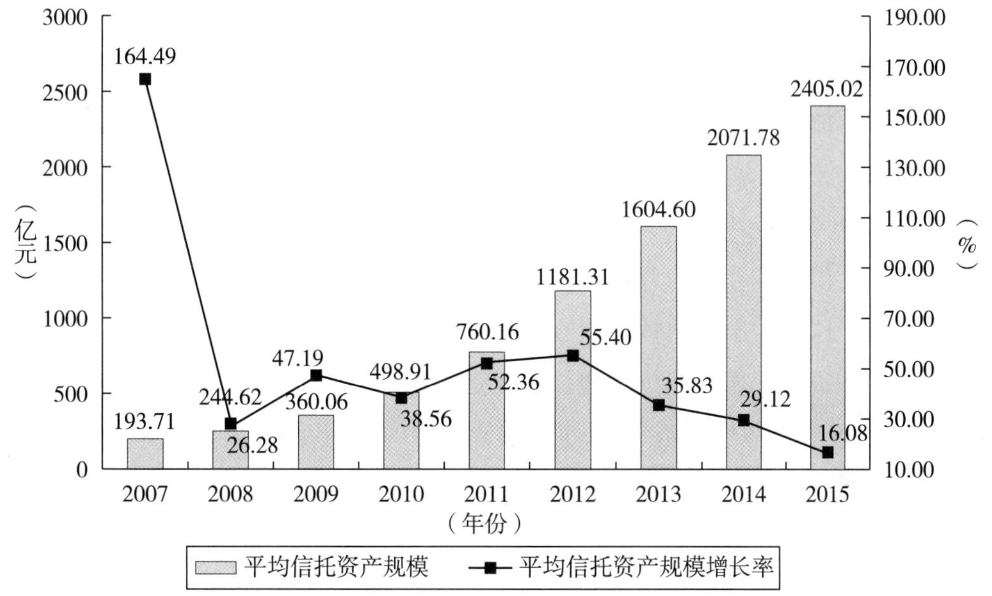

图1－1　平均信托资产规模的变动轨迹

16.08%；平均信托收入达到1897191万元，增长幅度比较大，比2014年增长13.38%，也达到了历史最高点；与此同时，2015年的平均信托利润比2014年小幅下跌了0.28%，达到1637895万元。值得一提的是，2009—2013年，平均信托资产规模以30%以上的速度迅速增长，而2014年和2015年增长速度持续下降，2015年则历史性地下降到16.08%。

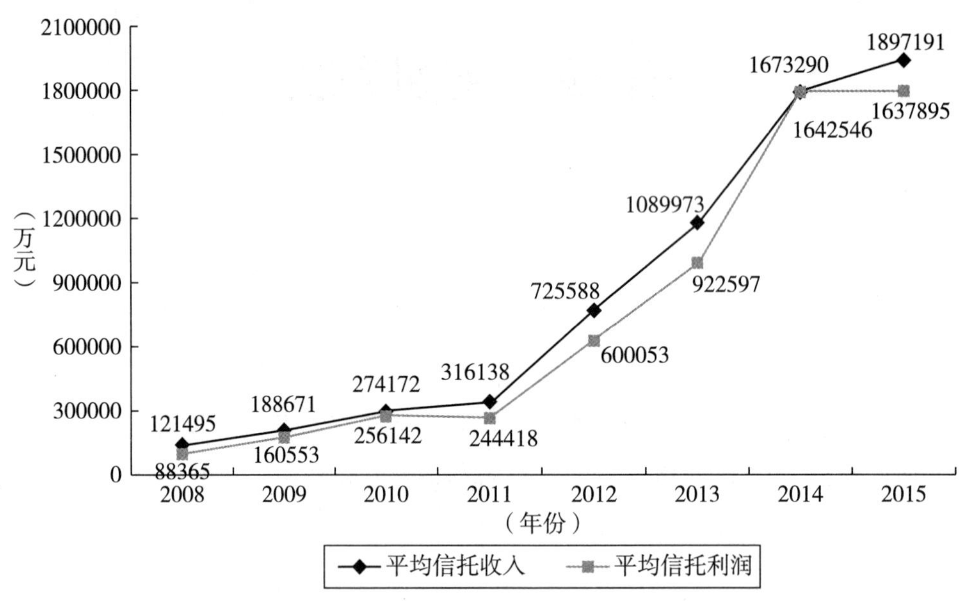

图1-2　平均信托收入与平均信托利润的变动轨迹

从平均信托资产规模的变动轨迹来看，2007年以来，各信托公司平均信托资产规模持续增加，2007年甚至出现了164.49%的增幅。2015年平均信托资产规模达到2405.02亿元，远远超过2014年2071.78亿元的历史次高值。从图1-1可以看出，在2008年国际经济危机阴云尚未散去，欧洲主权债务危机持续发酵，国内金融政策和货币政策趋紧的背景下，信托公司的信托资产规模在2015年出现持续的逆市增长，这显示出我国信托业在近年来强劲的发展势头。同时，我们必须注意到平均信托资产规模虽然持续增长，但是自2012年以来涨幅持续收窄，2014年的涨幅相比2013年收窄了近7%，而2015年比2014年大幅收窄13%，虽然这也符合行业发展规律，但是也显示出2015年信托市场不同于往年的一些消极的变化。

在信托资产规模、信托收入和信托利润稳步增长的同时，从信托公司经营业绩的相对数指标来看，如图1-3、图1-4和图1-5所示，平均资本利润率和平均信托报酬率均在 2015 年比 2014 年出现了一定程度的下跌，但人均净利润却出现了大幅增长，并且增长幅度比 2014 年大幅增加。其中，平均资本利润率和人均净利润增长率都是自 2009 年以来就持续增长，但从 2013 年开始下跌，值得注意的是平均信托报酬率指标，该指标自 2011 年短暂上涨后连续 4 年小幅下跌，已经跌至 2015 年的 0.69%。

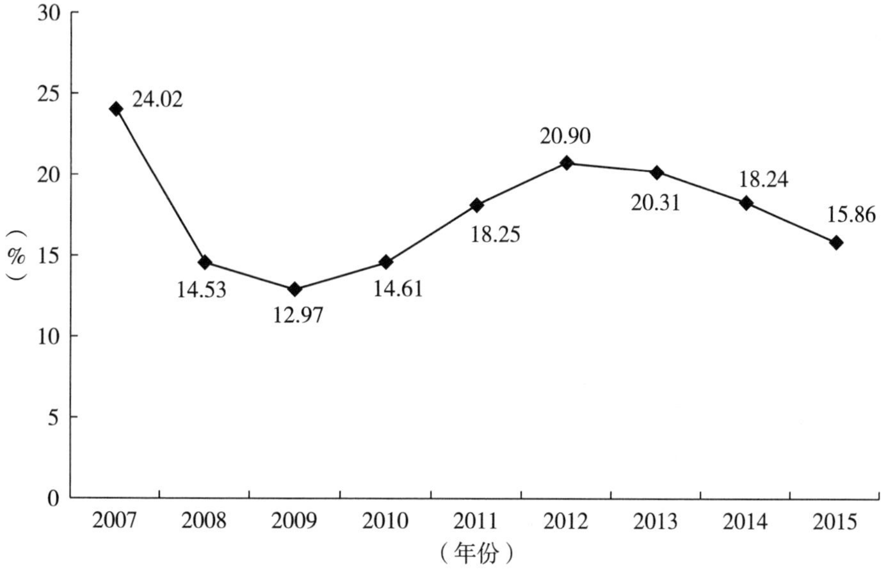

图 1－3　平均资本利润率的变动轨迹

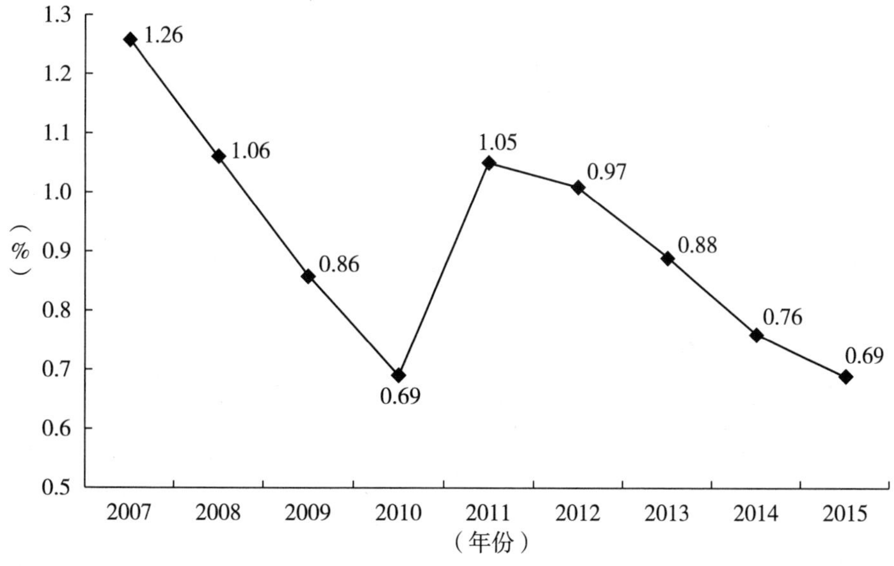

图 1－4　平均信托报酬率的变动轨迹

作为衡量信托公司赢利能力的主要指标，资本利润率主要反映企业所有者剩余权益的获利水平。2007 年以来，信托公司的资本利润率经历了 3 个阶段的波动，2007—2009 年持续下跌，2009—2012 年小幅持续上涨，2012—2015 年小幅下降至 2015 年的 15.86%，综合图 1 – 1 和图 1 – 3 可以分析得出，2015 年信托行业在资产规模大幅增加的同时获得了良好的赢利。

如图 1 – 4 所示，2007 年以来，各信托公司平均信托报酬率在 1% 左右波动，最低值为 2010 年和 2015 年的 0.69%，最高值为 2007 年的 1.26%。2015 年平均信托报酬率相比 2014 年继续小幅下降。自 2007 年以来，平均信托报酬率除在 2011 年大幅上升外，一直在持续下滑。尤其在 2015 年，延续了近 4 年以来的持续下滑趋势，信托报酬率已经达到 2011 年以来的历史最低点。信托报酬率的下滑在一定程度上反映出各信托公司更倾向于追求信托资产规模的增长，而忽视了信托产品附加值或者产品的科技含量，从而导致整个行业综合创新能力下降。虽然这也符合信托业高速发展时期的行业发展规律，但是并不利于信托行业的长期健康发展。

2008 年以来，各信托公司平均人均净利润持续小幅增长，如图 1 – 5 所示。2007 年平均人均净利润出现了 225.98% 的高速增长，此后由于受到国际金融危机

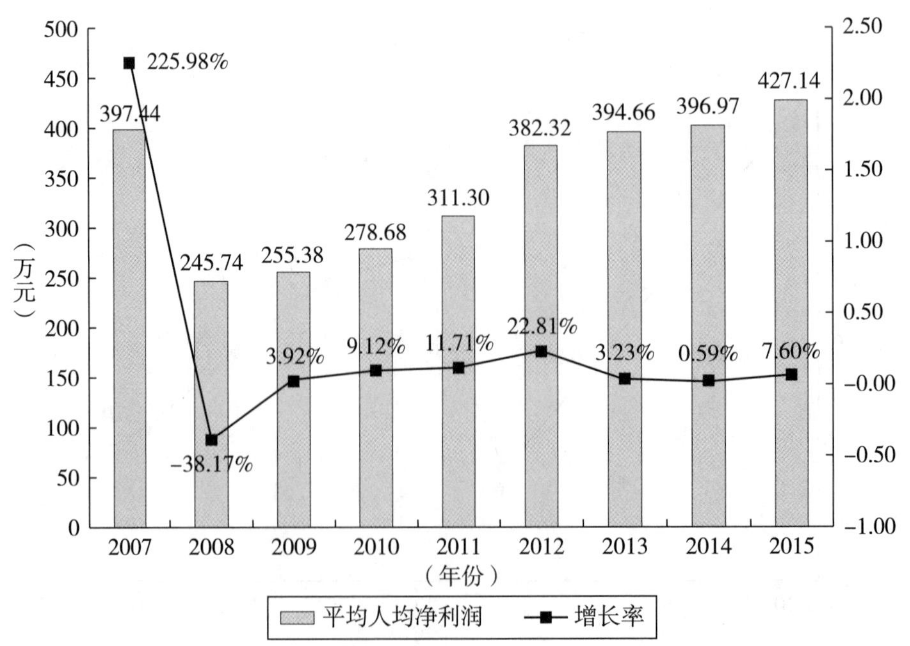

图 1 – 5　平均人均净利润的变动轨迹

的影响，2008 年信托公司平均人均净利润大幅下跌，这也是2007 年以来平均人均净利润的唯一一次下跌。值得注意的是，2015 年各信托公司平均人均净利润达到427.14 万元，已经超过了2014 年396.97 万元的历史最高值。这显示出，2008 年以来，各信托公司的人均赢利水平逐步上升。

一、信托机构分化空前凸显，营业收入逆势增长

信托行业竞争格局趋向集中化，优胜劣汰效应更加显著。2015 年，信托行业竞争格局进一步呈现集中化，市场格局向着强者更强、弱者更弱的态势演变。2015 年，营业收入排名前四的信托公司总额占全行业的比例由2014 年的29.8%上升至2015 年的33.1%，信托资产排名前四的信托公司总额占全行业的比例由2014 年的21.0%上升至23.2%，两行业集中度指标都延续了自2014 年以来的升高态势，这表明行业调整周期、创新能力、资产获取能力、资源整合能力等核心竞争力将发挥更加重要的作用，适者生存、优胜劣汰的自然生存法则得到进一步体现。纵观英、美、日等信托业发达国家，其信托业务主要集中在少数大型金融机构，市场集中度较高，我国信托业已逐步走过粗放发展时期，未来行业分化有可能加速，集中度有望继续上升，各信托公司主要围绕私募投行、资产管理、财富管理等业务方向，聚焦优势领域，加快转型发展。资源整合能力强、风控能力高、创新转型快、股东背景和业务协同好的信托公司更易胜出，除了传统行业领先企业，个别研发实力强、创新活跃、市场前瞻性好的中小信托公司也可能获得较好成长性，甚至弯道超车，接近行业前列。

固有业务收入驱动营业收入逆势增长，尚不具有可持续性。2015 年，信托行业实现营业收入1176.01 亿元，同比增长23.15%，较2014 年升高8.5%，可谓逆势反弹。2015 年信托业务收入总额为689.3 亿元，增速为6.5%，较2014 年同期提升了0.6%，仍处于较低增速水平。但是，自营业务已经今非昔比了，这主要得益于投资收益的拉动，同期信托公司投资收益376.1 亿元，同比增速为84%，提升31.9%，延续了2014 年的高增长态势。一直以来，信托业务都定位为信托公司主营业务，而对于自营业务并没有明晰的定位和战略规划，目前来看这种做法至少是欠妥的，自营业务逆周期发展，有利于熨平信托业务周期对于营业收入产生的波动冲击，能促进信托业务和自营业务再平衡，实现“两条腿”走路，应该是一种较为可行的业务发展策略。

整体来看，信托公司净资本尚充裕，如何用好资本是关键。2015 年，有43 家信托公司披露了净资本情况，净资本/各项业务风险资本的均值为 219.4%，较 2014 年提升 11.4%，增资引战对于信托公司净资本实力提升有积极作用，较快的利润增长也为内涵式净资本补充提供了条件，同时信托业务发展放缓，主动管理项目占比也下降，净资本消耗下降。不过，整体来看，当前信托公司还是相当充裕的，甚至有些过剩，部分信托公司净资本充足率近 500%，考虑到股东回报的要求，可能对于固有业务赢利的要求较大。未来，信托公司还需要做好资本规划，实现精细化资本管理，包括资本需求预测、资本有效分配、资本定价等，这些都需要进一步加强。

二、投资收益表现出色，信托业务收入大幅增长

资本市场显现投资机会，固有投资业务风险值得关注。投资收益包括长期股权投资收益、证券投资收益以及其他投资收益，华润信托、重庆信托、中信信托、粤财信托等持有证券、基金公司优质股权实现了较高的投资收益，西部信托、光大信托等通过有效的股票投资实现了可观的证券投资收益，还有一部分信托公司通过投资信托产品、其他资管计划等也获得了较高的投资收益。2015 年，信托公司投资收益亮眼，一方面，得益于资本市场的大发展，上半年是股票市场掀起了一波小高潮，下半年债券牛市如期而至，这为信托公司投资的券商、基金公司优质股权带来了丰厚收益，也为自营资金操盘二级市场投资带来了较高回报。另一方面，信托公司自营业务也带有一定的杠杆资金，即通过负债资金参与金融市场投资，外部负债资金部分来源于银行间同业市场拆借，还有很大一部分来源于信托保障基金公司的流动性业务支持，根据信托公司年报披露，爱建信托、安信信托、中建投信托、陕国投、天津信托、云南信托、中粮信托、中原信托、民生信托等都与保障基金公司开展了上述业务合作。另外，还需要关注固有业务股票二级市场投资风险，华信信托、西部信托、华宝信托等逆势重仓股票投资，2015 年年末股票投资规模进一步上升，股市的动荡需要对此部分投资予以风险关注。

信托资产量增是基础，加强主动管理能力，提升信托报酬率是根本。2015 年，信托公司信托业务呈现量增价跌态势，信托资产规模增速达到 16.6%，然而，平均信托报酬率下降了 0.07% ~0.68%，导致信托收入维持低增速态势。25 家信托公司信托收入负增长，较 2014 年增加 5 家，其中，中信信托、华润信托、

新华信托等10家信托公司信托业务收入已连续2年负增长，信托业务创收乏力。但是，也应看到万向信托、民生信托、国民信托信托业务收入增速较高，分别为156.1%、136.6%和66.1%，纵然与去年低基数有一定关系，它们的信托业务是如何在较为艰难的市场环境中实现高增长的呢？通过比较信托行业信托业务收入增速排名前15位的信托公司，从信托规模、信托投向和主被动管理三个维度深入剖析高增长背后的秘密，可知，较快的信托资产规模增速是实现信托业务高速增长的重要保障，上述15家信托公司有10家信托公司实现了20%以上的较快增速，仅有1家是负增长的，可见保持较快的信托资产增速是基础；信托投向多以传统的房地产、政府平台以及工商企业融资业务为主，而且有7家信托公司增加或者维持了较高比例的房地产投资，这里尤其明显的是云南信托，可能是受到股灾影响，其投向传统融资业务的信托资金增加，而建信信托增加了金融机构和证券市场投向，这与其他14家信托公司都有所不同，传统投资领域依然是信托公司做大业务最简捷的渠道，而且房地产领域的信托报酬要高于其他领域；这些信托公司信托资产主动管理能力均有所提升或者高于行业平均水平，有利于提升单个项目收益水平，也有利于摆脱过度关注规模增长的弊病，通过做精做细信托项目，获取更高的效益。

三、净利润与营业收入增速背离，ROE[①] 仍处下降通道

成本控制能力稳定，风险吞噬收益。2015年，68家信托公司共实现净利润593.96亿元，同比增速为16.7%，平均每家信托增长8.74亿元。从2010年有统计数以来，净利润增速与营业增速之间的差距达到6%以上是不多见的，营业收入与净利润之间隔着营业支出以及所得税，所得税一般征收比率固定，这更可能体现在营业支出方面，那么先来看看以业务及管理费用衡量的成本控制能力是否有所退步进而吞噬了营业收入呢？2015年，全行业业务及管理费/营业收入平均为23.2%，较2014年下降0.1%，很显然信托公司成本费用控制能力小幅提升，对于加快净利润增速是有一定贡献作用的。信托公司营业支出中还有一项值得关注，那就是资产减值损失，其总额为111.29亿元，同比增长111.4%，其中，仅中信信托该科目数值就为46.6亿元，占行业总额的41.9%。资产减值损失的大幅增加，反映了信托公司信用资产质量的下降，逐步吞噬收益，这是之前几年所没

---

① ROE指净资产收益率。

有看到的。这里还要提及的是，中信信托突然计提如此庞大的资产减值损失，该公司并没有传递出资产质量急剧恶化的信号，这确实值得人们关注，当然，也可能与留存部分利润用于以后年度均衡增长有一定关系。

2015 年信托行业 ROE 均值为16.3%，2015 年比2014 年的19.3%下降了3%，延续了自 2014 年的回落态势，反映了行业周期对于信托公司赢利能力的负面影响，这一趋势不是信托公司独有的，与商业银行具有一致性，而且二者 ROE 绝对水平趋于一致，商业银行目前 ROE 为 15%。信托业 ROE 持续下降，一方面，源于信托业务发展受阻，收入增速下降；另一方面，源于信托公司继续大规模增资，2015 年近 10 家信托公司增资约 266 亿元，其中，平安信托、中信信托、重庆信托注册资本均已达到或超过 100 亿元。从当前趋势看，ROE 的走势与信托行业周期有较高的一致性，当前 ROE 远没有下降至触底反弹的阶段，当然，固有业务的较快发展部分减缓了 ROE 的降幅，但是当前 ROE 依然处于下降通道。

四、资产荒仍为瓶颈，特色化发展渐成共识

资产荒对于信托行业发展形成最强大考验。信托行业资金荒向资产荒快速切换，一方面，随着股市大幅下挫，高收益、低风险的固定收益理财产品社会需求急剧上升；另一方面，融资需求下降，地方债务管理要求更加严格，信托可获取优质资产减少。信托公司传统优势在于资金端，而资产端是其弱项，资产荒的来临是对信托行业的最大考验。2015 年，全行业信托资产规模达到16.3 亿元，但是增长已经显现疲态，第三季度出现环比负增长，虽然全年同比实现 16.6%的较快增速，不过已经创下了自2010 年以来的最低水平，而且增长乏力的问题仍没有解决，2016 年，信托资产规模可能出现个位数增速，不排除个别季度是负增长的状态。这种资产荒的态势对于信托公司的影响则更加显著，有 23 家信托公司信托资产规模出现不同程度下降，较 2015 年增加 10 家，国投信托、国元信托、中诚信托、华澳信托、粤财信托等已连续 2 年负增长，其信托业务营销遭遇瓶颈，增长动力不足，对其经营业绩将产生较大影响。

资产配置体现了信托公司的业务经营能力和专业性。从各信托公司资产分布情况看，各信托公司信托业务经营风格差异性较为显著，其中杭州工商信托、长城信托、中建投信托、大业信托、浙金信托偏好房地产投向，房地产信托规模占比分别达到76.7%、40.6%、35.3%、34%和26.7%。湖南信托、英大信托、万

向信托、国元信托、国联信托偏好基础设施投向，基础设施信托规模占比分别达到63.15%、50.7%、43.2%、42.9%和41.6%。天津信托、新时代信托、国投信托、国民信托、渤海信托偏好工商企业投向，工商企业信托规模占比分别达到80.6%、69.14%、64.9%、61.9%和60.0%。华润信托、中海信托、外贸信托、建信信托和华宝信托偏好证券市场投向，证券投资信托规模占比分别达到71.7%、66.8%、53.7%、38.8%和38.0%。金谷信托、华能信托、东莞信托、英大信托、大业信托偏好其他投资类别，其他类信托资产占比分别为66.6%、45.4%、42.9%、37.5%、35%。2015年，信托公司偏好的变化主要区分为四种模式，第一种是房地产、基础设施、工商企业等传统领域内的资产配置再平衡，这种模式主要是延续传统业务模式，但是可能根据信托公司风险管控要求以及准入标准对于不同实体领域的配置进行一定调节，其调整模式并无太大新意，诸如紫金信托降低了房地产、基础设施类资产配置，大幅增加了工商企业投资，中建投信托增大了房地产和基础设施投资占比，降低了工商企业投资配置。第二种是实体领域与金融领域之间的转换和再平衡，这种转换模式很有意思，由实体经济向金融领域转换将会使信托公司的刚兑压力下降，然而收益水平也会下滑，不过这更加体现了一种转型的思路，而金融领域转向实体领域，可能与2015年股灾以及伞形信托监管严格有很大关系，前者诸如四川信托、山东信托大幅增加了证券投资领域信托资产配置，后者诸如云南信托、平安信托证券投资占比下降较为明显，而实业领域投资占比又有提高。第三种是由现有统计领域向其他或者另类投资方向转换，这种模式比较难以界定，其他投资领域可能是各类财产权、资产收益权等投资，实质上本身仍属于债的范畴，但是名义交易结构发生改变，诸如华能信托、金谷信托其他领域投资占比大幅升高。

五、风险管控压力依然较大，表外风险有内传趋势

宏观经济下行压力依然较大，企业经营效益下降，加之高杠杆水平，使得信用风险持续显现，而且呈现信贷违约逐步由民营企业向国有企业、由中小企业向大型企业、由低评级企业向高评级企业蔓延的趋势，信托行业已加快证券投资、事务管理型信托业务结构调整，然而，较庞大的表内外融资业务依然面临信用风险的挑战。从2015年数据来看，信托业面临的信用风险管控挑战依然较为严峻。

在固有业务信用风险方面，2015年信托公司固有业务风险继续显露，68家信

托公司中有 37 家存在不良信用资产，较 2014 年增加 15 家，浙金信托、华宸信托、中泰信托不良率较高，分别为 47.6%、31.0% 和 29.7%；有 21 家信托公司不良信用资产率升高，其中有 14 家信托公司 2014 年无不良信用资产，浙金信托增长了 47.6%。信托公司不良信用资产率升高，一方面，与这些公司固有资产配置中贷款、应收账款有较大关系，信用风险逐步显现，诸如天津信托贷款及应收款占比高达 24.81%；另一方面，也可能存在固有资金接盘信托风险项目，顺利进行刚兑，诸如光大信托等信托公司信托风险项目暴露较多，可能涉及相关资产风险由表外向表内传递。2016 年，银监会下发的《关于进一步加强信托公司风险监管工作的意见》，特别指出表外业务风险可能向表内传递的，需要在财务报表中通过预计负债予以反映。

在信托业务风险方面，截至 2015 年年末，信托公司信托风险项目规模总计为 973 亿元，占同期信托资产总额的 0.60%，较 2014 年增长 0.04%，较同期银行不良资产率增长 0.42%，依然比较低，不过信托业风险项目统计数据也可能存在一定误差或者保守因素。具体来看，19 家信托公司年报披露了 53 件信托项目诉讼（含存续诉讼案件），是 2014 年的两倍，其中，重庆信托、方正信托、光大信托等都涉及 4 件以上的信托诉讼案件。这一方面反映了当前信托行业信托风险形势不容乐观，同时也说明风险处置化解更多采用诉讼途径，信托风险项目的处置化解依然面临较大困难，而且大量的风险诉讼项目也会对信托公司声誉造成一定负面影响。

同时，随着信托公司的业务转型，新的风险管理形势和要求也逐步显现，中融信托、万向信托、厦门信托因证券投资信托履约问题引发法律纠纷值得充分重视，平安信托资金池运营不规范受到监管处罚，山西信托因信托业务违规受到监管处罚，在监管趋严的情况下，加强合规风险势在必行。

六、业务转型进展成行业大势，短期尚难一蹴而就

转型是个系统工程，不可能一蹴而就。从中国银监会出台“99 号文”到 2015 年，已是信托转型的第二年了，这项艰巨的任务何时能够完成依然是个未知数，中国经济社会改革已经持续了几十年，中国银行业改革提了十几年，转型的高难度以及持久性可能远比想象的要大。其实，转型的方向已经很明确，私募投行、资产管理、财富管理，关键看信托公司怎么选择，诸如平安信托在其战略规划中

对这三个方向都有所提及，而中信信托则更多提及了资产管理；信托转型方向明确了，更多地就看信托公司怎么做了，互联网+、混合所有制改革、去产能等投资主题蕴含机遇，资本市场、国际投资等金融市场板块有参与机会，环保、高端制造业、健康等新兴产业想象空间大。具体来看，2015 年各家信托公司继续加强业务创新实践，除业务品种创新之外，还进一步增强了业务管理模式、交易结构创新。一是北京信托、中铁信托、中建投信托等信托公司在节能减排、医疗大健康、物流、互联网、PPP（公私合作模式）等行业寻找适合信托公司的系统性的、可复制的商业机会和产品形态。二是中融信托、中诚信托、中信信托寻求国际业务新突破，以满足高净值人群对于国际资产配置的强烈需求。三是百瑞信托、交银信托、湖南信托、紫金信托、兴业信托则进一步加强产业基金、政府引导基金、基础设施建设基金等基金管理和培育。四是山东信托、四川信托、中融信托、外贸信托提升资本市场主动投资管理力度，进一步研发 FOF（基金中的基金）、MOM（多管理人基金）等创新产品，加强围绕上市公司的金融服务。

此外，各公司业务平台建设也逐步进入高峰期，目前已有 15 家左右的信托公司成立了专业直投子公司，年报披露东莞信托等部分公司也在加快子公司建立步伐，在信托主业进入转型周期后，更多的信托公司希望通过子公司建设寻求新的发展机遇，以及逃开现有信托业务监管制度。不过，另外一个值得警惕的问题就是，信托公司现有子公司建设仍缺乏监管规范，业务发展相对粗放，如子公司下设更多的孙公司，风险母、子公司之间传递，可能会造成信托公司业务发展、管理等方面的失控。因此，除业务平台建设要提升外，更要有效管理和监管。

七、2016 年任重道远，前景不容盲目乐观

从现实因素分析，2016 年信托行业业绩较难复制 2015 年的业绩。成绩只能代表过去，一般判断，2016 年信托行业业绩增速将较 2015 年相对下滑。资产荒延续，市场竞争激烈，融资成本下降，单个项目利差明显下降，信托业务营销的挑战依然很大，传统业务继续收缩，新业务尚未成型，信托业务收入基本维持 5% 左右的低速增长态势，当然，2015 年实现信托业务收入高增长态势的个别信托公司仍然有望延续高增长，传统业务领域的过快发展将对风险控制产生较大压力。自营业务 2015 年的耀眼光芒在 2016 年会有所黯淡，金融市场震荡，并没有 2015

年那样明显的趋势和显著的投资机会，这对于依靠股票、债券等二级市场投资做大自营收入的信托公司来说将面临较大风险，如果不能有效把控风险敞口，甚至有面临较大的市场风险和损失的可能，而持有券商、基金公司优质股权的信托公司投资收益因 2015 年的高基数以及上述机构业绩增速而有所下降，加之成本费用控制能力接近瓶颈，且风险会吞噬部分收益。因此，2016 年信托公司总体净利润增速有可能维持在 10% 左右，甚至是个位数。

第二章　主要财务指标分析

财务指标是考察信托公司整体业绩表现的衡量标准，信托行业的财务考核指标，主要包括资本利润率、信托报酬率以及人均利润率。

第一节　资本利润率

从截至2016年5月13日（以下统计时间口径相同）获得的2015年度的年报披露情况来看，除安信信托以及陕西国信以外，其余66家公司都披露了资本利润率这一指标，披露资本利润率的信托公司比2014年增加了2家信托公司。

资本利润率的主要统计数据如表2－1所示。从反映信托公司赢利能力的资本利润率来看，在中国经济“三期叠加”以及利率市场化进程加速等因素的影响下，

表2－1　　2011—2015年度信托公司资本利润率统计分析表

项目＼年份	2011	2012	2013	2014	2015
平均值（%）	18.25	20.90	20.31	18.24	15.86
平均值增长（%）	3.64	2.65	－0.59	－1.95	－2.38
公司数目（家）	61	65	67	64	66
最大值（%）	97.77	64.26	54.06	50.21	28.21
最小值（%）	0.78	4.04	1.36	3.14	0.57
标准差（%）	13.49	10.46	8.80	8.91	6.10
变异系数	0.74	0.50	0.43	0.48	0.38

资本利润率数值明显回落，全行业平均资本利润率由2014年的18.24%下滑至2015年的15.86%，比2014年下降了2.38%，连续3年平均资本利润率下降。但从行业整体来看，仍然保持了较为良好的资本运作能力。在这66家公司中，共有57家的资本利润率在10%以上，占比达83.82%，与2014年持平。其中，超过20%的信托公司有19家，占比达27.94%。

从资本利润率排名来看，重庆国信与中海信托2015年资本利润率分别同比上升6%与1.76%，分别以28.21%与27.20%的高资本收益率位列行业前两名。而在2014年排名第一的中铁信托2015年以26.10%的资本利润率下滑至第五名，华信信托与四川信托则分别以26.19%及26.13%的资本利润率分别位列第三、第四名。纵观信托行业整体情况，2015年各公司资本利润率标准差为6.10%，这说明各公司资本利润率离散程度有所下降，该指标趋于均衡。

2015年度，资本利润率表现比较优异的信托公司前五名为重庆国信（28.21%）、中海信托（27.20%）、华信信托（26.19%）、四川信托（26.13%）以及中铁信托（26.10%）。而2014年资本利润率前五名分别为中铁信托（50.21%）、四川信托（45.56%）、西藏信托（37.07%）、方正东亚（32.89%）以及工商信托（32.17%）。与2014年相比，前五名公司的组成变化比较大，而且整体资本利润率水平出现明显下滑。同时，2011年资本利润率在15%～30%的公司为29家，2012年达到了34家，2013年达到了42家，2014年则为34家，2015年达到37家。也就是说，虽然2015年信托行业整体资本利润率水平下滑，但行业的中坚阵营仍然在持续成熟和扩大。公司资本利润率是其净利润与平均资本的比率，与公司净利润及注册资本的规模密切相关，资本利润率排名第一的重庆国信，其注册资本规模相较去年增幅有所减小，公司净利润大幅增长，势必会增加其资本利润率。

从资本利润率增幅来看，资本利润率增幅前五名的公司为国投泰康（8.72%）、万向信托（7.61%）、国民信托（7.11%）、重庆国信（6.00%）和吉林信托（5.05%）。注意：信托公司名后数字为资本利润率增加量。

第二节　信托报酬率

信托报酬是受托人通过管理和运作信托财产而获取的报酬。按照《信托公司信息披露管理暂行办法》，信托业务报酬率的计算是以信托业务收入除以实收信托平均余额，这一指标所反映的是信托公司在信托业务中所获得的报酬。实际运作中，信托公司在对信托资产的管理中，主动管理能力强、作用发挥得大，取得的报酬一般就会较高。反之，如果信托公司在信托业务中并没有进行主动管理、所起到的作用小，信托报酬率就会偏低。

从2015年度的年报披露情况来看，有54家信托公司公布了信托报酬率，比2014年增加了北京国信、英大信托两家公司。信托行业平均信托报酬率为0.69%，比2014年下降了0.07%。

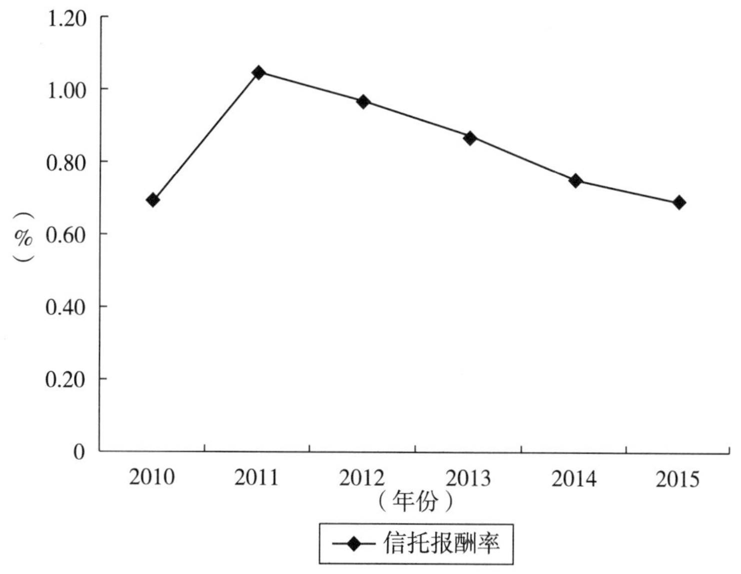

图2-1　2010—2015年度信托公司信托报酬率趋势

从图2-1可以看出，信托行业的平均报酬率自2011年以来便已进入下行通道，2015年以来资管机构与信托公司之间的竞争更加激烈，信托产品刚性兑付逐渐打破了信托产品投资者的收益预期，而资产端融资利率持续下行，这些因素都使信托报酬率承压。信托公司的非主动管理业务，因券商、基金子公司等机构的竞争，导致利率非常低，目前收费在万分之一的比比皆是。

在统计的52家信托公司中，33家公司报酬率指标下降，17家上升，另有2家与2014年持平。随着资管行业竞争的加剧，信托公司传统业务的赢利空间逐步收窄。值得注意的是，在报酬率指标排名靠前的15家公司中，有9家2015年报酬率指标逆市上升，占比60%，远高于54家纳入统计的信托公司中报酬率上涨公司数量的比重，主动管理能力较强的信托公司竞争力进一步增强。

在公布2015年报酬率指标的54家信托公司中，下滑比例最大的是爱建信托，其年度信托报酬率同比下降了0.78%。中小信托公司清算项目数量较少，单一项目报酬率对公司整体报酬率指标的影响较大，因此，中小信托公司报酬率指标波动比大型公司更加明显。有研究人员表示，主动管理资产占比较高的信托公司受经营环境的影响相对较小，预计行业两极分化的趋势会加大。

从信托报酬率分布的离散程度来看，2015年信托报酬率分布的标准差0.53%比2014年（0.49%）有所提高。这说明，全行业信托报酬率的差距有所加大。样本公司中，大部分公司（43家）的信托报酬率水平低于1%。其中，有26家公司（占全体公司数量的48%）的信托报酬率低于0.5%。可以发现，信托报酬率低于0.5%的公司数量远高于2014年。

2011—2015年度信托公司信托报酬率的统计分析情况如表2-2所示。

表2-2　　2011—2015年度信托公司信托报酬率的统计分析表

项目＼年份	2011	2012	2013	2014	2015
平均值（%）	1.05	0.97	0.88	0.76	0.69
平均值增长幅度（%）	0.36	-0.08	-0.09	-0.12	-0.07
公司数目（家）	49	52	55	52	54
最大值（%）	4.10	2.65	3.44	2.66	2.85
最小值（%）	0.25	0.22	0.25	0.14	0.19
标准差（%）	0.76	0.54	0.55	0.49	0.53
变异系数	0.73	0.56	0.63	0.64	0.77

从信托报酬率排名来看，2015年度，信托报酬率表现比较优异的信托公司前五名为工商信托（2.85%）、东莞信托（2.82%）、华宸信托（1.31%）、重庆国信（1.28%）和北京国信（1.25%）。其中，有4家是地方政府控股信托公司。

2013—2015年，杭州工商信托的信托报酬率连续三年稳居第一。数据显示，2014年，杭州工商信托的信托报酬率为2.66%，而2015年，该项数据则上升至2.85%，与2014年相比，其信托报酬率同比上升了0.19%。杭州工商信托主动管理型的房地产业务占比较高，推动了其信托报酬率维持高位。位居第二位的是东莞信托，据统计，2015年，东莞信托的信托报酬率为2.82%，相比于2014年的

1.82%，大幅增长1%。重庆国信则位居第4名，信托报酬率同比下降了0.04%，小幅降至1.28%。据公开资料显示，重庆国信2015年的净利润超过中信信托，达到41亿元。其中，实现人均净利润3358万元，同比增长28.41%。重庆国信在净利润和人均净利润指标上均为行业冠军。

不过，2015年与2014年相比，三家银行系信托公司兴业信托、建信信托、交银信托仍未摆脱报酬率排名倒数的尴尬位置，分别位居可比公司中的倒数第二、倒数第三和倒数第六位。信托制度的灵活性可以为商业银行的表外业务需求提供通道，这是商业银行控股信托公司的主要原因。也正因此，银行系信托公司低费率的通道类业务占比会相对较高，但是整体赢利能力并不突出。

第三节　人均净利润

从2015年度的年报披露情况来看，有65家信托公司公布了人均净利润，比2014年增加了英大信托。

2015年，信托行业平均人均净利润为427.14万元，比2014年上升25.7万元。2010—2015年，信托公司人均净利润的行业平均值已经连续经历了6年增长。

从人均净利润的统计分析来看，重庆国信、江苏国信、华信信托和华润信托4家公司的人均净利润超过1000万元。其中，重庆国信实现了高达3357.92万元的人均净利润。从数据分布的离散程度来看，2015年人均净利润分布的变异系数(1.09)比2014年（0.95)有一定上升，如表2-3所示。

表2-3　　2011—2015年度信托公司人均净利润的统计分析表

项目 \ 年份	2011	2012	2013	2014	2015
平均值（万元）	311.30	382.32	394.66	401.44	427.14
平均值增长幅度（万元）	32.62	71.02	12.34	6.78	25.7
平均值增长率（%）	11.71	22.81	3.23	1.72	6.40
公司数目（家）	61	65	66	63	65
最大值（万元）	1361.32	1559.15	1520.01	2615	3357.92
最小值（万元）	12.22	61.83	11.36	16	6.44
标准差（万元）	246.07	247.48	270.81	382.5	464.71
变异系数	0.79	0.66	0.70	0.95	1.09

从人均净利润排名来看，2014 年度，人均净利润表现比较优异的信托公司前五名为重庆国信（3358 万元）、江苏国信（1686 万元）、华信信托（1107 万元）、华润信托（1038 万元）和中海信托（820 万元）。可以发现，2010 年有 33 家信托公司的人均净利润达到了 150 万元以上，2011 年人均净利润实现 150 万元以上的公司达到了 46 家，2012 年继续增加到 56 家，到了 2013 年继续增加到了 57 家，2014 年下降到 50 家，到了 2015 年，这个数字回升至 54 家，如图 2－2 所示。

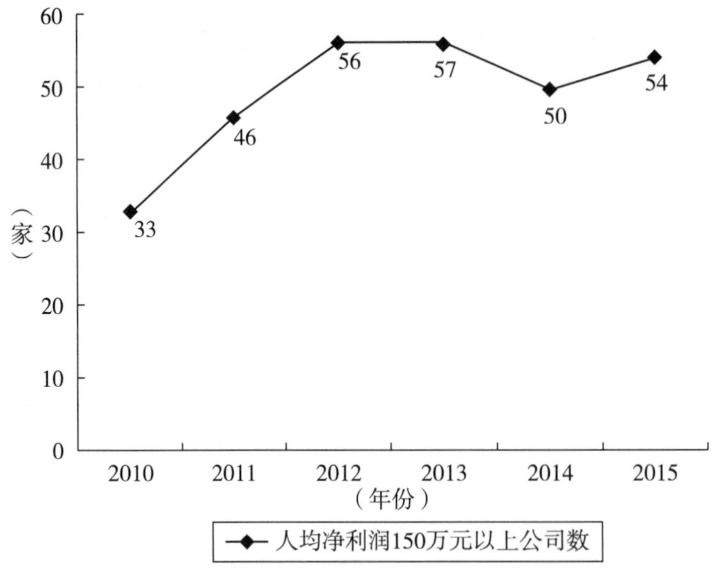

图 2－2　2010—2015 年人均净利润 150 万元以上公司数

从人均净利润增幅来看，2015 年度，人均净利润增幅排名前五的公司分别为西部信托（增长 255.64%）、吉林信托（增长 99.98%）、国投泰康（增长 94.07%）、山东国信（增长 82.23%）、民生信托（增长 62.07%）。人均净利润降幅最大的公司是长城新盛，减少了 5 万元，降幅达到 67.19%。

其中，重庆国信以 3358 万元的人均利润成为人均利润最高的信托机构。从重庆国信刚刚公布的年报来看，在 2015 年信托行业整体增速放缓，中信信托等行业巨头增长乏力的形势之下，重庆国信依然实现了逆势大幅增长。其中，营业收入 53.35 亿元，同比增长 55.25%，净利润 40.97 亿元，同比增长 68.45%，各项经营指标均稳居信托行业前列。凭借强势的盈利数据，重庆国信一举赶超中信信托和华润信托，拔得信托行业净利排名头筹。

实际上，重庆国信的营业收入规模在信托行业并非是数一数二的。中信信托

2015年的营业收入为101.94亿元，是首家营收超百亿元的信托公司，不过净利润仅为31.50亿元，在规模和增速上均落在重庆国信之后。除了净利润远远甩开了中信信托、中融信托等这些行业巨头外，重庆国信的人均利润水平更是值得关注的重点。财报显示，重庆国信人均创利约3358万元，同比增长28.41%，远远甩开了第二名江苏信托人均1685.56万元的水平。信托公司赢利水平较高，而员工总数少也是人均创利高的重要原因。尽管如此，在信托行业中，公司人均创利过千万元也是较为罕见的，行业龙头中信信托、中融信托的人均利润分别为587.75万元和143.16万元，远低于重庆国信人均创利。

重庆国信近两年业绩爆发式增长，已经连续几年高增长，这除了与信托主业创新外，还与参、控股公司的金融协同效应有关。正常情况下，信托公司业绩来自两方面，一是信托业务（主要指通道业务之类），二是自营业务。重庆国信的自营业务更多的是对其他金融机构进行的股权投资。根据数据显示，重庆国信2015年取得投资收益28.28亿元，占收入的比例达到51.18%。目前，重庆国信控股或参股了重庆三峡银行股份有限公司、合肥科技农村商业银行股份有限公司、中国信托业保障基金有限责任公司、国都证券股份有限公司、益民基金管理有限公司和重庆路桥股份有限公司等金融类企业和上市公司，而这些金融机构的业绩对重庆国信的利润做出了不小贡献，使得只有百人左右的重庆国信，成为人均创利最高的金融机构。

相关数据如表2-4至表2-10所示。

表2-4　　资本利润率序列表（2015年度）

序号	公司简称	2015年（%）	2014年（%）	2013年（%）
1	重庆国信	28.21	22.21	14.75
2	中海信托	27.20	25.44	22.55
3	华信信托	26.19	27.00	21.39
4	四川信托	26.13	45.56	38.79
5	中铁信托	26.10	50.21	54.06
6	西藏信托	24.74	37.07	23.63
7	中融信托	23.78	28.38	30.57
8	工商信托	22.66	32.17	30.89
9	华能贵诚	22.12	22.46	22.19

续 表

序号	公司简称	2015 年（%）	2014 年（%）	2013 年（%）
10	大业信托	22.00	31.00	36.23
11	五矿信托	21.77	19.35	29.26
12	中航信托	21.62	21.19	23.52
13	上海国信	21.32	21.68	21.82
14	中原信托	21.31	29.98	26.92
15	长安国信	21.19	25.57	32.63
16	国投泰康	21.03	12.31	15.72
17	紫金信托	21.01	17.40	23.00
18	华润信托	20.51	18.20	16.09
19	方正东亚	20.17	32.89	38.25
20	山东国信	19.26	19.40	25.25
21	百瑞信托	19.12	22.04	23.58
22	云南国信	17.48	17.01	18.69
23	中信信托	17.42	17.84	27.32
24	国民信托	17.32	10.21	12.21
25	外贸信托	17.26	20.56	24.76
26	国元信托	17.03	15.44	14.38
27	华鑫信托	16.82	16.78	17.86
28	北京国信	16.81	20.93	22.84
29	粤财信托	16.63	16.01	17.85
30	万向信托	16.60	8.99	5.25
31	江苏国信	16.11	15.51	16.93
32	中建投信托	16.07	15.04	17.00
33	陆家嘴信托	16.05	20.67	21.52
34	湖南信托	15.84	24.60	30.18
35	北方国信	15.61	18.97	21.04
36	华融国信	15.05	17.07	26.15
37	昆仑信托	15.02	14.00	15.75
38	天津信托	14.94	25.99	22.10
39	厦门国信	14.92	18.38	22.74

续 表

序号	公司简称	2015 年（%）	2014 年（%）	2013 年（%）
40	建信信托	14. 78	12. 68	11. 06
41	平安信托	14. 65	11. 90	11. 86
42	英大信托	14. 35	未披露	15. 72
43	苏州信托	14. 33	19. 19	16. 75
44	东莞信托	14. 32	14. 58	19. 58
45	渤海信托	13. 88	17. 21	17. 16
46	爱建信托	13. 70	13. 45	12. 29
47	兴业信托	12. 89	17. 39	24. 69
48	中诚信托	12. 19	17. 89	17. 54
49	交银国信	12. 03	11. 50	13. 34
50	华澳信托	12. 00	16. 00	28. 00
51	中江国信	11. 90	14. 68	16. 80
52	吉林信托	11. 82	6. 77	13. 07
53	国联信托	11. 52	14. 36	12. 45
54	民生信托	11. 43	13. 71	8. 66
55	新时代	10. 12	8. 97	11. 51
56	中泰信托	10. 11	12. 97	18. 26
57	兴大兴陇	10. 03	9. 23	14. 36
58	西部信托	9. 59	11. 78	13. 29
59	中粮信托	9. 47	9. 24	8. 83
60	浙商金汇	8. 97	12. 12	10. 43
61	华宝信托	5. 26	13. 08	18. 21
62	山西信托	4. 91	8. 07	12. 44
63	华宸信托	4. 13	3. 29	1. 36
64	长城新盛	3. 88	13. 37	16. 86
65	金谷信托	3. 60	3. 14	10. 36
66	新华信托	0. 57	3. 44	22. 57
67	安信信托	未批露	未披露	37. 40
68	陕西国信	未批露	未披露	未披露
平均		15. 86	18. 24	20. 31

表2-5　资本利润率增长序列表（2015年度）

序号	公司简称	2015年（%）	2014年（%）	2013年（%）
1	国投泰康	8.72	-3.41	3.78
2	万向信托	7.61	未披露	未披露
3	国民信托	7.11	-2.00	-12.62
4	重庆国信	6.00	7.46	3.84
5	吉林信托	5.05	-6.30	3.85
6	紫金信托	3.61	-5.60	2.27
7	平安信托	2.75	0.04	1.24
8	五矿信托	2.42	-9.91	-9.13
9	华润信托	2.31	2.11	1.97
10	建信信托	2.10	1.62	-0.26
11	中海信托	1.76	2.89	2.58
12	国元信托	1.59	1.06	2.45
13	新时代	1.15	-2.54	-1.44
14	中建投信托	1.03	-1.96	5.66
15	昆仑信托	1.02	-1.75	0.44
16	华宸信托	0.84	1.93	-16.98
17	兴大兴陇	0.80	-5.13	3.39
18	粤财信托	0.62	-1.84	2.11
19	江苏国信	0.60	-1.42	-2.10
20	交银国信	0.53	-1.84	-0.24
21	云南国信	0.47	-1.68	4.34
22	金谷信托	0.46	-7.22	-18.75
23	中航信托	0.43	-2.33	-6.08
24	爱建信托	0.25	1.16	-1.45
25	中粮信托	0.23	0.41	-2.44
26	华鑫信托	0.04	-1.08	-2.36
27	山东国信	-0.14	-5.85	-7.42
28	东莞信托	-0.26	-5.00	-3.68
29	华能贵诚	-0.34	0.27	2.98
30	上海国信	-0.36	-0.14	4.43

续 表

序号	公司简称	2015 年（%）	2014 年（%）	2013 年（%）
31	中信信托	-0.42	-9.48	-4.48
32	华信信托	-0.81	5.61	0.99
33	华融国信	-2.02	-9.08	1.26
34	西部信托	-2.19	-1.51	-0.73
35	民生信托	-2.28	未披露	未披露
36	中江国信	-2.78	-2.12	-0.56
37	国联信托	-2.84	1.91	2.00
38	中泰信托	-2.86	-5.29	4.84
39	新华信托	-2.87	-19.13	-4.89
40	百瑞信托	-2.92	-1.54	2.23
41	浙商金汇	-3.15	1.69	3.03
42	山西信托	-3.16	-4.37	3.45
43	外贸信托	-3.30	-4.20	1.56
44	渤海信托	-3.33	0.05	0.76
45	北方国信	-3.36	-2.07	-0.57
46	厦门国信	-3.46	-4.36	-6.52
47	华澳信托	-4.00	-12.00	10.00
48	北京国信	-4.12	-1.91	-0.95
49	长安国信	-4.38	-7.06	-9.33
50	兴业信托	-4.50	-7.30	3.04
51	中融信托	-4.60	-2.19	-6.77
52	陆家嘴信托	-4.62	-0.85	-9.35
53	苏州信托	-4.86	2.44	-0.03
54	中诚信托	-5.70	0.35	0.47
55	华宝信托	-7.82	-5.13	1.14
56	中原信托	-8.67	3.06	8.57
57	湖南信托	-8.76	-5.58	0.84
58	大业信托	-9.00	-5.23	-2.87
59	长城新盛	-9.49	-3.49	12.82
60	工商信托	-9.51	1.28	4.45

续 表

序号	公司简称	2015 年（%）	2014 年（%）	2013 年（%）
61	天津信托	-11.05	3.89	9.42
62	西藏信托	-12.33	13.44	6.62
63	方正东亚	-12.72	-5.36	1.78
64	四川信托	-19.43	6.77	-4.95
65	中铁信托	-24.11	-3.85	-10.20
66	英大信托	未披露	未披露	-2.41
67	安信信托	未披露	未披露	13.04
68	陕西国信	未披露	未披露	未披露
平均		-2.38%	-2.07%	-0.59%

表 2-6　　信托报酬率序列表（2015 年度）

序号	公司简称	2015 年（%）	2014 年（%）	2013 年（%）
1	工商信托	2.85	2.66	3.44
2	东莞信托	2.82	1.82	1.70
3	华宸信托	1.31	1.31	1.08
4	重庆国信	1.28	1.32	0.81
5	北京国信	1.25	未披露	未披露
6	华信信托	1.22	1.88	1.47
7	中原信托	1.15	0.93	0.78
8	爱建信托	1.09	1.87	1.85
9	百瑞信托	1.04	0.94	0.91
10	湖南信托	1.04	1.00	1.26
11	安信信托	1.00	1.02	1.10
12	紫金信托	0.98	0.59	1.55
13	民生信托	0.93	0.63	未披露
14	平安信托	0.90	0.84	未披露
15	苏州信托	0.89	0.99	1.70
16	华澳信托	0.89	0.76	0.75
17	中航信托	0.82	0.80	0.92
18	陆家嘴信托	0.81	0.79	1.61
19	浙商金汇	0.74	0.92	0.94

续　表

序号	公司简称	2015 年（%）	2014 年（%）	2013 年（%）
20	昆仑信托	0. 71	0. 52	0. 63
21	大业信托	0. 71	0. 76	0. 96
22	方正东亚	0. 69	0. 81	0. 91
23	五矿信托	0. 69	0. 72	0. 72
24	长安国信	0. 64	0. 75	0. 9980
25	山西信托	0. 60	0. 63	0. 77
26	新华信托	0. 59	1. 31	2. 19
27	上海国信	0. 53	0. 62	0. 9496
28	天津信托	0. 50	0. 68	1. 24
29	中泰信托	0. 49	0. 47	0. 60
30	国联信托	0. 48	1. 22	1. 0375
31	西部信托	0. 48	0. 69	0. 72
32	中铁信托	0. 47	0. 80	0. 65
33	国民信托	0. 45	0. 53	0. 72
34	长城新盛	0. 43	0. 42	0. 53
35	山东国信	0. 42	0. 32	0. 38
36	中江国信	0. 38	0. 59	0. 80
37	华鑫信托	0. 38	0. 41	0. 54
38	兴大兴陇	0. 35	0. 36	0. 42
39	渤海信托	0. 35	0. 50	0. 60
40	厦门国信	0. 34	0. 45	0. 50
41	国元信托	0. 34	0. 37	0. 57
42	国投泰康	0. 34	0. 25	0. 25
43	金谷信托	0. 32	0. 60	0. 86
44	北方国信	0. 31	0. 37	0. 4404
45	新时代	0. 31	0. 33	0. 34
46	外贸信托	0. 29	0. 44	0. 48
47	陕西国信	0. 28	0. 43	0. 48
48	江苏国信	0. 26	0. 52	0. 52
49	交银国信	0. 24	0. 30	0. 41

续 表

序号	公司简称	2015 年（%）	2014 年（%）	2013 年（%）
50	英大信托	0.23	未披露	0.43
51	西藏信托	0.22	0.14	0.37
52	兴业信托	0.21	0.27	0.31
53	建信信托	0.21	0.21	0.25
54	云南国信	0.19	0.21	0.25
55	中诚信托	未披露	未披露	未披露
56	中海信托	未披露	未披露	未披露
57	吉林信托	未披露	未披露	未披露
58	中融信托	未披露	0.80	1.19
59	中信信托	未披露	未披露	未披露
60	华融国信	未披露	未披露	-
61	粤财信托	未披露	未披露	未披露
62	华润信托	未披露	未披露	0.80
63	中建投信托	未披露	未披露	未披露
64	华能贵诚	未披露	未披露	0.76
65	四川信托	未披露	未披露	0.86
66	中粮信托	未披露	未披露	未披露
67	万向信托	未披露	未披露	未披露
68	华宝信托	未批露	未披露	未披露
平均		0.69	0.75	0.88

表 2-7　　　　信托报酬率增长序列表（2015 年度）

序号	公司简称	2015 年（%）	2014 年（%）	2013 年（%）
1	东莞信托	1.00	0.12	0.02
2	紫金信托	0.39	-0.96	0.75
3	民生信托	0.30	未披露	未披露
4	中原信托	0.22	0.15	-0.04
5	昆仑信托	0.19	-0.11	-0.16
6	工商信托	0.19	-0.78	0.79
7	华澳信托	0.13	0.01	-0.31
8	百瑞信托	0.10	0.03	-0.31

续 表

序号	公司简称	2015 年（%）	2014 年（%）	2013 年（%）
9	山东国信	0. 10	－0. 06	－0. 10
10	国投泰康	0. 09	0	－0. 06
11	西藏信托	0. 08	－0. 23	0
12	平安信托	0. 06	未披露	未披露
13	湖南信托	0. 04	－0. 26	－0. 28
14	中泰信托	0. 02	－0. 13	－0. 13
15	中航信托	0. 02	－0. 12	－0. 29
16	陆家嘴信托	0. 02	－0. 82	1. 18
17	长城新盛	0. 01	未披露	未披露
18	华宸信托	0	0. 23	－0. 24
19	建信信托	0	－0. 04	0. 03
20	兴大兴陇	－0. 01	－0. 06	－0. 18
21	云南国信	－0. 02	－0. 04	－1. 06
22	新时代	－0. 02	－0. 01	－0. 16
23	安信信托	－0. 02	－0. 08	－0. 40
24	华鑫信托	－0. 03	－0. 13	－0. 07
25	山西信托	－0. 03	－0. 14	－0. 08
26	五矿信托	－0. 03	0	－0. 31
27	国元信托	－0. 03	－0. 20	0
28	重庆国信	－0. 04	0. 51	－0. 05
29	大业信托	－0. 05	－0. 20	－0. 64
30	北方国信	－0. 06	－0. 07	0. 05
31	兴业信托	－0. 06	－0. 04	－0. 24
32	交银国信	－0. 06	－0. 11	－0. 03
33	国民信托	－0. 08	－0. 19	0. 25
34	上海国信	－0. 09	－0. 33	0. 05
35	苏州信托	－0. 10	－0. 71	－0. 05
36	长安国信	－0. 11	－0. 25	－0. 19
37	厦门国信	－0. 11	－0. 05	－0. 11
38	方正东亚	－0. 12	－0. 10	0

续 表

序号	公司简称	2015 年（%）	2014 年（%）	2013 年（%）
39	陕西国信	-0. 15	-0. 05	-0. 07
40	渤海信托	-0. 15	-0. 10	0
41	外贸信托	-0. 15	-0. 04	-0. 09
42	浙商金汇	-0. 18	-0. 02	-0. 69
43	天津信托	-0. 18	未披露	未披露
44	中江国信	-0. 21	-0. 21	-0. 07
45	西部信托	-0. 21	-0. 03	-0. 40
46	江苏国信	-0. 26	0	-0. 18
47	金谷信托	-0. 28	-0. 26	0. 05
48	中铁信托	-0. 33	0. 15	0. 07
49	华信信托	-0. 66	0. 41	-0. 41
50	新华信托	-0. 72	-0. 88	0. 19
51	国联信托	-0. 74	0. 18	0. 05
52	爱建信托	-0. 78	0. 02	-0. 39
53	中诚信托	未披露	未披露	未披露
54	中海信托	未披露	未披露	未披露
55	吉林信托	未披露	未披露	未披露
56	中融信托	未披露	-0. 39	-0. 44
57	中信信托	未披露	未披露	未披露
58	华融国信	未披露	未披露	未披露
59	粤财信托	未披露	未披露	未披露
60	华宝信托	未披露	未披露	未披露
61	英大信托	未披露	未披露	0. 12
62	华润信托	未披露	未披露	-0. 09
63	北京国信	未披露	未披露	未披露
64	中建投信托	未披露	未披露	未披露
65	华能贵诚	未披露	未披露	0. 01
66	四川信托	未披露	未披露	未披露
67	中粮信托	未披露	未披露	未披露
68	万向信托	未披露	未披露	未披露
平均		-0. 06	-0. 13	-0. 09

表 2－8　　人均利润序列表（2015 年度）　　单位：万元

序号	公司简称	2015 年	2014 年	2013 年
1	重庆国信	3357.92	2615.10	1467.61
2	江苏国信	1685.56	1458.55	1520.01
3	华信信托	1106.79	965.75	723.11
4	华润信托	1038.31	773.33	617.76
5	中海信托	820.19	725.78	659.95
6	国投泰康	791.10	407.63	400.53
7	中铁信托	703.00	439.00	932.00
8	中诚信托	670.17	915.89	906.88
9	粤财信托	663.40	530.79	548.59
10	西藏信托	645.49	910.16	558.04
11	中航信托	611.68	506.84	486.70
12	中信信托	587.75	539.86	678.69
13	国元信托	543.97	417.52	363.23
14	华能贵诚	541.91	502.41	407.94
15	国联信托	530.43	651.69	550.15
16	山东国信	516.80	283.59	471.56
17	上海国信	514.86	674.03	667.15
18	百瑞信托	493.37	436.12	396.40
19	苏州信托	470.11	458.80	400.18
20	建信信托	468.35	418.24	378.18
21	外贸信托	465.55	435.91	611.91
22	英大信托	456.48	未披露	437.28
23	西部信托	447.75	125.90	136.41
24	北京国信	422.00	394.00	445.00
25	五矿信托	401.63	355.66	354.86
26	中原信托	388.16	464.44	369.98
27	交银国信	388.13	356.82	319.06
28	天津信托	377.09	551.31	345.42
29	华鑫信托	352.00	358.21	387.00
30	昆仑信托	337.87	318.79	350.62

续 表

序号	公司简称	2015 年	2014 年	2013 年
31	北方国信	335. 10	378. 54	395. 31
32	渤海信托	308. 61	403. 73	442. 33
33	爱建信托	304. 89	282. 59	270. 43
34	厦门国信	304. 50	321. 00	369. 00
35	中江国信	298. 55	327. 00	308. 19
36	湖南信托	298. 00	414. 00	463. 00
37	紫金信托	295. 39	243. 22	198. 86
38	兴业信托	295. 36	337. 82	380. 16
39	东莞信托	289. 44	271. 22	321. 08
40	中建投信托	288. 84	335. 72	425. 82
41	平安信托	286. 19	223. 63	219. 55
42	方正东亚	276. 53	440. 56	438. 70
43	吉林信托	273. 19	136. 61	226. 67
44	华融国信	271. 39	287. 55	417. 26
45	大业信托	265. 15	308. 59	256. 83
46	工商信托	260. 00	294. 00	257. 53
47	中粮信托	215. 06	222. 41	182. 61
48	陆家嘴信托	192. 97	173. 76	201. 37
49	民生信托	188. 10	116. 06	62. 72
50	长安国信	182. 25	194. 30	254. 14
51	国民信托	172. 11	115. 49	202. 75
52	云南国信	163. 06	184. 62	234. 65
53	中泰信托	159. 82	216. 03	278. 15
54	新时代	150. 46	117. 47	125. 80
55	四川信托	144. 22	171. 12	262. 95
56	中融信托	143. 16	136. 57	142. 16
57	万向信托	134. 23	110. 37	106. 36
58	兴大兴陇	101. 46	93. 01	214. 77
59	华宝信托	101. 12	211. 53	262. 23
60	金谷信托	74. 88	55. 00	166. 02

续 表

序号	公司简称	2015 年	2014 年	2013 年
61	华澳信托	63.00	84.00	160.00
62	山西信托	54.07	85.11	125.39
63	华宸信托	43.33	27.73	11.36
64	长城新盛	25.50	77.71	140.86
65	新华信托	6.44	15.81	86.68
66	浙商金汇	未披露	未披露	未披露
67	安信信托	未批露	未披露	210.23
68	陕西国信	未批露	未披露	未披露
平均		427.14	396.97	389.61

表 2-9　　人均利润增长序列表（2015 年度）　　单位：万元

序号	公司简称	2015 年	2014 年	2013 年
1	重庆国信	742.82	1147.49	439.97
2	国投泰康	383.47	7.10	106.73
3	西部信托	321.85	-10.51	-12.72
4	华润信托	264.98	155.57	67.13
5	中铁信托	264.00	-493.00	161.00
6	山东国信	233.21	-187.97	-133.73
7	江苏国信	227.01	-61.46	-39.14
8	华信信托	141.04	242.64	148.28
9	吉林信托	136.58	-90.06	74.15
10	粤财信托	132.61	-17.80	53.38
11	国元信托	126.45	54.29	48.69
12	中航信托	104.84	20.14	-41.80
13	中海信托	94.41	65.83	-73.94
14	民生信托	72.04	未披露	未披露
15	平安信托	62.56	4.08	25.69
16	百瑞信托	57.25	39.72	62.31
17	国民信托	56.62	-87.26	-294.88
18	紫金信托	52.17	44.36	28.19
19	建信信托	50.11	40.06	-34.45

续 表

序号	公司简称	2015 年	2014 年	2013 年
20	中信信托	47.89	-138.83	3.19
21	五矿信托	45.97	0.80	-1.01
22	华能贵诚	39.50	94.47	-21.05
23	新时代	32.99	-8.33	27.55
24	交银国信	31.31	37.76	54.73
25	外贸信托	29.64	-176.00	-43.64
26	北京国信	28.00	-51.00	36.00
27	万向信托	23.86	未披露	未披露
28	爱建信托	22.30	12.16	20.63
29	金谷信托	19.88	-111.02	-291.65
30	陆家嘴信托	19.21	-27.61	64.65
31	昆仑信托	19.08	-31.83	7.15
32	东莞信托	18.22	-49.86	68.58
33	华宸信托	15.60	16.37	-143.64
34	苏州信托	11.31	58.62	17.66
35	兴大兴陇	8.45	-121.76	69.13
36	中融信托	6.59	-5.59	14.23
37	华鑫信托	-6.21	-28.79	18.63
38	中粮信托	-7.35	39.80	-7.25
39	新华信托	-9.37	-70.87	-51.59
40	长安国信	-12.05	-59.84	-39.63
41	华融国信	-16.16	-129.71	-29.19
42	厦门国信	-16.50	-48.00	-30.00
43	华澳信托	-21.00	-76.00	37.00
44	云南国信	-21.56	-50.03	40.28
45	四川信托	-26.90	-91.83	-26.20
46	中江国信	-28.45	18.81	80.95
47	山西信托	-31.04	-40.28	48.28
48	工商信托	-34.00	36.47	45.09
49	兴业信托	-42.46	-42.34	3.47

续　表

序号	公司简称	2015 年	2014 年	2013 年
50	北方国信	-43.44	-16.77	-18.78
51	大业信托	-43.44	51.76	-7.89
52	中建投信托	-46.88	-90.10	130.87
53	长城新盛	-52.21	-63.15	79.03
54	中泰信托	-56.21	-62.12	-0.20
55	中原信托	-76.28	94.46	118.36
56	渤海信托	-95.12	-38.60	-4.34
57	华宝信托	-110.41	-50.70	6.17
58	湖南信托	-116.00	-49.00	59.00
59	国联信托	-121.26	101.54	101.65
60	上海国信	-159.17	6.88	136.20
61	方正东亚	-164.03	1.86	68.70
62	天津信托	-174.22	205.89	166.57
63	中诚信托	-245.72	9.01	-11.57
64	西藏信托	-264.67	352.12	168.85
65	英大信托	未披露	未披露	0.11
66	安信信托	未披露	未披露	8.89
67	陕西国信	未披露	未披露	未披露
68	浙商金汇	未披露	未披露	未披露
平均		30.17	7.36	16.85

表 2-10　　　　人均利润增幅序列表（2015 年度）

序号	公司简称	2015 年（%）	2014 年（%）	2013 年（%）
1	西部信托	255.64	-7.70	-8.53
2	吉林信托	99.98	-39.73	48.62
3	国投泰康	94.07	1.77	36.33
4	山东国信	82.23	-39.86	-22.09
5	民生信托	62.07	未披露	未披露
6	中铁信托	60.14	-52.90	20.88
7	华宸信托	56.26	144.10	-92.67
8	国民信托	49.03	-43.04	-59.26

续 表

序号	公司简称	2015 年（%）	2014 年（%）	2013 年（%）
9	金谷信托	36. 15	-66. 87	-63. 72
10	华润信托	34. 26	25. 18	12. 19
11	国元信托	30. 29	14. 95	15. 48
12	重庆国信	28. 41	78. 19	42. 81
13	新时代	28. 08	-6. 62	28. 04
14	平安信托	27. 97	1. 86	13. 25
15	粤财信托	24. 98	-3. 24	10. 78
16	万向信托	21. 62	未披露	未披露
17	紫金信托	21. 45	22. 31	16. 52
18	中航信托	20. 69	4. 14	-7. 91
19	江苏国信	15. 56	-4. 04	-2. 51
20	华信信托	14. 60	33. 56	25. 80
21	百瑞信托	13. 13	10. 02	18. 65
22	中海信托	13. 01	9. 97	-10. 08
23	五矿信托	12. 93	0. 23	-0. 28
24	建信信托	11. 98	10. 59	-8. 35
25	陆家嘴信托	11. 06	-13. 71	47. 29
26	兴大兴陇	9. 09	-56. 69	47. 47
27	中信信托	8. 87	-20. 46	0. 47
28	交银国信	8. 77	11. 83	20. 71
29	爱建信托	7. 89	4. 50	8. 26
30	华能贵诚	7. 86	23. 16	-4. 91
31	北京国信	7. 11	-11. 46	8. 80
32	外贸信托	6. 80	-28. 76	-6. 66
33	东莞信托	6. 72	-15. 53	27. 16
34	昆仑信托	5. 99	-9. 08	2. 08
35	中融信托	4. 83	-3. 93	11. 12
36	苏州信托	2. 47	14. 65	4. 62
37	华鑫信托	-1. 73	-7. 44	5. 06
38	中粮信托	-3. 30	21. 80	-3. 82

续　表

序号	公司简称	2015 年（%）	2014 年（%）	2013 年（%）
39	厦门国信	-5.14	-13.01	-7.52
40	华融国信	-5.62	-31.09	-6.54
41	长安国信	-6.20	-23.55	-13.49
42	中江国信	-8.70	6.10	35.62
43	北方国信	-11.48	-4.24	-4.54
44	工商信托	-11.56	14.16	21.22
45	云南国信	-11.68	-21.32	20.72
46	兴业信托	-12.57	-11.14	0.92
47	中建投信托	-13.96	-21.16	44.37
48	大业信托	-14.08	20.15	-2.98
49	四川信托	-15.72	-34.92	-9.06
50	中原信托	-16.42	25.53	47.04
51	国联信托	-18.61	18.46	22.66
52	渤海信托	-23.56	-8.73	-0.97
53	上海国信	-23.61	1.03	25.65
54	华澳信托	-25.00	-47.50	30.08
55	中泰信托	-26.02	-22.33	-0.07
56	中诚信托	-26.83	0.99	-1.26
57	湖南信托	-28.02	-10.58	14.60
58	西藏信托	-29.08	63.10	43.38
59	天津信托	-31.60	59.61	93.13
60	山西信托	-36.47	-32.12	62.61
61	方正东亚	-37.23	0.42	18.57
62	华宝信托	-52.20	-19.33	2.41
63	新华信托	-59.27	-81.76	-37.31
64	长城新盛	-67.19	-44.83	127.82
65	英大信托	未披露	未披露	0.03
66	安信信托	未披露	未披露	4.42
67	陕西国信	未披露	未披露	未披露
68	浙商金汇	未披露	未披露	未披露
平均		7.60	1.89	4.52

第三章　信托资产的分布与运用分析

第一节　信托资产规模分析

一、信托资产规模的整体分析

2015 年，信托行业平均信托资产规模为 24050170 万元，比 2014 年上升了 3332333 万元，上升率为 16.08%。自 2004 年以来，信托公司的信托资产规模每年都有大幅度的提升，除了 2013 年、2014 年和 2015 年外，平均每年提升 40% 以上，2012 年以来，每年的提升幅度逐渐变小。但是，在近 5 年中，除了 2013 年、2014 年和 2015 年外，2011—2012 年信托资产平均值均实现了 45% 以上的增幅。

2015 年，有 26 家公司缩减了信托资产规模，比 2014 年的 13 家增加了 13 家，为近 5 年来的历史最高值。另外，中信信托 2014 年创下了自 2004 年以来单个公司年度信托资产规模的最高纪录 90207416 万元，2015 年信托资产规模排名第 1 的为建信信托，其信托资产规模达到历史新高 109683950 万元。从信托资产规模分布的平均程度来看，信托资产规模分布的标准差（23583490 万元）比 2014 年（18357256 万元）大幅上升。与此同时，变异系数也出现了近 5 年以来的第 2 次上升，从 2014 年的 0.89 上升到 2015 年的 0.98。

值得注意的是，2011—2013 年，信托资产规模的变异系数持续下降，但是 2014 年却破天荒的第一次出现增加的情况，2015 年变异系数继续增加，这说明 2015 年信托行业保持了 2014 年信托资产规模分布分化的趋势，而且这一趋势逐渐加剧。如表 3－1 所示。

表 3－1　　2011—2015 年度信托公司平均信托资产规模的统计分析表

项目＼年份	2011	2012	2013	2014	2015
平均值（万元）	7601637	11813118	16046023	20717837	24050170
平均值增长幅度（万元）	2612573	4211481	4232905	4671814	3332333
平均值增长率（%）	52.36	55.40	35.83	29.12	16.08
公司数目（家）	62	66	68	67	68
信托资产缩减的公司数（家）	6	5	7	13	26
最大值（万元）	39996932	59134914	72966080	90207416	109683950
最小值（万元）	438216	260295	1271355	695795	980256
标准差（万元）	7208211	9911516	13235416	18357256	23583490
变异系数	0.95	0.85	0.83	0.89	0.98

二、信托资产规模的公司分析

从信托资产规模排名来看，2015 年度，信托资产规模最大的信托公司前 5 名为建信信托（109683950 万元）、中信信托（102281496 万元）、兴业信托（92201673 万元）、华润信托（73609110 万元）以及中融信托（66991855 万元）。与 2014 年相比，信托资产规模排名前 5 名的公司变化比较大，外贸信托和中融信托分别从 2014 年的第 5 位和第 2 位下降至 2015 年的第 11 位和第 5 位。建信信托和兴业信托分别从 2014 年的第 3 位和第 4 位上升至 2015 年的第 1 位和第 3 位。

同时，可以发现，2015 年度信托资产规模达到 1000 亿元以上的公司有 50 家，比 2014 年度的 44 家又增加了 6 家。另外，信托资产规模达到 500 亿元以上的公司，2010 年达到 21 家，2011 年则增长到 33 家，2012 年增长到 47 家，2013 年增长到 56 家，2014 年达到了创纪录的 60 家，2015 年则小幅下降至 58 家。这是近 6 年内的首次下降，这显示出 2015 年信托业出现了消极的变化。

从信托资产增长幅度来看，2015 年度，信托资产增长幅度前 5 名分别为建信信托（43100417 万元）、兴业信托（27086502 万元）、华润信托（26411243 万元）、上海国信（22221453 万元）以及江苏国信（17364437 万元）。与 2014 年相比，信托资产增长前 5 名的变化较大，其中，仅建信信托和上海国信依然保持了高速增长，继续跻身前5名的行列。中融信托、外贸信托和华宝信托分别从2014年的第2位、第3位和第4位下跌至2015年的第62位、第67位和第16位。而兴业信托、华润信托和江苏国信分别从2014年的第14位、第13位和第15位跃升至2015年的第2位、第3位和第5位。

从信托资产规模增长率来看，2015年度，信托资产规模增长率前5名的公司为光大兴陇（141.66%）、江苏国信（99.60%）、民生信托（77.78%）、国民信托（74.20%）以及万向信托（66.65%）。值得一提的是，2015年信托资产规模增长率排名前5的信托公司其增长率远远低于2014年。

从2010年以来各年信托资产规模的稳定程度来看，最稳定公司的前3名分别是英大信托（变异系数为0.15）、吉林信托（变异系数为0.21）以及粤财信托（变异系数为0.25）。英大信托自2010年以来，一直保持了稳定的信托资产规模，平均值为19849209万元。另外，信托资产规模波动程度最大的前3家公司分别是国民信托（变异系数为1.16）、西藏信托（变异系数为1.04）以及江苏国信（变异系数为0.91），这3家公司近5年来都实现了信托资产规模的持续大幅增长。

相关数据如表3-2至表3-10所示。

表3-2　　信托资产规模序列表（2015年度）　　单位：万元

序号	公司简称	2015年	2014年	2013年
1	建信信托	109683950	66583533	32581639
2	中信信托	102281496	90207416	72966080
3	兴业信托	92201673	65115172	56500217
4	华润信托	73609110	47197867	36430424
5	中融信托	66991855	71059273	47853490
6	上海国信	60858317	38636864	19229031
7	平安信托	55843462	39984861	29031954
8	华宝信托	55752385	49146271	27151686
9	华能贵诚	52784658	42155688	29856831
10	交银国信	49516334	39799220	27991659
11	外贸信托	45588999	54345654	31737694
12	中海信托	41169285	31425074	17744366
13	西藏信托	35664017	25628415	12911413

续　表

序号	公司简称	2015 年	2014 年	2013 年
14	江苏国信	34799105	17434668	10334612
15	四川信托	33798249	26980502	21867572
16	中航信托	33269448	27806915	22117396
17	长安国信	29452287	28166303	21682940
18	北方国信	28324920	27373852	29423228
19	五矿信托	28059884	26640712	19606737
20	山东国信	24635983	33018995	29942135
21	安信信托	23591000	15115116	11581462
22	英大信托	23086560	21048989	21026829
23	华融国信	22676325	14974040	9766220
24	中诚信托	22244761	31230787	35721118
25	渤海信托	21617279	21661733	18817904
26	云南国信	20796827	27011228	22514870
27	北京国信	20638021	16162672	12434795
28	粤财信托	19729543	19780662	22945877
29	中铁信托	19461740	21090823	15053089
30	中江国信	18982535	21976295	16747288
31	陕西国信	18675440	12428737	9068741
32	新时代	18102172	16734889	15842342
33	华鑫信托	17075287	16081517	14837344
34	百瑞信托	15817732	13853262	11424670
35	重庆国信	15507155	15071664	12631179
36	光大兴陇	13947713	5771524	7786290
37	陆家嘴信托	13874520	9556430	6755672
38	天津信托	13309711	15438501	9949584
39	中原信托	12648857	12966217	11914242
40	国民信托	12445361	7144294	4251544
41	新华信托	12250779	18278322	16594458
42	金谷信托	12112013	8852316	9381082
43	国投泰康	12094375	14663403	18462290

续 表

序号	公司简称	2015 年	2014 年	2013 年
44	厦门国信	11682865	11539444	13244024
45	中粮信托	11615469	7214010	5309187
46	国元信托	11549797	16419585	19053303
47	民生信托	11336598	6376693	3902604
48	昆仑信托	11139995	14164489	16848427
49	方正东亚	10397981	13814039	11181569
50	西部信托	10202114	6519083	5113745
51	中建投信托	9966404	10060290	9819195
52	万向信托	9523882	5714761	1601690
53	爱建信托	9436301	6030599	3887839
54	华信信托	9421220	8114147	7638487
55	苏州信托	8876197	8937667	6386451
56	中泰信托	8240317	7606245	6217769
57	紫金信托	8228681	5205298	3908703
58	大业信托	7644004	8673298	5228600
59	东莞信托	4815060	4382573	4132509
60	湖南信托	4794596	6751447	6643824
61	国联信托	4206787	4351445	4485387
62	吉林信托	4143619	6535740	4216962
63	工商信托	3253885	2840661	2263260
64	华澳信托	2983165	4375830	5117844
65	山西信托	2737329	5205007	6765472
66	浙商金汇	2140954	2479792	2190092
67	长城新盛	1122976	1708970	1449384
68	华宸信托	980256	695795	1271355
合计		1635411577	1401317585	1090347671
平均		24050170	20607612	16034525

注：出于计算的精确度考虑，本书所有基础数据都精确到小数点后两位，但为了阅读方便，有些以整数显示，故此在两种口径的计算上会产生微小误差，特此说明。

表 3-3　　信托资产规模增长序列表（2015 年度）　　单位：万元

序号	公司简称	2015 年	2014 年	2013 年
1	建信信托	43100417	34001894	-2496038
2	兴业信托	27086502	8614955	22895283
3	华润信托	26411243	10767443	17778502
4	上海国信	22221453	19407833	7200416
5	江苏国信	17364437	7100056	2718382
6	平安信托	15858602	10952907	7829481
7	中信信托	12074081	17241336	13831166
8	华能贵诚	10628971	12298857	12493801
9	西藏信托	10035602	12717003	7060462
10	中海信托	9744211	13680709	5159668
11	交银国信	9717114	11807561	12196621
12	安信信托	8475884	3533655	6977860
13	光大兴陇	8176189	-2014766	-176852
14	华融国信	7702285	5207820	2664447
15	四川信托	6817746	5112930	8189461
16	华宝信托	6606114	21994585	5898525
17	陕西国信	6246703	3359996	-1042858
18	中航信托	5462534	5689519	8162700
19	国民信托	5301067	2892750	3643609
20	民生信托	4959905	未披露	未披露
21	北京国信	4475348	3727877	71446
22	中粮信托	4401459	1904823	-7090535
23	陆家嘴信托	4318091	2800758	3982901
24	万向信托	3809121	未披露	未披露
25	西部信托	3683030	1405338	1998260
26	爱建信托	3405702	2142761	1607634
27	金谷信托	3259697	-528765	-802372
28	紫金信托	3023383	1296595	1610164
29	英大信托	2037571	22160	798369
30	百瑞信托	1964469	2428593	4109092

续 表

序号	公司简称	2015 年	2014 年	2013 年
31	五矿信托	1419172	7033975	7605122
32	新时代	1367283	892547	3188359
33	华信信托	1307072	475660	1994547
34	长安国信	1285985	6483363	-185255
35	华鑫信托	993770	1244173	6280060
36	北方国信	951068	-2049376	13361351
37	中泰信托	634072	1388475	3055623
38	重庆国信	435491	2440485	6254817
39	东莞信托	432487	250065	892581
40	工商信托	413224	577401	779566
41	华宸信托	284462	-575560	-378766
42	厦门国信	143421	-1704580	1953298
43	渤海信托	-44454	2843829	8782290
44	粤财信托	-51118	-3165215	6395720
45	苏州信托	-61469	2551215	3266560
46	中建投信托	-93886	241095	5431809
47	国联信托	-144658	-133942	1394026
48	中原信托	-317360	1051975	3877789
49	浙商金汇	-338837	289699	1152823
50	长城新盛	-585994	259587	1189089
51	大业信托	-1029294	3444698	2236703
52	华澳信托	-1392665	-742014	3249102
53	中铁信托	-1629083	6037734	4488769
54	湖南信托	-1956851	107623	1496594
55	天津信托	-2128790	5488918	3065574
56	吉林信托	-2392121	2318778	-281617
57	山西信托	-2467678	-1560465	1980408
58	国投泰康	-2569028	-3798887	6632343
59	中江国信	-2993760	5229007	3134036
60	昆仑信托	-3024494	-2683938	7468677

续　表

序号	公司简称	2015 年	2014 年	2013 年
61	方正东亚	-3416058	2632470	3865661
62	中融信托	-4067418	23205783	17904858
63	国元信托	-4869789	-2633718	7643999
64	新华信托	-6027543	1683864	7163644
65	云南国信	-6214401	4496358	14713319
66	山东国信	-8383013	3076860	10972094
67	外贸信托	-8756656	22607961	10219076
68	中诚信托	-8986025	-4490332	8584373
合计		234093992	310969914	343602909
平均		3442559	4573087	4720210

表 3-4　　信托资产增幅序列表（2015 年度）

序号	公司简称	2015 年（%）	2014 年（%）	2013 年（%）
1	光大兴陇	141.66	-25.88	-2.22
2	江苏国信	99.60	68.70	35.69
3	民生信托	77.78	未披露	未披露
4	国民信托	74.20	68.04	599.34
5	万向信托	66.65	未披露	未披露
6	建信信托	64.73	104.36	-7.12
7	中粮信托	61.01	35.88	-57.18
8	紫金信托	58.08	33.17	70.05
9	上海国信	57.51	100.93	59.86
10	西部信托	56.50	27.48	64.14
11	爱建信托	56.47	55.11	70.50
12	安信信托	56.08	30.51	151.57
13	华润信托	55.96	29.56	95.32
14	华融国信	51.44	53.32	37.52
15	陕西国信	50.26	37.05	-10.31
16	陆家嘴信托	45.19	41.46	143.64
17	兴业信托	41.60	15.25	68.13
18	华宸信托	40.88	-45.27	-22.95

续 表

序号	公司简称	2015 年（%）	2014 年（%）	2013 年（%）
19	平安信托	39. 66	37. 73	36. 93
20	西藏信托	39. 16	98. 49	120. 67
21	金谷信托	36. 82	-5. 64	-7. 88
22	中海信托	31. 01	77. 10	41. 00
23	北京国信	27. 69	29. 98	0. 58
24	四川信托	25. 27	23. 38	59. 87
25	华能贵诚	25. 21	41. 19	71. 96
26	交银国信	24. 42	42. 18	77. 22
27	中航信托	19. 64	25. 72	58. 49
28	华信信托	16. 11	6. 23	35. 34
29	工商信托	14. 55	25. 51	52. 54
30	百瑞信托	14. 18	21. 26	56. 17
31	华宝信托	13. 44	81. 01	27. 75
32	中信信托	13. 38	23. 63	23. 39
33	东莞信托	9. 87	6. 05	27. 55
34	英大信托	9. 68	0. 11	3. 95
35	中泰信托	8. 34	22. 33	96. 63
36	新时代	8. 17	5. 63	25. 20
37	华鑫信托	6. 18	8. 39	73. 39
38	五矿信托	5. 33	35. 88	63. 37
39	长安国信	4. 57	29. 90	-0. 85
40	北方国信	3. 47	-6. 97	83. 19
41	重庆国信	2. 89	19. 32	98. 09
42	厦门国信	1. 24	-12. 87	17. 30
43	渤海信托	-0. 21	15. 11	87. 51
44	粤财信托	-0. 26	-13. 79	38. 64
45	苏州信托	-0. 69	39. 95	104. 70
46	中建投信托	-0. 93	2. 46	123. 81
47	中原信托	-2. 45	8. 83	48. 25
48	国联信托	-3. 32	-2. 99	45. 09

续 表

序号	公司简称	2015 年（%）	2014 年（%）	2013 年（%）
49	中融信托	-5.72	48.49	59.79
50	中铁信托	-7.72	40.11	42.49
51	大业信托	-11.87	65.88	74.76
52	中江国信	-13.62	31.22	23.02
53	浙商金汇	-13.66	13.23	111.14
54	天津信托	-13.79	55.17	44.53
55	外贸信托	-16.11	71.23	47.49
56	国投泰康	-17.52	-20.58	56.06
57	昆仑信托	-21.35	-15.93	79.63
58	云南国信	-23.01	19.97	188.59
59	方正东亚	-24.73	23.54	52.84
60	山东国信	-25.39	10.28	57.84
61	中诚信托	-28.77	-12.57	31.63
62	湖南信托	-28.98	1.62	29.08
63	国元信托	-29.66	-13.82	67.00
64	华澳信托	-31.83	-14.50	173.87
65	新华信托	-32.98	10.15	75.96
66	长城新盛	-34.29	17.91	456.82
67	吉林信托	-36.60	54.99	-6.26
68	山西信托	-47.41	-23.07	41.39
平均		16.71	28.52	41.72

表 3-5　　信托负债序列表（2015 年度）　　单位：万元

序号	公司简称	2015 年	2014 年	2013 年
1	国投泰康	680	3917	3992
2	浙商金汇	1025	8431	2525
3	长城新盛	5454	17033	83
4	紫金信托	7900	5164	8886
5	英大信托	8282	2366	666
6	渤海信托	9056	488	1458
7	江苏国信	11894	3560	39906

续 表

序号	公司简称	2015 年	2014 年	2013 年
8	华信信托	13107	21225	41165
9	山西信托	13227	27648	6047
10	万向信托	14899	3006	139
11	中铁信托	15563	98130	98130
12	华能贵诚	15713	9662	19333
13	华宸信托	19043	18199	17805
14	东莞信托	21463	7077	10831
15	陕西国信	22189	13839	13659
16	国元信托	25549	19039	38
17	天津信托	25890	12677	16354
18	粤财信托	26258	13871	16644
19	昆仑信托	27683	50570	27338
20	中建投信托	30044	11526	17109
21	华鑫信托	30827	23232	8055
22	国民信托	32853	8796	9120
23	新时代	35550	26779	12616
24	西部信托	35773	28824	31641
25	北京国信	36891	67495	41435
26	中原信托	54662	40584	26257
27	长安国信	54868	69209	62519
28	安信信托	60920	14467	3735
29	吉林信托	61532	92196	52062
30	工商信托	62286	288471	21411
31	厦门国信	62808	21420	19382
32	中泰信托	63805	14188	29038
33	大业信托	65668	57159	8644
34	北方国信	66530	67097	35286
35	湖南信托	82152	57156	22136
36	苏州信托	82512	16623	78898
37	华澳信托	84667	11886	32088

续 表

序号	公司简称	2015 年	2014 年	2013 年
38	中航信托	85305	45621	86248
39	国联信托	87829	71061	18171
40	西藏信托	89689	78700	6540
41	爱建信托	89800	77525	71709
42	中海信托	106165	40839	20470
43	金谷信托	109784	10022	18646
44	中粮信托	113338	2926	12532
45	中江国信	114804	46822	7515
46	陆家嘴信托	119475	5773	3706
47	上海国信	126646	89805	56394
48	民生信托	137399	8778	188
49	方正东亚	152260	416499	55004
50	光大兴陇	177145	24037	14863
51	重庆国信	195838	138038	204286
52	山东国信	198999	66715	18016
53	云南国信	232557	48074	50103
54	交银国信	235354	69876	31544
55	四川信托	240690	99270	158131
56	中诚信托	245295	185393	124560
57	兴业信托	365686	102450	51974
58	华宝信托	374516	370816	112618
59	外贸信托	427935	379437	210498
60	百瑞信托	481374	340220	205708
61	新华信托	707875	532535	380716
62	华融国信	729625	120673	34686
63	五矿信托	977196	193616	50560
64	平安信托	983539	513249	466807
65	建信信托	1050434	1121707	513312
66	中融信托	1367838	981650	357489
67	中信信托	1753132	1725312	926068
68	华润信托	3833753	979730	287069
合计		17200497	10140182	5392564
平均		252948	149120	79302

表 3－6　　信托负债减少序列表（2015 年度）　　单位：万元

序号	公司简称	2015 年	2014 年	2013 年
1	方正东亚	－264239	361495	－17539
2	工商信托	－226185	267060	8610
3	中铁信托	－82567	0	－15592
4	建信信托	－71274	608395	150441
5	吉林信托	－30664	40134	5223
6	北京国信	－30604	26059	－7276
7	昆仑信托	－22887	23232	12065
8	山西信托	－14421	21600	3549
9	长安国信	－14341	6690	－16610
10	长城新盛	－11579	16950	33
11	华信信托	－8118	－19941	9912
12	浙商金汇	－7405	5906	506
13	国投泰康	－3238	－75	529
14	北方国信	－567	31811	－893
15	华宸信托	844	393	16253
16	紫金信托	2736	－3722	－21595
17	华宝信托	3700	258198	71367
18	英大信托	5916	1700	624
19	华能贵诚	6051	－9672	－26664
20	国元信托	6510	19001	－16652
21	西部信托	6949	－2818	29845
22	华鑫信托	7595	15177	－24788
23	江苏国信	8334	－36345	－45566
24	陕西国信	8350	180	－76330
25	大业信托	8509	48515	－9585
26	渤海信托	8567	－970	－1003
27	新时代	8770	14163	10883
28	西藏信托	10989	72160	4716
29	万向信托	11893	未披露	未披露
30	爱建信托	12275	5816	－12531

续　表

序号	公司简称	2015 年	2014 年	2013 年
31	粤财信托	12387	－2773	－27229
32	天津信托	13214	－3677	10887
33	中原信托	14078	14327	－43936
34	东莞信托	14386	－3754	6071
35	国联信托	16768	52890	15424
36	中建投信托	18517	－5582	10884
37	国民信托	24057	－324	3551
38	湖南信托	24996	35020	－15551
39	中信信托	27820	799244	461028
40	上海国信	36841	33411	－21823
41	中航信托	39683	－40627	34498
42	厦门国信	41388	2038	－20490
43	安信信托	46453	10732	－25246
44	外贸信托	48499	168939	98639
45	中泰信托	49617	－14850	2928
46	重庆国信	57800	－66248	109275
47	中诚信托	59902	60833	－57451
48	中海信托	65327	20369	－24316
49	苏州信托	65889	－62275	50295
50	中江国信	67983	39307	－6982
51	华澳信托	72781	－20202	26208
52	金谷信托	99762	－8624	5477
53	中粮信托	110412	－9606	6705
54	陆家嘴信托	113702	2067	2767
55	民生信托	128621	未披露	未披露
56	山东国信	132283	48699	0
57	百瑞信托	141154	134512	134723
58	四川信托	141420	－58861	132373
59	光大兴陇	153108	9174	－3674
60	交银国信	165479	38332	1202

续　表

序号	公司简称	2015 年	2014 年	2013 年
61	新华信托	175339	151820	248315
62	云南国信	184483	-2029	37756
63	兴业信托	263236	50476	-21855
64	中融信托	386188	624161	178590
65	平安信托	470290	46442	-91917
66	华融国信	608951	85988	-46803
67	五矿信托	783580	143056	12543
68	华润信托	2854023	692661	178339
合计		7060316	4747617	1393468
平均		103828	69818	18710

表 3-7　　信托负债减幅序列表（2015 年度）

序号	公司简称	2015 年（%）	2014 年（%）	2013 年（%）
1	浙商金汇	-87.84	233.94	25.05
2	中铁信托	-84.14	0	-13.71
3	国投泰康	-82.65	-1.87	15.29
4	工商信托	-78.41	1247.30	67.26
5	长城新盛	-67.98	20343.01	66.61
6	方正东亚	-63.44	657.22	-24.18
7	山西信托	-52.16	357.18	142.07
8	北京国信	-45.34	62.89	-14.94
9	昆仑信托	-45.26	84.98	79.00
10	华信信托	-38.25	-48.44	31.72
11	吉林信托	-33.26	77.09	11.15
12	长安国信	-20.72	10.70	-20.99
13	建信信托	-6.35	118.52	41.46
14	北方国信	-0.85	90.15	-2.47
15	华宝信托	1.00	229.27	173.01
16	中信信托	1.61	86.31	99.14
17	华宸信托	4.64	2.21	1047.13
18	外贸信托	12.78	80.26	88.18

续　表

序号	公司简称	2015 年（%）	2014 年（%）	2013 年（%）
19	西藏信托	13.96	1103.33	258.53
20	大业信托	14.89	561.26	-52.58
21	爱建信托	15.83	8.11	-14.87
22	国联信托	23.60	291.07	561.49
23	西部信托	24.11	-8.90	1661.45
24	中诚信托	32.31	48.84	-31.56
25	华鑫信托	32.69	188.42	-75.47
26	新时代	32.75	112.26	628.09
27	新华信托	32.93	39.88	187.55
28	国元信托	34.19	50468.76	-99.77
29	中原信托	34.69	54.56	-62.59
30	中融信托	39.34	174.60	99.83
31	上海国信	41.02	59.25	-27.90
32	百瑞信托	41.49	65.39	189.79
33	重庆国信	41.87	-32.43	115.01
34	湖南信托	43.73	158.20	-41.26
35	紫金信托	52.99	-41.89	-70.85
36	陕西国信	60.33	1.32	-84.82
37	华能贵诚	62.63	-50.03	-57.97
38	中航信托	86.98	-47.10	66.66
39	粤财信托	89.30	-16.66	-62.06
40	平安信托	91.63	9.95	-16.45
41	天津信托	104.24	-22.49	199.17
42	四川信托	142.46	-37.22	513.91
43	中江国信	145.20	523.08	-48.16
44	中海信托	159.96	99.51	-54.29
45	中建投信托	160.65	-32.63	174.84
46	厦门国信	193.22	10.51	-51.39
47	山东国信	198.28	270.31	0
48	东莞信托	203.27	-34.66	127.56

续 表

序号	公司简称	2015 年（%）	2014 年（%）	2013 年（%）
49	江苏国信	234.08	-91.08	-53.31
50	交银国信	236.82	121.52	3.96
51	英大信托	250.00	255.21	1491.12
52	兴业信托	256.94	97.12	-29.60
53	国民信托	273.50	-3.56	63.75
54	华润信托	291.31	241.29	164.02
55	安信信托	321.09	287.35	-87.11
56	中泰信托	349.71	-51.14	11.21
57	云南国信	383.75	-4.05	305.78
58	万向信托	395.57	未披露	未披露
59	苏州信托	396.38	-78.93	175.84
60	五矿信托	404.71	282.94	32.99
61	华融国信	504.63	247.91	-57.44
62	华澳信托	612.30	-62.96	445.71
63	光大兴陇	636.97	61.72	-19.82
64	金谷信托	995.45	-46.25	41.59
65	民生信托	1465.32	未披露	未披露
66	渤海信托	1754.12	-66.50	-40.76
67	陆家嘴信托	1969.47	55.77	294.80
68	中粮信托	3772.86	-76.65	115.07
平均		69.63	88.04	30.88

表 3-8　　信托权益序列表（2015 年度）　　单位：万元

序号	公司简称	2015 年	2014 年	2013 年
1	建信信托	108633516	65461826	32068327
2	中信信托	100528364	88482104	72040012
3	兴业信托	91835987	65012722	56448243
4	华润信托	69775356	46218137	36143355
5	中融信托	65624017	70077623	47496001
6	上海国信	60731671	38547059	19172637
7	华宝信托	55377869	48775455	27039067

续 表

序号	公司简称	2015 年	2014 年	2013 年
8	平安信托	54859924	39471611	28565146
9	华能贵诚	52768946	42146026	29837497
10	交银国信	49280979	39729344	27960115
11	外贸信托	45161063	53966218	31527196
12	中海信托	41063120	31384236	17723896
13	西藏信托	35574328	25549715	12904872
14	江苏国信	34787211	17431108	10294706
15	四川信托	33557559	26881232	21709441
16	中航信托	33184144	27761294	22031148
17	长安国信	29397419	28097094	21620420
18	北方国信	28258390	27306755	29387942
19	五矿信托	28059884	26447096	19556177
20	山东国信	24436984	32952280	18952025
21	安信信托	23530081	15100649	11577727
22	英大信托	23078278	21046623	21026163
23	中诚信托	21999466	31045393	35596558
24	华融国信	21946700	14853367	9731534
25	渤海信托	21608223	21661245	18816446
26	北京国信	20601130	16095178	12393360
27	云南国信	20564270	26963154	22464766
28	粤财信托	19703285	19766791	22929233
29	中铁信托	19446177	14954959	14954959
30	中江国信	18867731	21929474	16739774
31	陕西国信	18653252	12414898	9055082
32	新时代	18066623	16708110	15829726
33	华鑫信托	17044460	16058285	14829289
34	百瑞信托	15336357	13513042	11218962
35	重庆国信	15311316	14933626	12426893
36	光大兴陇	13770568	5747487	7771427
37	陆家嘴信托	13755045	9550657	6751965

续 表

序号	公司简称	2015 年	2014 年	2013 年
38	天津信托	13283821	15425825	9933230
39	中原信托	12594195	12925633	11887985
40	国民信托	12412508	65461827	4242423
41	国投泰康	12093696	14659486	18458298
42	金谷信托	12002229	8842294	9362436
43	厦门国信	11620056	11618024	13224642
44	新华信托	11542904	17745787	16213742
45	国元信托	11524248	16400546	19053266
46	中粮信托	11502131	7211084	5296655
47	民生信托	11199199	6367915	3902416
48	昆仑信托	11112313	14113919	16821089
49	方正东亚	10245721	13397540	11126565
50	西部信托	10166341	6490260	5082104
51	中建投信托	9936360	10048764	9802086
52	万向信托	9508983	5711754	1601550
53	华信信托	9408113	8092923	7597322
54	爱建信托	9346501	5912562	3775617
55	苏州信托	8793685	8921044	6307554
56	紫金信托	8220782	5200135	3899818
57	中泰信托	8176512	7592057	6188731
58	大业信托	7578337	8616139	5219956
59	东莞信托	4793597	4375496	4121678
60	湖南信托	4712444	6694291	6621688
61	国联信托	4118958	4280384	4467216
62	吉林信托	4082088	11618025	4164900
63	工商信托	3191599	2811814	2241849
64	华澳信托	2898498	4363944	5085756
65	山西信托	2724102	5177359	6759424
66	浙商金汇	2139929	2471361	2187568
67	长城新盛	1117522	1691937	1449300
68	华宸信托	961213	677596	1253550
合计		1618211080	1422706110	1073942501
平均		23797222	20922149	15793272

表 3－9　　信托权益增长序列表（2015 年度）　　单位：万元

序号	公司简称	2015 年	2014 年	2013 年
1	建信信托	43171691	33393499	－2646479
2	兴业信托	26823265	8564479	22917138
3	华润信托	23557220	10074782	17600163
4	上海国信	22184612	19374422	7222238
5	江苏国信	17356103	7136402	2763947
6	平安信托	15388312	10906465	7921399
7	中信信托	12046260	16442092	13370137
8	华能贵诚	10622920	12308529	12520465
9	西藏信托	10024613	12644843	7055746
10	中海信托	9678884	13660340	5183984
11	交银国信	9551635	11769229	12195419
12	安信信托	8429431	3522922	7003106
13	光大兴陇	8023081	－2023940	－173178
14	华融国信	7093333	5121832	2711250
15	四川信托	6676327	5171791	8057088
16	华宝信托	6602414	21736388	5827158
17	陕西国信	6238354	3359816	－966528
18	中航信托	5422850	5730146	8128202
19	民生信托	4831284	未披露	未披露
20	北京国信	4505952	3701818	78721
21	中铁信托	4491218	0	4504361
22	中粮信托	4291048	1914428	－7097240
23	陆家嘴信托	4204388	2798691	3980134
24	万向信托	3797228	未披露	未披露
25	西部信托	3676081	1408156	1968415
26	爱建信托	3433939	2136945	1579653
27	金谷信托	3159934	－520142	－807849
28	紫金信托	3020647	1300317	1631759
29	英大信托	2031655	20459	797744
30	百瑞信托	1823315	2294080	3974369

续 表

序号	公司简称	2015 年	2014 年	2013 年
31	五矿信托	1612788	6890919	7592579
32	新时代	1358513	878384	3177475
33	华信信托	1315190	495601	1984635
34	长安国信	1300326	6476673	-168645
35	华鑫信托	986176	1228995	6304848
36	北方国信	951635	-2081187	13362245
37	中泰信托	584455	1403325	3052695
38	东莞信托	418101	253818	886509
39	工商信托	379785	569965	770956
40	重庆国信	377690	2506733	6145542
41	华宸信托	283617	-575954	-395019
42	厦门国信	2032	-1606618	1973788
43	渤海信托	-53022	2844799	8783293
44	粤财信托	-63506	-3162442	6422949
45	中建投信托	-112403	246677	5420925
46	苏州信托	-127358	2613490	3216265
47	国联信托	-161426	-186832	1378602
48	浙商金汇	-331432	283793	1152317
49	中原信托	-331438	1037648	3921725
50	长城新盛	-574415	242637	1189056
51	大业信托	-1037802	3396183	2246288
52	华澳信托	-1465446	-721812	3222894
53	湖南信托	-1981847	72603	1512145
54	天津信托	-2142004	5492595	3054687
55	山西信托	-2453257	-1582065	1976859
56	国投泰康	-2565790	-3798812	6631814
57	昆仑信托	-3001607	-2707170	7456611
58	中江国信	-3061743	5189700	3141018
59	方正东亚	-3151819	2270974	3883200
60	中融信托	-4453606	22581622	17726268

续　表

序号	公司简称	2015 年	2014 年	2013 年
61	国元信托	-4876299	-2652719	7660651
62	新华信托	-6202883	1532045	6915329
63	云南国信	-6398884	4498388	14675563
64	吉林信托	-7535937	7453125	-286839
65	山东国信	-8515296	14000255	0
66	外贸信托	-8805154	22439022	10120437
67	中诚信托	-9045927	-4551165	8641823
68	国民信托	-53049318	61219403	3640058
合计		195504970	348763609	331196835
平均		2875073	5128877	4539550

表 3-10　　　　信托权益增幅序列表（2015 年度）

序号	公司简称	2015 年（%）	2014 年（%）	2013 年（%）
1	光大兴陇	139.59	-26.04	-2.18
2	江苏国信	99.57	69.32	36.70
3	民生信托	75.87	未披露	未披露
4	万向信托	66.48	未披露	未披露
5	建信信托	65.95	104.13	-7.62
6	中粮信托	59.51	36.14	-57.26
7	紫金信托	58.09	33.34	71.95
8	爱建信托	58.08	56.60	71.93
9	上海国信	57.55	101.05	60.44
10	西部信托	56.64	27.71	63.22
11	安信信托	55.82	30.43	153.09
12	华润信托	50.97	27.87	94.91
13	陕西国信	50.25	37.10	-9.64
14	华融国信	47.76	52.63	38.62
15	陆家嘴信托	44.02	41.45	143.59
16	华宸信托	41.86	-45.95	-23.96
17	兴业信托	41.26	15.17	68.35
18	西藏信托	39.24	97.99	120.63

续　表

序号	公司简称	2015 年（%）	2014 年（%）	2013 年（%）
19	平安信托	38.99	38.18	38.37
20	金谷信托	35.74	-5.56	-7.94
21	中海信托	30.84	77.07	41.34
22	中铁信托	30.03	0	43.10
23	北京国信	28.00	29.87	0.64
24	华能贵诚	25.21	41.25	72.30
25	四川信托	24.84	23.82	59.02
26	交银国信	24.04	42.09	77.36
27	中航信托	19.53	26.01	58.46
28	华信信托	16.25	6.52	35.36
29	中信信托	13.61	22.82	22.79
30	华宝信托	13.54	80.39	27.47
31	工商信托	13.51	25.42	52.41
32	百瑞信托	13.49	20.45	54.86
33	英大信托	9.65	0.10	3.94
34	东莞信托	9.56	6.16	27.40
35	新时代	8.13	5.55	25.11
36	中泰信托	7.70	22.68	97.34
37	华鑫信托	6.14	8.29	73.96
38	五矿信托	6.10	35.24	63.46
39	长安国信	4.63	29.96	-0.77
40	北方国信	3.48	-7.08	83.38
41	重庆国信	2.53	20.17	97.84
42	厦门国信	0.02	-12.15	17.54
43	渤海信托	-0.24	15.12	87.54
44	粤财信托	-0.32	-13.79	38.91
45	中建投信托	-1.12	2.52	123.73
46	苏州信托	-1.43	41.43	104.04
47	中原信托	-2.56	8.73	49.23
48	国联信托	-3.77	-4.18	44.63

续 表

序号	公司简称	2015 年（%）	2014 年（%）	2013 年（%）
49	中融信托	-6.36	47.54	59.54
50	大业信托	-12.04	65.06	75.54
51	浙商金汇	-13.41	12.97	111.31
52	天津信托	-13.89	55.30	44.41
53	中江国信	-13.96	31.00	23.10
54	外贸信托	-16.32	71.17	47.28
55	国投泰康	-17.50	-20.58	56.08
56	昆仑信托	-21.27	-16.09	79.63
57	方正东亚	-23.53	20.41	53.61
58	云南国信	-23.73	20.02	188.41
59	山东国信	-25.84	73.87	0
60	中诚信托	-29.14	-12.79	32.06
61	湖南信托	-29.61	1.10	29.59
62	国元信托	-29.73	-13.92	67.24
63	华澳信托	-33.58	-14.19	173.01
64	长城新盛	-33.95	16.74	456.90
65	新华信托	-34.95	9.45	74.37
66	山西信托	-47.38	-23.41	41.33
67	吉林信托	-64.86	178.95	-6.44
68	国民信托	-81.04	1443.03	604.29
平均		13.74	32.48	40.34

第二节 信托资产分布分析

一、信托资产分布的行业分析

信托公司的信托资产可以分为基础产业资产、房地产业资产、证券市场资产、实业资产以及金融机构资产五大行业类别。2010—2015 年，信托公司信托资产的行业分布特征如图 3－1 所示。

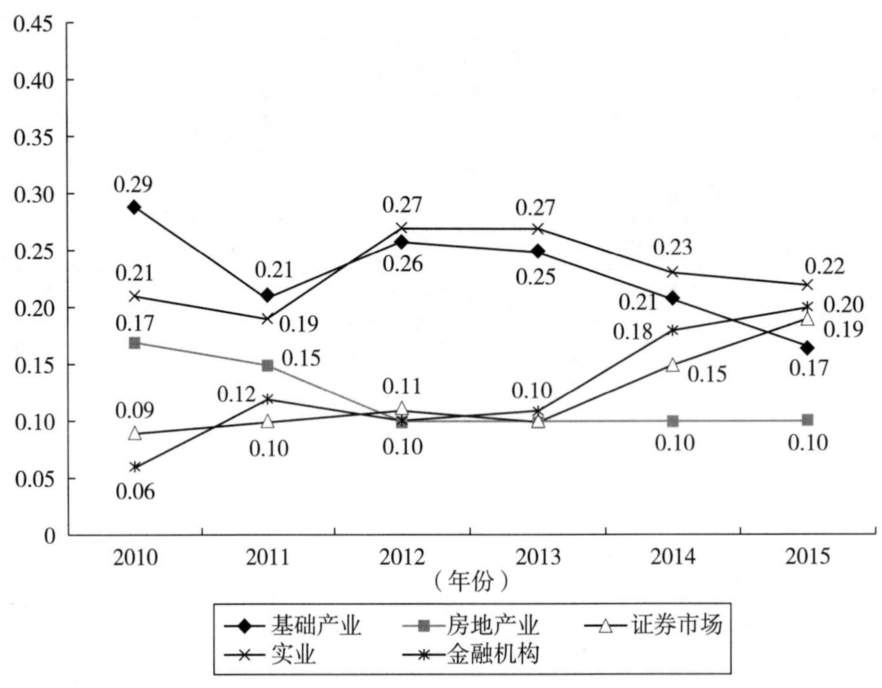

图 3－1　2010—2015 年信托资产的行业占比平均值分布

第一，2012 年以前，信托资产在基础产业的分布比例是最大的，此后连续 4 年被实业以微弱优势反超。第二，信托资产在金融机构和证券市场的分布比例曲线惊人的一致，2010—2015 年占比呈上升趋势。第三，房地产业资产的分布占比除 2010 年和 2011 年外，其余 4 年均在 10% 左右徘徊。

综合上述数据，可以发现在 2015 年房地产信托和银信合作继续受阻，国内信托公司经营环境持续偏紧的背景下，各家信托公司信托资产比例变化较大。其中，基础产业资产比例和实业资产比例比 2014 年小幅下调 4% 和 1% ，房地产业资产比例与 2014 年基本持平，而证券市场资产和金融机构资产分布比例分别上升 4% 和 2% 。可以看出，信托公司在 2015 年减少实业资产和基础产业资产投资的同时，持续加大了对金融机构和证券市场的投资，这与 2015 年资本市场的投资低谷不无关系。同时，由于房地产市场的持续低迷，市场方向不明朗，各信托公司在权衡利弊后谨慎保持房地产业资产比例不变的投资格局。在原有的投资结构下，整个信托行业的发展并没有受到政策的负面影响而停滞不前，依然实现了 16% 以上的资产规模的扩张。与此同时，信托持续加大对金融机构和证券市场的投资，显示出信托公司对资本市场后续走势的乐观态度。综上所述，不难看出，2015 年整个信托行业对宏观经济未来的走势判断与 2014 年相比差别较大，因此在投资结构上与 2014 年相比做出了较大的调整。

图 3 - 2 描述了 2010—2015 年度信托资产的行业构成比例在不同信托公司之间的变异系数。首先，基础产业资产的变异系数一直比较低，而且相对稳定，自 2010 年以来，一直维持在 0.60 左右。在 2010 年，该指标达到 0.66，2011 年与 2010 年基本持平，为 0.64，2012 年又回落至新的历史低点 0.56，2013 年小幅回升至 0.58，2014 年该指标继续回升至 0.63，2015 年则大幅上涨至 0.78。这表明，不同信托公司对持有基础产业资产比例的态度发生了微妙的变化，2012 年分歧大大减小后，2014 年和 2015 年各信托公司对于投资基础产业的比例的大小分歧又逐渐扩大。但是，必须注意到，布局基础产业资产依然是各信托公司的共识，其变异系数远低于其他几种行业。其次，证券市场资产的变异系数波动较大，2009—2011 年，可能出于对证券市场风险的考虑，不同信托公司对证券业资产的持有态度差异较大，2010 年，该项资产的变异系数达到 1.26，2011 年重新增大到 1.28。2012 年证券市场分布比例的变异系数大幅跌至 0.89，2013 年大幅增加到 1.01，2014 年又大幅下跌至 0.84，2015 年持续小幅下跌至 0.82。这显示出各信托公司在 2012 年纷纷增持证券市场资产后 2013 年对证券资产的持有比例又出现了较大的分歧，2015 年出于对证券市场前景的判断，各信托公司证券市场资产的持有比例大幅增加，分歧程度为近 6 年来的最低水平。另外，对于实业资产，各信托公司的态度在 2010—2013 年越来越趋于一致，由 2010 年的 0.83 降至 2013 年的 0.66，但是 2014 年各信托公司对于实业资产的持有比例分歧开始加大，增大到 0.77，2015 年则持续加大至 0.82。对于房地产业，2010—2011 年，其变异系数逐渐缩小，但是，2011 年后房地产业占比变异系数却持续上升，2015 年达到创纪录的 1.49，这显示出各信托公司继 2012 年在持有房地产业资产的比例方面发生分化后，2013—2015 年这种分歧持续加大。值得注意的是，2012 年以后的几年内，各信托公司对于房地产业资产持有比例的变异系数远远高于其他几种资产形式，这显示出各信托公司对房地产业发展前景的判断逐渐分化。对于金融机构分布比例，2010—2011 年变异系数持续下降，2012 年小幅回升至 1.22，但是 2013 年又大幅下跌至 0.78，2014 年延续了 2013 年的跌势，微跌至 0.72，2015 年持续大幅下跌至 0.65。在 5 种资产布局中，房地产业的变异系数波动较大。这说明，各信托公司对该种资产的投资比例更具分歧。

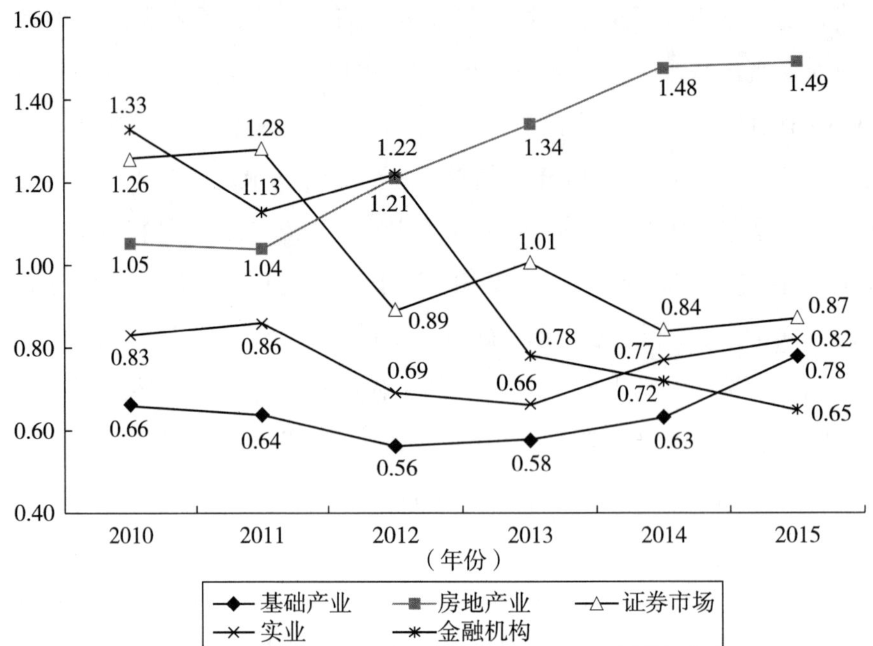

图 3-2　2010—2015 年信托资产行业分布比例的变异系数

2011—2015 年度信托公司信托资产行业分布占比情况如表 3-11 所示。

表 3-11　2011—2015 年度信托公司信托资产行业分布占比

项目 \ 年份		2011	2012	2013	2014	2015
披露公司数目（家）		61	63	63	64	66
基础产业	规模（万元）	1580108	2762256	4256482	4450960	4353447
	占比（%）	20.79	25.58	25.49	21.35	17.73
	占比最大值（%）	55.35	82.4	85.09	61.74	63.15
	占比最小值（%）	0	0	0	0	1.20
	标准差（%）	13.35	14.40	14.67	13.41	13.79
	变异系数	0.64	0.56	0.58	0.63	0.78
房地产业	规模（万元）	1122519	1028790	1721714	1981747	1986838
	占比（%）	14.77	9.52	10.31	8.09	9.51
	占比最大值（%）	76.64	70.92	70.30	76.74	83.31
	占比最小值（%）	0	0.64	0	0	0
	标准差（%）	15.36	11.48	13.87	11.95	14.18
	变异系数	1.04	1.21	1.34	1.48	1.49

续 表

项目	年份	2011	2012	2013	2014	2015
证券市场	规模（万元）	732216	1258315	1748212	3051222	4670180
	占比（%）	9.63	11.42	10.47	14.64	19.02
	最大值（%）	34.62	42.76	41.18	57.91	71.73
	最小值（%）	0	0	0	0	0
	标准差（%）	8.04	10.20	10.62	12.26	16.52
	变异系数	1.28	0.89	1.01	0.84	0.87
实业	规模（万元）	1455973	2848754	4516831	4879568	5482718
	占比（%）	19.16	26.74	27.05	23.41	22.33
	最大值（%）	83.59	84.54	92.95	78.51	80.62
	最小值（%）	0	0	0	0	0.83
	标准差（%）	16.52	18.34	17.94	17.92	18.31
	变异系数	0.86	0.69	0.66	0.77	0.82
金融机构	规模（万元）	939302	1090494	1842148	3825970	4884625
	占比（%）	12.23	9.78	11.03	18.35	19.89
	最大值（%）	64.16	52.27	48.15	62.65	55.22
	最小值（%）	0	0	0	0	0
	标准差（%）	13.89	11.96	8.59	13.21	13.03
	变异系数	1.13	1.22	0.78	0.72	0.65

二、信托资产分布的公司分析

2015 年度各项信托资产比例最大的前 3 名如表 3－12 所示。

表 3－12　　2015 年度各项信托资产比例最大的前 3 名

项目 \ 名次	第 1 名	第 2 名	第 3 名
基础产业资产	湖南信托（63.15%）	英大信托（50.72%）	万向信托（42.89%）
房地产业资产	工商信托（83.31%）	长城新盛（70.40%）	浙江金汇（37.37%）
证券市场资产	华润信托（71.73%）	中海信托（66.83%）	江苏国信（63.67%）
实业资产	天津信托（80.62%）	新时代（69.14%）	国投泰康（64.88%）
金融机构资产	西藏信托（55.22%）	长城新盛（53.06%）	兴业信托（46.94%）

基础产业资产占比变化比较大，只有英大信托连续两年保持占比前 3 名的位置。爱建信托和紫金信托分别从 2014 年的第 2 名和第 3 名跌至 2015 年的第 7 名和第 11 名。而湖南信托和万向信托则上升至 2015 年的第 1 名和第 3 名。

房地产业资产占比，工商信托以 83.31% 的比例依然位居行业第 1 名，长城新盛也继续保持占比前 3 名的位置，中原信托则大幅降低房地产业资产信托比例，从 2013 年的 61.92%（行业第 2 名）下降至 2015 年的 13.20%（行业第 24 名）。

证券市场资产占比前 3 名变化不大，2014 年和 2015 年排名前 3 名的均为中海信托、江苏国信和华润信托，只是排名次序略有变化，由 2014 年的中海信托、江苏国信和华润信托调整为 2015 年的华润信托、中海信托和江苏国信。

实业资产占比排名前 3 名的企业变化较大，天津信托和新时代继续保持行业前 3 名的位置，中泰信托 2015 年大幅下调实业资产信托比例，从 2014 年度的 69.25%（行业第 2 名）下降为 2015 年度的 47.58%（行业第 10 名）。

金融机构资产占比变化较大，只有西藏信托继续保持行业前 3 的位置，建信信托小幅下调金融机构资产占比，五矿信托则大幅下调金融机构资产占比，从 2014 年度的 62.65%（行业第 1 名）大幅下降至 2015 年的 10.57%（行业第 37 名）。

2015 年度各项信托资产规模最大的前 3 名如表 3 – 13 所示。

表 3 – 13　　2015 年度各项信托资产规模最大的前 3 名　　单位：亿元

名次 项目	第 1 名	第 2 名	第 3 名
基础产业资产	中信信托（3324）	交银国信（1946）	上海国信（1626）
房地产业资产	中信信托（1017）	平安信托（875）	上海国信（519）
证券市场资产	华润信托（5280）	建信信托（4253）	中海信托（2752）
实业资产	兴业信托（2533）	中融信托（2298）	平安信托（1945）
金融机构	建信信托（5134）	兴业信托（4328）	华宝信托（2284）

基础产业资产规模，前 3 名公司变化较大，只有中信信托和交银国信继续位居前 3 名。中融信托从 2014 年的 1430 亿元（第 3 位）跌至 2015 年的 1055 亿元（第 7 名）。上海国信则以 1626 亿元的基础产业资产持有规模跃升为行业第 3 名。

房地产业资产规模，前 3 名公司变化较大。只有平安信托继续保持房地产规模前 3 名的位置，华润信托和中融信托分别从 2014 年的行业第 2 名和第 3 名降至 2015 年的第 6 名和第 4 名，中信信托和上海国信则分别从 2014 年的第 4 名和第 9 名跃升至 2015 年的第 1 名和第 3 名。

证券市场资产规模，行业前 3 名公司变化不大。建信信托和中海信托继续位居行业前 3 名，外贸信托则由 2014 年的行业第 3 名微跌至 2015 年的行业第 4 名，而华润信托则以 5280 亿元的持有规模跃居行业第 1 名。

实业资产规模，2015 年行业前 3 名公司变化不大，中融信托和兴业信托继续保持行业前 3 名的位置，渤海信托从 2014 年的第 3 名微跌至 2015 年的第 7 名，平安信托则从 2014 年的第 14 名跃升至 2015 年的第 3 名。

金融机构资产规模，2015 年行业前 3 名公司几乎没有变化，建信信托、兴业信托和华宝信托继续保持行业前 3 名的位置。

另外，从 2010 年以来各年信托资产构成比例的稳定程度来看，投资策略比较明显的是工商信托，其房地产业资产比例基本在 72% ~76%，苏州信托连续 5 年基础产业资产比例相对稳定在 42% ~48%，湖南信托的基础产业资产比例相对稳定，山东国信的实业资产比例也相对稳定，如表 3 – 14 所示。

表 3 – 14　　2010—2015 年度各项信托资产投资比例最稳定的前 3 名

项目 \ 名次	第 1 名	第 2 名	第 3 名
基础产业资产	北方国信（25.19%，0.15）	国元信托（37.91%，0.17）	苏州信托（41.44%，0.18）
房地产业资产	工商信托（77.17%，0.05）	中航信托（13.26%，0.15）	中江国信（8.28%，0.21）
证券市场资产	中融信托（11.53%，0.09）	建信信托（35.97%，0.15）	中信信托（8.28%，0.16）
实业资产	新华信托（26.48%，0.09）	昆仑信托（29.33%，0.10）	新时代（73.72%，0.13）
金融机构资产	天津信托（5.13%，0.30）	重庆国信（13.95%，0.31）	建信信托（40.23%，0.37）

注：表中括号内第一个数字是平均值，第二个数字是变异系数。

第三节　信托资产运用分析

一、信托资产的运用分析

信托公司的运用方式可以分为货币资产、贷款资产、长期投资资产以及交易性金融资产等。2010—2015 年，信托公司信托资产运用的分布特征如图 3－3 所示。

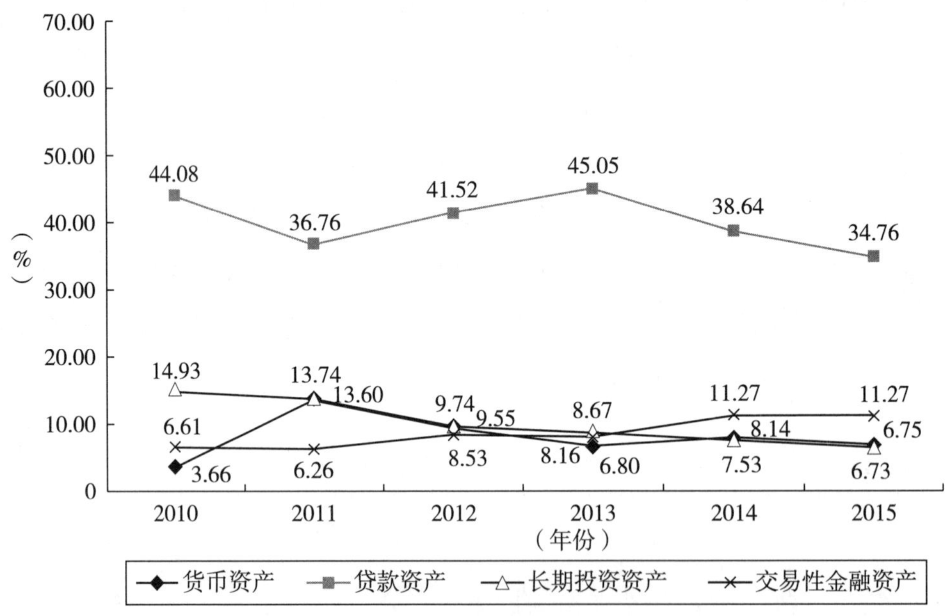

图 3－3　2010—2015 年信托公司信托资产的运用分布

自 2010 年以来，贷款资产的比例一直居于首位。2010—2011 年，贷款资产比例持续下降，由 2010 年的 44. 08% 逐年下降至 2011 年的 36. 76%，2015 年进一步下降为 34. 76%，这也是该比例的历史最低点。2012 年贷款资产比例小幅上升至 41. 52%，2013 年则持续上升至 45. 05%，2014 年该比例大幅下跌至 38. 64%，2015 年继续小幅下跌至 34. 76%，为近 6 年来的历史最低点。尽管如此，在信托资产的运用分布格局中，贷款资产的比例仍然远远高于其他几种资产形式。长期投资资产比例居信托资产运用的第 2 位，2010—2011 年，长期投资资产比例尽管一直小幅波动，但依旧维持在 10% 以上的水平，最高 14. 93%，最低 13. 74%，但是 2012 年长期投资资产比例大幅跌至 9. 74%，2013 年则继续下降至 8. 67%，2014 年继续跌至

7.53%，2015年则跌至6.73%，成为几种资产运用形式中的最低值。货币资产的比例在2010—2013年除了2011年大幅增加外其余年份均逐年下降，从2011年的最高值13.74%降低为2013年的6.80%，2014年则小幅增加至8.14%，2015年则小幅下跌至6.75%。值得一提的是，在过去的6年中，除了2011年外，货币资产比例一直在10%以下的水平徘徊。交易性金融资产比例在2010—2013年变化不大，一直在6%～10%徘徊，2014年该指标首次突破10%，达到历史性的11.27%，2015年则继续保持11.27%的比例，在4类资产类型中其的运用比例仅次于贷款资产，这显示出整个信托行业2015年对于交易性金融资产的判断持续向好。

综上所述，我们不难看出，各信托公司在基本沿用以往的投资资产运用策略的同时，微调了各类型资产的运用比例，贷款资产的运用比例首次低于35%。贷款资产比例最高，交易性金融资产和货币资产居中，投资业务最少。但是，我们应该注意到，2015年，长期投资资产运用比例仍然处于下降通道中，货币资产运用比例小幅下降，贷款资产比例也小幅下降，交易性金融资产运用比例则继续保持2014年的比例。这种信托资产运用格局在一定程度上反映出2015年整个信托行业虽然没有改变依赖贷款业务获取利润的投资格局，但是在其他投资方式上有了一定的尝试和创新。

图3－4描述了2010—2015年各信托公司信托资产运用方式比例的增减速度。

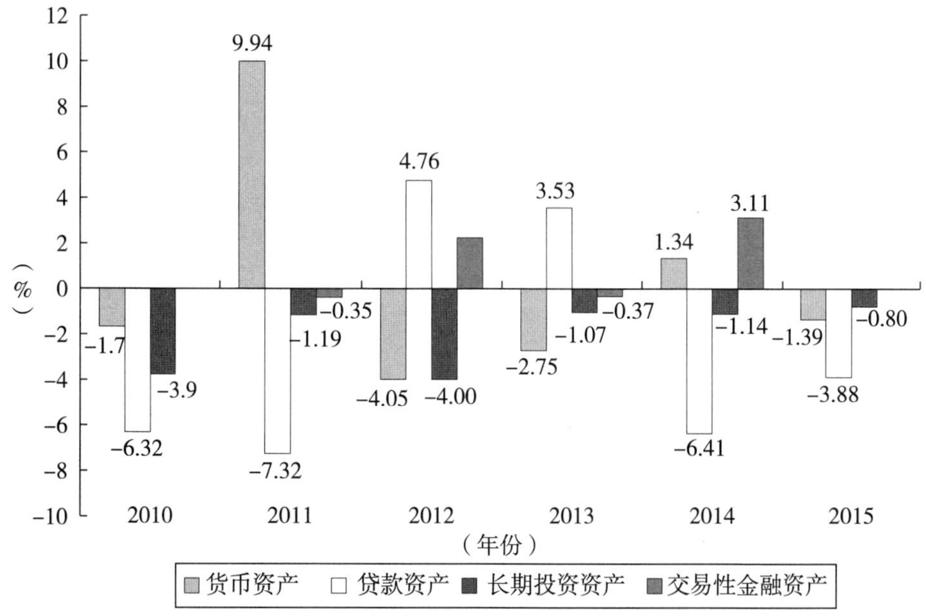

图3－4　2010—2015年信托公司信托资产各运用方式比例的变化速度

其中，长期投资资产的波动性最小，波动区间为 -4% ~ -0.8%，最大跌幅为 2012 年的 -4%，最小跌幅则为 2015 年的 -0.80%。而且，在过去的 6 年中，长期投资资产比例均实现了负增长。另外，货币资产与贷款资产的变动在 2011 年、2012 年、2013 年和 2014 年基本是负相关的，其中一项资产比例的增长必定伴随另一项资产比例的下降。例外的是，在 2010 年与 2015 年，两种资产的比例都呈下跌趋势，只是货币资产比贷款资产下降的幅度小很多。

图 3 -5 描述了 2010—2015 年度信托资产的运用构成比例在不同信托公司之间的变异系数。首先，贷款资产的变异系数一直比较低，2009 年之后，变异系数都在 0.50 左右，除 2011 年为 0.50、2015 年为 0.48 外，其余 4 年均在 0.40 左右徘徊。这表明，不同信托公司对贷款资产比例的态度比较一致。其次，长期投资资产的变异系数也比较稳定，过去的 6 年均为 0.84 ~ 0.97。这表明，在近 6 年，不同信托公司对长期投资资产比例的态度分歧基本稳定。另外，从变异系数看，不同信托公司对货币资产比例的态度在 2010—2011 年基本保持一致，2012 年出现比较大的分歧，但是之后上述分歧逐渐变小，到了 2014 年该指标又大幅上升至 1.35，达到近 6 年以来的最高值。而 2015 年该指标又大幅下跌至 0.87。表明不同信托公司对货币资产比例的态度在 2014 年出现了分化后 2015 年又基本保持一致。

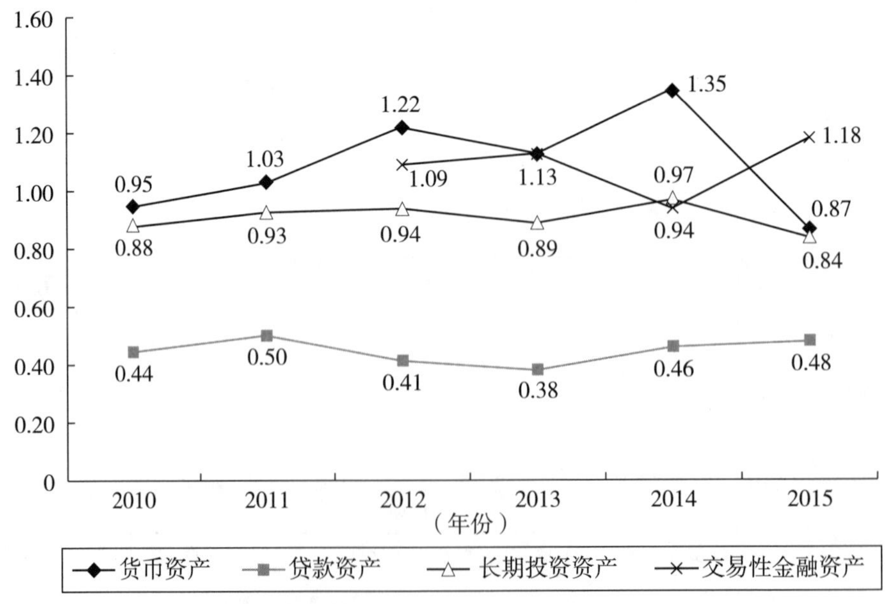

图 3 -5　2010—2015 年信托资产运用方式构成比例的变异系数

综合上述分析，我们不难发现，2010—2013 年，各信托公司对于信托资产运用的变异性变化不大，而 2014 年这一趋势发生了变化，2015 年则继续保持这一趋势。这显示出，各信托公司在信托资产运用方面的态度在 2014 年、2015 年开始出现了分化，这是近 6 年来出现的可喜变化。这表明 2014 年以来各信托公司的同质化竞争形势有了明显的松动，这有利于信托行业的可持续发展，而 2015 年继续保持了这一趋势。

2011—2015 年度信托公司信托资产运用方式分布情况如表 3－15 所示。

表 3－15　　2011—2015 年度信托公司信托资产运用方式分布

项目	年份	2011	2012	2013	2014	2015
披露公司数目（家）		61	63	64	64	66
货币资产	规模（万元）	1012030	1062537	1146007	1620648	1658037
	占比（%）	13.60	9.55	6.80	8.14	6.75
	占比增长（%）	9.94	－4.05	－2.75	1.34	－1.39
	最大值（%）	65.41	51.14	32.94	62.65	33.30
	最小值（%）	0	0	0.20	0	0
	标准差（%）	14.01	11.66	7.71	11.00	5.91
	变异系数	1.03	1.22	1.13	1.35	0.87
贷款资产	规模（万元）	2734718	4628246	7404305	7695919	8533610
	占比（%）	36.76	41.52	45.05	38.64	34.76
	占比增长（%）	－7.32	4.76	－3.53	－6.41	－3.88
	最大值（%）	86.60	80.98	80.15	83.00	79.35
	最小值（%）	0.03	5.40	12.30	10.25	7.63
	标准差（%）	18.45	17.11	16.95	17.78	16.93
	变异系数	0.50	0.41	0.38	0.46	0.49
长期投资资产	规模（万元）	1021872	1086106	1425731	1498744	1652335
	占比（%）	13.74	9.74	8.67	7.53	6.73
	占比增长（%）	－1.19	－4.00	－1.07	－1.14	－0.80
	最大值（%）	52.50	48.45	39.55	42.70	24.56
	最小值（%）	0.85	0.02	0.39	0	0.59
	标准差（%）	12.95	9.13	7.75	7.29	5.65
	变异系数	0.93	0.94	0.89	0.97	0.84

二、信托资产运用的公司分析

2015 年度各项信托资产运用方式比例最大的前 3 名如表 3－16 所示。

表 3－16　　2015 年度各项信托资产运用方式比例最大的前 3 名

项目 \ 名次	第 1 名	第 2 名	第 3 名
货币资产	华宝信托（33.30%）	建信信托（23.30%）	江苏信托（18.97%）
贷款资产	国投信托（79.35%）	湖南信托（78.22%）	浙江金汇（69.93%）
长期投资资产	昆仑信托（24.56%）	百瑞信托（22.81%）	国元信托（18.73%）
交易性金融资产	华润信托（69.07%）	中海信托（44.32%）	外贸信托（42.17%）

从表 3－16 中可以看出，货币资产占比，行业前 3 名差别较大，只有建信信托继续保持行业前 3 名的位置。华宝信托和江苏信托则从 2014 年大幅增加货币资产占比，2015 年分别跃升至第 1 名和第 3 名。五矿信托和华润信托则调减货币资产占比，分别从 2014 年的第 1 名和第 3 名降至 2015 年的第 11 名和第 4 名。

贷款资产占比，行业前 3 名基本没有变化，国投信托、湖南信托和浙江金汇继续保持行业前 3 名的位置。其中，浙江金汇和国投信托在 2014 年大幅调整贷款资产占比，分别从 2013 年的 73.20%（行业第 6 名）和 56.15%（行业第 22 名）跃升至 2014 年的 83.00%（行业第 1 名）和 75.23%（行业第 3 名）。2015 年则继续保持了贷款资产占比较高的趋势。值得一提的是，湖南信托已经连续 4 年保持贷款资产占比行业前 3 名的位置，这表明其投资策略相对比较稳定。

长期投资资产占比，2015 年行业前 3 名变化不大，昆仑信托和百瑞信托继续保持行业前 3 的位置。国元信托从 2014 年的 15.90%（行业第 10 名）小幅增长至 2015 年的 18.73%（行业第 3 名）。苏州信托则从 2014 年的 20.77%（行业第 3 名）小幅下降至 2015 年的 12.88%（行业第 14 名）。值得一提的是，昆仑信托连续 3 年长期投资资产占比位居行业前 3 名。

交易性金融资产占比，2015 年行业前 3 名变化较大，2014 年的行业前 3 名分别为平安信托、厦门国信和吉林信托，2015 年前 3 名则变为华润信托、中海信托和外贸信托。

2015 年货币资产规模、贷款资产规模、长期投资资产规模和交易性金融资产规模的前 3 名与 2014 年相比变化不大。其中，兴业信托在 2015 年大幅增加长期投资资产规模，从 2014 年的 2070753 万元（行业第 14 名）增加至 2015 年的 7021582 万元（行业第 2 名）。昆仑信托则在 2015 年大幅削减长期投资资产规模，从 2014 年的 6048655 万元（行业第 3 名）下跌至 2015 年的 2735879 万元（行业第 12 名）。2015 年交易性金融资产规模前 3 名与 2014 年完全保持一致，只不过排序略有差别。如表 3－17 所示。

表 3－17　　2015 年度各项信托资产规模最大的前 3 名　　单位：万元

项目＼名次	第 1 名	第 2 名	第 3 名
货币资产	建信信托（25556398）	华宝信托（18563988）	中信信托（15794660）
贷款资产	中信信托（46201058）	上海国信（31362975）	平安信托（24502162）
长期投资资产	中融信托（10209462）	兴业信托（7021582）	中信信托（6169545）
交易性金融资产	华润信托（50844338）	外贸信托（19224888）	华宝信托（18901584）

从 2010 年以来各年信托资产运用方式构成比例的稳定程度来看，投资策略比较明显的是百瑞信托，其信托资产分布于货币资产和长期投资资产的比例之和平均达到 26.83%，而且近 5 年来一直比较稳定，几乎没有变化。中信信托的货币资产比例和交易性金融资产比例也相对比较稳定。值得注意的是，贷款资产比例比较稳定的前三大信托公司均保持了超过 45% 的贷款比例，而且近 5 年来维持不变。如表 3－18 所示。

表 3－18　　2010—2015 年度各项信托资产比例最稳定的前 3 名

项目＼名次	第 1 名	第 2 名	第 3 名
货币资产	百瑞信托（1.13%，0.17）	中原信托（1.16%，0.25）	中信信托（20.87%，0.27）
贷款资产	中江国信（57.86%，0.04）	湖南信托（75.11%，0.06）	平安信托（46.75%，0.09）
长期投资资产	百瑞信托（25.70%，0.11）	国元信托（17.18%，0.11）	粤财信托（15.56%，0.11）
交易性金融资产	中信信托（8.68%，0.14）	平安信托（6.85%，0.21）	中诚信托（24.12%，0.33）

注：表中括号内第一个数字是平均值，第二个数字是变异系数。

相关数据如表3－19至表3－26所示。

表3－19　　信托资产运用货币资产序列表（2015年度）　　单位：万元

序号	公司简称	2015年	2014年	2013年
1	建信信托	25556398	29991355	10603343
2	华宝信托	18563988	15536827	8944663
3	中信信托	15794660	16353271	15255273
4	华润信托	12931415	17147511	11079662
5	江苏国信	6601938	2224763	2693006
6	华能贵诚	3513415	1253308	327735
7	粤财信托	2657027	2532729	3238930
8	外贸信托	2309679	1871084	1285378
9	中融信托	1790907	1717443	976634
10	平安信托	1765704	2419651	747518
11	五矿信托	1382599	326942	596485
12	金谷信托	1113845	325709	59152
13	四川信托	1110226	310316	151706
14	安信信托	1056262	308410	未披露
15	兴业信托	966560	786129	624002
16	西藏信托	889909	292451	未披露
17	陆家嘴信托	753830	269623	241977
18	交银国信	720686	1611921	2397248
19	上海国信	672376	630866	189368
20	中海信托	650138	374048	236471
21	山东国信	637268	8365	1587947
22	陕西国信	616380	未披露	486103
23	中诚信托	550830	737180	1666621
24	民生信托	531901	266152	7801
25	重庆国信	531784	262717	201004
26	中粮信托	437327	82878	160570
27	云南国信	434068	915943	168560
28	长安国信	391882	423052	354853
29	方正信托	388792	241308	44002

续　表

序号	公司简称	2015 年	2014 年	2013 年
30	北京国信	360232	212932	338168
31	厦门国信	288993	463971	111346
32	中江国信	278603	185950	106880
33	中航信托	268758	249154	165529
34	百瑞信托	216452	173589	112304
35	北方国信	213138	525224	3479631
36	新时代	188766	152458	74655
37	东莞信托	184311	102919	74864
38	紫金信托	178281	140754	203925
39	光大兴陇	163993	25901	31572
40	华鑫信托	157211	334865	514134
41	爱建信托	137672	49397	21079
42	天津信托	125613	144177	134297
43	中泰信托	118971	37335	193035
44	中原信托	104452	130873	128711
45	山西信托	104226	255960	131917
46	昆仑信托	104020	128304	130144
47	苏州信托	98551	47291	83432
48	中建投信托	96852	126065	133570
49	工商信托	79099	17342	33387
50	万向信托	77760	29317	4698
51	湖南信托	76850	69470	56151
52	国民信托	72025	未披露	38762
53	浙商金汇	63295	23567	13826
54	渤海信托	57866	73023	65678
55	西部信托	48777	174430	133491
56	新华信托	45728	115101	94215
57	华澳信托	42070	23516	48685
58	国元信托	41684	80938	66169
59	国联信托	34332	62053	66254

续 表

序号	公司简称	2015 年	2014 年	2013 年
60	国投信托	29151	29467	28889
61	英大信托	26711	74601	2944
62	华宸信托	18503	14015	23586
63	长城新盛	5680	4815	2211
64	华融国信	0	未披露	未披露
65	中铁信托	0	0	0
66	大业信托	0	0	0
67	华信信托	未披露	220732	403122
68	吉林信托	未披露	未披露	未披露
合计		109430418	103721456	71577273
平均		1658037	1620648	1118395

表 3－20　　　　　信托资产运用货币资产占比序列表（2015 年度）

序号	公司简称	2015 年（%）	2014 年（%）	2013 年（%）
1	华宝信托	33. 30	31. 61	32. 94
2	建信信托	23. 30	45. 04	32. 54
3	江苏国信	18. 97	12. 76	26. 06
4	华润信托	17. 57	36. 33	30. 41
5	中信信托	15. 44	18. 13	20. 91
6	粤财信托	13. 47	12. 80	14. 12
7	金谷信托	9. 20	3. 68	0. 63
8	华能贵诚	6. 66	2. 97	1. 10
9	陆家嘴信托	5. 44	2. 82	3. 58
10	外贸信托	5. 07	3. 43	4. 05
11	五矿信托	4. 93	62. 65	3. 04
12	民生信托	4. 69	4. 17	0. 20
13	安信信托	4. 48	2. 04	未披露
14	东莞信托	3. 83	2. 35	1. 81
15	山西信托	3. 81	4. 92	1. 95
16	中粮信托	3. 76	1. 15	3. 02
17	方正信托	3. 74	1. 75	0. 39

续 表

序号	公司简称	2015 年（%）	2014 年（%）	2013 年（%）
18	重庆国信	3. 43	1. 74	1. 59
19	陕西国信	3. 30	未披露	5. 37
20	四川信托	3. 28	1. 15	0. 69
21	平安信托	3. 16	6. 05	2. 57
22	浙商金汇	2. 96	0. 95	0. 63
23	中融信托	2. 67	2. 42	2. 04
24	山东国信	2. 59	2. 53	5. 30
25	西藏信托	2. 50	1. 14	未披露
26	厦门国信	2. 47	4. 02	0. 84
27	中诚信托	2. 47	2. 36	4. 67
28	工商信托	2. 43	0. 61	1. 48
29	紫金信托	2. 17	2. 70	5. 22
30	云南国信	2. 09	3. 39	0. 75
31	华宸信托	1. 89	2. 02	1. 86
32	北京国信	1. 74	1. 32	2. 72
33	湖南信托	1. 60	1. 03	0. 85
34	中海信托	1. 58	1. 19	1. 33
35	中江国信	1. 47	0. 85	0. 64
36	交银国信	1. 46	4. 05	8. 56
37	爱建信托	1. 45	0. 82	0. 54
38	中泰信托	1. 44	0. 49	3. 10
39	华澳信托	1. 41	0. 54	0. 95
40	百瑞信托	1. 37	1. 25	0. 98
41	长安国信	1. 33	1. 50	1. 64
42	光大兴陇	1. 18	0. 45	0. 41
43	上海国信	1. 11	1. 63	0. 98
44	苏州信托	1. 11	0. 53	1. 00
45	兴业信托	1. 05	1. 21	1. 10
46	新时代	1. 04	0. 91	0. 47
47	中建投信托	0. 97	1. 25	1. 36

续 表

序号	公司简称	2015 年（%）	2014 年（%）	2013 年（%）
48	天津信托	0.94	0.94	1.35
49	昆仑信托	0.93	0.91	0.77
50	华鑫信托	0.92	2.08	3.47
51	中原信托	0.83	1.01	1.08
52	国联信托	0.82	1.42	1.48
53	万向信托	0.82	0.51	0.29
54	中航信托	0.81	0.90	0.74
55	北方国信	0.75	1.92	11.83
56	国民信托	0.58	未披露	0.91
57	长城新盛	0.51	0.28	0.15
58	西部信托	0.48	2.68	2.61
59	新华信托	0.37	0.63	0.57
60	国元信托	0.36	0.49	0.35
61	渤海信托	0.27	0.34	0.35
62	国投信托	0.24	0.20	0.16
63	英大信托	0.12	0.35	0.01
64	华融国信	0	未披露	未披露
65	中铁信托	0	0	0
66	大业信托	0	0	0
67	华信信托	未披露	2.72	5.28
68	吉林信托	未披露	未披露	未披露
平均		6.75	8.14	6.80

表 3-21　　信托资产运用贷款序列表（2015 年度）　　单位：万元

序号	公司简称	2015 年	2014 年	2013 年
1	中信信托	46201058	35408762	29841775
2	上海国信	31362975	21989264	9805536
3	平安信托	24502162	15933574	13522441
4	兴业信托	21688151	23822301	38366970
5	交银国信	20255132	19737062	16382431
6	中航信托	16896105	18519187	13935753

续 表

序号	公司简称	2015 年	2014 年	2013 年
7	中融信托	15340269	19723511	16030400
8	渤海信托	15040321	16112280	14328203
9	长安国信	14927671	12508464	7707157
10	北方国信	13937372	12251625	12381987
11	安信信托	13251446	9827078	未披露
12	英大信托	12963827	14339875	16295598
13	云南国信	11866226	14735217	16182023
14	西藏信托	11588549	9854782	未披露
15	山东国信	11538355	167086	17585943
16	华能贵诚	10998216	12120570	12401370
17	中铁信托	10958372	9551	6579436
18	中江国信	10801566	12986954	9842518
19	五矿信托	10439023	63905	6284333
20	四川信托	9756622	8533629	9330038
21	江苏国信	9647092	7809015	4766057
22	国投信托	9597305	11030934	10366689
23	北京国信	9511489	4201868	1529183
24	华融国信	9384082	未披露	未披露
25	陕西国信	8714128	未披露	2375860
26	国民信托	8668334	未披露	2263545
27	外贸信托	8656549	8949996	7374190
28	建信信托	8643609	6827217	4568150
29	百瑞信托	7764576	6928234	5568217
30	金谷信托	7499623	5547119	5734529
31	光大兴陇	7438232	4275137	5556219
32	中诚信托	6865959	9258958	10344239
33	华润信托	6641389	10657208	12116272
34	中建投信托	6319302	5747463	5732966
35	华鑫信托	6279633	7034890	7957299
36	西部信托	6112117	3074218	2847848

续 表

序号	公司简称	2015 年	2014 年	2013 年
37	民生信托	5964656	3592962	2332876
38	中原信托	5801551	6476501	7376780
39	中海信托	5756209	5789526	6196947
40	万向信托	5615726	4002252	943995
41	新时代	5179139	9530642	8818681
42	国元信托	5093298	6084629	9385696
43	中粮信托	4701512	5383435	4208753
44	华宝信托	4254346	8285234	6519121
45	粤财信托	4236563	6925007	8224494
46	厦门国信	4183130	4879152	7888508
47	爱建信托	4014444	3221045	1809561
48	重庆国信	3781573	5262200	4953826
49	大业信托	3780000	3660000	1790000
50	湖南信托	3750525	5128408	5325289
51	苏州信托	3692720	3101220	1875790
52	紫金信托	3532445	2284661	1387825
53	新华信托	3249499	4391012	4819384
54	方正信托	3174856	4926690	4656095
55	昆仑信托	2929099	3831371	4183715
56	中泰信托	2887390	3563942	2235961
57	陆家嘴信托	2817088	3363875	2975240
58	天津信托	2503248	2973133	3127103
59	国联信托	2396616	2292289	1819247
60	华澳信托	1629123	3136613	3382662
61	东莞信托	1569653	1507829	1743014
62	山西信托	1502449	2577305	3959411
63	浙商金汇	1497112	2058208	1603165
64	工商信托	999600	627489	434920
65	长城新盛	461885	1075250	1122779
66	华宸信托	205980	333640	698395

续 表

序号	公司简称	2015 年	2014 年	2013 年
67	华信信托	未披露	2286368	2171117
68	吉林信托	未披露	未披露	未披露
合计		563218271	492538822	473875527
平均		8533610	7695919	7404305

表 3－22　信托资产运用贷款占比序列表（2015 年度）

序号	公司简称	2015 年（%）	2014 年（%）	2013 年（%）
1	国投信托	79.35	75.23	56.15
2	湖南信托	78.22	75.96	80.15
3	浙商金汇	69.93	83.00	73.20
4	国民信托	69.65	未披露	53.24
5	渤海信托	69.58	74.38	76.14
6	中建投信托	63.41	57.13	58.39
7	金谷信托	61.92	62.66	61.13
8	西部信托	59.91	47.16	55.69
9	万向信托	58.96	70.03	58.94
10	云南国信	57.06	54.55	71.87
11	国联信托	56.97	52.68	40.56
12	中江国信	56.90	59.10	58.77
13	中铁信托	56.31	45.28	43.71
14	安信信托	56.17	65.01	未披露
15	英大信托	56.15	68.13	77.50
16	山西信托	54.89	49.52	58.52
17	华澳信托	54.61	71.68	66.10
18	光大兴陇	53.32	74.07	71.35
19	民生信托	52.61	56.35	59.78
20	上海国信	51.53	56.91	50.99
21	中航信托	50.79	66.60	63.01
22	长安国信	50.68	44.41	35.54
23	北方国信	49.21	44.76	42.08
24	百瑞信托	49.09	50.01	48.74

续 表

序号	公司简称	2015 年（%）	2014 年（%）	2013 年（%）
25	大业信托	49.00	42.00	34.00
26	山东国信	46.84	50.60	58.73
27	陕西国信	46.66	未披露	26.20
28	北京国信	46.09	26.00	12.30
29	中原信托	45.87	49.95	61.92
30	中信信托	45.17	39.25	40.90
31	华融国信	44.17	未披露	未披露
32	国元信托	44.10	37.08	49.26
33	平安信托	43.88	39.85	46.58
34	紫金信托	42.93	43.89	35.51
35	爱建信托	42.44	53.41	46.54
36	苏州信托	41.60	34.70	29.00
37	长城新盛	41.13	62.92	77.47
38	交银国信	40.91	49.59	58.53
39	中粮信托	40.48	74.62	79.27
40	五矿信托	37.20	12.24	32.05
41	华鑫信托	36.78	43.75	53.63
42	厦门国信	35.81	42.28	59.56
43	中泰信托	35.04	46.86	35.96
44	东莞信托	32.60	34.41	42.18
45	西藏信托	32.49	38.45	未披露
46	中诚信托	30.87	29.65	28.96
47	工商信托	30.72	22.09	19.22
48	方正信托	30.53	35.66	41.64
49	四川信托	28.87	31.63	42.67
50	新时代	28.62	56.96	55.67
51	江苏国信	27.72	44.79	46.12
52	新华信托	26.52	24.02	29.04
53	昆仑信托	26.29	27.05	24.83
54	重庆国信	24.39	34.91	39.22

续 表

序号	公司简称	2015 年（%）	2014 年（%）	2013 年（%）
55	兴业信托	23.52	36.58	67.91
56	中融信托	22.90	27.76	33.50
57	粤财信托	21.47	35.02	35.84
58	华宸信托	21.01	47.95	54.93
59	华能贵诚	20.84	28.75	41.54
60	陆家嘴信托	20.30	35.20	44.04
61	外贸信托	18.99	16.47	23.23
62	天津信托	18.81	19.26	31.43
63	中海信托	13.98	18.42	34.92
64	华润信托	9.02	22.58	33.26
65	建信信托	7.88	10.25	14.02
66	华宝信托	7.63	16.86	24.01
67	华信信托	未披露	28.18	28.42
68	吉林信托	未披露	未披露	未披露
平均		34.76	38.64	45.05

表 3-23　　信托资产运用交易性金融资产序列表（2015 年度）　　单位：万元

序号	公司简称	2015 年	2014 年	2013 年
1	华润信托	50844338	14472696	7238370
2	外贸信托	19224888	14418771	7039568
3	华宝信托	18901584	14677275	5458510
4	中海信托	18246021	11459112	6784517
5	建信信托	12689017	3086495	974842
6	交银国信	11925836	7896203	3236416
7	江苏国信	11652241	4521020	805149
8	兴业信托	10894426	8784479	4406408
9	西藏信托	10133239	11051509	未披露
10	中信信托	7358869	6882828	7090998
11	四川信托	6846350	4288311	309387
12	上海国信	6698585	3319741	2603725
13	中融信托	6449453	0	3143789

续 表

序号	公司简称	2015 年	2014 年	2013 年
14	中诚信托	5648902	7746763	9376414
15	陕西国信	5248340	未披露	2811625
16	北方国信	5096985	6701865	6273875
17	山东国信	5027048	32668	1192244
18	平安信托	4354208	3460527	1463582
19	长安国信	3679489	3532125	2386710
20	粤财信托	2620946	934912	711251
21	北京国信	2539537	2905172	3450852
22	云南国信	2092110	2835941	1032642
23	新时代	2031234	1498725	482706
24	重庆国信	1995400	1348879	637390
25	东莞信托	1208932	915318	503276
26	华鑫信托	850990	976472	568594
27	五矿信托	843997	12190	1001929
28	中江国信	761657	1413238	519454
29	昆仑信托	718498	316125	302858
30	方正信托	661180	220348	0
31	光大兴陇	627233	150	12145
32	民生信托	624672	297778	0
33	厦门国信	582823	1935854	547798
34	山西信托	366735	1016010	800811
35	中粮信托	361170	0	0
36	中航信托	358495	10262	0
37	万向信托	322515	50796	0
38	苏州信托	285898	42520	36
39	国元信托	281527	519857	265445
40	爱建信托	176662	243870	185474
41	中泰信托	167429	81227	239293
42	中铁信托	160103	4137	1616
43	天津信托	119080	195191	138171

续　表

序号	公司简称	2015 年	2014 年	2013 年
44	湖南信托	92222	22136	3072
45	国民信托	77568	未披露	10803
46	百瑞信托	57684	34881	6817
47	陆家嘴信托	50843	41224	0
48	国投信托	42753	27708	375035
49	国联信托	41568	103129	94569
50	西部信托	40040	207383	106611
51	中建投信托	22328	0	0
52	渤海信托	20835	22999	0
53	紫金信托	15056	0	0
54	中原信托	13125	26000	11443
55	新华信托	8943	51159	139384
56	华能贵诚	1400	1400	100
57	金谷信托	701	0	0
58	华融国信	0	未披露	未披露
59	华宸信托	0	0	416380
60	工商信托	0	0	0
61	英大信托	0	0	0
62	安信信托	0	0	未披露
63	华澳信托	0	1940	0
64	大业信托	0	0	0
65	长城新盛	0	0	0
66	浙商金汇	0	0	57771
67	华信信托	未披露	188468	609536
68	吉林信托	未披露	未披露	未披露
合计		242163712	144835787	85829390
平均		3669147	2263059	1341084

表 3-24　　信托资产运用交易性金融资产占比序列表（2015 年度）

序号	公司简称	2015 年（%）	2014 年（%）	2013 年（%）
1	华润信托	69.07	30.67	19.87
2	中海信托	44.32	36.46	38.24
3	外贸信托	42.17	26.53	22.18
4	华宝信托	33.90	29.86	20.10
5	江苏国信	33.48	25.93	7.79
6	西藏信托	28.41	43.12	未披露
7	陕西国信	28.10	未披露	31.00
8	中诚信托	25.39	24.80	26.25
9	东莞信托	25.11	20.89	12.18
10	交银国信	24.08	19.84	11.56
11	山东国信	20.41	9.89	3.98
12	四川信托	20.26	15.89	1.41
13	北方国信	17.99	24.48	21.32
14	山西信托	13.40	19.52	11.84
15	粤财信托	13.29	4.73	3.10
16	重庆国信	12.87	8.95	5.05
17	长安国信	12.49	12.54	11.01
18	北京国信	12.31	17.97	27.75
19	兴业信托	11.82	13.49	7.80
20	建信信托	11.57	4.64	2.99
21	新时代	11.22	8.95	3.05
22	上海国信	11.01	8.59	13.54
23	云南国信	10.06	10.50	4.59
24	中融信托	9.63	0	6.57
25	平安信托	7.80	8.65	5.04
26	中信信托	7.19	7.63	9.72
27	昆仑信托	6.45	2.23	1.80
28	方正信托	6.36	1.60	0
29	民生信托	5.51	4.67	0
30	厦门国信	4.99	16.78	4.14

续 表

序号	公司简称	2015 年（%）	2014 年（%）	2013 年（%）
31	华鑫信托	4. 98	6. 07	3. 83
32	光大兴陇	4. 50	0. 26	0. 16
33	中江国信	4. 01	6. 43	3. 10
34	万向信托	3. 39	0. 89	0
35	苏州信托	3. 22	0. 47	0
36	中粮信托	3. 11	0	0
37	五矿信托	3. 01	2. 34	5. 11
38	国元信托	2. 44	3. 16	1. 39
39	中泰信托	2. 03	1. 07	3. 85
40	湖南信托	1. 92	0. 33	0. 05
41	爱建信托	1. 87	4. 04	4. 77
42	中航信托	1. 08	0. 04	0
43	国联信托	0. 99	2. 37	2. 11
44	天津信托	0. 89	1. 26	1. 39
45	中铁信托	0. 82	0. 02	0. 01
46	国民信托	0. 62	未披露	0. 25
47	西部信托	0. 39	3. 18	2. 09
48	陆家嘴信托	0. 37	0. 43	0
49	百瑞信托	0. 36	0. 25	0. 06
50	国投信托	0. 35	0. 19	2. 03
51	中建投信托	0. 22	0	0
52	紫金信托	0. 18	0	0
53	中原信托	0. 10	0. 20	0. 10
54	渤海信托	0. 10	0. 11	0
55	新华信托	0. 07	0. 28	0. 84
56	金谷信托	0. 01	0	0
57	华融国信	0	未披露	未披露
58	华宸信托	0		32. 75
59	工商信托	0	0	0
60	英大信托	0	0	0

续 表

序号	公司简称	2015 年（%）	2014 年（%）	2013 年（%）
61	安信信托	0		未披露
62	华能贵诚	0	0	0
63	华澳信托	0	0. 04	0
64	大业信托	0	0	0
65	长城新盛	0	0	0
66	浙商金汇	0	0	2. 64
67	华信信托	未披露	2. 32	7. 98
68	吉林信托	未披露	未披露	未披露
平均		11. 27	11. 27	8. 16

表 3－25　　信托资产运用长期投资序列表（2015 年度）　　单位：万元

序号	公司简称	2015 年	2014 年	2013 年
1	中融信托	10209462	11179385	8148029
2	兴业信托	7021582	2070753	221137
3	中信信托	6169545	7718167	7365921
4	中诚信托	4062077	5058435	4692353
5	华能贵诚	3998350	3826970	2279070
6	百瑞信托	3607872	3392268	2915505
7	上海国信	3440623	2210927	789978
8	粤财信托	3056684	3308922	3198882
9	山东国信	2972447	49610	3511389
10	北京国信	2875907	2699894	2659152
11	五矿信托	2739291	0	1159431
12	昆仑信托	2735879	6048655	6663580
13	建信信托	2633482	1543970	954435
14	中航信托	2589081	1910369	2595611
15	重庆国信	2526359	2882867	2789241
16	平安信托	2463868	1818900	3580000
17	国元信托	2162737	2611451	2670208
18	交银国信	2017489	1726042	1231710
19	金谷信托	2001274	956620	1150663

续 表

序号	公司简称	2015 年	2014 年	2013 年
20	华润信托	1874134	0	2595227
21	华鑫信托	1871302	1927608	1348456
22	中原信托	1797907	1187868	486820
23	北方国信	1787298	1364335	1420821
24	方正信托	1608044	2146681	1100564
25	渤海信托	1583295	1107019	1301857
26	安信信托	1522414	986481	未披露
27	陕西国信	1513636	未披露	663058
28	厦门国信	1389589	1326596	688671
29	四川信托	1345693	1707486	1322503
30	光大兴陇	1323683	429747	512791
31	陆家嘴信托	1302010	453700	213600
32	西部信托	1267181	1221615	1649425
33	中铁信托	1257130	1469848	1031980
34	新华信托	1247955	1892707	2087006
35	长安国信	1231605	2158898	1227205
36	苏州信托	1143562	1856599	1690382
37	天津信托	977428	963587	1278418
38	华宝信托	921312	1123258	853931
39	华融国信	918452	未披露	未披露
40	国投信托	845592	1038020	1165020
41	爱建信托	835804	1041650	401860
42	大业信托	820000	890000	840000
43	西藏信托	806844	1422353	未披露
44	中泰信托	788774	691126	681442
45	中海信托	708099	0	988334
46	中粮信托	704837	498669	363200
47	中建投信托	620831	555695	286032
48	英大信托	606025	523110	353160
49	工商信托	569195	400590	424450

续 表

序号	公司简称	2015 年	2014 年	2013 年
50	东莞信托	512765	473308	507050
51	中江国信	479482	917635	1343182
52	国民信托	474181	未披露	116950
53	国联信托	419938	438143	455103
54	万向信托	369172	151302	9380
55	新时代	316910	459330	319549
56	华澳信托	301923	224090	233865
57	外贸信托	268572	251580	1317751
58	山西信托	236400	179634	274437
59	江苏国信	234230	129655	170705
60	云南国信	231449	309699	140031
61	长城新盛	185591	209391	47426
62	湖南信托	177675	194582	191908
63	民生信托	137400	95452	215690
64	紫金信托	122286	151900	124900
65	浙商金汇	62861	165380	140410
66	华宸信托	49650	5000	39000
67	华信信托	未披露	164081	46931
68	吉林信托	未披露	未披露	未披露
合计		109054123	95919614	91246776
平均		1652335	1498744	1425731

表 3－26　　信托资产运用长期投资占比序列表（2015 年度）

序号	公司简称	2015 年（%）	2014 年（%）	2013 年（%）
1	昆仑信托	24. 56	42. 70	39. 55
2	百瑞信托	22. 81	24. 49	25. 52
3	国元信托	18. 73	15. 90	14. 01
4	中诚信托	18. 26	16. 20	13. 14
5	工商信托	17. 49	14. 10	18. 75
6	长城新盛	16. 53	12. 25	3. 27
7	金谷信托	16. 52	10. 81	12. 27

续 表

序号	公司简称	2015 年（%）	2014 年（%）	2013 年（%）
8	重庆国信	16. 29	19. 13	22. 08
9	粤财信托	15. 49	16. 73	13. 94
10	方正信托	15. 47	15. 54	9. 84
11	中融信托	15. 24	15. 73	17. 03
12	中原信托	14. 21	9. 16	4. 09
13	北京国信	13. 93	16. 70	21. 39
14	苏州信托	12. 88	20. 77	27. 00
15	西部信托	12. 42	18. 74	32. 25
16	山东国信	12. 07	15. 02	11. 73
17	厦门国信	11. 89	11. 50	5. 20
18	大业信托	11. 00	10. 00	16. 00
19	华鑫信托	10. 96	11. 99	9. 09
20	东莞信托	10. 65	10. 80	12. 27
21	新华信托	10. 19	10. 35	12. 58
22	华澳信托	10. 12	5. 12	4. 57
23	国联信托	9. 98	10. 07	10. 15
24	五矿信托	9. 76	0	5. 91
25	中泰信托	9. 57	9. 09	10. 96
26	光大兴陇	9. 49	7. 45	6. 59
27	陆家嘴信托	9. 38	4. 75	3. 16
28	爱建信托	8. 84	17. 27	10. 34
29	山西信托	8. 64	3. 45	4. 06
30	陕西国信	8. 11	未披露	7. 31
31	中航信托	7. 78	6. 87	11. 74
32	兴业信托	7. 62	3. 18	0. 39
33	华能贵诚	7. 58	9. 08	7. 63
34	天津信托	7. 34	6. 24	12. 85
35	渤海信托	7. 32	5. 11	6. 92
36	国投信托	6. 99	7. 08	6. 31
37	中铁信托	6. 46	6. 97	6. 86

续 表

序号	公司简称	2015 年（%）	2014 年（%）	2013 年（%）
38	安信信托	6. 45	6. 53	未披露
39	北方国信	6. 31	4. 98	4. 83
40	中建投信托	6. 23	5. 52	2. 91
41	中粮信托	6. 07	6. 91	6. 84
42	中信信托	6. 03	8. 56	10. 09
43	上海国信	5. 65	5. 72	4. 11
44	华宸信托	5. 07	0. 72	3. 07
45	平安信托	4. 41	4. 55	12. 33
46	华融国信	4. 32	未披露	未披露
47	长安国信	4. 18	7. 66	5. 66
48	交银国信	4. 07	4. 34	4. 40
49	四川信托	3. 98	6. 33	6. 05
50	万向信托	3. 88	2. 65	0. 59
51	国民信托	3. 81	未披露	2. 75
52	湖南信托	3. 71	2. 88	2. 89
53	浙商金汇	2. 94	6. 67	6. 41
54	英大信托	2. 63	2. 48	1. 68
55	华润信托	2. 55	0	7. 12
56	中江国信	2. 53	4. 18	8. 02
57	建信信托	2. 40	2. 32	2. 93
58	西藏信托	2. 26	5. 55	未披露
59	新时代	1. 75	2. 74	2. 02
60	中海信托	1. 72	0	5. 57
61	华宝信托	1. 65	2. 29	3. 15
62	紫金信托	1. 49	2. 92	3. 20
63	民生信托	1. 21	1. 50	5. 53
64	云南国信	1. 11	1. 15	0. 62
65	江苏国信	0. 67	0. 74	1. 65
66	外贸信托	0. 59	0. 46	4. 15
67	华信信托	未披露	2. 02	0. 61
68	吉林信托	未披露	未披露	未披露
平均		6. 73	7. 53	8. 67

第四章　信托资产赢利能力分析

第一节　信托收入

一、信托收入的历史分析

本书收录了68家信托公司的信托收入数据，比上一年度多了2家。

根据2016年信托公司最新披露的信息显示，2015年度，信托行业平均信托收入为1897191万元，比2014年大幅上升，上升幅度为223901万元，上升了13.38%。自2011年以来，信托公司的信托收入在2012年的上升幅度最大，达到129.52%，远远高于其他年份，继2012年大幅增长后，2013年和2014年又连续出现了超过50%的增长幅度；在近5年内，除了2011年和2015年增长幅度较小外，其余年份均实现了平均信托收入的大幅增长，其中，2013年与2014年连续两年出现了较大幅度的增长，增幅分别为50.22%和53.52%，如表4-1所示。

表4-1　2011—2015年度信托公司信托收入的统计分析表

项目＼年份	2011	2012	2013	2014	2015
平均值（万元）	316138	725588	1089973	1673290	1897191
均值增长幅度（万元）	52649	409450	364385	583317	223901
平均值增长率（%）	19.20	129.52	50.22	53.52	13.38

续 表

项目 \ 年份	2011	2012	2013	2014	2015
公司数目（家）	62	66	68	66	68
信托收入为负的公司数（家）	2	0	0	0	0
最大值（万元）	1335025	3081299	3824727	5760493	7067050
最小值（万元）	-2837	4680	53014	21565	74021
标准差（万元）	284402.17	586871.66	825965.62	1346644.32	1712474.41
变异系数	0.90	0.78	0.74	0.80	0.90

自2011年以来，只有2011年出现了2家信托公司的信托收入为负值的情况，其余4年各家信托公司收入均告别了负值。2015年收录的68家信托公司均实现了正的信托收入，即使信托收入最少的公司信托收入也达到了74021万元。信托收入数据表明，2015年整个信托行业的信托收入状况良好。

在2007年，单个信托公司的信托收入出现历史高点2137956万元，在之后的4年内，该指标一直在100亿元级别徘徊，但是2012年的信托收入最高值远远破了2007年的纪录，达到3081299万元，2013年单个信托公司信托收入在2012年出现历史高值的基础上达到3824727万元，2014年这一指标又创新高，达到5760493万元，2015年这一指标继续刷新历史纪录，达到7067050万元，是2014年历史次低值1.3倍。值得一提的是，该指标自2012年以来连续4年不断被刷新。

2011—2015年，2011年和2015年各个信托公司的信托收入变异系数最大，为0.90，2012—2014年该指标有所下降。2011—2013年的3年时间里，各信托公司信托收入变异系数由0.90逐年下降至0.74，2014年该指标又小幅回升至0.80，而2015年大幅回升至0.90。这表明，2015年各信托公司之间的信托收入差异度又大幅反弹。

综合上述分析，我们不难发现，2011—2015年，各信托公司的平均信托收入逐年持续增长。尤其是2014年，在2012年、2013年连续出现了129.52%和50.22%的增幅的基础上持续增长53.52%。但是，2015年各信托公司平均信托收入增幅大幅缩减，这说明2015年各信托公司收入增长形势不容乐观，以往持续高速增长的态势在2015年发生了转变。与此同时，2015年各信托公司的信托收入差异性大幅回升，表明在各信托公司的信托收入增长齐头并进的同时，各信托公司之间的竞争越来越激烈。

二、信托收入的公司分析

从信托收入排名来看，2015 年度，信托收入最大的信托公司前 5 名为中融信托（7067050 万元）、平安信托（6969569 万元）、中信信托（6788765 万元）、外贸信托（6555991 万元）以及华润信托（5150094 万元）。与 2014 年相比，前 5 名阵营变化不大，其中，中融信托、平安信托、中信信托和华润信托继续保持信托收入前 5 名的位置。外贸信托在 2015 年信托收入大幅增加 2496819 万元，跃居行业第 4 名。兴业信托的信托收入则在 2015 年以 377297 万元的增幅小幅下降至行业第 6 名。值得一提的是，2015 年信托收入排名前 5 名的公司平均信托收入比 2014 年前 5 名高出约 1500000 万元。

另外，2008 年信托收入达到 10 亿元以上的公司只有 5 家，2009 年增加到 28 家，2010 年增加到 41 家，2011 年继续增加到 49 家，2012 年进一步增加到 62 家，2013 年增加至 65 家，2014 年仍然保持 65 家的规模，2015 年则达到 67 家，在 68 家信托公司中，2015 年仅有 1 家信托公司的信托收入不足 10 亿元，但是即使是信托收入最少的公司，信托收入也达到了 74021 万元。值得一提的是，2015 年信托收入达到 100 亿元以上的信托公司达到 42 家，超过了所披露公司数量的一半。在经济环境持续偏紧的情况下，信托收入达到 100 亿元以上的信托公司仍然比 2014 年增加了 3 家。

从信托收入增幅来看，2015 年度，信托收入增幅前 5 名的公司分别为百瑞信托（1171.99%）、华宸信托（243.25%）、国民信托（137.77%）、万向信托（116.24%）以及工商信托（112.09%）。2015 年增幅排名前 5 的公司与 2014 年相比变化较大，建信信托、长城新盛、华宝信托、北京国信和华润信托增幅跌出了前 5 名。值得一提的是，2015 年度信托收入下跌的公司有 27 家，比 2014 年多出 22 家，这也显示出 2015 年各信托公司在严峻的市场环境中面临着收入下跌的压力。

从 2010—2015 年 6 年以来各年信托收入的稳定程度来看，最稳定公司的前 3 名分别是英大信托（变异系数为 0.23，年均值为 1128117 万元）、吉林信托（变异系数为 0.27，年均值为 451012 万元）以及国联信托（变异系数为 0.38，年均值为307503万元）。另外，信托收入波动程度最大的前3家公司分别是国民信托（变异系数为1.44，平均值为234696万元）、云南国信（变异系数为1.10，平均值为1074489万元）以及西藏信托（变异系数为1.09，平均值为814696万元），其中国民信托和云南国信的波动性主要是由近几年信托收入的连续增长造成的。

相关数据如表4－2至表4－4所示。

表4－2　　信托收入序列表（2015年度）　　单位：万元

序号	公司简称	2015年	2014年	2013年
1	中融信托	7067050	5760493	3686528
2	平安信托	6969569	4758744	2845095
3	中信信托	6788765	5679333	3318829
4	外贸信托	6555991	4059172	2353572
5	华润信托	5150094	4460327	2209803
6	兴业信托	4772820	4395523	3824727
7	建信信托	4179409	4326078	1629252
8	华宝信托	4054581	3228452	1457073
9	华能贵诚	3821432	2962536	2062995
10	上海国信	3788524	2127972	1231552
11	四川信托	3662810	2580271	1906708
12	中海信托	3306520	1988314	1049179
13	交银国信	3155957	2484346	1391408
14	山东国信	2792626	2727621	2015564
15	中航信托	2690220	2273835	1533720
16	云南国信	2535501	2433016	1238053
17	长安国信	2532447	2572900	2232415
18	北方国信	2463811	2461964	1683669
19	粤财信托	2242080	1777285	1394929
20	西藏信托	2214525	1490114	832964
21	华融国信	2150147	1453061	772615
22	中诚信托	2028388	2927994	1748932
23	陕西国信	1979910	988929	775766
24	五矿信托	1853552	2095279	1412351

续　表

序号	公司简称	2015 年	2014 年	2013 年
25	厦门国信	1834268	1338201	1124333
26	北京国信	1782717	1636287	808178
27	渤海信托	1764515	1768040	1480372
28	华鑫信托	1749648	1590881	1114539
29	中江国信	1704972	1874417	1286484
30	安信信托	1640485	1291250	767333
31	江苏国信	1508485	981091	605619
32	新时代	1427629	1673183	1295934
33	新华信托	1403393	1839878	1228767
34	英大信托	1384117	1281545	1242809
35	百瑞信托	1346722	105875	747298
36	重庆国信	1304338	1321572	656927
37	中原信托	1205860	1242844	1015533
38	国元信托	1154907	1558976	1380643
39	国投泰康	1123998	1468919	1237678
40	昆仑信托	1084078	1105098	896795
41	中铁信托	1052993	1851739	1345521
42	陆家嘴信托	1002380	704732	505209
43	苏州信托	958740	723798	431665
44	西部信托	928465	471830	432480
45	中泰信托	890938	747262	455938
46	国民信托	865050	363811	155384
47	民生信托	789908	580767	80997
48	华信信托	777186	844949	639418
49	金谷信托	751555	793022	937051
50	万向信托	714563	330443	83165
51	大业信托	639302	725294	409762
52	爱建信托	638428	488227	272769
53	兴大兴陇	624480	763738	597487
54	中建投信托	620793	772734	548300

续 表

序号	公司简称	2015 年	2014 年	2013 年
55	天津信托	609183	757113	656604
56	湖南信托	586551	710464	653621
57	紫金信托	568868	392254	288850
58	吉林信托	552937	414532	442974
59	中粮信托	525419	462601	529415
60	东莞信托	508312	409365	337684
61	工商信托	424219	200020	212828
62	国联信托	391388	423528	402892
63	方正东亚	354310	1307940	887336
64	华澳信托	340965	484552	345685
65	山西信托	305946	995642	569599
66	浙商金汇	215455	255302	178931
67	长城新盛	119741	126618	53014
68	华宸信托	74021	21565	166621
合计		129008956	111215456	74118141
平均		1897191	1635521	1089973

表 4-3　　信托收入增长序列表（2015 年度）　　单位：万元

序号	公司简称	2015 年	2014 年	2013 年
1	外贸信托	2496819	1705600	1034764
2	平安信托	2210826	1913648	749453
3	上海国信	1660552	896420	557749
4	中海信托	1318206	939134	143153
5	中融信托	1306558	2073965	1697985
6	百瑞信托	1240847	-641423	323181
7	中信信托	1109433	2360503	237530
8	四川信托	1082539	673563	989578
9	陕西国信	990982	213162	282433
10	华能贵诚	858896	899541	766990
11	华宝信托	826129	1771378	-462179
12	西藏信托	724411	657150	514954

续　表

序号	公司简称	2015 年	2014 年	2013 年
13	华融国信	697086	680445	223839
14	华润信托	689768	2250524	918984
15	交银国信	671611	1092938	530317
16	江苏国信	527394	375472	152311
17	国民信托	501239	208427	133031
18	厦门国信	496067	213868	379056
19	粤财信托	464795	382356	178441
20	西部信托	456635	39350	201560
21	中航信托	416384	740115	624206
22	万向信托	384119	未披露	未披露
23	兴业信托	377297	570797	2056742
24	安信信托	349235	523917	472097
25	陆家嘴信托	297647	199523	407008
26	苏州信托	234942	292133	180078
27	工商信托	224199	-12808	12808
28	民生信托	209141	未披露	未披露
29	紫金信托	176614	103404	152809
30	华鑫信托	158767	476342	531446
31	爱建信托	150201	215457	140299
32	北京国信	146431	828109	-372910
33	中泰信托	143676	291324	306632
34	吉林信托	138405	-28442	-164469
35	英大信托	102573	38736	5884
36	云南国信	102485	1194963	1036596
37	东莞信托	98947	71681	93810
38	山东国信	65005	712057	878914
39	中粮信托	62818	-66814	-67472
40	华宸信托	52456	-145056	-10848
41	北方国信	1847	778295	760929
42	渤海信托	-3525	287667	552742

续 表

序号	公司简称	2015 年	2014 年	2013 年
43	长城新盛	-6876	73604	48334
44	重庆国信	-17234	664645	324772
45	昆仑信托	-21021	208303	322287
46	国联信托	-32140	20636	151337
47	中原信托	-36983	227310	465361
48	浙商金汇	-39847	76371	143578
49	长安国信	-40453	340485	864295
50	金谷信托	-41468	-144028	131302
51	华信信托	-67763	205531	160077
52	大业信托	-85992	315533	155787
53	湖南信托	-123913	56843	248450
54	兴大兴陇	-139258	166251	24162
55	华澳信托	-143587	138867	207630
56	建信信托	-146669	2696826	304506
57	天津信托	-147931	100510	212205
58	中建投信托	-151941	224434	331474
59	中江国信	-169445	587933	485024
60	五矿信托	-241727	682928	678215
61	新时代	-245554	377249	451538
62	国投泰康	-344921	231241	845458
63	国元信托	-404069	178332	672456
64	新华信托	-436485	611111	460216
65	山西信托	-689696	426043	244162
66	中铁信托	-798746	506218	765445
67	中诚信托	-899607	1179063	6823
68	方正东亚	-953630	420604	209819
合计		17793500	37097315	26229305
平均		261669	545549	364384

表 4－4　　　　　　　　　　**信托收入增幅序列表（2015 年度）**

序号	公司简称	2015 年（%）	2014 年（%）	2013 年（%）
1	百瑞信托	1171.99	－85.83	76.20
2	华宸信托	243.25	－87.06	－6.11
3	国民信托	137.77	134.14	595.13
4	万向信托	116.24	未披露	未披露
5	工商信托	112.09	－6.02	6.40
6	陕西国信	100.21	27.48	57.25
7	西部信托	96.78	9.10	87.29
8	上海国信	78.03	72.79	82.78
9	中海信托	66.30	89.51	15.80
10	外贸信托	61.51	72.47	78.46
11	江苏国信	53.76	62.00	33.60
12	西藏信托	48.61	78.89	161.93
13	华融国信	47.97	88.07	40.79
14	平安信托	46.46	67.26	35.76
15	紫金信托	45.03	35.80	112.33
16	陆家嘴信托	42.24	39.49	414.46
17	四川信托	41.95	35.33	107.90
18	厦门国信	37.07	19.02	50.86
19	民生信托	36.01	未披露	未披露
20	吉林信托	33.39	－6.42	－27.08
21	苏州信托	32.46	67.68	71.58
22	爱建信托	30.76	78.99	105.91
23	华能贵诚	28.99	43.60	59.18
24	安信信托	27.05	68.28	159.91
25	交银国信	27.03	78.55	61.59
26	粤财信托	26.15	27.41	14.67
27	华宝信托	25.59	121.57	－24.08
28	东莞信托	24.17	21.23	38.47
29	中融信托	22.68	56.26	85.39
30	中信信托	19.53	71.12	7.71

续 表

序号	公司简称	2015 年（%）	2014 年（%）	2013 年（%）
31	中泰信托	19. 23	63. 90	205. 37
32	中航信托	18. 31	48. 26	68. 63
33	华润信托	15. 46	101. 84	71. 19
34	中粮信托	13. 58	-12. 62	-11. 30
35	华鑫信托	9. 98	42. 74	91. 14
36	北京国信	8. 95	102. 47	-31. 57
37	兴业信托	8. 58	14. 92	116. 33
38	英大信托	8. 00	3. 12	0. 48
39	云南国信	4. 21	96. 52	514. 55
40	山东国信	2. 38	35. 33	77. 33
41	北方国信	0. 08	46. 23	82. 46
42	渤海信托	-0. 20	19. 43	59. 59
43	重庆国信	-1. 30	101. 17	97. 78
44	长安国信	-1. 57	15. 25	63. 17
45	昆仑信托	-1. 90	23. 23	56. 10
46	中原信托	-2. 98	22. 38	84. 58
47	建信信托	-3. 39	165. 53	22. 99
48	金谷信托	-5. 23	-15. 37	16. 30
49	长城新盛	-5. 43	138. 84	1032. 66
50	国联信托	-7. 59	5. 12	60. 16
51	华信信托	-8. 02	32. 14	33. 40
52	中江国信	-9. 04	45. 70	60. 52
53	五矿信托	-11. 54	48. 35	92. 38
54	大业信托	-11. 86	77. 00	61. 34
55	新时代	-14. 68	29. 11	53. 47
56	浙商金汇	-15. 61	42. 68	406. 13
57	湖南信托	-17. 44	8. 70	61. 32
58	兴大兴陇	-18. 23	27. 83	4. 21
59	天津信托	-19. 54	15. 31	47. 75
60	中建投信托	-19. 66	40. 93	152. 88

续 表

序号	公司简称	2015 年（%）	2014 年（%）	2013 年（%）
61	国投泰康	-23.48	18.68	215.56
62	新华信托	-23.72	49.73	59.88
63	国元信托	-25.92	12.92	94.95
64	华澳信托	-29.63	40.17	150.40
65	中诚信托	-30.72	67.42	0.39
66	中铁信托	-43.13	37.62	131.96
67	山西信托	-69.27	74.80	75.03
68	方正东亚	-72.91	47.40	30.97
平均		16.00	50.05	50.22

三、信托收入与信托业务收入的对比分析

信托收入主要由利息收入、投资收入、租赁业务收入、公允价值变动收益 4 部分组成，统计分析结果如表 4-5 所示。其中，利息收入与投资收入是最主要的两大信托收入来源，公允价值变动收益与租赁业务收入占的比重非常小，而且从事相应业务的公司数目也较少。

表 4-5　　2011—2015 年度信托公司信托收入结构的统计分析表

项目	年份	2011	2012	2013	2014	2015
利息收入	平均值（%）	72.48	53.09	57.34	49.57	45.33
	平均值增长（%）	14.23	-19.39	4.25	-7.77	-4.24
	最大值（%）	747.72	93.96	89.08	92.83	121.63
	最小值（%）	-10.41	0	4.31	20.69	18.95
	超过 100% 的公司数（家）	6	0	0	0	1
	小于 0 的公司数（家）	1	0	0	0	0
	标准差	0.97	0.20	0.18	0.19	0.22
	变异系数	1.33	0.37	0.32	0.38	0.49

续 表

项目	年份	2011	2012	2013	2014	2015
投资收入	平均值（%）	30.63	36.50	38.83	41.75	50.01
	平均值增长（%）	-5.15	5.87	2.27	2.92	8.26
	最大值（%）	81.92	81.87	81.20	72.13	136.09
	最小值（%）	-161.00	-1.79	8.37	3.87	-30.29
	超过100%的公司数（家）	0	0	0	0	1
	小于0的公司数（家）	5	1	0	0	2
	标准差	0.33	0.21	0.19	0.18	0.25
	变异系数	1.09	0.58	0.49	0.43	0.50
租赁业务收入	平均值（%）	0.54	0.30	0.18	0.06	0.04
	平均值增长（%）	0.24	-0.24	-0.12	-0.12	-0.02
	最大值（%）	24.73	2.59	3.34	1.67	0.92
	最小值（%）	0	0	0	0	0
	存在租赁收入的公司数（家）	14	18	15	16	16
公允价值变动收益	平均值（%）	-11.99	4.68	-1.16	4.77	1.18
	平均值增长（%）	-13.65	16.67	-5.84	5.93	-3.59
	最大值（%）	133.70	76.67	47.72	32.05	19.27
	最小值（%）	-652.97	-0.67	-9.58	-3.76	-88.69
	大于5%的公司数（家）	1	14	10	17	7
	大于0的公司数（家）	3	40	25	42	30
	小于0的公司数（家）	38	5	4	6	21

2011—2015年，信托利息收入比例值连续波动，2011年达到近5年来的最高值72.48%，其余4年均在50%左右波动。2011年利息收入占比稳步上升，大幅上升至72.48%这样一个占绝对优势的数值。但是2012年，利息收入占比又出现了较大幅度的下跌，跌至53.09%，跌幅达19.39%。2013年比2012年小幅增加4.25%，达到57.34%。2014年利息收入占比比2013年小幅下降7.77%，至49.57%。而2015年利息收入比例继续小幅下降4.24%，达到45.33%。另外，2011年出现信托利息收入占比大于100%的公司（6家），小于0的公司为1家，2012—2014年信托利息收入占比大于100%和小于0的公司均为0，而2015年这

一状况发生了改变，大于100%的公司有1家。从变异系数来看，2011年以来，信托利息收入的变异系数在2011年超过1，2012—2014年均在0.4以下，2015年变异系数则大幅增加至0.49。继2011年变异系数陡然上升后，2012年和2013年变异系数分别下降至0.37、0.32，2014年小幅上涨至0.38，2015年又大幅增长至0.49，这表明，2015年各信托公司信托利息收入比例逐渐分化。

相对应地，信托投资收入的比例在2011—2015年逐年上升，2011年为近5年的最低点（30.63%），2011年后信托投资收入比例逐步增长至2015年的50.01%。2011—2015年，信托投资收入比例在40%左右波动，这表明近5年来在各信托公司的收入结构中，投资收入占比相对比较稳定。从投资收入占比的差异性来看，近5年中除了2011年外，其余4年的变异系数比较接近，2014年更是跌至近5年的最低值，2015年该指标大幅增加至0.50，这表明各公司的投资收入占比的差异程度在2014年下跌后又大幅拉大。

对于从2009年开始披露的公允价值变动收益，这一项目一直以来是从事相关业务的信托公司收入流失的主要原因，虽然2012年这种情况有所改观，但是2013年该指标又出现了下滑。该项业务对信托收入起正向作用的公司从2010年的13家，到2011年降低为3家，2012年急速上升至40家，2013年又大幅下降至25家，2014年则大幅增长至42家，而2015年该指标又极速下跌至30家；收入占比超过5%的公司从2011年的1家，到2012年上升为14家，2013年则小幅下降至10家，2014年又大幅增加至17家，2015年又极速下跌至7家。该项业务对信托收入起负向作用的公司，从2011年的38家，到2012年跌至5家，2013年和2014年也保持在5家左右的规模，而2015年该指标极速上升至21家。这表明，2015年公允价值变动收益成为拖累信托公司收入增加的重要原因之一。

图4-1反映了近5年来信托公司信托收入结构的变动轨迹，从中我们不难看出，利息收入在信托公司的收入结构中占据了绝对比重，其次分别是投资收入和公允价值变动收益。其中，2010—2013年投资收入均占据信托收入的1/3左右，其比例相对比较稳定，2014年该比例大幅上升至41.75%，2015年继续大幅上升至50.01%。利息收入比例的变动轨迹在近5年呈S形，波动较为剧烈，最高值为2011年的72.48%，最低值为2015年的45.33%。公允价值变动收益在信托收入中所占的比重非常小，除2011年和2013年为负值外，2010年、2012年、2014年和2015年均在5%以下。

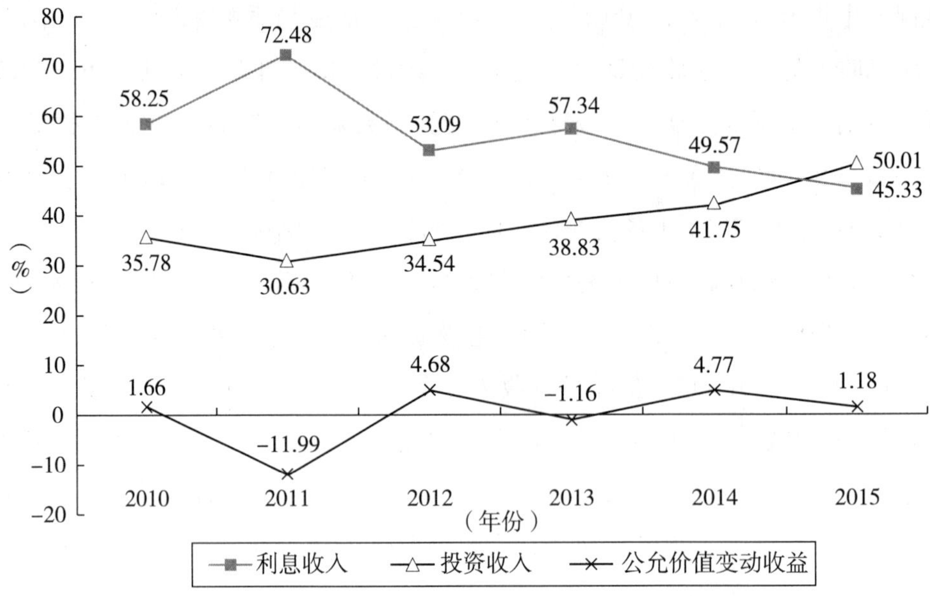

图4-1 2010—2015年度信托公司信托收入结构变动轨迹

综合上述分析，我们可以看出，在过去的6年中，利息收入依然是信托公司信托收入的主要来源，但是，近5年利息收入占比出现了较大的波动，而且2015年该比例已降至近6年来的最低值为45.33%，并且首次低于投资收入比例，这表明各信托公司长期依赖利息收入的局面已经被逐渐打破，利息收入的主导地位也将被逐步取代。从某种程度上来说，这种变化是有利于信托公司长期发展的。毕竟，随着我国金融市场的逐步发展和金融监管体制的不断完善，高额的利息差是不可能长期存在的。

表4-6表明，英大信托的利息收入占比非常高，达到86.03%，并且非常稳定，变异系数仅为0.07，这显示出近6年来英大信托对利息收入的依赖性较高，

表4-6 2010—2015年度信托公司信托收入结构稳定性前3名

名次 项目	第1名	第2名	第3名
信托利息收入	英大信托 (86.03%，0.07)	天津信托 (72.19%，0.07)	国投泰康 (71.12%，0.07)
信托投资收入	苏州信托 (70.62%，0.08)	粤财信托 (64.76%，0.09)	昆仑信托 (65.28%，0.18)

注：表中括号内第一个数字是平均值，第二个数字是变异系数。

而且这种情况并没有发生改变。此外，天津信托和国投泰康的利息收入占比也比较高，而且变异系数也比较小。与英大信托高度依赖利息收入类似，苏州信托近6年来平均有70.62%的收入来源于投资收入，而且相对稳定。此外，粤财信托和昆仑信托对投资收入的依赖程度也比较高。

相关数据如表4-7至表4-14所示。

表4-7　　信托利息收入序列表（2015年度）　　单位：万元

序号	公司简称	2015年	2014年	2013年
1	中信信托	3393136	2518383	2172580
2	交银国信	2626479	2059326	1142130
3	上海国信	2410936	1317135	844264
4	兴业信托	2243375	3087001	3009497
5	中融信托	2106862	1936800	1224284
6	华润信托	1881001	2210573	1659408
7	长安国信	1859071	1744389	1222188
8	平安信托	1793135	1761222	1189299
9	中航信托	1751278	1729659	1163700
10	建信信托	1615074	2449520	994567
11	北方国信	1587159	1685065	1345387
12	华宝信托	1403333	1372862	965515
13	渤海信托	1334564	1416109	1092287
14	四川信托	1244514	1026700	836156
15	外贸信托	1242463	1363025	1017773
16	云南国信	1191029	1378246	1003350
17	江苏国信	1186063	605056	439486
18	山东国信	1154081	1573895	1336403
19	安信信托	1115972	776953	353484
20	英大信托	1066913	1043110	1084932
21	五矿信托	1029337	801288	509010
22	华能贵诚	1011943	999027	920938
23	西藏信托	992079	712254	473692
24	华融国信	954384	709384	502207

续 表

序号	公司简称	2015 年	2014 年	2013 年
25	中江国信	951672	816107	618611
26	中海信托	828804	715480	563580
27	北京国信	807990	501069	373745
28	国投泰康	796357	1102826	980996
29	中铁信托	757648	755869	607247
30	新时代	708547	913321	626588
31	百瑞信托	699207	557320	469424
32	陆家嘴信托	691423	402466	272496
33	中诚信托	684803	894973	899891
34	华鑫信托	624160	659093	519610
35	国民信托	602243	未披露	74214
36	中建投信托	600203	564760	350104
37	陕西国信	581947	未披露	262176
38	中原信托	576031	677285	607596
39	万向信托	570051	197597	45406
40	光大兴陇	558222	526173	515383
41	金谷信托	492142	568057	599841
42	民生信托	482329	336389	58406
43	湖南信托	475661	560648	468361
44	厦门国信	471804	700053	749937
45	重庆国信	456373	407601	243456
46	粤财信托	452195	605156	546106
47	西部信托	439128	206926	186042
48	方正东亚	430938	556961	5515
49	新华信托	424042	587753	434719
50	中粮信托	422737	11185	410886
51	国元信托	420131	656976	737415
52	天津信托	402864	507115	519481
53	吉林信托	392836	未披露	83268
54	大业信托	376238	158150	143919

续 表

序号	公司简称	2015 年	2014 年	2013 年
55	中泰信托	356650	273411	178282
56	爱建信托	346147	224314	129278
57	苏州信托	332329	235598	131508
58	华澳信托	315086	439836	210582
59	国联信托	278848	195926	220519
60	昆仑信托	266420	307761	278415
61	华信信托	263791	245159	309640
62	紫金信托	249598	159884	104684
63	浙商金汇	182493	213349	138080
64	山西信托	160897	321409	386848
65	东莞信托	135659	141058	150072
66	工商信托	91104	45956	68746
67	华宸信托	66972	20019	146186
68	长城新盛	64054	117391	47226
合计		58482953	54365361	41977021
平均		860043	836390	617309

表 4－8　　　　信托利息收入占比序列表（2015 年度）

序号	公司简称	2015 年（%）	2014 年（%）	2013 年（%）
1	方正东亚	121. 63	42. 58	4. 31
2	中建投信托	96. 68	73. 09	63. 85
3	华澳信托	92. 41	90. 77	60. 92
4	华宸信托	90. 48	92. 83	87. 74
5	光大兴陇	89. 39	68. 89	86. 26
6	浙商金汇	84. 70	83. 57	77. 17
7	交银国信	83. 22	82. 89	82. 08
8	湖南信托	81. 09	78. 91	71. 66
9	中粮信托	80. 46	20. 69	77. 61
10	万向信托	79. 78	59. 80	54. 60
11	江苏国信	78. 63	61. 67	72. 57
12	英大信托	77. 08	81. 39	87. 30

续 表

序号	公司简称	2015 年（%）	2014 年（%）	2013 年（%）
13	渤海信托	75. 63	80. 09	73. 78
14	长安国信	73. 41	67. 80	54. 75
15	中铁信托	71. 95	40. 82	45. 13
16	国联信托	71. 25	46. 26	54. 73
17	吉林信托	71. 05	未披露	18. 80
18	国投泰康	70. 85	75. 08	79. 26
19	国民信托	69. 62	未披露	47. 76
20	陆家嘴信托	68. 98	57. 11	53. 94
21	安信信托	68. 03	60. 17	46. 07
22	天津信托	66. 13	66. 98	79. 12
23	金谷信托	65. 48	71. 63	64. 01
24	中航信托	65. 10	76. 07	75. 87
25	北方国信	64. 42	68. 44	79. 91
26	上海国信	63. 64	61. 90	68. 55
27	民生信托	61. 06	57. 92	72. 11
28	大业信托	58. 85	38. 60	56. 67
29	中江国信	55. 82	43. 54	48. 09
30	五矿信托	55. 53	38. 24	36. 04
31	爱建信托	54. 22	45. 94	47. 39
32	长城新盛	53. 49	92. 71	89. 08
33	山西信托	52. 59	32. 28	67. 92
34	百瑞信托	51. 92	52. 64	62. 82
35	中信信托	49. 98	44. 34	65. 46
36	新时代	49. 63	54. 59	48. 35
37	中原信托	47. 77	54. 49	59. 83
38	西部信托	47. 30	43. 86	43. 02
39	兴业信托	47. 00	70. 23	78. 69
40	云南国信	46. 97	56. 65	81. 04
41	北京国信	45. 32	30. 62	46. 25
42	西藏信托	44. 80	47. 80	56. 87

续　表

序号	公司简称	2015 年（%）	2014 年（%）	2013 年（%）
43	华融国信	44. 39	48. 82	65. 00
44	紫金信托	43. 88	40. 76	36. 24
45	山东国信	41. 33	57. 70	66. 30
46	中泰信托	40. 03	36. 59	39. 10
47	建信信托	38. 64	56. 62	61. 04
48	华润信托	36. 52	49. 56	75. 09
49	国元信托	36. 38	42. 14	53. 41
50	华鑫信托	35. 67	41. 43	46. 62
51	重庆国信	34. 99	30. 84	37. 06
52	苏州信托	34. 66	32. 55	30. 47
53	华宝信托	34. 61	42. 52	66. 26
54	四川信托	33. 98	39. 79	43. 85
55	华信信托	33. 94	29. 01	48. 43
56	中诚信托	33. 76	30. 57	51. 45
57	新华信托	30. 22	31. 95	35. 38
58	中融信托	29. 81	33. 62	33. 21
59	陕西国信	29. 39	未披露	33. 80
60	东莞信托	26. 69	34. 46	44. 44
61	华能贵诚	26. 48	33. 72	44. 64
62	平安信托	25. 73	37. 01	41. 80
63	厦门国信	25. 72	52. 31	66. 70
64	中海信托	25. 07	35. 98	53. 72
65	昆仑信托	24. 58	27. 85	31. 05
66	工商信托	21. 48	22. 98	32. 30
67	粤财信托	20. 17	34. 05	39. 15
68	外贸信托	18. 95	33. 58	43. 24
平均		45. 33	49. 57	57. 34

表 4 – 9　　信托公允价值变动收益序列表（2015 年度）　　单元：万元

序号	公司简称	2015 年	2014 年	2013 年
1	四川信托	705799	62343	–5530
2	华润信托	519535	748680	–72006
3	华融国信	265286	229165	28571
4	外贸信托	239295	336360	16278
5	粤财信托	178546	–16357	18697
6	陕西国信	171386	未披露	–9747
7	交银国信	92570	52056	–43110
8	上海国信	90819	26332	25878
9	北方国信	75604	137165	–136656
10	兴业信托	73561	57226	–208
11	新时代	69403	37887	–55187
12	华宝信托	54170	690122	–44132
13	万向信托	46759	–1527	0
14	厦门国信	44919	40760	–9690
15	五矿信托	30128	79637	–2118
16	山东国信	30064	28445	–1447
17	方正东亚	29632	0	–42
18	西藏信托	20082	26165	1064
19	中铁信托	19084	424	972
20	东莞信托	17440	17138	14189
21	建信信托	15448	33565	2991
22	苏州信托	14607	1668	12
23	百瑞信托	11255	4296	–43
24	华信信托	9125	70757	–74299
25	中航信托	8577	25	0
26	中泰信托	5413	–320	137
27	光大兴陇	2261	–723	633
28	国民信托	1676	未披露	–560
29	国联信托	1334	1505	–426
30	中原信托	401	415	277

续 表

序号	公司简称	2015 年	2014 年	2013 年
31	中江国信	63	296	35389
32	吉林信托	0	未披露	0
33	华宸信托	0	0	0
34	湖南信托	0	0	0
35	工商信托	0	0	0
36	英大信托	0	0	0
37	安信信托	0	0	-14
38	昆仑信托	0	0	0
39	渤海信托	0	0	0
40	华能贵诚	0	0	0
41	长城新盛	0	0	0
42	浙商金汇	0	-1172	-2196
43	大业信托	-2	0	0
44	紫金信托	-25	0	0
45	华澳信托	-26	43	0
46	金谷信托	-274	0	0
47	中海信托	-1455	319618	41214
48	国元信托	-1645	12369	0
49	国投泰康	-1927	-55166	57471
50	陆家嘴信托	-2901	618	0
51	西部信托	-3447	8413	-1299
52	长安国信	-5269	71190	18362
53	爱建信托	-5553	2471	12030
54	中建投信托	-6742	0	15
55	新华信托	-9151	4293	4601
56	中粮信托	-15540	8776	0
57	中诚信托	-18375	79946	-278250
58	云南国信	-24597	157212	-92603
59	江苏国信	-30298	132287	-27570
60	天津信托	-58607	62159	-7514

续 表

序号	公司简称	2015 年	2014 年	2013 年
61	华鑫信托	-92671	219718	-37192
62	重庆国信	-95341	153231	-28261
63	民生信托	-99910	55232	0
64	平安信托	-120922	278411	-10320
65	北京国信	-143726	165760	-78762
66	中融信托	-217231	38876	-4269
67	山西信托	-271336	319062	-40267
68	中信信托	-281574	530704	-63642
合计		1335697	5227557	-848581
平均		19643	80424	-12479

表 4-10　　信托公允价值变动收益占比序列表（2015 年度）

序号	公司简称	2015 年（%）	2014 年（%）	2013 年（%）
1	四川信托	19.27	2.42	-0.29
2	华融国信	12.34	15.77	3.70
3	华润信托	10.09	16.79	-3.26
4	陕西国信	8.66	未披露	-1.26
5	方正东亚	8.36	0	-0.03
6	粤财信托	7.96	-0.92	1.34
7	万向信托	6.54	-0.46	0
8	新时代	4.86	2.26	-4.26
9	外贸信托	3.65	8.29	0.69
10	东莞信托	3.43	4.19	4.20
11	北方国信	3.07	5.57	-8.12
12	交银国信	2.93	2.10	-3.10
13	厦门国信	2.45	3.05	-0.86
14	上海国信	2.40	1.24	2.10
15	中铁信托	1.81	0.02	0.07
16	五矿信托	1.63	3.80	-0.15
17	兴业信托	1.54	1.30	-0.01
18	苏州信托	1.52	0.23	0

续　表

序号	公司简称	2015 年（%）	2014 年（%）	2013 年（%）
19	华宝信托	1.34	21.38	-3.03
20	华信信托	1.17	8.37	-11.62
21	山东国信	1.08	1.04	-0.07
22	西藏信托	0.91	1.76	0.13
23	百瑞信托	0.84	0.41	-0.01
24	中泰信托	0.61	-0.04	0.03
25	建信信托	0.37	0.78	0.18
26	光大兴陇	0.36	-0.09	0.11
27	国联信托	0.34	0.36	-0.11
28	中航信托	0.32	0	0
29	国民信托	0.19	未披露	-0.36
30	中原信托	0.03	0.03	0.03
31	中江国信	0	0.02	2.75
32	吉林信托	0	未披露	0
33	华宸信托	0	0	0
34	湖南信托	0	0	0
35	工商信托	0	0	0
36	英大信托	0	0	0
37	安信信托	0	0	0
38	昆仑信托	0	0	0
39	重庆国信	0	11.59	-4.30
40	渤海信托	0	0	0
41	华能贵诚	0	0	0
42	华澳信托	0	0	0
43	中粮信托	0	0	0
44	长城新盛	0	0	0
45	浙商金汇	0	-0.46	-1.23
46	大业信托	0	0	0
47	紫金信托	0	0	0
48	金谷信托	-0.04	0	0

续 表

序号	公司简称	2015 年（%）	2014 年（%）	2013 年（%）
49	中海信托	-0. 04	16. 07	3. 93
50	国元信托	-0. 14	0. 79	0
51	国投泰康	-0. 17	-3. 76	4. 64
52	长安国信	-0. 21	2. 77	0. 82
53	陆家嘴信托	-0. 29	0. 09	0
54	西部信托	-0. 37	1. 78	-0. 30
55	新华信托	-0. 65	0. 23	0. 37
56	爱建信托	-0. 87	0. 51	4. 41
57	中诚信托	-0. 91	2. 73	-15. 91
58	云南国信	-0. 97	6. 46	-7. 48
59	中建投信托	-1. 09	0	0
60	平安信托	-1. 74	5. 85	-0. 36
61	江苏国信	-2. 01	13. 48	-4. 55
62	中融信托	-3. 07	0. 67	-0. 12
63	中信信托	-4. 15	9. 34	-1. 92
64	华鑫信托	-5. 30	13. 81	-3. 34
65	北京国信	-8. 06	10. 13	-9. 75
66	天津信托	-9. 62	8. 21	-1. 14
67	民生信托	-12. 65	9. 51	0
68	山西信托	-88. 69	32. 05	-7. 07
平均		1. 18	4. 77	-1. 16

表 4-11　　信托投资收入序列表（2015 年度）　　单位：万元

序号	公司简称	2015 年	2014 年	2013 年
1	平安信托	5235302	2708520	1635457
2	中融信托	5160313	3424251	2459535
3	外贸信托	5068062	2353714	1310673
4	华能贵诚	2805985	1923898	1030542
5	华润信托	2744299	1460001	611089
6	华宝信托	2587687	1164179	532832
7	建信信托	2504977	1835142	625202

续　表

序号	公司简称	2015 年	2014 年	2013 年
8	中海信托	2479170	953215	444385
9	兴业信托	2418077	1200644	319948
10	中信信托	2290776	2025311	890545
11	四川信托	1712494	1490204	1071951
12	山东国信	1575716	1070017	571545
13	云南国信	1353713	881330	326909
14	粤财信托	1293224	1184215	829362
15	上海国信	1289848	787191	363045
16	陕西国信	1214303	未披露	499290
17	西藏信托	1202358	751679	358207
18	华鑫信托	1198594	709897	631125
19	新华信托	981373	1231743	773423
20	北京国信	966627	852575	418068
21	中航信托	930335	543950	370014
22	重庆国信	916444	745407	440589
23	华融国信	911704	496498	194905
24	中诚信托	832508	1198672	583689
25	厦门国信	819698	575633	373480
26	昆仑信托	817627	797058	618375
27	北方国信	800982	639176	474810
28	五矿信托	793576	1213594	904185
29	中江国信	773281	1054795	588817
30	国元信托	735900	888098	635291
31	长安国信	674550	750474	973305
32	新时代	649678	721970	724531
33	苏州信托	609844	484582	300065
34	中泰信托	523300	470084	274833
35	华信信托	504252	523211	381135
36	西部信托	492420	256604	247049
37	交银国信	427291	369843	274390

续 表

序号	公司简称	2015 年	2014 年	2013 年
38	山西信托	416372	355172	223018
39	渤海信托	415369	342633	378787
40	民生信托	407371	189146	22555
41	百瑞信托	373469	239853	111403
42	国投泰康	329393	420672	181794
43	紫金信托	319294	232370	184166
44	东莞信托	318089	227585	172854
45	江苏国信	317623	203312	152417
46	陆家嘴信托	313839	301648	232713
47	英大信托	304458	217012	130889
48	爱建信托	295808	261355	131340
49	大业信托	261558	230242	102082
50	国民信托	261109	未披露	81717
51	天津信托	258612	179657	137295
52	金谷信托	250959	220771	332349
53	安信信托	236365	174566	122313
54	中原信托	201072	48044	93794
55	中铁信托	192906	409279	279513
56	吉林信托	159962	未披露	359707
57	工商信托	135156	61325	22017
58	中粮信托	114428	14613	114910
59	国联信托	111129	224101	182115
60	湖南信托	110890	149659	171690
61	万向信托	93731	131091	37555
62	光大兴陇	63996	238239	81471
63	长城新盛	45789	9227	5788
64	浙商金汇	30297	37442	36837
65	华澳信托	24402	44664	135077
66	华宸信托	7049	1545	20435
67	中建投信托	-42150	139750	110067
68	方正东亚	-107319	750704	11454
合计		64517310	45793048	28422717
平均		948784	704508	417981

表 4－12　　信托投资收入占比序列表（2015 年度）

序号	公司简称	2015 年（%）	2014 年（%）	2013 年（%）
1	山西信托	136.09	35.67	39.15
2	外贸信托	77.30	57.99	55.69
3	昆仑信托	75.42	72.13	68.95
4	平安信托	75.12	56.92	57.48
5	中海信托	74.98	47.94	42.36
6	华能贵诚	73.43	64.94	49.95
7	中融信托	73.02	59.44	66.72
8	重庆国信	70.26	56.40	67.07
9	新华信托	69.93	66.95	62.94
10	华鑫信托	68.50	44.62	56.63
11	华信信托	64.88	61.92	59.61
12	华宝信托	63.82	36.06	36.57
13	国元信托	63.72	56.97	46.01
14	苏州信托	63.61	66.95	69.51
15	东莞信托	62.58	55.59	51.19
16	陕西国信	61.33	未披露	64.36
17	建信信托	59.94	42.42	38.37
18	中泰信托	58.74	62.91	60.28
19	粤财信托	57.68	66.63	59.46
20	山东国信	56.42	39.23	28.36
21	紫金信托	56.13	59.24	63.76
22	西藏信托	54.29	50.44	43.00
23	北京国信	54.22	52.10	51.73
24	云南国信	53.39	36.22	26.41
25	华润信托	53.29	32.73	27.65
26	西部信托	53.04	54.38	57.12
27	民生信托	51.57	32.57	27.85
28	兴业信托	50.66	27.32	8.37
29	四川信托	46.75	57.75	56.22
30	爱建信托	46.33	53.53	48.15

续 表

序号	公司简称	2015 年（%）	2014 年（%）	2013 年（%）
31	新时代	45. 51	43. 15	55. 91
32	中江国信	45. 35	56. 27	45. 77
33	厦门国信	44. 69	43. 02	33. 22
34	五矿信托	42. 81	57. 92	64. 02
35	天津信托	42. 45	23. 73	20. 91
36	华融国信	42. 40	34. 17	25. 23
37	中诚信托	41. 04	40. 94	33. 37
38	大业信托	40. 91	56. 19	40. 19
39	长城新盛	38. 24	7. 29	10. 92
40	中航信托	34. 58	23. 92	24. 13
41	上海国信	34. 05	36. 99	29. 48
42	中信信托	33. 74	35. 66	26. 83
43	金谷信托	33. 39	27. 84	35. 47
44	北方国信	32. 51	25. 96	28. 20
45	工商信托	31. 86	30. 66	10. 34
46	陆家嘴信托	31. 31	42. 80	46. 06
47	国民信托	30. 18	未披露	52. 59
48	国投泰康	29. 31	28. 64	14. 69
49	吉林信托	28. 93	未披露	81. 20
50	国联信托	28. 39	52. 91	45. 20
51	百瑞信托	27. 73	22. 65	14. 91
52	长安国信	26. 64	29. 17	43. 60
53	渤海信托	23. 54	19. 38	25. 59
54	英大信托	22. 00	16. 93	10. 53
55	中粮信托	21. 78	27. 03	21. 71
56	江苏国信	21. 06	20. 72	25. 17
57	湖南信托	18. 91	21. 06	26. 27
58	中铁信托	18. 32	22. 10	20. 77
59	中原信托	16. 67	3. 87	9. 24
60	安信信托	14. 41	13. 52	15. 94

续 表

序号	公司简称	2015 年（%）	2014 年（%）	2013 年（%）
61	浙商金汇	14.06	14.67	20.59
62	交银国信	13.54	14.89	19.72
63	万向信托	13.12	39.67	45.16
64	光大兴陇	10.25	31.19	13.64
65	华宸信托	9.52	7.17	12.26
66	华澳信托	7.16	9.22	39.08
67	中建投信托	-6.79	18.09	20.07
68	方正东亚	-30.29	57.40	8.96
平均		50.01	41.75	38.83

表 4-13　　信托投资收入增长序列表（2015 年度）　　单位：万元

序号	公司简称	2015 年	2014 年	2013 年
1	外贸信托	2714347	1043041	1077929
2	平安信托	2526781	1073063	706919
3	中融信托	1736062	964716	1135543
4	中海信托	1525955	508830	211664
5	华宝信托	1423508	631347	349778
6	华润信托	1284299	848912	603566
7	兴业信托	1217432	880696	188186
8	华能贵诚	882087	893356	361459
9	建信信托	669835	1209940	57951
10	山东国信	505699	498472	241434
11	上海国信	502657	424146	143389
12	华鑫信托	488696	78773	323715
13	云南国信	472383	554421	304861
14	西藏信托	450679	393471	212290
15	华融国信	415205	301594	48004
16	中航信托	386385	173936	145579
17	中信信托	265464	1134766	217443
18	厦门国信	244065	202153	103769
19	西部信托	235816	9555	119606

续 表

序号	公司简称	2015 年	2014 年	2013 年
20	四川信托	222290	418253	480169
21	重庆国信	171037	304818	289198
22	北方国信	161806	164366	125911
23	中原信托	153028	-45750	76466
24	百瑞信托	133616	128451	42471
25	苏州信托	125263	184516	128422
26	江苏国信	114311	50896	58752
27	北京国信	114052	434507	-251267
28	粤财信托	109009	354853	-76086
29	中粮信托	99815	-100297	6142
30	东莞信托	90504	54731	64861
31	英大信托	87446	86123	51842
32	紫金信托	86925	48204	116481
33	天津信托	78956	42362	28370
34	工商信托	73831	39308	-39308
35	渤海信托	72736	-36154	73218
36	安信信托	61799	52254	114458
37	山西信托	61201	132154	45169
38	交银国信	57448	95452	164532
39	中泰信托	53216	195252	196055
40	长城新盛	36562	3438	5506
41	爱建信托	34452	130015	44378
42	大业信托	31316	128160	95259
43	金谷信托	30189	-111578	-95033
44	昆仑信托	20569	178683	202950
45	陆家嘴信托	12192	68934	191610
46	华宸信托	5504	-18890	-45107
47	浙商金汇	-7145	605	36616
48	华信信托	-18959	142075	169370
49	华澳信托	-20262	-90413	84717

续　表

序号	公司简称	2015 年	2014 年	2013 年
50	湖南信托	-38769	-22031	56618
51	新时代	-72292	-2561	137748
52	长安国信	-75924	-222831	478985
53	国投泰康	-91279	238879	69112
54	国联信托	-112972	41986	103216
55	国元信托	-152198	252807	431090
56	光大兴陇	-174243	156768	-23768
57	中建投信托	-181899	29683	39504
58	中铁信托	-216373	129766	102033
59	新华信托	-250370	458319	344079
60	中江国信	-281514	465978	270317
61	中诚信托	-366164	614983	22216
62	五矿信托	-420018	309408	418653
63	方正东亚	-858023	739250	-455227
64	吉林信托	未披露	未披露	-137628
65	国民信托	未披露	未披露	82118
66	陕西国信	未披露	未披露	495199
67	万向信托	未披露	未披露	未披露
68	民生信托	未披露	未披露	未披露
合计		18724262	17370332	11433582
平均		244276	286527	156610

表 4-14　　信托投资收入增幅序列表（2015 年度）

序号	公司简称	2015 年（%）	2014 年（%）	2013 年（%）
1	中粮信托	683.06	-87.28	5.65
2	长城新盛	396.25	59.40	1947.17
3	华宸信托	356.14	-92.44	-68.82
4	中原信托	318.52	-48.78	441.29
5	中海信托	160.09	114.50	90.95
6	华宝信托	122.28	118.49	191.08
7	工商信托	120.39	178.53	-64.10

续 表

序号	公司简称	2015 年（%）	2014 年（%）	2013 年（%）
8	外贸信托	115. 32	79. 58	463. 14
9	兴业信托	101. 40	275. 26	142. 82
10	平安信托	93. 29	65. 61	76. 13
11	西部信托	91. 90	3. 87	93. 85
12	华润信托	87. 97	138. 92	8022. 93
13	华融国信	83. 63	154. 74	32. 68
14	中航信托	71. 03	47. 01	64. 86
15	华鑫信托	68. 84	12. 48	105. 30
16	上海国信	63. 85	116. 83	65. 28
17	西藏信托	59. 96	109. 84	145. 49
18	江苏国信	56. 22	33. 39	62. 73
19	百瑞信托	55: 71	115. 30	61. 61
20	云南国信	53. 60	169. 59	1382. 70
21	中融信托	50. 70	39. 22	85. 77
22	山东国信	47. 26	87. 21	73. 14
23	华能贵诚	45. 85	86. 69	54. 02
24	天津信托	43. 95	30. 85	26. 05
25	厦门国信	42. 40	54. 13	38. 47
26	英大信托	40. 30	65. 80	65. 58
27	东莞信托	39. 77	31. 66	60. 06
28	紫金信托	37. 41	26. 17	172. 09
29	建信信托	36. 50	193. 53	10. 22
30	安信信托	35. 40	42. 72	1457. 14
31	苏州信托	25. 85	61. 49	74. 82
32	北方国信	25. 31	34. 62	36. 09
33	重庆国信	22. 95	69. 18	191. 03
34	渤海信托	21. 23	-9. 54	23. 96
35	山西信托	17. 23	59. 26	25. 40
36	交银国信	15. 53	34. 79	149. 77
37	四川信托	14. 92	39. 02	81. 14

续 表

序号	公司简称	2015 年（%）	2014 年（%）	2013 年（%）
38	金谷信托	13. 67	-33. 57	-22. 24
39	大业信托	13. 60	125. 55	1396. 02
40	北京国信	13. 38	103. 93	-37. 54
41	爱建信托	13. 18	98. 99	51. 03
42	中信信托	13. 11	127. 42	32. 30
43	中泰信托	11. 32	71. 04	248. 87
44	粤财信托	9. 21	42. 79	-8. 40
45	陆家嘴信托	4. 04	29. 62	466. 16
46	昆仑信托	2. 58	28. 90	48. 85
47	华信信托	-3. 62	37. 28	79. 98
48	新时代	-10. 01	-0. 35	23. 48
49	长安国信	-10. 12	-22. 89	96. 90
50	国元信托	-17. 14	39. 79	211. 11
51	浙商金汇	-19. 08	1. 64	16614. 41
52	新华信托	-20. 33	59. 26	80. 14
53	国投泰康	-21. 70	131. 40	61. 33
54	湖南信托	-25. 90	-12. 83	49. 20
55	中江国信	-26. 69	79. 14	84. 87
56	中诚信托	-30. 55	105. 36	3. 96
57	五矿信托	-34. 61	34. 22	86. 23
58	华澳信托	-45. 37	-66. 93	168. 22
59	国联信托	-50. 41	23. 05	130. 82
60	中铁信托	-52. 87	46. 43	57. 49
61	光大兴陇	-73. 14	192. 42	-22. 59
62	方正东亚	-114. 30	6454. 11	-97. 55
63	中建投信托	-130. 16	26. 97	55. 98
64	吉林信托	未披露	未披露	-27. 67
65	国民信托	未披露	未披露	-20503. 35
66	陕西国信	未披露	未披露	12106. 23
67	万向信托	未披露	未披露	未披露
68	民生信托	未披露	未披露	未披露
平均		34. 67	68. 55	59. 92

第二节　信托利润

一、信托利润的历史分析

根据2016年信托公司最新披露的信息显示，2015年信托行业平均信托利润为1637895万元，比2014年大幅下降4651万元。继2012年和2013年信托利润大幅上升后，2014年信托利润又出现了大幅的增长，2015年平均信托利润调转直下，出现了近4年来的首次下跌。在过去的5年中，信托利润平均值仅在2011年和2015年出现下跌。在所有增长的年份中，2013年和2014年增幅均在50%以上，虽然增长比率不如2012年，但是值得一提的是，2013年和2014年均是在上年信托利润出现大幅增长的基础上出现的持续增长。2014年信托平均利润在连续2年增长后大幅增长78.04%，而2015年则出现了近3年高速增长后的首次下跌，跌幅为0.28%。如表4－15所示。

表4－15　　2011—2015年度信托公司信托利润的统计分析表

项目＼年份	2011	2012	2013	2014	2015
平均值（万元）	244418	600053	922597	1642546	1637895
均值增长幅度（万元）	－11724	355635	322544	719949	－4651
均值增长率（%）	－4.58	145.50	53.75	78.04	－0.28
公司数目（家）	62	66	68	66	68
信托利润为负的公司数（家）	4	0	0	0	0
最大值（万元）	1144743	2589699	3278830	5639333	6366548
最小值（万元）	－71916	3931	33575	17614	61268
标准差（万元）	236601.91	477944.43	692015.07	1423919.84	1536978.31
变异系数	0.97	0.80	0.76	0.87	0.94

值得注意的是，在过去的5年中，仅有2011年出现了4家信托利润为负的公司，这也与整个行业信托利润的下跌情况高度吻合。

值得注意的是，近5年随着平均信托利润的持续增长，单个公司信托利润纪录不断被刷新，2011年在2010年高速增长后出现了下降，降为1144743万元。在

2012 年和 2013 年单个信托公司的信托利润最大值连续 2 年被刷新后，2014 年该指标又被再一次刷新，达到 5639333 万元。2015 年该指标又一次被刷新为 6366548 万元。

2011 年以来，各个信托公司的信托利润差异性逐渐缩小，由 2011 年的 0.97 逐步降至 2013 年的 0.76，2014 年则小幅上升至 0.87，2015 年又持续上升至 0.94。

二、信托利润的公司分析

从信托利润排名来看，2015 年度信托利润最大的信托公司前 5 名为平安信托（6366548 万元）、中信信托（6092402 万元）、外贸信托（5823784 万元）、中融信托（5809926 万元）以及华润信托（4736982 万元）。与 2014 年相比，前 5 名变化较大，只有中融信托和中信信托继续保持行业前 5 名的位置。建信信托、中泰信托和华宝信托分别由行业前 5 名跌至 2015 年的第 7 名、第 44 名和第 8 名。平安信托、外贸信托和华润信托分别以 2217832 万元、1552295 万元和 1133084 万元的增幅从 2013 年的第 9 名、第 8 名和第 7 名上升至 2015 年的第 1 名、第 3 名和第 5 名。

同时，2010 年信托利润达到 10 亿元以上的公司有 38 家，2011 年继续增长到 44 家，2012 年达到 61 家，2013 年则达到 65 家，2014 年与 2013 年持平，2015 年又上升至 67 家，占 68 家信托公司的 98.53%，这无疑创下了新的历史纪录。

从信托利润增幅来看，信托利润增幅前 5 名的公司分别为中诚信托（247.83%）、新华信托（106.53%）、华信信托（98.18%）、上海国信（89.40%）以及中海信托（74.84%）。值得一提的是，2010 年增幅超过 100% 的公司有 20 家，2011 年有 10 家，2012 年增幅超过 100% 的公司则创纪录地增加到 36 家，而 2013 年则小幅降至 17 家，2014 年持续降至 10 家，2015 大幅降低至 2 家，而且，增幅最大的中诚信托也只有 2 倍多的增幅。需要注意的是，在 2014 年各家信托公司利润大幅增长后，2014 年信托利润的基数较大是 2015 年信托利润增幅下降的原因之一。

从 2010 年以来各年信托利润的稳定程度来看，最稳定公司的前 3 名分别是英大信托（变异系数为 0.23，年均值为 1015074 万元）、吉林信托（变异系数为 0.26，年均值为 370142 万元）以及华信信托（变异系数为 0.43，年均值为

455033 万元)。

另外，信托利润波动程度最大的前 3 家公司分别是中泰信托（变异系数为 1.87，年均值为 1179262 万元)、国民信托（变异系数为 1.38，年均值为 232041 万元）以及云南国信（变异系数为 1.13，年均值为 935442 万元)。需要强调的是，这 3 家公司都是因为近几年信托利润的快速增长而导致如此大的波动幅度的，其中，云南信托在过去的 5 年内信托利润连续增长。

相关数据如表 4－16 至表 4－19 所示。

表 4－16　　信托资产利润序列表（2015 年度）　　单位：万元

序号	公司简称	2015 年	2014 年	2013 年
1	平安信托	6366548	4148716	2495270
2	中信信托	6092402	4959318	2495920
3	外贸信托	5823784	4271489	2081461
4	中融信托	5809926	4926258	2895176
5	华润信托	4736982	4468741	1931926
6	兴业信托	4273260	4030077	3278830
7	建信信托	3950392	5639333	1518962
8	华宝信托	3924706	4838531	1343976
9	上海国信	3529385	2018645	1068385
10	四川信托	3308902	2277590	1541340
11	中海信托	3073183	1801904	921195
12	交银国信	2739035	2316496	1196665
13	山东国信	2565112	2438134	1737147
14	中航信托	2327466	1993911	1281649
15	长安国信	2197093	2533541	1865222
16	云南国信	2171075	2233092	1055386
17	北方国信	2167205	2585485	1422405
18	粤财信托	2066453	1922224	1236620
19	西藏信托	2038763	1360331	735305
20	华融国信	1852492	1270607	631324
21	中诚信托	1835090	2683922	1461064
22	陕西国信	1801735	909128	655083

续 表

序号	公司简称	2015 年	2014 年	2013 年
23	厦门国信	1616175	1245841	980258
24	渤海信托	1602467	1556685	1217936
25	华鑫信托	1558093	1560523	1008273
26	中江国信	1493297	1680318	1136797
27	北京国信	1477612	1504460	596392
28	五矿信托	1423753	1848332	1132020
29	江苏国信	1400752	897425	531242
30	安信信托	1324694	1029833	581253
31	新华信托	1313446	1614651	1026938
32	新时代	1300890	1530819	1122416
33	英大信托	1259162	1163540	1116738
34	百瑞信托	1192001	910698	642830
35	重庆国信	1171913	1077660	544504
36	国元信托	1043695	1457527	1209697
37	国投泰康	1042297	1097504	1086244
38	中原信托	1035818	1203052	877095
39	昆仑信托	972035	1001963	779770
40	中铁信托	948412	1676873	1166834
41	西部信托	845578	488531	373126
42	苏州信托	825191	652398	354233
43	陆家嘴信托	825133	598377	392827
44	中泰信托	780530	5639333	365838
45	国民信托	723748	546333	102644
46	金谷信托	675110	731851	782846
47	民生信托	669372	538718	64980
48	华信信托	664796	685295	505631
49	万向信托	592596	286933	71509
50	兴大兴陇	576426	719220	551976
51	大业信托	566214	664099	330159
52	爱建信托	552799	398765	212151

续 表

序号	公司简称	2015 年	2014 年	2013 年
53	天津信托	533797	760785	535236
54	湖南信托	510317	658940	548828
55	紫金信托	487655	363864	248786
56	中建投信托	487129	687925	468498
57	中粮信托	454910	439347	483566
58	东莞信托	424031	371028	264959
59	吉林信托	420344	336120	394504
60	国联信托	351175	465917	350945
61	工商信托	336953	177904	158796
62	华澳信托	294444	421719	275719
63	山西信托	276402	934009	476117
64	华能贵诚	198302	2899791	1798411
65	浙商金汇	188392	244530	155606
66	方正东亚	117307	1165552	684556
67	长城新盛	109470	113077	33575
68	华宸信托	61268	17614	143019
合计		111376888	111693152	62736590
平均		1637895	1642546	922597

表 4-17　　信托资产利润增长序列表（2015 年度）　　单位：万元

序号	公司简称	2015 年	2014 年	2013 年
1	平安信托	2217832	1653446	774881
2	外贸信托	1552295	2190028	1057943
3	上海国信	1510740	950259	504479
4	中海信托	1271279	880709	206370
5	中信信托	1133084	2463397	-93779
6	四川信托	1031312	736250	826070
7	陕西国信	892607	254046	256369
8	中融信托	883668	2031082	1438984
9	西藏信托	678431	625026	461537
10	华融国信	581885	639283	203641

续　表

序号	公司简称	2015 年	2014 年	2013 年
11	江苏国信	503327	366184	140586
12	交银国信	422539	1119831	449231
13	厦门国信	370334	265583	359532
14	西部信托	357047	115406	178738
15	中航信托	333554	712262	529387
16	万向信托	305663	未披露	未披露
17	安信信托	294861	448579	343375
18	百瑞信托	281303	267868	283713
19	华润信托	268241	2536815	855381
20	兴业信托	243183	751247	1814366
21	陆家嘴信托	226755	205550	344321
22	国民信托	177416	443689	90709
23	苏州信托	172794	298165	165119
24	工商信托	159049	19108	-3380
25	爱建信托	154035	186614	37437
26	粤财信托	144229	685604	131909
27	民生信托	130654	未披露	未披露
28	山东国信	126979	700987	788676
29	紫金信托	123791	115078	155662
30	英大信托	95622	46802	13599
31	重庆国信	94252	533156	247683
32	吉林信托	84225	-58384	-118185
33	东莞信托	53003	106069	69964
34	渤海信托	45782	338749	410586
35	华宸信托	43653	-125404	-8335
36	中粮信托	15563	-44219	-55210
37	华鑫信托	-2430	552250	517221
38	长城新盛	-3607	79503	29644
39	华信信托	-20499	179663	127625
40	北京国信	-26848	908068	-400154

续 表

序号	公司简称	2015 年	2014 年	2013 年
41	昆仑信托	-29927	222192	297317
42	国投泰康	-55207	11260	751469
43	浙商金汇	-56138	88924	125727
44	金谷信托	-56741	-50995	116443
45	云南国信	-62017	1177706	903175
46	大业信托	-97885	333940	124917
47	国联信托	-114742	114972	135668
48	华澳信托	-127275	146000	162273
49	兴大兴陇	-142794	167244	44753
50	湖南信托	-148623	110112	205908
51	中原信托	-167234	325957	384678
52	中江国信	-187020	543520	417844
53	中建投信托	-200796	219427	299603
54	天津信托	-226988	225549	165929
55	新时代	-229929	408403	381014
56	新华信托	-301205	587712	433329
57	长安国信	-336448	668319	780693
58	国元信托	-413832	247830	589376
59	北方国信	-418280	1163080	593057
60	五矿信托	-424579	716312	548961
61	山西信托	-657608	457893	205727
62	中铁信托	-728461	510039	689851
63	中诚信托	-848832	1222858	-45576
64	华宝信托	-913826	3494555	227937
65	方正东亚	-1048245	480996	124829
66	建信信托	-1688941	4120371	283596
67	华能贵诚	-2701489	1101380	664627
68	中泰信托	-4858803	5273495	247765
合计		-316264	48956562	23133073
平均		-4651	719949	322544

表 4－18　　本期分配信托利润序列表（2015 年度）　　单位：万元

序号	公司简称	2015 年	2014 年	2013 年
1	中融信托	6670343	4194551	2644367
2	平安信托	5950937	1273724	2183612
3	中信信托	5434420	3703088	2928818
4	华宝信托	5284663	2310472	1336244
5	外贸信托	4232919	2646942	1556316
6	云南国信	4161291	1718122	1099300
7	兴业信托	3828040	3487545	3175860
8	建信信托	3491922	2304944	571117
9	上海国信	3324744	1834440	1129130
10	华能贵诚	3306824	2487732	1686067
11	华润信托	3034947	2572700	1801795
12	四川信托	2815021	2078525	1556272
13	交银国信	2557471	1907462	1215452
14	中海信托	2502075	1114993	662202
15	山东国信	2470657	2393752	1790691
16	五矿信托	2334165	1795935	1155308
17	长安国信	2324987	2026176	1722984
18	西藏信托	2281883	1301695	728211
19	中航信托	2245544	1934123	1303516
20	北方国信	1980451	2061502	1246673
21	中江国信	1897625	1056492	1093132
22	粤财信托	1789733	1600360	1030128
23	陕西国信	1718247	686939	581025
24	华鑫信托	1696879	1237917	896873
25	中诚信托	1661035	2178377	1715581
26	渤海信托	1612752	1543223	1212682
27	厦门国信	1554146	1032166	935780
28	北京国信	1536739	1036234	760847
29	华融国信	1503855	943894	624077
30	新时代	1474606	1390807	1171946

续 表

序号	公司简称	2015 年	2014 年	2013 年
31	新华信托	1395448	1563664	1046434
32	中铁信托	1355950	1361200	1071494
33	安信信托	1295234	979727	592711
34	江苏国信	1263437	820742	498094
35	英大信托	1241213	1160675	1118909
36	百瑞信托	1240313	951498	694370
37	重庆国信	1129687	889930	585277
38	昆仑信托	1043504	941496	796791
39	国元信托	1039137	1385221	1194215
40	中原信托	1038616	1125527	782435
41	国投泰康	1038021	1392411	1018017
42	西部信托	860229	416099	360848
43	陆家嘴信托	820481	516481	374855
44	苏州信托	794834	581147	325165
45	民生信托	759913	379238	53413
46	国民信托	720081	未披露	80243
47	中泰信托	692404	649359	353743
48	华信信托	690925	585130	463672
49	爱建信托	653383	332270	190438
50	大业信托	640358	555677	316097
51	山西信托	620667	520530	499032
52	金谷信托	619336	656768	759716
53	天津信托	596126	574494	562450
54	兴大兴陇	572587	724606	550788
55	万向信托	534345	267856	68148
56	湖南信托	497972	589141	537742
57	中建投信托	497889	617111	455679
58	中粮信托	469399	421189	501397
59	紫金信托	460920	328757	232496
60	吉林信托	419303	未披露	409102

续　表

序号	公司简称	2015 年	2014 年	2013 年
61	国联信托	346029	358930	308091
62	东莞信托	313658	280990	245629
63	工商信托	306437	139666	177434
64	华澳信托	304975	429666	256994
65	浙商金汇	189501	208248	149083
66	长城新盛	107106	115441	32601
67	方正东亚	66858	1096670	715321
68	华宸信托	62620	12153	145999
合计		113377815	81784540	60040931
平均		1667321	1239160	882955

表 4－19　累计分配信托利润序列表（2015 年度）　单位：万元

序号	公司简称	累计分配信托利润	序号	公司简称	累计分配信托利润
1	中信信托	20570755	19	粤财信托	6680970
2	中融信托	17455016	20	中航信托	6616229
3	平安信托	13632124	21	北方国信	6371813
4	兴业信托	12163184	22	北京国信	5911167
5	华宝信托	11584299	23	五矿信托	5905850
6	外贸信托	11159613	24	新华信托	5748802
7	中诚信托	10039885	25	中江国信	5709976
8	华润信托	9639388	26	渤海信托	5607940
9	华能贵诚	9058541	27	新时代	5041785
10	山东国信	8883062	28	国元信托	4904342
11	上海国信	8185704	29	中铁信托	4795157
12	中海信托	7967458	30	西藏信托	4610513
13	长安国信	7802264	31	厦门国信	4477441
14	云南国信	7763738	32	华鑫信托	4391167
15	四川信托	7530501	33	华融国信	4238768
16	英大信托	7432586	34	国投泰康	4113220
17	建信信托	7355860	35	中原信托	4031623
18	交银国信	6954706	36	昆仑信托	4024259

续 表

序号	公司简称	累计分配信托利润	序号	公司简称	累计分配信托利润
37	重庆国信	3930112	54	西部信托	1973094
38	百瑞信托	3782477	55	国联信托	1864815
39	陕西国信	3595506	56	陆家嘴信托	1746394
40	安信信托	3360649	57	大业信托	1724971
41	江苏国信	3333787	58	东莞信托	1438983
42	华信信托	2999538	59	爱建信托	1401406
43	金谷信托	2809583	60	民生信托	1192564
44	天津信托	2774887	61	紫金信托	1143833
45	湖南信托	2693340	62	华澳信托	1127575
46	兴大兴陇	2561049	63	工商信托	1088087
47	方正东亚	2356102	64	万向信托	870349
48	山西信托	2347295	65	国民信托	866261
49	苏州信托	2318020	66	华宸信托	779502
50	中泰信托	2199000	67	浙商金汇	563924
51	中粮信托	2135027	68	长城新盛	257979
52	中建投信托	200610	合计		343594062
53	吉林信托	1992141	平均		5291965

三、信托利润与信托资产分布与运用的对比分析

分别计算2009—2014年度的信托资产分布比例序列与2010—2015年度的信托利润率序列的相关系数、2009—2014年度的信托资产运用比例序列与2010—2015年度的信托利润率序列的相关系数，得到信托公司基础产业资产占比、房地产业资产占比、证券市场资产占比、实业资产占比、货币资产占比、贷款资产占比以及长期投资资产占比等变量与下年度信托公司的信托利润率的相关系数，如图4-2所示。

可以发现，从信托资产行业分布情况来看，基础产业资产比例与下一年度的信托利润率呈正向相关关系，相关系数为0.10，房地产业资产比例与下一年度的信托利润率呈显著的负向相关关系，相关系数在所有资产中最大，这表明国家对于房地产信托的各项政策调控效果已逐渐显现。同时，证券市场资产和实业资产比例则与

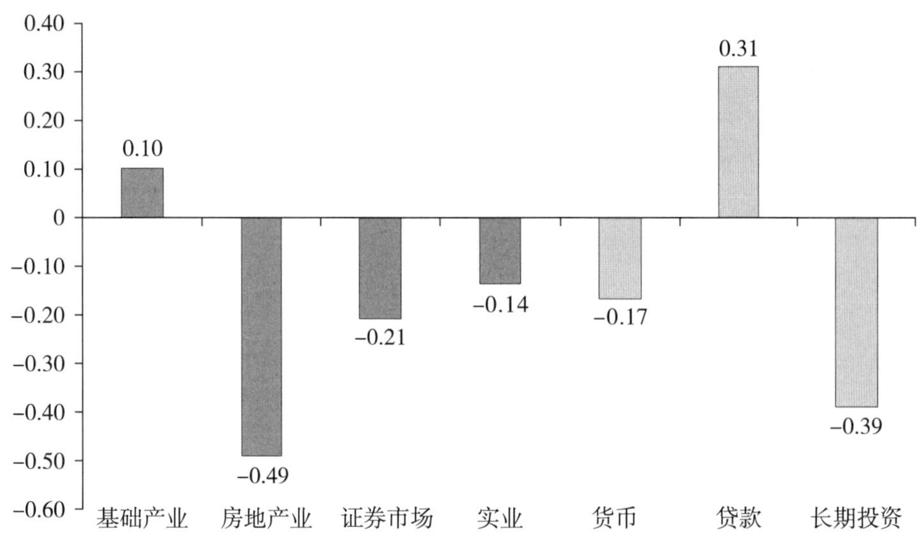

图 4－2 信托资产分布（运用）比例与信托利润率的相关系数

下一年度的信托利润率呈负向相关关系，相关系数分别为－0.21 和－0.14。

从信托资产运用方式来看，贷款资产比例与下一年度的信托利润率呈正向相关关系，相关系数为 0.31，货币资产和长期投资资产与下一年度信托利润率呈负向相关关系，相关系数分别为－0.17 和－0.39。

综合上述分析我们不难发现，基础产业资产与信托利润率正相关，证券市场资产、房地产业资产与信托利润率高度负相关，而实业资产与信托利润率虽然负相关，但相关系数较小。这在一定程度上反映出信托业的资产分布格局与利润率之间的关系。同时，将信托资产用于贷款能够给信托公司带来较高的收益，而运用于货币资产和长期投资则不利于信托公司收益的增长。这在一定程度上解释了信托公司热衷于贷款而对长期投资的兴趣则远低于贷款的原因，同时也显示出信托公司的货币持有成本是非常高的，因此，绝大多数信托公司仅仅持有 5% 以下的货币资产。

相关数据如表 4－20 至表 4－29 所示。

表 4－20　　信托资产分布金融机构规模序列表（2015 年度）　　单位：万元

序号	公司简称	2015 年	2014 年	2013 年
1	建信信托	51343297	35062718	12125394
2	兴业信托	43282007	22400161	9154260
3	华宝信托	22836198	19510657	8888698
4	西藏信托	19693581	10604577	未披露

续 表

序号	公司简称	2015 年	2014 年	2013 年
5	中融信托	19507627	15440916	5118787
6	中信信托	17663545	18107848	16364960
7	平安信托	14942947	5341405	3973343
8	华润信托	11765473	17051875	10583821
9	上海国信	10187917	8004550	198349
10	外贸信托	9132728	19090005	5933933
11	华融国信	7170926	未披露	未披露
12	华能贵诚	7023905	3903441	998894
13	中海信托	6583277	5774826	1677651
14	粤财信托	6486588	8213678	5296166
15	北京国信	6149515	3224919	378673
16	四川信托	5900972	5029830	2325616
17	中粮信托	4355905	2130014	577544
18	长安国信	3157610	1954909	603476
19	五矿信托	2966162	326942	829210
20	重庆国信	2755911	2152594	1210348
21	华鑫信托	2753844	1654944	1701837
22	中航信托	2747957	0	0
23	厦门国信	2621183	652177	515116
24	中诚信托	2593810	3776758	6815163
25	交银国信	2533140	2314028	835196
26	渤海信托	2294730	1924314	714786
27	新华信托	2259660	3845215	911453
28	北方国信	2174856	2072203	1255911
29	云南国信	2095400	4219033	2175014
30	国元信托	2019641	1357347	1445323
31	陆家嘴信托	1599600	443477	377787
32	紫金信托	1565567	829833	580724
33	方正东亚	1537015	2566605	743980
34	西部信托	1528686	1305854	60881

续　表

序号	公司简称	2015 年	2014 年	2013 年
35	昆仑信托	1525232	379808	593953
36	中原信托	1501410	524427	0
37	万向信托	1448051	611744	29328
38	山东国信	1413325	1099968	419465
39	中江国信	1186688	446194	108158
40	中泰信托	1119598	584834	34534
41	陕西国信	1084635	未披露	978224
42	爱建信托	1054990	0	0
43	江苏国信	990014	709281	2837989
44	光大兴陇	939215	165471	795838
45	中铁信托	795505	1838872	991817
46	百瑞信托	640081	795526	593547
47	长城新盛	595781	105409	68263
48	苏州信托	551948	688160	79900
49	天津信托	535368	486032	476491
50	民生信托	517600	745286	760070
51	浙商金汇	394387	70567	13826
52	国联信托	356868	32593	300
53	大业信托	350000	1440000	470000
54	工商信托	337707	224537	0
55	新时代	292026	353835	353497
56	英大信托	260450	536000	439680
57	湖南信托	247375	286441	222679
58	中建投信托	234706	200804	470207
59	山西信托	210552	0	4950
60	华澳信托	197139	86039	105757
61	金谷信托	151156	213113	210328
62	国民信托	133924	未披露	283710
63	华宸信托	55362	49247	85490
64	东莞信托	25000	113422	0

续 表

序号	公司简称	2015 年	2014 年	2013 年
65	国投泰康	8000	85014	255014
66	安信信托	0	0	未披露
67	华信信托	未披露	1701782	未披露
68	吉林信托	未披露	未披露	未披露
合计		322385273	244862059	116055309
平均		4884625	3825970	1842148

表 4-21　　信托资产分布金融机构占比序列表（2015 年度）

序号	公司简称	2015 年（%）	2014 年（%）	2013 年（%）
1	西藏信托	55. 22	41. 38	未披露
2	长城新盛	53. 06	6. 17	4. 71
3	兴业信托	46. 94	34. 40	16. 20
4	建信信托	46. 81	52. 66	37. 22
5	华宝信托	40. 96	39. 70	32. 74
6	中粮信托	37. 50	29. 53	10. 88
7	华融国信	33. 75	未披露	未披露
8	粤财信托	32. 88	21. 19	23. 08
9	北京国信	29. 80	19. 95	3. 05
10	中融信托	29. 12	21. 73	10. 70
11	平安信托	26. 76	13. 36	13. 69
12	厦门国信	22. 44	5. 65	3. 89
13	外贸信托	20. 03	35. 13	18. 70
14	紫金信托	19. 03	15. 93	14. 86
15	新华信托	18. 45	21. 04	5. 49
16	浙商金汇	18. 42	2. 85	0. 63
17	重庆国信	17. 77	14. 23	9. 58
18	国元信托	17. 49	8. 27	7. 59
19	四川信托	17. 46	18. 64	10. 63
20	中信信托	17. 27	20. 07	22. 43
21	上海国信	16. 74	20. 72	1. 03
22	华鑫信托	16. 13	10. 29	11. 47

续　表

序号	公司简称	2015 年（%）	2014 年（%）	2013 年（%）
23	中海信托	15.99	18.38	9.45
24	华润信托	15.98	36.13	29.05
25	万向信托	15.20	10.70	1.83
26	西部信托	14.98	20.03	1.19
27	方正东亚	14.78	18.58	6.65
28	昆仑信托	13.69	2.68	3.53
29	中泰信托	13.59	7.69	0.56
30	华能贵诚	13.31	9.26	3.35
31	中原信托	11.87	4.04	0
32	中诚信托	11.66	12.09	19.08
33	陆家嘴信托	11.53	4.64	5.59
34	爱建信托	11.15	0	0
35	长安国信	10.72	6.94	2.78
36	渤海信托	10.62	8.88	3.80
37	五矿信托	10.57	62.65	4.23
38	工商信托	10.38	7.90	0
39	云南国信	10.08	15.62	9.66
40	国联信托	8.48	0.75	0.01
41	中航信托	8.26	0	0
42	山西信托	7.69	0	0.07
43	北方国信	7.68	7.57	4.27
44	光大兴陇	6.73	2.87	10.22
45	华澳信托	6.61	1.97	2.07
46	中江国信	6.25	2.03	0.65
47	苏州信托	6.22	7.70	1.00
48	陕西国信	5.81	未披露	10.79
49	山东国信	5.74	3.33	1.40
50	华宸信托	5.65	7.08	6.72
51	湖南信托	5.16	4.24	3.35
52	交银国信	5.12	5.81	2.98

续 表

序号	公司简称	2015 年（%）	2014 年（%）	2013 年（%）
53	大业信托	5.00	17.00	9.00
54	民生信托	4.57	11.69	19.48
55	中铁信托	4.09	8.72	6.59
56	百瑞信托	4.05	5.74	5.20
57	天津信托	4.02	3.15	4.79
58	江苏国信	2.84	4.07	27.46
59	中建投信托	2.35	2.00	4.79
60	新时代	1.61	2.11	2.23
61	金谷信托	1.25	2.41	2.24
62	英大信托	1.13	2.55	2.09
63	国民信托	1.08	未披露	6.67
64	东莞信托	0.52	2.59	0
65	国投泰康	0.07	0.58	1.38
66	安信信托	0	0	未披露
67	华信信托	未披露	20.97	未披露
68	吉林信托	未披露	未披露	未披露
平均		19.89	18.35	11.03

表 4－22　　信托资产分布基础产业序列表（2015 年度）　　单位：万元

序号	公司简称	2015 年	2014 年	2013 年
1	中信信托	33238731	33232337	29973451
2	交银国信	19462151	16251307	10975676
3	上海国信	16260769	10610300	6287565
4	五矿信托	11814781	0	5696828
5	英大信托	11710342	12995591	16032918
6	华能贵诚	11259160	13617572	10998466
7	中融信托	10554411	14297633	13347418
8	中航信托	8656852	8832076	6915346
9	长安国信	7845776	7000058	3881546
10	北方国信	7269611	7035760	6970786
11	兴业信托	5972333	10800147	20169988

续　表

序号	公司简称	2015 年	2014 年	2013 年
12	陕西国信	5957738	未披露	2693057
13	光大兴陇	5444628	1146400	339436
14	陆家嘴信托	5167684	3637781	3309624
15	中江国信	5058128	8278204	6251172
16	云南国信	5021035	6467333	8564783
17	国元信托	4953439	6556389	6821504
18	百瑞信托	4804977	4442685	4359541
19	西藏信托	4387387	7773813	未披露
20	建信信托	4300260	2892020	1906834
21	中海信托	4264311	4911997	5518199
22	万向信托	4112054	2571475	801949
23	山东国信	4030261	5111513	3370165
24	平安信托	4009674	3883342	6120796
25	北京国信	3989324	2981042	3047562
26	渤海信托	3924916	3857535	3341376
27	爱建信托	3789025	3119221	2046681
28	新华信托	3544769	5950360	7647695
29	粤财信托	3335988	3694790	3035644
30	民生信托	3131140	1528544	687564
31	紫金信托	3086727	2477465	1973103
32	湖南信托	3027929	3113628	2408650
33	华融国信	3006430	未披露	未披露
34	江苏国信	2995477	2302609	1367326
35	中建投信托	2766305	2402120	2212042
36	方正东亚	2760624	3485801	3619330
37	华鑫信托	2736483	1880329	1562311
38	苏州信托	2726391	3198376	2849667
39	西部信托	2544482	1411988	713147
40	外贸信托	2438568	2678539	2901739
41	华宝信托	2399134	5946378	5779231

续 表

序号	公司简称	2015 年	2014 年	2013 年
42	中粮信托	2226336	2648528	1823020
43	国民信托	2215831	未披露	1305065
44	中诚信托	2192264	5219112	4947976
45	安信信托	2083942	2500415	未披露
46	厦门国信	1890020	1284958	1073572
47	国联信托	1750846	1299116	882559
48	中原信托	1711528	2015232	128711
49	国投泰康	1653771	4202180	3503089
50	中泰信托	1627825	848135	804961
51	四川信托	1572530	4001040	4942650
52	重庆国信	1535080	1947567	2538977
53	新时代	1174528	1994768	1513628
54	天津信托	1067830	1670922	2200090
55	华澳信托	938729	1510453	1495210
56	昆仑信托	886150	1085091	2349290
57	华润信托	882414	1609466	2815231
58	浙商金汇	855021	1006660	732120
59	大业信托	780000	810000	500000
60	中铁信托	757940	1345735	2456026
61	金谷信托	606501	2000136	3682995
62	东莞信托	599723	508063	429041
63	山西信托	340040	701393	1005183
64	华宸信托	116981	85484	133210
65	工商信托	66655	9900	205647
66	长城新盛	34800	236895	190000
67	华信信托	未披露	1945728	未披露
68	吉林信托	未披露	未披露	未披露
合计		287327489	284861434	268158368
平均		4353447	4450960	4256482

表 4－23 信托资产分布基础产业占比序列表（2015 年度）

序号	公司简称	2015 年（%）	2014 年（%）	2013 年（%）
1	湖南信托	63.15	46.12	36.25
2	英大信托	50.72	61.74	76.25
3	万向信托	43.18	45.00	50.07
4	国元信托	42.89	39.93	35.80
5	五矿信托	42.11	0	29.06
6	国联信托	41.62	29.85	19.68
7	爱建信托	40.06	51.73	52.64
8	浙商金汇	39.94	40.59	33.43
9	交银国信	39.30	40.83	39.21
10	光大兴陇	39.04	19.86	4.36
11	紫金信托	37.51	47.60	50.48
12	陆家嘴信托	37.24	38.07	48.99
13	中信信托	32.50	36.84	41.08
14	陕西国信	31.90	未披露	29.70
15	华澳信托	31.47	34.52	29.22
16	苏州信托	30.71	35.78	45.00
17	百瑞信托	30.38	32.07	38.16
18	新华信托	28.94	32.55	46.09
19	中建投信托	27.76	23.88	22.53
20	民生信托	27.62	23.97	17.62
21	上海国信	26.72	27.46	32.70
22	中江国信	26.65	37.67	37.33
23	长安国信	26.64	24.85	17.90
24	方正东亚	26.55	25.23	32.37
25	中航信托	26.02	31.76	31.27
26	北方国信	25.67	25.70	23.69
27	西部信托	24.94	21.66	13.95
28	云南国信	24.14	23.94	38.04
29	华能贵诚	21.33	32.30	36.84
30	中泰信托	19.75	11.15	12.95

续 表

序号	公司简称	2015 年（%）	2014 年（%）	2013 年（%）
31	北京国信	19. 33	18. 44	24. 51
32	中粮信托	19. 17	36. 71	34. 34
33	渤海信托	18. 16	17. 80	17. 76
34	国民信托	17. 80	未披露	30. 70
35	粤财信托	16. 91	18. 68	13. 23
36	山东国信	16. 36	15. 48	11. 26
37	厦门国信	16. 18	11. 14	8. 11
38	华鑫信托	16. 03	11. 69	10. 53
39	中融信托	15. 75	20. 12	27. 89
40	华融国信	14. 15	未披露	未披露
41	国投泰康	13. 67	28. 66	18. 97
42	中原信托	13. 53	15. 54	1. 08
43	东莞信托	12. 46	11. 59	10. 38
44	山西信托	12. 42	13. 48	14. 86
45	西藏信托	12. 30	30. 33	未披露
46	华宸信托	11. 93	12. 28	10. 48
47	中海信托	10. 36	15. 63	31. 10
48	大业信托	10. 00	9. 00	10. 00
49	重庆国信	9. 90	12. 92	20. 10
50	中诚信托	9. 86	16. 71	13. 85
51	安信信托	8. 83	16. 54	未披露
52	江苏国信	8. 61	13. 21	13. 23
53	天津信托	8. 02	10. 82	22. 11
54	昆仑信托	7. 95	7. 66	13. 94
55	平安信托	7. 18	9. 71	21. 08
56	新时代	6. 49	11. 92	9. 55
57	兴业信托	6. 48	16. 59	35. 70
58	外贸信托	5. 35	4. 93	9. 14
59	金谷信托	5. 01	22. 59	39. 26
60	四川信托	4. 65	14. 83	22. 60

续　表

序号	公司简称	2015 年（%）	2014 年（%）	2013 年（%）
61	华宝信托	4.30	12.10	21.28
62	建信信托	3.92	4.34	5.85
63	中铁信托	3.89	6.38	16.32
64	长城新盛	3.10	13.86	13.11
65	工商信托	2.05	0.35	9.09
66	华润信托	1.20	3.41	7.73
67	华信信托	未披露	23.98	未披露
68	吉林信托	未披露	未披露	未披露
平均		17.73	21.35	25.49

表 4－24　　信托资产分布房地产业序列表（2015 年度）　　单位：万元

序号	公司简称	2015 年	2014 年	2013 年
1	中信信托	10173659	6506014	5622330
2	平安信托	8750626	9185269	6935156
3	上海国信	5193138	3544670	1819720
4	中融信托	4568298	7440715	5305915
5	北京国信	4292487	3115872	2407348
6	华润信托	3949975	7556085	7565572
7	中航信托	3715100	3885808	2800122
8	中建投信托	3521043	2718333	2360470
9	长安国信	3462496	2640508	1545720
10	山东国信	3381441	5471783	3679379
11	四川信托	3352378	2688751	1824558
12	百瑞信托	3318669	2480969	1487660
13	重庆国信	3284101	4389734	2877618
14	兴业信托	3183481	4404025	6468133
15	华融国信	2848180	未披露	未披露
16	五矿信托	2830018	0	1484330
17	新华信托	2783355	3507541	1438718
18	中原信托	2772639	1711130	7376780
19	交银国信	2665199	1425903	1571306

续 表

序号	公司简称	2015 年	2014 年	2013 年
20	安信信托	2604060	1505655	未披露
21	大业信托	2570000	2080000	1410000
22	工商信托	2496926	2366433	1707300
23	万向信托	2038876	1527016	357460
24	陆家嘴信托	1987700	1149960	460160
25	金谷信托	1935177	1653758	2123867
26	中江国信	1922209	1735765	1192758
27	西藏信托	1887082	706000	未披露
28	国民信托	1863654	未披露	588170
29	厦门国信	1817362	3031382	3760840
30	渤海信托	1810744	1918598	1993840
31	光大兴陇	1703988	854787	1065147
32	爱建信托	1694324	1010905	628309
33	民生信托	1645361	1150861	567645
34	昆仑信托	1599760	2265585	2506059
35	中诚信托	1585305	1939668	2376677
36	方正东亚	1569085	1855303	1151731
37	江苏国信	1532395	1863184	1374116
38	中铁信托	1495662	2089885	1896520
39	北方国信	1473830	675055	680981
40	建信信托	1352250	3339475	2193625
41	新时代	1228770	1368025	1030189
42	苏州信托	1096893	1260743	1015973
43	华能贵诚	1093169	1489691	1284924
44	外贸信托	1089098	1723280	1158030
45	西部信托	986028	325061	354685
46	国投泰康	873990	881250	888999
47	华鑫信托	757930	488640	247988
48	云南国信	749148	1177951	685000
49	华宝信托	635930	692010	313709

续　表

序号	公司简称	2015 年	2014 年	2013 年
50	天津信托	619970	552200	636259
51	浙商金汇	571479	926618	648745
52	粤财信托	495518	1094022	1584951
53	英大信托	479578	282052	140223
54	中海信托	460800	575000	564258
55	长城新盛	455885	1203183	851369
56	陕西国信	443950	未披露	287000
57	紫金信托	439710	540051	354416
58	中粮信托	343551	414448	177904
59	华宸信托	292486	183175	340835
60	中泰信托	235970	158420	164015
61	湖南信托	234168	691490	651135
62	东莞信托	231153	297608	441566
63	山西信托	223409	470059	642062
64	国元信托	199460	539650	870881
65	国联信托	159423	281792	364339
66	华澳信托	101805	234279	162513
67	华信信托	未披露	1588700	未披露
68	吉林信托	未披露	未披露	未披露
合计		131131304	126831784	108468010
平均		1986838	1981747	1721714

表 4 – 25　　　　信托资产分布房地产业占比序列表（2015 年度）

序号	公司简称	2015 年（%）	2014 年（%）	2013 年（%）
1	工商信托	83. 31	76. 74	75. 44
2	长城新盛	70. 40	40. 59	58. 74
3	浙商金汇	37. 37	26. 69	29. 62
4	重庆国信	29. 13	21. 18	22. 78
5	中建投信托	27. 02	35. 33	24. 04
6	万向信托	26. 72	21. 41	22. 32
7	华宸信托	26. 33	29. 84	26. 81

续 表

序号	公司简称	2015 年（%）	2014 年（%）	2013 年（%）
8	厦门国信	26. 27	15. 56	28. 40
9	大业信托	24. 00	34. 00	27. 00
10	平安信托	22. 97	15. 67	23. 89
11	华信信托	19. 58	未披露	未披露
12	北京国信	19. 28	20. 80	19. 36
13	金谷信托	18. 68	15. 98	22. 64
14	民生信托	18. 05	14. 51	14. 55
15	百瑞信托	17. 91	20. 98	13. 02
16	爱建信托	16. 76	17. 91	16. 16
17	山东国信	16. 57	13. 72	12. 29
18	华润信托	16. 01	5. 37	20. 77
19	昆仑信托	15. 99	14. 36	14. 87
20	光大兴陇	14. 81	12. 22	13. 68
21	苏州信托	14. 11	12. 36	16. 00
22	中航信托	13. 97	11. 17	12. 66
23	方正东亚	13. 43	15. 09	10. 30
24	中原信托	13. 20	21. 92	61. 92
25	陆家嘴信托	12. 03	14. 33	6. 81
26	江苏国信	10. 69	4. 40	13. 30
27	中融信托	10. 47	6. 82	11. 09
28	紫金信托	10. 38	5. 34	9. 07
29	湖南信托	10. 24	4. 88	9. 80
30	四川信托	9. 97	9. 92	8. 34
31	安信信托	9. 96	11. 04	未披露
32	中铁信托	9. 91	7. 69	12. 60
33	长安国信	9. 37	11. 76	7. 13
34	上海国信	9. 18	8. 53	9. 46
35	山西信托	9. 03	8. 16	9. 49
36	渤海信托	8. 86	8. 37	10. 59
37	新时代	8. 17	6. 79	6. 50

续　表

序号	公司简称	2015 年（%）	2014 年（%）	2013 年（%）
38	中江国信	7.90	10.13	7.12
39	中信信托	7.21	9.95	7.71
40	东莞信托	6.79	4.80	10.69
41	兴业信托	6.76	3.45	11.45
42	国联信托	6.48	3.79	8.12
43	中诚信托	6.21	7.13	6.65
44	国投泰康	6.01	7.23	4.82
45	中粮信托	5.75	2.96	3.35
46	粤财信托	5.53	2.51	6.91
47	华澳信托	5.35	3.41	3.18
48	建信信托	5.02	1.23	6.73
49	西部信托	4.99	9.66	6.94
50	云南国信	4.36	3.60	3.04
51	天津信托	3.58	4.66	6.39
52	交银国信	3.58	5.38	5.61
53	华能贵诚	3.53	2.07	4.30
54	国元信托	3.29	1.73	4.57
55	外贸信托	3.17	2.39	3.65
56	华鑫信托	3.04	4.44	1.67
57	西藏信托	2.75	5.29	未披露
58	北方国信	2.47	5.20	2.31
59	中泰信托	2.08	2.86	2.64
60	中海信托	1.83	1.12	3.18
61	华宝信托	1.41	1.14	1.16
62	英大信托	1.33	2.08	0.67
63	新华信托	0.35	22.72	8.67
64	五矿信托	0	10.09	7.57
65	吉林信托	未披露	未披露	未披露
66	华融国信	未披露	13.41	未披露
67	国民信托	未披露	14.97	13.83
68	陕西国信	未披露	2.38	3.16
平均		9.51	8.09	10.31

表 4－26　　信托资产分布证券资产序列表（2015 年度）　　单位：万元

序号	公司简称	2015 年	2014 年	2013 年
1	华润信托	52802949	15969758	8728639
2	建信信托	42531575	19742674	13290298
3	中海信托	27515222	18199202	5041309
4	外贸信托	24496480	17663491	12774871
5	江苏国信	22156270	6742242	805149
6	华宝信托	21205098	15974088	5670492
7	兴业信托	14072075	12596246	4959206
8	交银国信	12121681	7834697	3180788
9	四川信托	10362798	4499448	441936
10	中融信托	7211903	9207569	4991913
11	平安信托	6910079	9312151	3981637
12	陕西国信	6339332	未披露	3744128
13	中信信托	6231015	7037402	6517723
14	北方国信	5557361	7103394	6487999
15	山东国信	5245990	3745515	1182635
16	华融国信	3965482	未披露	未披露
17	中航信托	3779628	761721	260315
18	长安国信	3753576	3641201	2652940
19	北京国信	3461877	4014553	3831515
20	粤财信托	3437440	1477765	832297
21	中诚信托	3314337	8098274	8641620
22	上海国信	2979882	2060131	1974361
23	云南国信	2419786	4341320	1291360
24	重庆国信	2274764	1311609	629320
25	中粮信托	1811170	83080	3000
26	陆家嘴信托	1251013	1124448	502266
27	华鑫信托	1160719	1504081	1427450
28	厦门国信	1030057	2265597	680461
29	中江国信	956726	1565386	563656
30	五矿信托	881776	125288	1354817

续 表

序号	公司简称	2015 年	2014 年	2013 年
31	昆仑信托	718498	316125	215497
32	西藏信托	681345	763025	未披露
33	方正东亚	661180	224818	26480
34	民生信托	624672	546773	0
35	国投泰康	459653	548386	891199
36	中铁信托	440103	147637	146896
37	东莞信托	413154	253899	141641
38	新时代	391493	681775	12409
39	山西信托	367045	1188721	824662
40	光大兴陇	332495	15000	15000
41	中泰信托	285316	190827	106193
42	万向信托	267267	61877	0
43	国元信托	251020	519857	265445
44	爱建信托	199319	345787	203772
45	渤海信托	197319	25100	10000
46	天津信托	169080	195191	138171
47	湖南信托	92222	42414	3072
48	苏州信托	91134	12558	36
49	国民信托	89047	未披露	90701
50	中建投信托	70241	51926	77575
51	国联信托	41568	103129	94569
52	西部信托	40040	207383	159751
53	浙商金汇	39660	30000	87771
54	百瑞信托	37972	28762	396
55	新华信托	14816	64712	157805
56	中原信托	14125	26820	11443
57	紫金信托	2756	0	0
58	金谷信托	1260	0	0
59	华澳信托	0	2313	12798
60	华宸信托	0	0	0

续 表

序号	公司简称	2015 年	2014 年	2013 年
61	工商信托	0	0	0
62	英大信托	0	0	0
63	安信信托	0	0	未披露
64	华能贵诚	0	0	0
65	大业信托	0	0	0
66	长城新盛	0	0	0
67	华信信托	未披露	681082	未披露
68	吉林信托	未披露	未披露	未披露
合计		308231862	195278226	110137381
平均		4670180	3051222	1748212

表 4－27　　　　信托资产分布证券资产占比序列表（2015 年度）

序号	公司简称	2015 年（%）	2014 年（%）	2013 年（%）
1	华润信托	71. 73	33. 84	23. 96
2	中海信托	66. 83	57. 91	28. 41
3	江苏国信	63. 67	38. 67	7. 79
4	外贸信托	53. 73	32. 50	40. 25
5	建信信托	38. 78	29. 65	40. 79
6	华宝信托	38. 04	32. 50	20. 88
7	陕西国信	33. 94	未披露	41. 29
8	四川信托	30. 66	16. 68	2. 02
9	交银国信	24. 48	19. 69	11. 36
10	山东国信	21. 29	11. 34	3. 95
11	北方国信	19. 62	25. 95	22. 05
12	华融国信	18. 67	未披露	未披露
13	粤财信托	17. 42	7. 47	3. 63
14	北京国信	16. 77	24. 84	30. 81
15	中粮信托	15. 59	1. 15	0. 06
16	兴业信托	15. 26	19. 34	8. 78
17	中诚信托	14. 90	25. 93	24. 19
18	重庆国信	14. 67	8. 70	4. 98

续 表

序号	公司简称	2015 年（%）	2014 年（%）	2013 年（%）
19	山西信托	13. 41	22. 84	12. 19
20	长安国信	12. 74	12. 93	12. 24
21	平安信托	12. 37	23. 29	13. 71
22	云南国信	11. 64	16. 07	5. 74
23	中航信托	11. 36	2. 74	1. 18
24	中融信托	10. 77	12. 96	10. 43
25	陆家嘴信托	9. 02	11. 77	7. 43
26	厦门国信	8. 82	19. 63	5. 14
27	东莞信托	8. 58	5. 79	3. 43
28	华鑫信托	6. 80	9. 35	9. 62
29	昆仑信托	6. 45	2. 23	1. 28
30	方正东亚	6. 36	1. 63	0. 24
31	中信信托	6. 09	7. 80	8. 93
32	民生信托	5. 51	8. 57	0
33	中江国信	5. 04	7. 12	3. 37
34	上海国信	4. 90	5. 33	10. 27
35	国投泰康	3. 80	3. 74	4. 83
36	中泰信托	3. 46	2. 51	1. 71
37	五矿信托	3. 14	24. 01	6. 91
38	万向信托	2. 81	1. 08	0
39	光大兴陇	2. 38	0. 26	0. 19
40	中铁信托	2. 26	0. 70	0. 98
41	国元信托	2. 17	3. 16	1. 39
42	新时代	2. 16	4. 07	0. 08
43	爱建信托	2. 11	5. 73	5. 24
44	湖南信托	1. 92	0. 63	0. 05
45	西藏信托	1. 91	2. 98	未披露
46	浙商金汇	1. 85	1. 21	4. 01
47	天津信托	1. 27	1. 26	1. 39
48	苏州信托	1. 03	0. 14	0

续 表

序号	公司简称	2015 年（%）	2014 年（%）	2013 年（%）
49	国联信托	0. 99	2. 37	2. 11
50	渤海信托	0. 91	0. 12	0. 05
51	国民信托	0. 72	未披露	2. 13
52	中建投信托	0. 70	0. 52	0. 79
53	西部信托	0. 39	3. 18	3. 12
54	百瑞信托	0. 24	0. 21	0
55	新华信托	0. 12	0. 35	0. 95
56	中原信托	0. 11	0. 21	0. 10
57	紫金信托	0. 03	0	0
58	金谷信托	0. 01	0	0
59	华宸信托	0	0	0
60	工商信托	0	0	0
61	英大信托	0	0	0
62	安信信托	0	0	未披露
63	华能贵诚	0	0	0
64	华澳信托	0	0. 05	0. 25
65	大业信托	0	0	0
66	长城新盛	0	0	0
67	华信信托	未披露	8. 40	未披露
68	吉林信托	未披露	未披露	未披露
平均		19. 02	14. 64	10. 47

表 4－28　　信托资产分布实业资产序列表（2015 年度）　　单位：万元

序号	公司简称	2015 年	2014 年	2013 年
1	兴业信托	25331835	14264190	14950665
2	中融信托	22976800	22923987	16808618
3	平安信托	19453905	8609984	6239615
4	上海国信	13920092	6279255	3772808
5	中信信托	13209492	10137070	9354815
6	安信信托	13204383	10003644	未披露
7	渤海信托	12968821	13481486	12498751

续 表

序号	公司简称	2015 年	2014 年	2013 年
8	新时代	12515477	11189659	12351667
9	中铁信托	11724242	10262173	5950903
10	天津信托	10730167	12120778	4605514
11	中诚信托	10123118	9331279	10064752
12	华能贵诚	9425842	8021002	7141035
13	华鑫信托	9173991	8877726	7734332
14	长安国信	8852500	9988101	8255657
15	四川信托	7916294	5732147	7764816
16	国投泰康	7846665	6972478	7841563
17	国民信托	7702091	未披露	1542607
18	中江国信	7695251	7995421	6646374
19	云南国信	7322944	8212769	5602010
20	中航信托	6352546	10013695	8466594
21	山东国信	6298327	9544296	12013463
22	江苏国信	6154193	4817341	3492281
23	西藏信托	6060710	3754163	未披露
24	交银国信	5537722	5021995	3846442
25	北方国信	5350260	5252652	4613372
26	粤财信托	5081264	4190942	8651233
27	西部信托	4996920	3045026	3594205
28	重庆国信	4941487	3742034	3458245
29	民生信托	4519399	2363864	1545739
30	光大兴陇	4030542	1597616	5123272
31	中泰信托	3920459	5266988	3650787
32	华融国信	3914304	未披露	未披露
33	陕西国信	3884416	未披露	1141685
34	五矿信托	3763410	3000	7377813
35	厦门国信	3750626	3600485	5877852
36	国元信托	3703296	6743956	8736232
37	新华信托	3568788	4792379	4818182

续 表

序号	公司简称	2015 年	2014 年	2013 年
38	百瑞信托	3395407	3216791	2465505
39	昆仑信托	3394017	4253010	4814730
40	紫金信托	3127820	1357862	992743
41	方正东亚	2948126	4258719	3972802
42	中原信托	2880656	3398059	90030
43	外贸信托	2230075	5761767	6393716
44	北京国信	2191831	2176545	1965240
45	英大信托	1980066	1712547	0
46	爱建信托	1930355	1039670	849028
47	华润信托	1719569	3215256	3796856
48	中粮信托	1655668	1502695	2312878
49	中海信托	1627029	1530821	841128
50	东莞信托	1482115	1276321	1398955
51	陆家嘴信托	1476978	1476343	1581063
52	万向信托	1402788	720397	231250
53	金谷信托	1348231	1348625	1695890
54	华澳信托	1273134	2298455	3010231
55	大业信托	1230000	1950000	980000
56	中建投信托	1168597	1016553	1265249
57	山西信托	1049758	2435473	3799076
58	建信信托	907640	738840	644720
59	湖南信托	904729	2294632	2135026
60	华宝信托	863363	1185964	1403566
61	苏州信托	688448	864961	676410
62	国联信托	619261	506851	693926
63	浙商金汇	239111	378900	516700
64	华宸信托	97210	222400	334160
65	工商信托	68300	56380	60870
66	长城新盛	36540	75677	104713
67	华信信托	未披露	1868259	未披露
68	吉林信托	未披露	未披露	未披露
合计		361859399	312292355	284560359
平均		5482718	4879568	4516831

表 4－29　　信托资产分布实业资产占比序列表（2015 年度）

序号	公司简称	2015 年（%）	2014 年（%）	2013 年（%）
1	天津信托	80.62	78.51	46.29
2	新时代	69.14	66.87	77.97
3	国投泰康	64.88	47.55	42.47
4	国民信托	61.89	未披露	36.28
5	中铁信托	60.24	48.66	39.53
6	渤海信托	59.99	62.24	66.42
7	安信信托	55.97	66.19	未披露
8	华鑫信托	53.73	55.20	52.13
9	西部信托	48.98	46.71	70.28
10	中泰信托	47.58	69.25	58.72
11	中诚信托	45.50	29.88	28.18
12	华澳信托	42.68	52.53	58.82
13	中江国信	40.54	36.38	39.69
14	民生信托	39.87	37.07	39.61
15	山西信托	38.35	46.79	56.15
16	紫金信托	38.02	26.09	25.40
17	云南国信	35.21	30.41	24.88
18	平安信托	34.84	21.53	21.49
19	中融信托	34.30	32.26	35.13
20	厦门国信	32.10	31.20	44.38
21	国元信托	32.06	41.07	45.85
22	重庆国信	31.87	24.83	27.38
23	东莞信托	30.78	29.12	33.85
24	昆仑信托	30.47	30.03	28.58
25	长安国信	30.06	35.46	38.07
26	新华信托	29.13	26.22	29.03
27	光大兴陇	28.90	27.68	65.80
28	方正东亚	28.35	30.83	35.53
29	兴业信托	27.47	21.91	26.46
30	粤财信托	25.75	41.52	37.70

续 表

序号	公司简称	2015 年（%）	2014 年（%）	2013 年（%）
31	山东国信	25.56	28.91	40.12
32	四川信托	23.42	21.25	35.51
33	上海国信	22.87	16.25	19.62
34	中原信托	22.77	26.21	0.76
35	百瑞信托	21.47	23.22	21.58
36	陕西国信	20.80	未披露	12.59
37	爱建信托	20.41	17.24	21.84
38	中航信托	19.09	36.02	38.28
39	北方国信	18.89	19.19	15.68
40	湖南信托	18.87	33.99	32.14
41	华融国信	18.42	未披露	未披露
42	华能贵诚	17.86	19.03	23.92
43	江苏国信	17.68	27.63	33.79
44	西藏信托	16.99	14.65	未披露
45	大业信托	16.00	22.00	19.00
46	万向信托	14.73	12.61	14.44
47	国联信托	14.72	11.65	15.47
48	中粮信托	14.25	20.83	43.56
49	五矿信托	13.41	0.57	37.63
50	中信信托	12.91	11.24	12.82
51	中建投信托	11.73	10.10	12.89
52	交银国信	11.18	12.62	13.74
53	浙商金汇	11.17	15.28	23.59
54	金谷信托	11.13	15.23	18.08
55	陆家嘴信托	10.64	15.45	23.40
56	北京国信	10.62	13.47	15.80
57	华宸信托	9.92	31.96	26.28
58	英大信托	8.58	8.14	0
59	苏州信托	7.76	9.68	10.00
60	外贸信托	4.89	10.60	20.15

续 表

序号	公司简称	2015 年（%）	2014 年（%）	2013 年（%）
61	中海信托	3.95	4.87	4.74
62	长城新盛	3.25	4.43	7.22
63	华润信托	2.34	6.81	10.42
64	工商信托	2.10	1.98	2.69
65	华宝信托	1.55	2.41	5.17
66	建信信托	0.83	1.11	1.98
67	华信信托	未披露	23.02	未披露
68	吉林信托	未披露	未披露	未披露
平均		22.33	23.41	27.05

第三节 信托项目收益率

一、集合类信托项目收益率

2015 年度蓝皮书得到 66 家信托公司披露的集合类信托项目加权平均实际收益率数据，比 2014 年度多了 2 家，中海信托和陕西国信 2 家公司在 2015 年未披露集合类信托项目平均收益率数据，国民信托在 2014 年未披露，但 2015 年披露了该数据。

对于全体信托公司集合类信托项目加权平均实际收益率来讲，2011 年以来，信托公司集合类信托项目平均收益率在 6% ~10% 波动，经历了 2011 年的最低值 6.81% 之后，2012 年、2013 年、2014 年和 2015 年该指标持续上升，在 2015 年达到近 5 年的最高值 9.70%，值得一提的是，即使是 2015 年的最高值 9.70% 也远低于 2007 年的 11.91%。

就单个公司集合类信托项目收益率而言，在近 5 年内，只有 2012 年和 2014 年所有公司该指标均未出现负值。在 2011 年、2013 年和 2015 年，分别有 4 家、1 家和 1 家公司该指标为负值。值得注意的是，2015 年披露的 66 家公司中，65 家信托公司集合类信托项目收益率为正值，全行业平均收益率较 2014 年继续出现了小幅的提升，达到近 5 年的历史最高值。

从2015年度各信托公司在指标上的表现差异度来看，近5年来除了2011年变异系数最高为2.68外，其余4年的变异系数均在1以下。在2012年和2013年连续2年持续下降后，2014年该指标小幅上升至0.36，2015年则继续上升至0.49。这表明2015年度各公司的指标差异度虽然小幅拉大，但业绩表现均比较好。此外，从集合类信托项目收益率最大值和最小值的差距来看，2015年度也是近5年来相对比较大的，如表4-30所示。

表4-30　　2011—2015年信托公司集合类信托项目平均收益率统计表

项目＼年份	2011	2012	2013	2014	2015
平均值（%）	6.81	6.87	8.02	9.56	9.70
均值增长幅度（%）	-1.95	0.06	1.15	1.54	0.14
披露公司数目（家）	60	63	66	64	66
收益率为负的公司数（家）	4	0	1	0	1
最大值（%）	144.92	12.30	12.95	33.97	38.21
最小值（%）	-3.76	0	-2.19	6.43	-2.64
标准差（%）	18.24	2.46	2.29	3.48	4.77
变异系数	2.68	0.36	0.28	0.36	0.49

2015年集合收益率前3名的公司分别为山西信托（收益率38.21%）、平安信托（收益率21.35%）以及厦门国信（收益率18.85%），与2014年该项指标的排名差异较大，只有平安信托继续保持行业前3的位置。2014年排名第1位的国投信托（收益率33.97%）和华融国信（收益率13.62%）在2015年分别以7.78%和8.80%的收益率位居行业第56位和35位，2014年排名第37和第49位的山西信托和厦门国信在2015年则上升为行业前3名。

从该指标历年的稳定程度来看，东莞信托和安信信托从2010年以来保持了非常稳定的表现，每年分别实现了8.87%和9.26%的平均集合类项目收益率；信托收益率比较稳定的还有江苏国信和工商信托，变异系数分别为0.10和0.11。

二、单一类信托项目收益率

在过去的5年中，单一类信托项目收益率持续上升，2011年该指标为5.31%，2012年、2013年、2014年和2015年则持续小幅上涨。2015年度，取得最高单一收益率的公司达到16.21%，67家信托公司单一收益率在5.40%～16.21%波动。

从变异系数来看，2015年度为0.24，为2014年历年最低水平后的大幅反弹，这表明2015年扭转了2014年的趋势，2015年度各信托公司在该指标上的表现更加趋于差异化，两极分化现象又开始反弹，如表4－31所示。

表4－31　2011—2015年度信托公司平均单一类信托项目收益率统计表

项目＼年份	2011	2012	2013	2014	2015
平均值（%）	5.31	6.61	7.03	7.04	7.43
均值增长幅度（%）	0.60	1.30	0.42	0.01	0.39
披露公司数目（家）	60	63	66	64	67
最大值（%）	12.05	12.10	13.42	9.66	16.21
最小值（%）	0.02	0	4.51	0	5.40
标准差（%）	1.81	1.62	1.53	1.21	1.80
变异系数	0.34	0.24	0.22	0.17	0.24

2015年度单一类信托投资项目收益率前3名分别为：工商信托（收益率16.21%）、五矿信托（收益率14.09%）以及爱建信托（收益率11.42%）。2014年度单一类信托投资项目收益率前3名分别为湖南信托（收益率9.66%）、工商信托（收益率9.02%）以及华信信托（收益率8.94%）。信托项目单一类收益率前3与2014年相比变化比较大，只有工商信托继续保持行业前3的位置。其中，2014年分别位居行业第1和第3的湖南信托和华信信托则分别跌至行业第8名和第56名。另外，2014年以8.46%和7.64%分别列第7名和第9名的五矿信托和爱建信托则在2015年小幅上升至行业第2名和第3名。值得一提的是，2015年度单一类信托投资项目收益率前3的信托公司收益率平均比2014年提高了5%。

从该指标历年的稳定程度来看，中铁信托从2010年以来保持了非常稳定的表现，每年基本实现6.31%的单一类项目收益率，变异系数为0.12。另外，英大信托和华润信托的单一收益率也比较稳定，变异系数分别为0.14和0.15，平均值分别为5.97%和6.64%。而国联信托由于在2014年出现了0单一项目收益率，从而成为2010年以来在该指标方面表现最不稳定的信托公司，变异系数为0.54。另外，国民信托的单一收益率也很不稳定，在2011年和2012年的其收益率均为0，其他几年收益率为3%～8%。

三、证券投资类信托项目收益率

如表4－32所示，2011—2015年，证券投资类信托项目收益率持续上升。必须注意到，该指标为0的公司比例在2011—2013年逐年增多，在2013年达到历史最多的22家公司，占全体公司的比例从2011年的31.37%上升到了2014年的34.42%。但是，2015年该指标为0的公司数目持续下降为19家。

2015年度该指标最大值为百瑞信托的112.08%，同时，2015年度只有5家公司证券投资类项目收益率为负值。从变异系数来看，2015年度为2.08，为近5年第3高。2012年和2013年，信托项目证券投资类收益率变异系数持续大幅下降，在2013年则达到过去5年最低值（0.91）后2015年该指标大幅上升至2.08。这表明，2015年各信托公司在该指标上出现了两极分化的趋势。

表4－32　2011—2015年度信托公司平均证券投资类信托项目收益率统计表

项目＼年份	2011	2012	2013	2014	2015
平均值（%）	2.34	2.79	5.09	6.39	12.58
均值增长幅度（%）		0.45	2.30	1.30	6.19
披露公司数目（家）	51	64	65	61	65
最大值（%）	39.96	29.05	13.46	36.93	112.08
最小值（%）	－32.20	－28.74	－8.17	－1.71	－65.45
取值为0的公司数（家）	16	21	22	21	19
标准差（%）	9.57	8.90	4.65	7.63	26.11
变异系数	4.09	3.19	0.91	1.19	2.08

2015年证券投资类信托投资项目收益率前3名分别为百瑞信托（收益率112.08%）、华澳信托（收益率106.08%）以及平安信托（收益率70.90%）。

2015年与2014年该项指标的排名差别比较大，只有平安信托继续保持行业前3位。百瑞信托和华澳信托在2015年证券投资类项目收益率大幅增加，均跃居行业前3位。五矿信托和东莞信托则在2015年证券投资类项目收益率小幅下跌，跌出行业前3位。另外，2011年以来，工商信托、安信信托等10家公司在各年度的财产管理类收益率都为0。

四、加权平均收益率

2011—2015年，信托公司项目加权平均收益率持续增加，由2011年的4.82%上升到2015年的9.90%。2015年证券投资类项目收益率比较高，导致信托公司信托项目的加权平均收益率相比2014年大幅上升。

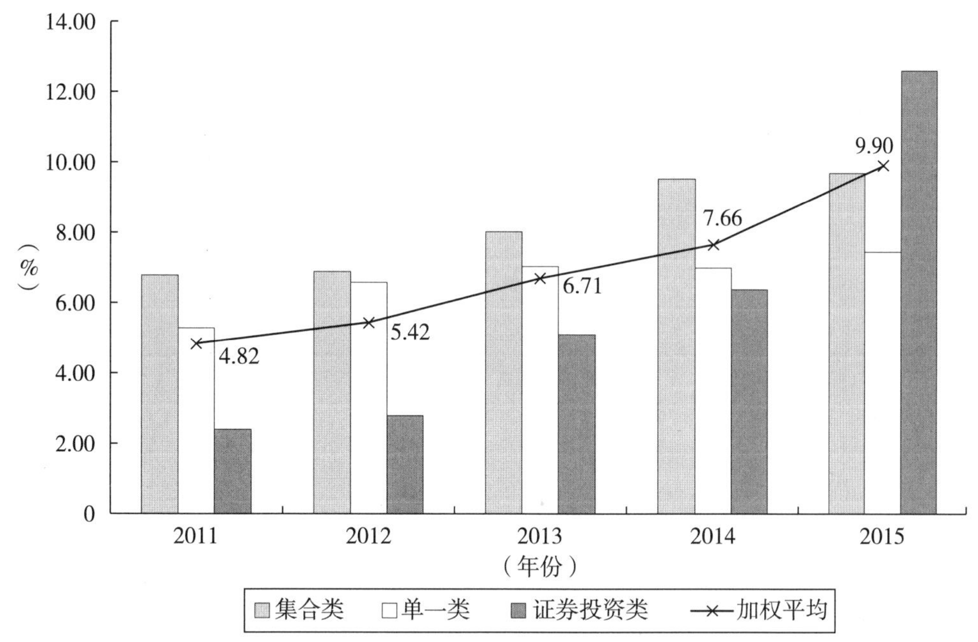

图4－3 2011—2015年度信托公司信托项目收益率

由图4－3可以看出，2011—2015年，除2011年外，其余4年的单一类项目收益率基本持平。集合类项目和证券投资类项目收益率在2011—2015年期间持续上升。2015年，集合类项目和单一类项目收益率与2014年基本持平，证券投资类项目收益率则大幅上升至12.58%，达到近5年来的历史最高值，这与2015年证券市场的火爆不无关系。就2015年而言，各信托公司证券投资类项目取得了较高的收益率，集合类项目次之，单一类类项目收益率最低，三类项目收益率均实现了较大幅度的增长。

相关数据如表4－33至表4－35所示。

表 4－33　　　已结算信托项目集合类收益率序列表（2015 年度）

序号	公司简称	2015 年（%）	2014 年（%）	2013 年（%）
1	山西信托	38.21	8.87	7.74
2	平安信托	21.35	15.11	8.05
3	厦门国信	18.85	8.07	5.79
4	华鑫信托	17.85	9.86	8.08
5	北京国信	14.03	9.08	9.99
6	吉林信托	13.14	9.74	9.92
7	天津信托	12.39	8.93	8.06
8	云南国信	12.32	8.46	5.60
9	百瑞信托	12.02	10.18	9.21
10	渤海信托	11.85	9.58	8.56
11	光大兴陇	11.84	7.92	8.65
12	北方国信	11.84	8.19	9.01
13	国元信托	11.60	8.89	8.63
14	华宝信托	11.47	7.90	7.97
15	英大信托	11.03	7.32	10.69
16	工商信托	10.74	12.29	12.88
17	中原信托	10.35	10.25	8.50
18	外贸信托	10.34	7.10	5.82
19	华澳信托	10.13	9.02	9.38
20	华宸信托	10.09	未披露	10.41
21	万向信托	10.02	11.78	9.49
22	中诚信托	9.99	10.08	6.78
23	昆仑信托	9.84	7.62	7.13
24	重庆国信	9.69	7.50	6.31
25	安信信托	9.55	9.95	10.50
26	中泰信托	9.48	8.52	9.94
27	东莞信托	9.44	9.44	9.68
28	中粮信托	9.22	9.62	9.23
29	中信信托	9.14	9.02	9.59
30	国民信托	9.14	未披露	－2.19

续　表

序号	公司简称	2015 年（%）	2014 年（%）	2013 年（%）
31	紫金信托	9. 06	7. 10	8. 45
32	大业信托	8. 91	9. 68	8. 57
33	华信信托	8. 82	8. 94	7. 54
34	金谷信托	8. 81	7. 39	7. 85
35	华融国信	8. 80	13. 62	10. 14
36	新华信托	8. 79	10. 76	9. 91
37	新时代	8. 73	8. 71	8. 79
38	苏州信托	8. 72	9. 61	7. 60
39	上海信托	8. 70	8. 05	8. 11
40	中航信托	8. 68	9. 10	8. 42
41	爱建信托	8. 62	8. 90	9. 68
42	江苏国信	8. 60	9. 94	8. 57
43	中江国信	8. 60	8. 42	5. 70
44	民生信托	8. 57	8. 87	0
45	中投信托	8. 45	7. 79	9. 40
46	山东国信	8. 36	11. 58	7. 31
47	华能贵诚	8. 26	9. 76	8. 55
48	西部信托	8. 24	9. 59	12. 95
49	五矿信托	8. 23	13. 51	8. 21
50	交银国信	8. 22	7. 70	9. 45
51	湖南信托	8. 14	8. 62	8. 12
52	长城新盛	8. 07	9. 95	6. 99
53	华润信托	7. 94	6. 43	9. 28
54	中铁信托	7. 89	8. 42	9. 04
55	浙商金汇	7. 79	9. 69	9. 51
56	国投信托	7. 78	33. 97	8. 39
57	建信信托	7. 51	7. 94	7. 62
58	国联信托	7. 32	9. 16	4. 48
59	陆家嘴信托	7. 07	8. 48	10. 02
60	西藏信托	6. 60	9. 47	未披露

续 表

序号	公司简称	2015 年（%）	2014 年（%）	2013 年（%）
61	长安国信	6.02	7.20	5.89
62	方正信托	5.96	9.81	9.40
63	粤财信托	5.94	8.87	6.08
64	中融信托	5.82	8.09	9.49
65	兴业信托	4.46	7.07	8.10
66	四川信托	-2.64	9.61	9.29
67	中海信托	未披露	未披露	未披露
68	陕西国信	未披露	未披露	7.20
平均		9.70	9.56	8.02

表 4-34　　已结算信托项目单一类收益率序列表（2015 年度）

序号	公司简称	2015 年（%）	2014 年（%）	2013 年（%）
1	工商信托	16.21	9.02	13.42
2	五矿信托	14.09	8.46	8.48
3	爱建信托	11.42	7.64	7.88
4	华宸信托	10.88	未披露	8.44
5	万向信托	10.76	7.37	6.70
6	北京国信	10.53	8.00	8.98
7	华融国信	10.51	8.02	9.19
8	湖南信托	10.31	9.66	9.57
9	平安信托	10.07	7.06	8.08
10	华宝信托	8.80	5.82	4.76
11	大业信托	8.78	8.57	10.30
12	西藏信托	8.70	7.81	未披露
13	浙商金汇	8.58	7.28	10.70
14	中原信托	8.34	8.08	6.70
15	国投信托	8.30	6.28	6.37
16	新时代	8.28	7.44	7.89
17	山西信托	8.21	6.39	7.20
18	北方国信	8.19	7.30	7.20
19	东莞信托	8.13	6.82	5.42

续 表

序号	公司简称	2015 年（%）	2014 年（%）	2013 年（%）
20	安信信托	8.10	7.61	9.22
21	金谷信托	8.04	7.46	6.66
22	光大兴陇	8.03	7.59	7.90
23	中信信托	7.95	6.06	7.01
24	国民信托	7.88	未披露	7.41
25	国联信托	7.82	0	10.12
26	华鑫信托	7.76	6.80	7.76
27	陕西国信	7.75	未披露	7.27
28	华澳信托	7.73	7.29	8.78
29	建信信托	7.70	6.60	6.73
30	渤海信托	7.67	7.32	8.01
31	华能贵诚	7.65	7.08	7.18
32	国元信托	7.61	6.56	7.71
33	云南国信	7.61	6.49	6.42
34	中航信托	7.54	7.84	6.56
35	中融信托	7.53	6.81	7.46
36	苏州信托	7.51	6.68	7.73
37	中泰信托	7.46	7.23	8.31
38	长安国信	7.40	6.54	8.22
39	天津信托	7.37	7.59	8.93
40	重庆国信	7.31	8.16	7.35
41	英大信托	7.29	6.27	5.81
42	长城新盛	7.28	5.75	6.58
43	中铁信托	7.27	6.64	6.88
44	新华信托	7.25	7.63	9.73
45	吉林信托	7.23	7.22	8.91
46	厦门国信	7.21	7.29	6.70
47	紫金信托	7.20	6.89	8.28
48	四川信托	7.14	7.72	8.21
49	百瑞信托	7.12	7.72	6.41

续 表

序号	公司简称	2015 年（%）	2014 年（%）	2013 年（%）
50	江苏国信	7.08	7.00	6.84
51	陆家嘴信托	7.08	6.81	6.42
52	民生信托	6.92	7.00	7.72
53	华润信托	6.86	6.87	7.38
54	中投信托	6.85	6.29	6.28
55	粤财信托	6.73	6.56	6.27
56	华信信托	6.70	8.94	9.20
57	中粮信托	6.66	6.68	6.63
58	山东国信	6.63	5.61	5.78
59	方正信托	6.60	7.72	8.67
60	上海信托	6.57	6.19	5.96
61	兴业信托	6.54	6.40	6.38
62	中江国信	6.11	7.13	5.30
63	昆仑信托	6.03	6.29	7.09
64	西部信托	6.02	7.34	7.74
65	交银国信	5.71	5.69	6.17
66	外贸信托	5.53	7.56	10.49
67	中诚信托	5.40	6.53	4.51
68	中海信托	未披露	未披露	未披露
平均		7.43	7.04	7.03

表 4－35　　已结算信托项目财产管理类收益率序列表（2015 年度）

序号	公司简称	2015 年（%）	2014 年（%）	2013 年（%）
1	中原信托	18.55	6.59	10.45
2	金谷信托	10.17	11.62	14.94
3	浙商金汇	9.53	8.15	0
4	紫金信托	9.50	9.43	0
5	山西信托	9.00	4.21	0.01
6	中信信托	8.88	8.87	4.86
7	百瑞信托	8.37	0	0
8	中融信托	8.29	8.43	10.67

续　表

序号	公司简称	2015 年（%）	2014 年（%）	2013 年（%）
9	长安国信	8.07	9.56	7.03
10	光大兴陇	7.81	0	0
11	华能贵诚	7.81	6.39	6.00
12	渤海信托	7.77	3.78	5.74
13	爱建信托	7.66	0	0
14	厦门国信	7.61	9.35	6.91
15	云南国信	7.58	7.60	4.97
16	华宝信托	7.45	6.80	0
17	吉林信托	7.43	6.88	7.12
18	中航信托	6.86	7.63	4.23
19	万向信托	6.78	0	未披露
20	山东国信	6.69	6.00	7.79
21	北京国信	6.34	7.23	5.77
22	上海信托	6.20	-1.84	-1.00
23	粤财信托	6.18	7.09	0
24	外贸信托	6.17	4.96	6.37
25	中诚信托	6.16	8.00	0
26	交银国信	5.99	5.40	0
27	英大信托	5.97	8.42	6.78
28	中泰信托	5.95	0	0
29	中铁信托	5.93	0	0
30	华润信托	5.89	0	0
31	大业信托	5.47	3.02	5.20
32	四川信托	5.46	5.46	0
33	方正信托	5.25	6.71	15.02
34	中江国信	4.40	7.08	7.89
35	中粮信托	4.07	7.47	0
36	重庆国信	3.79	2.85	7.85
37	新华信托	2.77	6.03	0
38	兴业信托	2.70	8.70	8.00

续 表

序号	公司简称	2015 年（%）	2014 年（%）	2013 年（%）
39	国投信托	2. 27	0	0
40	中投信托	1. 03	0	0
41	江苏国信	0. 62	0	0
42	华信信托	0	10. 79	6. 01
43	东莞信托	0	21. 39	0
44	苏州信托	0	0	0
45	华融国信	0	3. 38	0
46	天津信托	0	0	0
47	北方国信	0	2. 31	0. 77
48	湖南信托	0	0. 34	18. 09
49	工商信托	0	0	0
50	建信信托	0	0	0
51	国联信托	0	0	0
52	安信信托	0	0	1. 98
53	新时代	0	0	0
54	国元信托	0	7. 39	7. 27
55	昆仑信托	0	0	0
56	西部信托	0	0	0
57	陆家嘴信托	0	0	0
58	华鑫信托	0	0	0
59	五矿信托	0	6. 73	6. 37
60	长城新盛	0	0	未披露
61	中海信托	未披露	未披露	0
62	平安信托	未披露	0	0
63	西藏信托	未披露	未披露	0
64	华宸信托	未披露	0	0
65	国民信托	未披露	0	0
66	陕西国信	未披露	17. 68	0
67	华澳信托	未披露	0	0
68	民生信托	未披露	0	未披露
平均		4. 51	7. 08	5. 33

第四节　新增信托项目

一、新增信托项目规模

根据2016年信托公司最新披露信息显示，信托公司平均新增信托项目规模为13239438万元，比2014年增长20.98%，达到了历年新增信托项目规模的最高点。另外，2015年度，披露的68家公司中有65家新增信托项目规模均达到数百亿元。

各公司新增项目规模的差异性从2011年以来逐年变小，到2011年变异系数已经减小到0.93，2012年的变异系数则基本维持了2011年的水平，为0.91，2013年变异系数持续下降，跌至0.85，2014年变异系数继续跌至0.84。但是，2015年变异系数又大幅扩大至1.04，达到近5年最高值。这表明，2015年各信托公司新增信托项目规模出现了较大的差异，意味着各信托公司对市场前景判断出现了一定的分歧，如表4-36所示。

表4-36　　2011—2015年度新增信托项目规模统计分析表

年份 项目	2011	2012	2013	2014	2015
平均值（万元）	6236927	8183326	10077752	10943475	13239438
均值增长幅度（万元）	1672168	1946399	1894426	865723	2295963
均值增长率（%）	36.63	31.21	23.15	8.59	20.98
公司数目	62	65	68	66	68
最大值（万元）	30433038	28884370	44143364	37721223	63084277
最小值（万元）	130000	0	581668	449500	258746
标准差（万元）	5828185	7468963	8556692	9228472	13728662
变异系数	0.93	0.91	0.85	0.84	1.04

新增项目规模2015年度前3名分别为兴业信托（规模63084277万元）、华能贵诚（规模58682919万元）以及华润信托（规模54928537万元）。2014年曾经位列新增项目规模前3的中信信托在2015年新增信托项目规模小幅增加，位居行业第4位。华润信托则由2014年的第20名大幅跃升至2015年的第3名。

2015 年度新增项目规模最小的 3 家公司是山西信托（规模 810283 万元）、华宸信托（649548 万元）以及长城新盛（规模 258746 万元）。华宸信托在 2014 年未公布该数据。

二、新增信托项目数量

信托公司平均新增信托项目数量为 287 个，2015 年比 2014 年减少了 31 个，增加率为 -9.75%。2011—2014 年，已经连续 4 年增长，尽管增长幅度较 2013 年稍微放缓，2014 年达到了近 5 年来的最高值。但是，2015 年新增信托项目数量均值大幅下降至 287 个。其中，排名第 1 的兴业信托在继 2014 年新增 1282 个信托项目后，2015 年新增 1148 个项目，居行业最高。2015 年披露该指标的 66 家公司中，有 38 家新增信托项目数量低于 2014 年。从年度最小值来看，2011 年之前，每年都有新增信托项目数量为 0 的公司，2011 年新增信托项目最少公司新增 2 个项目，2012 年新增信托项目最少的也有 5 个项目，而 2013 年即使新增信托项目最少的也达到了 29 个项目，2014 年新增信托项目最少的增加了 9 个项目，2015 年只有 3 个。

另外，近 5 年内，各公司新增项目数量的差异性 2011—2015 年呈 V 形变化，2011 年的变异系数为 1.22，此后的两年开始逐年变小，到 2013 年变异系数已经减小到 0.82，2014 年则小幅回升至 0.89，2015 年与 2014 年基本持平。这说明，在全行业新增信托项目平均水平大幅减小的同时，2015 年度各公司新增信托项目数量之间的差异性与 2014 年相比几乎没有变化，如表 4 - 37 所示。

表 4 - 37　　2011—2015 年度新增信托项目数量统计分析表

项目＼年份	2011	2012	2013	2014	2015
平均值（个）	215	250	301	318	287
均值增长幅度（个）	79	35	51	17	-31
均值增长率（%）	58.09	16.28	20.40	5.65	-9.75
披露公司数目（家）	62	65	68	66	66
最大值（个）	1684	1238	1441	1282	1148
最小值（个）	2	5	29	9	3
标准差（个）	262	224	248	283	250
变异系数	1.22	0.90	0.82	0.89	0.88

2015 年新增信托项目数量前 3 名分别为兴业信托（新增 1148 个）、外贸信托（新增 1100 个）以及中信信托（新增 1037 个）。2014 年新增信托项目数量前 3 名分别为兴业信托（新增 1282 个）、中信信托（新增 1139 个）以及中融信托（新增 1042 个）。这个排名与 2014 年度相比，变化不大，其中，兴业信托和中信信托分别以 1148 个和 1037 个新增信托项目的成绩继续保持第 1 名和第 3 名的位置，外贸信托由 2014 年的第 4 名（新增 909 个）跃升至 2015 年的第 2 名（新增 1100 个），中融信托则以 507 个新增信托项目的成绩微跌至行业第 10 名。

另外，新增信托项目少于 100 个的公司在 2015 年有 11 家，比 2014 年多了 1 家。

三、新增集合项目比例

新增信托项目可以分为集合类项目和单一类项目，2011—2015 年新增信托项目中集合类项目的比例如表 4 - 38 所示。2010 年以前，新增集合项目比例从 2005 年之后逐年降低，到 2009 年，已经降低为 11. 83% 的历史新低。到了 2010 年，该比例有较大幅度回升，达到了 22. 34%，2011 年则继续以较大幅度上升到 30. 29%。但是 2012 年，新增集合项目比例出现小幅回落，2013 年该指标继续下降至 24. 42%，2014 年该指标则大幅增加至 31. 76%，2015 年继续增加至 35. 61%。从变异系数来看，近 5 年来该指标除 2012 年和 2013 年外持续下降，2011 年变异系数为 0. 73，为 2007 年以来最低值，但是 2012 年变异系数又小幅增加至 0. 81，2013 年则又回落至 0. 74，2014 年持续下降至 0. 70，2015 年继续跌至 0. 63。这说明继 2012 年信托公司就集合类信托项目的增加出现分歧后，2015 年各信托公司新增集合类信托项目比例差异持续减小。

表 4 - 38　　2011—2015 年度新增集合类信托项目比例统计分析表

项目 \ 年份	2011	2012	2013	2014	2015
平均值（%）	30. 29	25. 33	24. 42	31. 76	35. 61
均值增长幅度（%）	7. 95	-4. 96	-0. 91	7. 34	3. 85
最大值（%）	98. 53	79. 25	96. 04	95. 69	91. 32
最小值（%）	2. 79	0	3. 37	1. 96	0

续 表

项目 \ 年份	2011	2012	2013	2014	2015
标准差（%）	22.24	20.59	18.03	22.22	22.38
变异系数	0.73	0.81	0.74	0.70	0.63

2015 年度新增集合项目比例最高的前 3 名公司分别为方正东亚（91.32%）、工商信托（90.15%）以及重庆国信（79.73%）。该指标的前三名与 2014 年相比变化较大，其中，只有工商信托新增集合项目比例继续保持行业前 3 的位置，2014 年排名前 3 的东莞信托和昆仑信托 2015 年跌出行业前 3 名，而方正东亚和重庆国信则跃升至行业前 3 名。

四、新增主动管理型比例

根据 2016 年信托公司最新披露信息显示，2015 年信托公司新增主动管理型信托资产项目平均规模为 5708111 万元，继 2014 年该规模小幅下降后大幅增加，比 2014 年增加 831192 万元；2015 年新增主动管理型平均占比 43.11%，比 2014 年的 44.56% 小幅下降。其中，在披露该指标的 66 家信托公司中有 2 家信托公司的新增信托项目 100% 都是主动管理型，与 2014 年持平，创近 5 年来新增主动管理型信托项目比例新低。

另外，工商信托连续 3 年新增信托资产项目 100.00% 属于主动管理型。

2011—2015 年度新增主动管理型项目金额比例统计分析情况如表 4－39 所示。

表 4－39　　2011—2015 年度新增主动管理型项目金额比例统计分析表

项目 \ 年份	2011	2012	2013	2014	2015
平均值（%）	57.01	81.48	51.89	44.56	43.11
均值增长幅度（%）	－2.55	24.47	－29.59	－7.33	－1.45
最大值（%）	100.00	461.56	100.00	100.00	100.00
最小值（%）	7.45	0.01	3.37	0	0
标准差（%）	30.96	96.37	31.10	29.14	24.93
变异系数	0.54	1.18	0.60	0.65	0.58

五、新增信托项目平均规模

2015 年，信托公司新增信托项目平均规模为 46206 万元，比 2014 年增加了 19.10%。同时，新增项目规模的最大值（291742 万元）也比 2014 年（120820 万元）有了大幅度增加。在过去的 5 年中，除了 2011 年新增信托项目平均规模小幅下降外，该指标一直在持续上升。这说明各信托公司新增信托项目规模不断扩大。

2011—2015 年，各公司新增项目规模的变异系数均持续波动。2011 年变异系数大幅上升，而在 2012 年恢复至 0.62，2013 年则又下跌至 0.39，2014 年则小幅上升至 0.53，2015 年大幅上升至 0.97。这表明 2015 年各信托公司之间新增项目规模的变异系数大幅增加，如表 4 -40 所示。

表 4 -40　　2011—2015 年度新增信托项目平均规模统计分析表

项目 \ 年份	2011	2012	2013	2014	2015
平均值（万元）	29059	32745	33517	38796	46206
均值增长幅度（万元）	-2421	3686	772	5279	7410
均值增长率（%）	-7.69	12.68	2.36	15.75	19.10
最大值（万元）	130570	152023	79352	120820	291742
最小值（万元）	9432	0	10576	7162	6985
标准差（万元）	25695	20298	13220	20540	44806
变异系数	0.88	0.62	0.39	0.53	0.97

由图 4 -4 可以看出，各信托公司新增信托项目规模和新增信托项目平均规模均实现了稳步的增长。2015 年，新增信托项目规模超过 1300 亿元，而单个项目平均规模也超过 4 亿元。当然，相比 2405.02 亿元的平均信托资产规模而言，新增信托项目规模首次超过 50%，而且我们必须看到，信托公司的新增信托项目正在持续增长，这在一定程度上说明信托公司的持续创新能力在不断提升。

六、新增信托项目结构分析

由图 4 -5 可以看出，2011—2015 年，在各信托公司新增信托项目中，单一类信托项目占有绝对比重，集合类项目次之，比例最低的是财产管理类信托项目。

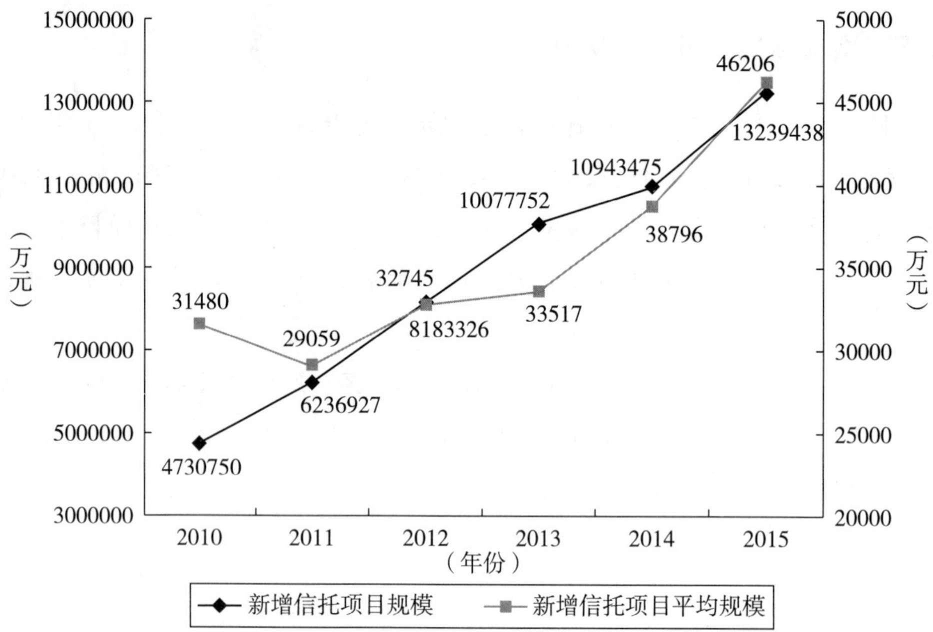

图 4-4　2010—2015 年度信托公司新增信托项目规模及其平均规模

其中，单一类信托项目比例比财产管理类和集合类信托项目比例之和还要多。我们必须看到，2015 年在单一类信托项目和其他两类项目差距在连续加大后又收窄。2011—2015 年，集合类信托项目比例在 2011—2013 年连续下降后又连续 2 年

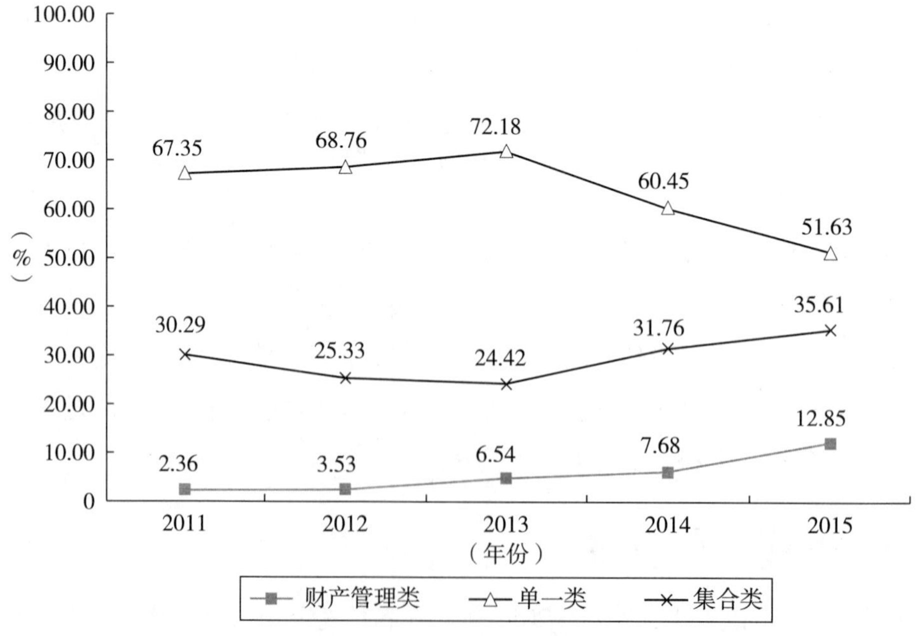

图 4-5　2011—2015 年度信托公司新增信托项目比例

持续上升，2015 年则大幅上升，而财产管理类项目却在 2011—2015 年持续上升。至 2015 年，单一类信托项目比例已由 2011 年的 67.35% 降低至 2015 年的 51.63%，2012 年和 2013 年连续两年持续上升，2014 年和 2015 年则大幅下降至 51.63%。值得注意的是，相比 2013 年，2014 年和 2015 年单一类信托项目比例大幅下降，而集合类项目和财产管理类项目比例则小幅上升。

综合上述分析，我们不难看出，目前我国信托公司的新增信托项目仍以单一类项目为主，这显示出信托公司创新能力的不足。

由图 4－6 可以看出，2015 年，各信托公司新增信托项目中主动管理型项目比例继续下降，由 2014 年的 44.56% 下跌至 43.11%。与之相对应的是被动管理型项目比例大幅上升，2014 年信托资产的被动管理规模首次超越主动管理规模。主动管理型项目比例的大幅提升使得 2012 年成为信托业名副其实的“转型年”，各信托公司也逐渐呈现出差异化发展的特征。当然，信托业务转型并非一蹴而就，在 2012 年之后的连续 3 年时间内，新增信托项目主动管理型项目比例又持续降低，严峻的市场环境使得各大信托公司不得不暂时延缓转型。同时我们还必须注意到，我们所看到的数据只是新增信托项目中的主动管理型项目比例，整个信托行业的转型之路更加任重而道远。2013 年、2014 年和 2015 年的主动管理型比例

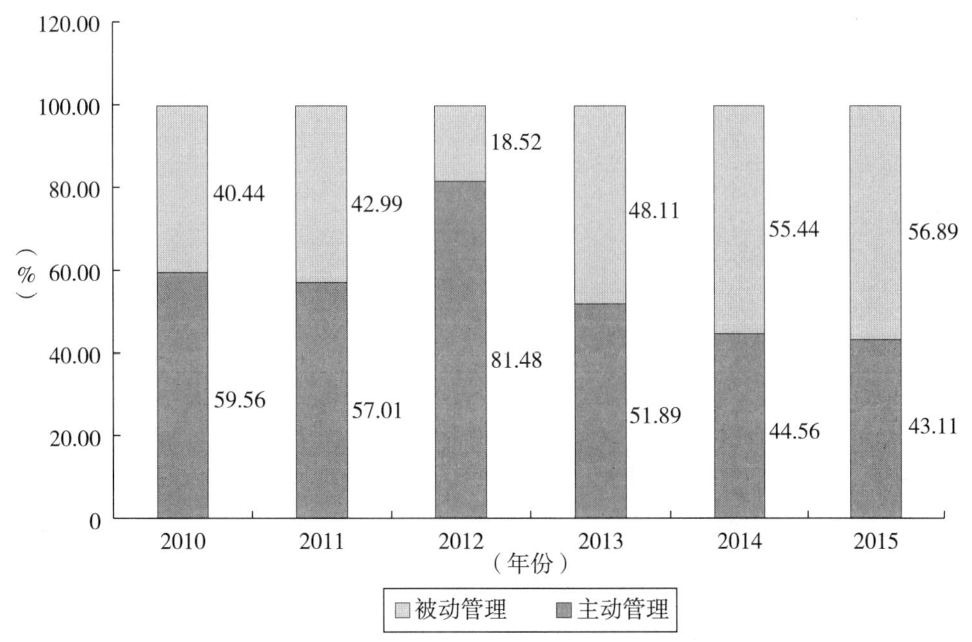

图 4－6　2010—2015 年度信托公司新增信托项目比例

大幅下降就说明了这一点。

综合图4－5和图4－6，我们不难得出结论，2015年整个信托行业仍然以追求信托资产规模为主要目标，行业转型之路暂时受阻。新增信托项目中单一类信托项目在连续3年持续上升后首次下跌，而财产管理类和集合类项目比例则小幅上涨。当前，我国经济正处于增长速度换挡期、结构调整阵痛期和前期刺激政策消化期，与此同时，整个信托行业面临着利率市场化的推进期和资产管理业务的扩张期。信托业现有的发展模式面临巨大的压力：信托产品很难继续保持高收益和低风险的特征，整个信托行业重规模、轻管理的发展路径没有得到根本性的改变，以信贷类、通道类为主的业务结构将难以为继。因此，信托业的转型之路艰难而且易反复。

相关数据如表4－41至表4－53所示。

表4－41　　新增信托项目规模序列表（2015年度）　　单位：万元

序号	公司简称	2015年	2014年	2013年
1	兴业信托	63084277	37639314	44143364
2	华能贵诚	58682919	32987687	22814214
3	华润信托	54928537	13857368	16344516
4	中信信托	45557330	37721223	30169531
5	江苏国信	42594399	20865839	6042333
6	上海国信	38485867	29144642	14958093
7	平安信托	33441446	23322965	16827855
8	四川信托	28803580	22203726	15066406
9	交银国信	26342442	23837367	17813450
10	五矿信托	22858956	15862307	10547760
11	西藏信托	20682719	18688295	10750372
12	外贸信托	20227733	20441668	22565183
13	华融国信	17769563	12190032	6451778
14	云南国信	16218295	29882880	19088484
15	长安国信	16084271	17139257	9142752
16	中海信托	15941443	19451994	8570022
17	中航信托	15423443	14381621	15016252
18	新时代	14843852	18905669	16650356

续　表

序号	公司简称	2015 年	2014 年	2013 年
19	厦门国信	14626120	5414743	8938428
20	中铁信托	13636769	13912679	13972907
21	渤海信托	12780333	13883993	15390753
22	中融信托	12718047	29131350	24819171
23	中江国信	12681742	10419603	8743009
24	北方国信	12140608	9621742	15441130
25	安信信托	11847340	6812387	9793546
26	光大兴陇	10789528	2144444	3460860
27	国民信托	10649643	未披露	3599303
28	中粮信托	10599112	6109800	4091000
29	华鑫信托	10503491	7404594	9572223
30	北京国信	10432284	6542081	3882063
31	陕西国信	10014129	6697500	2758572
32	陆家嘴信托	9667400	4336621	4358534
33	民生信托	9541712	4409337	4123033
34	金谷信托	9328733	5365368	2181727
35	粤财信托	8683060	8500685	11332713
36	西部信托	8640674	3988613	3202188
37	建信信托	8621071	6682650	7503598
38	国投泰康	8584712	8031352	14154296
39	方正东亚	8285019	9754390	8376236
40	山东国信	8117140	12874725	36689800
41	英大信托	8093695	4591143	3571992
42	万向信托	8075018	5081498	1416647
43	重庆国信	7989280	7086189	11476846
44	爱建信托	6824644	4039776	2670047
45	百瑞信托	6803314	6013050	7576368
46	中建投信托	6752278	5459883	8138530
47	中原信托	6201181	6495032	9956506
48	华信信托	6042950	3717965	5699115

续　表

序号	公司简称	2015 年	2014 年	2013 年
49	国元信托	6012197	10128648	20368350
50	大业信托	5856400	10279600	4936300
51	中诚信托	5221843	8717685	22164875
52	紫金信托	5031094	3144347	3073207
53	苏州信托	4713079	5331451	4696262
54	中泰信托	4580374	5817218	3601510
55	华宝信托	4106838	9159328	6314473
56	新华信托	4081004	8372346	11954769
57	昆仑信托	3075869	1592531	6049908
58	吉林信托	2516643	5350659	2892092
59	湖南信托	2238000	2882696	4208926
60	天津信托	1989004	9909794	6105073
61	工商信托	1782904	1019064	1425970
62	国联信托	1678481	1638645	2672141
63	东莞信托	1648785	1420545	1909510
64	华澳信托	1383013	1250200	4646856
65	浙商金汇	1005609	1375430	1711803
66	山西信托	810283	530005	4726571
67	华宸信托	649548	未披露	581668
68	长城新盛	258746	449500	1393014
合计		882665082	721416739	685287138
平均		13239438	10943475	10077752

表 4－42　　新增信托项目数量序列表（2015 年度）　　单位：个

序号	公司简称	2015 年	2014 年	2013 年
1	兴业信托	1148	1282	1441
2	外贸信托	1100	909	685
3	中信信托	1037	1139	645
4	西藏信托	899	757	361
5	平安信托	708	411	422
6	四川信托	652	555	537

续　表

序号	公司简称	2015 年	2014 年	2013 年
7	万向信托	547	354	82
8	新时代	533	466	586
9	上海国信	524	398	321
10	中融信托	507	1042	730
11	交银国信	476	654	489
12	云南国信	465	683	544
13	长安国信	458	716	358
14	渤海信托	452	513	601
15	华信信托	385	313	416
16	山东国信	382	547	888
17	中航信托	375	608	543
18	陕西国信	352	215	99
19	华能贵诚	343	372	353
20	华润信托	342	200	379
21	中铁信托	334	798	353
22	北方国信	331	334	421
23	中江国信	293	537	508
24	华宝信托	290	337	362
25	粤财信托	284	695	749
26	五矿信托	281	316	269
27	厦门国信	268	187	268
28	华融国信	263	226	174
29	建信信托	256	137	100
30	北京国信	246	122	91
31	中原信托	239	331	435
32	光大兴陇	237	63	154
33	国投泰康	204	251	407
34	百瑞信托	199	215	179
35	华鑫信托	199	204	256
36	陆家嘴信托	191	133	122

续 表

序号	公司简称	2015 年	2014 年	2013 年
37	西部信托	186	127	102
38	民生信托	183	122	111
39	中建投信托	178	126	194
40	中诚信托	174	181	366
41	中泰信托	166	160	88
42	大业信托	166	148	115
43	安信信托	163	146	259
44	苏州信托	146	209	149
45	江苏国信	146	259	177
46	中海信托	130	161	108
47	爱建信托	130	112	98
48	方正东亚	129	196	225
49	英大信托	127	165	166
50	湖南信托	124	160	184
51	山西信托	116	74	201
52	中粮信托	112	102	94
53	紫金信托	109	119	127
54	吉林信托	104	74	91
55	重庆国信	100	105	189
56	国元信托	99	381	600
57	东莞信托	96	101	131
58	天津信托	93	210	220
59	昆仑信托	72	46	106
60	华澳信托	58	73	174
61	新华信托	56	186	373
62	金谷信托	56	89	70
63	工商信托	43	22	29
64	国联信托	37	60	90
65	浙商金汇	32	58	56
66	长城新盛	3	9	39

续 表

序号	公司简称	2015 年	2014 年	2013 年
67	华宸信托	未披露	未披露	55
68	国民信托	未披露	未披露	131
合计		19022	21001	20446
平均		287	318	301

表 4 - 43　　新增集合信托项目数量序列表（2015 年度）　　单位：个

序号	公司简称	2015 年	2014 年	2013 年
1	外贸信托	860	725	518
2	四川信托	426	344	183
3	中信信托	367	480	106
4	中融信托	328	342	243
5	平安信托	322	254	298
6	华润信托	266	150	150
7	兴业信托	225	510	134
8	五矿信托	206	144	78
9	云南国信	201	181	66
10	新时代	196	197	319
11	长安国信	195	403	132
12	华信信托	189	191	172
13	万向信托	188	73	24
14	上海国信	184	169	121
15	中铁信托	184	629	167
16	粤财信托	181	338	323
17	山东国信	171	147	314
18	厦门国信	169	113	77
19	中航信托	162	171	111
20	中原信托	160	156	115
21	华融国信	150	110	95
22	百瑞信托	129	109	91
23	陕西国信	129	89	53
24	中建投信托	128	75	50

续 表

序号	公司简称	2015 年	2014 年	2013 年
25	华宝信托	125	201	259
26	西藏信托	124	71	34
27	建信信托	123	99	64
28	陆家嘴信托	122	68	39
29	国民信托	105	未披露	44
30	方正东亚	103	104	75
31	中江国信	93	269	304
32	湖南信托	89	85	98
33	光大兴陇	85	11	11
34	东莞信托	83	94	113
35	华鑫信托	82	85	62
36	民生信托	80	41	21
37	北京国信	71	72	60
38	爱建信托	70	50	40
39	华能贵诚	64	62	27
40	交银国信	60	43	22
41	山西信托	59	44	98
42	中海信托	58	89	72
43	中泰信托	58	38	24
44	中诚信托	54	21	40
45	北方国信	53	41	46
46	重庆国信	51	47	49
47	大业信托	49	37	44
48	中粮信托	47	20	8
49	昆仑信托	44	39	61
50	渤海信托	41	36	47
51	天津信托	37	68	65
52	英大信托	36	24	29
53	工商信托	32	19	25
54	西部信托	30	29	18

续　表

序号	公司简称	2015 年	2014 年	2013 年
55	华澳信托	29	34	80
56	安信信托	25	16	20
57	紫金信托	24	55	44
58	苏州信托	21	80	56
59	江苏国信	21	28	22
60	国元信托	19	44	59
61	国联信托	18	21	33
62	华宸信托	17	未披露	17
63	金谷信托	15	13	20
64	浙商金汇	12	19	17
65	吉林信托	6	4	16
66	国投泰康	6	8	17
67	新华信托	0	54	115
68	长城新盛	0	3	22
合计		8057	8386	6377
平均		118	127	94

表 4－44　　新增集合信托项目规模序列表（2015 年度）　　单位：万元

序号	公司简称	2015 年	2014 年	2013 年
1	华能贵诚	38039893	16791144	6391536
2	上海国信	18105674	11854160	5650179
3	五矿信托	17931031	7622571	3103840
4	外贸信托	15164467	8982354	14709086
5	四川信托	15015476	8542242	3659489
6	兴业信托	10548722	8381872	1742878
7	平安信托	10438179	11914890	7987679
8	中信信托	8813388	8015572	5194939
9	中海信托	8715984	10958855	2991291
10	厦门国信	8585843	2609960	658213
11	华融国信	8468724	4631966	2937697
12	方正东亚	7565810	6339225	3013294

续 表

序号	公司简称	2015 年	2014 年	2013 年
13	华润信托	7461480	6963229	7213309
14	中航信托	6692313	3680291	3236124
15	中融信托	6645300	12885303	9499485
16	重庆国信	6369781	4720492	3272724
17	云南国信	5935405	2279349	1065029
18	陆家嘴信托	5721875	2358036	1170190
19	长安国信	5668661	5380271	3453857
20	中建投信托	5270932	2355823	1733909
21	交银国信	5141937	3761648	1031898
22	新时代	5122121	3830918	4097648
23	北京国信	5039019	3412485	1932287
24	建信信托	4731301	4668106	4497311
25	民生信托	4500095	1438242	953545
26	华鑫信托	4121257	3298263	2047612
27	爱建信托	4056415	1740327	1094210
28	万向信托	4047172	1598099	361889
29	百瑞信托	3921557	2882322	1999271
30	中铁信托	3798764	4349182	4259467
31	中原信托	3797600	3029519	1609096
32	中江国信	3611613	3247549	2767183
33	苏州信托	2843039	2886278	2298524
34	陕西国信	2729323	1577500	707165
35	江苏国信	2600926	2407673	709258
36	华信信托	2564854	2462110	2928672
37	光大兴陇	2343788	163603	116489
38	渤海信托	2343560	893228	1005066
39	山东国信	2269226	2446095	5273300
40	国元信托	2213242	2573635	1981630
41	中泰信托	2147825	1900650	651216
42	华宝信托	2133979	1992828	1762989

续 表

序号	公司简称	2015年	2014年	2013年
43	西藏信托	2088729	1935296	661783
44	粤财信托	2074357	1402046	2360291
45	安信信托	1954780	516766	1550259
46	国民信托	1946710	未披露	839160
47	中粮信托	1844013	486000	677400
48	大业信托	1779700	7363200	3103100
49	工商信托	1607350	975150	1369570
50	昆仑信托	1486544	1342531	2875013
51	金谷信托	1456621	440288	879332
52	湖南信托	1227487	977169	787854
53	英大信托	1209601	589839	514239
54	紫金信托	1186920	1265118	1217981
55	东莞信托	1143385	1286660	1499760
56	中诚信托	1030034	1042732	4318680
57	天津信托	934693	1511170	1302950
58	西部信托	873456	432406	435098
59	北方国信	826359	677453	894603
60	国投泰康	646072	261950	807900
61	华澳信托	610428	581223	999075
62	国联信托	550153	322635	1167500
63	山西信托	355241	269041	1213351
64	浙商金汇	236117	475060	446950
65	华宸信托	174620	未披露	235645
66	吉林信托	68440	104740	563539
67	新华信托	63401	1266248	3456029
68	长城新盛	0	59900	378214
合计		312065493	229412483	167325752
平均		4714894	3475947	2460673

表 4－45　　新增集合信托项目规模占比序列表（2015 年度）

序号	公司简称	2015 年（%）	2014 年（%）	2013 年（%）
1	方正东亚	91.32	64.99	35.97
2	工商信托	90.15	95.69	96.04
3	重庆国信	79.73	66.62	28.52
4	五矿信托	78.44	48.05	29.43
5	中建投信托	78.06	43.15	21.30
6	外贸信托	74.97	43.94	65.18
7	东莞信托	69.35	90.58	78.54
8	华能贵诚	64.82	50.90	28.02
9	中原信托	61.24	46.64	16.16
10	苏州信托	60.32	54.14	48.94
11	爱建信托	59.44	43.08	40.98
12	陆家嘴信托	59.19	54.37	26.85
13	厦门国信	58.70	48.20	7.36
14	百瑞信托	57.64	47.93	26.39
15	建信信托	54.88	69.85	59.94
16	湖南信托	54.85	33.90	18.72
17	中海信托	54.68	56.34	34.90
18	中融信托	52.25	44.23	38.27
19	四川信托	52.13	38.47	24.29
20	华宝信托	51.96	21.76	27.92
21	万向信托	50.12	31.45	25.55
22	昆仑信托	48.33	84.30	47.52
23	北京国信	48.30	52.16	49.77
24	华融国信	47.66	38.00	45.53
25	民生信托	47.16	32.62	23.13
26	上海国信	47.04	40.67	37.77
27	天津信托	46.99	15.25	21.34
28	中泰信托	46.89	32.67	18.08
29	华澳信托	44.14	46.49	21.50
30	山西信托	43.84	50.76	25.67

续　表

序号	公司简称	2015 年（%）	2014 年（%）	2013 年（%）
31	中航信托	43. 39	25. 59	21. 55
32	华信信托	42. 44	66. 22	51. 39
33	华鑫信托	39. 24	44. 54	21. 39
34	国元信托	36. 81	25. 41	9. 73
35	云南国信	36. 60	7. 63	5. 58
36	长安国信	35. 24	31. 39	37. 78
37	新时代	34. 51	20. 26	24. 61
38	国联信托	32. 78	19. 69	43. 69
39	平安信托	31. 21	51. 09	47. 47
40	大业信托	30. 39	71. 63	62. 86
41	中江国信	28. 48	31. 17	31. 65
42	山东国信	27. 96	19. 00	14. 37
43	中铁信托	27. 86	31. 26	30. 48
44	陕西国信	27. 25	23. 55	25. 64
45	华宸信托	26. 88	未披露	40. 51
46	粤财信托	23. 89	16. 49	20. 83
47	紫金信托	23. 59	40. 23	39. 63
48	浙商金汇	23. 48	34. 54	26. 11
49	光大兴陇	21. 72	7. 63	3. 37
50	中诚信托	19. 73	11. 96	19. 48
51	交银国信	19. 52	15. 78	5. 79
52	中信信托	19. 35	21. 25	17. 22
53	渤海信托	18. 34	6. 43	6. 53
54	国民信托	18. 28	未披露	23. 31
55	中粮信托	17. 40	7. 95	16. 56
56	兴业信托	16. 72	22. 27	3. 95
57	安信信托	16. 50	7. 59	15. 83
58	金谷信托	15. 61	8. 21	40. 30
59	英大信托	14. 94	12. 85	14. 40
60	华润信托	13. 58	50. 25	44. 13

续 表

序号	公司简称	2015 年（%）	2014 年（%）	2013 年（%）
61	西部信托	10. 11	10. 84	13. 59
62	西藏信托	10. 10	10. 36	6. 16
63	国投泰康	7. 53	3. 26	5. 71
64	北方国信	6. 81	7. 04	5. 79
65	江苏国信	6. 11	11. 54	11. 74
66	吉林信托	2. 72	1. 96	19. 49
67	新华信托	1. 55	15. 12	28. 91
68	长城新盛	0	13. 33	27. 15
平均		35. 61	31. 76	24. 42

表 4－46　　新增信托单一项目个数序列表（2015 年度）　　单位：个

序号	公司简称	2015 年	2014 年	2013 年
1	兴业信托	881	763	1294
2	中信信托	515	529	490
3	交银国信	411	600	463
4	渤海信托	408	466	547
5	西藏信托	388	686	317
6	万向信托	336	269	50
7	平安信托	272	148	118
8	新时代	269	269	267
9	上海国信	260	219	195
10	北方国信	241	287	350
11	长安国信	241	313	210
12	云南国信	241	495	468
13	华能贵诚	227	279	306
14	四川信托	226	211	353
15	陕西国信	223	126	44
16	山东国信	211	397	565
17	中航信托	205	431	425
18	国民信托	202	未披露	86
19	中江国信	200	267	193

续　表

序号	公司简称	2015 年	2014 年	2013 年
20	国投泰康	196	215	371
21	华信信托	190	122	244
22	北京国信	168	44	27
23	华宝信托	164	134	98
24	西部信托	155	98	84
25	光大兴陇	133	52	143
26	中铁信托	131	139	174
27	外贸信托	130	143	140
28	安信信托	130	111	237
29	中融信托	126	273	385
30	建信信托	126	38	36
31	苏州信托	125	125	93
32	江苏国信	125	231	155
33	华鑫信托	114	119	194
34	中诚信托	112	136	282
35	中泰信托	108	121	61
36	华融国信	104	104	77
37	吉林信托	98	69	74
38	粤财信托	92	351	394
39	民生信托	92	74	87
40	厦门国信	84	72	187
41	中原信托	76	173	308
42	国元信托	73	333	538
43	五矿信托	72	171	190
44	华润信托	71	45	229
45	百瑞信托	69	103	87
46	大业信托	69	102	60
47	英大信托	65	111	88
48	陆家嘴信托	59	65	83
49	山西信托	57	30	103

续 表

序号	公司简称	2015 年	2014 年	2013 年
50	紫金信托	56	61	81
51	新华信托	53	126	243
52	天津信托	51	134	143
53	爱建信托	51	54	56
54	中粮信托	48	73	76
55	中建投信托	47	41	126
56	中海信托	40	45	32
57	重庆国信	40	58	133
58	湖南信托	35	75	86
59	金谷信托	32	64	45
60	华宸信托	26	未披露	38
61	华澳信托	24	39	91
62	昆仑信托	23	7	45
63	方正东亚	22	91	152
64	浙商金汇	20	39	38
65	国联信托	18	39	57
66	东莞信托	13	4	18
67	工商信托	10	3	4
68	长城新盛	0	2	17
合计		9452	11614	13451
平均		145	176	198

表 4－47　　新增信托单一项目规模序列表（2015 年度）　　单位：万元

序号	公司简称	2015 年	2014 年	2013 年
1	华润信托	45023973	4280220	9131207
2	兴业信托	41945394	27466609	41304986
3	江苏国信	39993474	18458166	5333075
4	中信信托	22291568	15731489	20714265
5	交银国信	21046519	19856119	16697622
6	平安信托	14688908	10122913	8479931
7	四川信托	13788105	13661484	11341918

续　表

序号	公司简称	2015 年	2014 年	2013 年
8	华能贵诚	13127009	14561905	15515189
9	上海国信	11924188	15275843	8961287
10	渤海信托	10067772	12407893	14228766
11	安信信托	9767271	6135231	8206339
12	云南国信	9477649	27454031	17768700
13	北方国信	9360951	8691289	13342745
14	中江国信	9070129	7160054	5780250
15	长安国信	9016098	11758986	4960627
16	国民信托	8702933	未披露	2760043
17	中航信托	8504378	10539005	11597328
18	华融国信	8441164	7077060	3483081
19	西藏信托	8214962	16752999	10088589
20	中铁信托	8055456	6963196	9439246
21	光大兴陇	7897585	1980841	3344371
22	国投泰康	7838640	7430243	12093055
23	陕西国信	7284806	5120000	2037700
24	西部信托	6721318	3556207	2767090
25	中粮信托	6252901	3826100	3336100
26	粤财信托	6136867	6671269	8380152
27	厦门国信	5940277	2765876	8231898
28	山东国信	5847914	10381630	31133800
29	新时代	4977988	15074751	12552708
30	五矿信托	4872125	8205736	7436920
31	华鑫信托	4523434	4106332	7524611
32	民生信托	4421156	2523431	3024696
33	中融信托	4049656	8035509	13463208
34	中海信托	4047000	7170594	5507441
35	新华信托	3857603	6870098	7959746
36	中诚信托	3288900	4004312	15272652
37	万向信托	3258861	3133174	816758

续 表

序号	公司简称	2015 年	2014 年	2013 年
38	外贸信托	2761816	10756571	7499836
39	紫金信托	2735066	1809257	1814456
40	陆家嘴信托	2718218	1978585	3188344
41	百瑞信托	2660356	3072344	5277097
42	建信信托	2636095	2014545	3006287
43	金谷信托	2581336	2474165	1079294
44	大业信托	2557200	2844900	1597500
45	吉林信托	2448203	5145919	2128553
46	国元信托	2445940	7416459	18133720
47	中泰信托	2432549	3872568	2845294
48	华信信托	2431154	1255855	2770443
49	爱建信托	2283495	2004016	1490837
50	中原信托	2123581	3294304	8087360
51	北京国信	2057582	1080842	1588810
52	英大信托	1991371	2285496	1738991
53	华宝信托	1872906	6386115	4261984
54	苏州信托	1582116	2068481	2397738
55	重庆国信	1398189	2365697	8019952
56	中建投信托	1365754	2121097	5793928
57	昆仑信托	1233772	250000	4074895
58	国联信托	1097138	1316010	1504641
59	湖南信托	1010513	1905527	3421072
60	天津信托	932756	8200396	3405873
61	浙商金汇	769492	900370	1234853
62	方正东亚	718359	3408781	5351342
63	华澳信托	668905	668977	3598998
64	东莞信托	505400	116500	409750
65	华宸信托	474928	未披露	346023
66	山西信托	455042	260964	3513220
67	工商信托	172554	43914	56400
68	长城新盛	0	56000	1014800
合计		457166701	436585250	494670391
平均		6835981	6614928	7274565

表 4－48　　　　新增信托单一项目规模占比序列表（2015 年度）

序号	公司简称	2015 年（%）	2014 年（%）	2013 年（%）
1	吉林信托	97.28	96.17	73.60
2	新华信托	94.53	82.06	66.58
3	江苏国信	93.89	88.46	88.26
4	国投泰康	91.31	92.52	85.44
5	安信信托	82.44	90.06	83.79
6	华润信托	81.97	30.89	55.87
7	国民信托	81.72	未披露	76.68
8	交银国信	79.90	83.30	93.74
9	渤海信托	78.78	89.37	92.45
10	西部信托	77.79	89.16	86.41
11	北方国信	77.10	90.33	86.41
12	浙商金汇	76.52	65.46	72.14
13	光大兴陇	73.20	92.37	96.63
14	华宸信托	73.12	未披露	59.49
15	陕西国信	72.75	76.45	73.87
16	山东国信	72.04	80.64	84.86
17	中江国信	71.52	68.72	66.11
18	粤财信托	70.68	78.48	73.95
19	兴业信托	66.49	72.97	93.57
20	国联信托	65.36	80.31	56.31
21	中诚信托	62.98	45.93	68.90
22	中铁信托	59.07	50.05	67.55
23	中粮信托	58.99	62.62	81.55
24	云南国信	58.44	91.87	93.09
25	山西信托	56.16	49.24	74.33
26	长安国信	56.06	68.61	54.26
27	中航信托	55.14	73.28	77.23
28	紫金信托	54.36	57.54	59.04
29	中泰信托	53.11	66.57	79.00
30	中信信托	48.93	41.70	68.66

续 表

序号	公司简称	2015 年（%）	2014 年（%）	2013 年（%）
31	华澳信托	48.37	53.51	77.45
32	四川信托	47.87	61.53	75.28
33	华融国信	47.50	58.06	53.99
34	天津信托	46.90	82.75	55.79
35	民生信托	46.34	57.23	73.36
36	华宝信托	45.60	69.72	67.50
37	湖南信托	45.15	66.10	81.28
38	平安信托	43.92	43.40	50.39
39	大业信托	43.67	27.68	32.36
40	华鑫信托	43.07	55.46	78.61
41	国元信托	40.68	73.22	89.03
42	厦门国信	40.61	51.08	92.10
43	万向信托	40.36	61.66	57.65
44	华信信托	40.23	33.78	48.61
45	昆仑信托	40.11	15.70	67.35
46	西藏信托	39.72	89.64	93.84
47	百瑞信托	39.10	51.09	69.65
48	中原信托	34.24	50.72	81.23
49	苏州信托	33.57	38.80	51.06
50	新时代	33.54	79.74	75.39
51	爱建信托	33.46	49.61	55.84
52	中融信托	31.84	27.58	54.25
53	上海国信	30.98	52.41	59.91
54	东莞信托	30.65	8.20	21.46
55	建信信托	30.58	30.15	40.06
56	陆家嘴信托	28.12	45.63	73.15
57	金谷信托	27.67	46.11	49.47
58	中海信托	25.39	36.86	64.26
59	英大信托	24.60	49.78	48.68
60	华能贵诚	22.37	44.14	68.01

续　表

序号	公司简称	2015 年（%）	2014 年（%）	2013 年（%）
61	五矿信托	21. 31	51. 73	70. 51
62	中建投信托	20. 23	38. 85	71. 19
63	北京国信	19. 72	16. 52	40. 93
64	重庆国信	17. 50	33. 38	69. 88
65	外贸信托	13. 65	52. 62	33. 24
66	工商信托	9. 68	4. 31	3. 96
67	方正东亚	8. 67	34. 95	63. 89
68	长城新盛	0	12. 46	72. 85
平均		51. 63	60. 45	72. 18

表 4 – 49　　新增信托财产管理项目数量序列表（2015 年度）　　单位：个

序号	公司简称	2015 年	2014 年	2013 年
1	西藏信托	387	0	0
2	中信信托	155	130	49
3	平安信托	114	9	6
4	外贸信托	110	41	27
5	上海国信	80	10	5
6	新时代	68	0	0
7	中融信托	53	427	102
8	华能贵诚	52	31	20
9	大业信托	48	9	11
10	兴业信托	42	9	13
11	北方国信	37	6	25
12	中海信托	32	27	4
13	紫金信托	29	3	2
14	英大信托	26	30	49
15	云南国信	23	7	10
16	万向信托	23	12	8
17	长安国信	22	0	16
18	光大兴陇	19	0	0
19	中铁信托	19	30	12

续 表

序号	公司简称	2015 年	2014 年	2013 年
20	中粮信托	17	9	10
21	厦门国信	15	2	4
22	粤财信托	11	6	32
23	民生信托	11	7	3
24	陆家嘴信托	10	0	0
25	华融国信	9	12	2
26	重庆国信	9	0	7
27	爱建信托	9	8	2
28	金谷信托	9	12	5
29	中诚信托	8	24	44
30	安信信托	8	19	2
31	中航信托	8	6	7
32	建信信托	7	0	0
33	国元信托	7	4	3
34	北京国信	7	6	4
35	华信信托	6	0	0
36	天津信托	5	8	12
37	华润信托	5	5	0
38	昆仑信托	5	0	0
39	交银国信	5	11	4
40	华澳信托	5	0	3
41	方正东亚	4	1	1
42	新华信托	3	6	15
43	中原信托	3	2	12
44	渤海信托	3	11	7
45	中建投信托	3	10	18
46	华鑫信托	3	0	0
47	五矿信托	3	1	1
48	长城新盛	3	4	0
49	国投泰康	2	28	19

续　表

序号	公司简称	2015 年	2014 年	2013 年
50	百瑞信托	1	3	1
51	工商信托	1	0	0
52	华宝信托	1	2	5
53	国联信托	1	0	0
54	西部信托	1	0	0
55	吉林信托	0	1	1
56	东莞信托	0	3	0
57	山西信托	0	0	0
58	苏州信托	0	4	0
59	江苏国信	0	0	0
60	华宸信托	0	未披露	0
61	湖南信托	0	0	0
62	国民信托	0	未披露	1
63	中泰信托	0	1	3
64	陕西国信	0		2
65	山东国信	0	3	9
66	中江国信	0	1	11
67	四川信托	0	0	1
68	浙商金汇	0	0	1
合计		1513	1001	611
平均		23	15	9

表 4－50　　新增信托财产管理项目规模序列表（2015 年度）　　单位：万元

序号	公司简称	2015 年	2014 年	2013 年
1	中信信托	14452374	13974163	4260326
2	兴业信托	10590161	1790833	1095500
3	西藏信托	10379028	0	0
4	上海国信	8456005	2014640	346627
5	平安信托	8314358	1285162	360245
6	华能贵诚	7516017	1634637	907489
7	金谷信托	5290776	2450915	223101

续 表

序号	公司简称	2015 年	2014 年	2013 年
8	英大信托	4892723	1715808	1318761
9	新时代	4743743	0	0
10	北京国信	3335683	2048754	360965
11	中海信托	3178459	1322545	71289
12	中粮信托	2502198	1797700	77500
13	华润信托	2443084	2613919	0
14	外贸信托	2301450	702744	356260
15	中融信托	2023092	8210538	1856478
16	北方国信	1953297	253000	1203782
17	华鑫信托	1858800	0	0
18	中铁信托	1782549	2600301	274194
19	大业信托	1519500	71500	235700
20	长安国信	1399512	0	728268
21	国元信托	1353015	138554	253000
22	建信信托	1253675	0	0
23	陆家嘴信托	1227308	0	0
24	紫金信托	1109107	69973	40770
25	华信信托	1046942	0	0
26	西部信托	1045900	0	0
27	中诚信托	902909	3670640	2573543
28	华融国信	859676	481007	31000
29	云南国信	805241	149500	254756
30	万向信托	768984	350224	238000
31	民生信托	620461	447664	144792
32	光大兴陇	548155	0	0
33	爱建信托	484734	295433	85000
34	粤财信托	471837	427370	566097
35	渤海信托	369000	582872	156920
36	昆仑信托	355553	0	0
37	苏州信托	287923	376692	0

续　表

序号	公司简称	2015 年	2014 年	2013 年
38	中原信托	280000	171209	260050
39	长城新盛	258746	333600	0
40	中航信托	226752	162325	182800
41	百瑞信托	221400	58383	300000
42	重庆国信	221310	0	184170
43	新华信托	160000	236000	538994
44	交银国信	153986	219600	83930
45	安信信托	125289	160390	36948
46	天津信托	121556	198228	1400250
47	中建投信托	115592	982963	610693
48	华澳信托	103680	0	48783
49	厦门国信	100000	38907	48317
50	国投泰康	100000	339159	1253341
51	华宝信托	99953	780385	289500
52	五矿信托	55800	34000	7000
53	国联信托	31190	0	0
54	工商信托	3000	0	0
55	方正东亚	850	6384	11600
56	吉林信托	0	100000	200000
57	东莞信托	0	17385	0
58	山西信托	0	0	0
59	江苏国信	0	0	0
60	华宸信托	0	未披露	0
61	湖南信托	0	0	0
62	国民信托	0	未披露	100
63	中泰信托	0	44000	105000
64	陕西国信	0		13707
65	山东国信	0	47000	282700
66	中江国信	0	12000	195576
67	四川信托	0	0	65000
68	浙商金汇	0	0	30000
合计		113432887	55419005	24168822
平均		1688564	852600	355424

表 4－51　　新增信托财产管理项目规模占比序列表（2015 年度）

序号	公司简称	2015 年（%）	2014 年（%）	2013 年（%）
1	长城新盛	100.00	74.22	0
2	英大信托	60.45	37.37	36.92
3	金谷信托	56.71	45.68	10.23
4	西藏信托	50.18	0	0
5	北京国信	31.97	31.32	9.30
6	新时代	31.96	0	0
7	中信信托	31.72	37.05	14.12
8	大业信托	25.95	0.70	4.77
9	平安信托	24.86	5.51	2.14
10	中粮信托	23.61	29.42	1.89
11	国元信托	22.50	1.37	1.24
12	紫金信托	22.05	2.23	1.33
13	上海国信	21.97	6.91	2.32
14	中海信托	19.94	6.80	0.83
15	华鑫信托	17.70	0	0
16	华信信托	17.33	0	0
17	中诚信托	17.29	42.11	11.61
18	兴业信托	16.79	4.76	2.48
19	北方国信	16.09	2.63	7.80
20	中融信托	15.91	28.18	7.48
21	建信信托	14.54	0	0
22	中铁信托	13.07	18.69	1.96
23	华能贵诚	12.81	4.96	3.98
24	陆家嘴信托	12.70	0	0
25	西部信托	12.10	0	0
26	昆仑信托	11.56	0	0
27	外贸信托	11.38	3.44	1.58
28	万向信托	9.52	6.89	16.80
29	长安国信	8.70	0	7.97
30	华澳信托	7.50	0	1.05

续　表

序号	公司简称	2015 年（%）	2014 年（%）	2013 年（%）
31	爱建信托	7. 10	7. 31	3. 18
32	民生信托	6. 50	10. 15	3. 51
33	天津信托	6. 11	2. 00	22. 94
34	苏州信托	6. 11	7. 07	0
35	粤财信托	5. 43	5. 03	5. 00
36	光大兴陇	5. 08	0	0
37	云南国信	4. 97	0. 50	1. 33
38	华融国信	4. 84	3. 95	0. 48
39	中原信托	4. 52	2. 64	2. 61
40	华润信托	4. 45	18. 86	0
41	新华信托	3. 92	2. 82	4. 51
42	百瑞信托	3. 25	0. 97	3. 96
43	渤海信托	2. 89	4. 20	1. 02
44	重庆国信	2. 77	0	1. 60
45	华宝信托	2. 43	8. 52	4. 58
46	国联信托	1. 86	0	0
47	中建投信托	1. 71	18. 00	7. 50
48	中航信托	1. 47	1. 13	1. 22
49	国投泰康	1. 16	4. 22	8. 85
50	安信信托	1. 06	2. 35	0. 38
51	厦门国信	0. 68	0. 72	0. 54
52	交银国信	0. 58	0. 92	0. 47
53	五矿信托	0. 24	0. 21	0. 07
54	工商信托	0. 17	0	0
55	方正东亚	0. 01	0. 07	0. 14
56	吉林信托	0	1. 87	6. 92
57	东莞信托	0	1. 22	0
58	山西信托	0	0	0
59	江苏国信	0	0	0
60	华宸信托	0	未披露	0

续 表

序号	公司简称	2015 年（%）	2014 年（%）	2013 年（%）
61	湖南信托	0	0	0
62	国民信托	0	未披露	0
63	中泰信托	0	0.76	2.92
64	陕西国信	0	0	0.50
65	山东国信	0	0.37	0.77
66	中江国信	0	0.12	2.24
67	四川信托	0	0	0.43
68	浙商金汇	0	0	1.75
平均		12.75	7.79	3.53

表 4－52　新增主动管理信托资产规模序列表（2015 年度）　单位：万元

序号	公司简称	2015 年	2014 年	2013 年
1	华润信托	51591238	8919076	16344516
2	江苏国信	42594399	20524799	6027933
3	华能贵诚	40597723	32987687	22814214
4	五矿信托	14542795	5891410	4974331
5	兴业信托	12116114	9696697	7838311
6	平安信托	11639114	22802691	16823709
7	上海国信	10150401	17037531	11516053
8	中信信托	10017496	15787014	7366944
9	云南国信	9447713	3597854	2750716
10	华融国信	8406639	4924451	4558791
11	四川信托	8365464	6581022	3047597
12	中航信托	8036282	4272813	4321399
13	中融信托	7840181	15614268	17868146
14	重庆国信	7007004	5986353	9719547
15	中海信托	6906537	6525312	2603873
16	方正东亚	6333572	7124666	5420284
17	建信信托	5963205	4816555	5714169
18	长安国信	5931616	15244966	9045752
19	金谷信托	5786336	3459677	1839827

续　表

序号	公司简称	2015 年	2014 年	2013 年
20	民生信托	5588856	2175523	935849
21	中建投信托	5519957	2439840	2754252
22	厦门国信	5464583	2767683	3950583
23	陆家嘴信托	5245592	2879866	1684147
24	新时代	5138526	3830918	6918232
25	北京国信	4931524	2631204	3165087
26	百瑞信托	3990306	3229978	2281958
27	华信信托	3781795	2957465	5699115
28	中江国信	3707963	3285142	4461183
29	安信信托	3648176	1051696	2923207
30	中铁信托	3339634	3168462	12553681
31	中原信托	3230055	6215251	7846345
32	爱建信托	3117108	0	1297761
33	新华信托	2951721	5045071	10943232
34	苏州信托	2908629	4147293	4696262
35	陕西国信	2814503		1989572
36	西部信托	2668036	1296606	2616088
37	外贸信托	2618620	5468078	13640924
38	粤财信托	2367201	1973908	5230545
39	山东国信	2269226	2111820	5273300
40	国元信托	2226283	3188701	6519376
41	中泰信托	2147825	5667309	3588975
42	光大兴陇	2094193	163603	116489
43	华宝信托	2082916	1462895	1814118
44	交银国信	1953690	871437	1659798
45	紫金信托	1925390	1266097	1501051
46	国民信托	1907810	未披露	815160
47	华鑫信托	1883711	2017546	4661840
48	中粮信托	1811002	1393200	1036279
49	工商信托	1809904	1019064	1425970

续 表

序号	公司简称	2015 年	2014 年	2013 年
50	昆仑信托	1680686	1472339	5981057
51	万向信托	1668881	2256767	1416297
52	东莞信托	1555785	1410545	1909510
53	湖南信托	1309450	2061586	3004556
54	大业信托	1251500	3933400	未披露
55	天津信托	1238283	1670170	2814990
56	英大信托	1128166	1766771	1082472
57	中诚信托	893192	1338383	5101934
58	华澳信托	682385	611223	1126858
59	国联信托	484987	620135	1885000
60	吉林信托	441840	406040	2131361
61	华宸信托	373963	未披露	451735
62	山西信托	341898	277841	955451
63	浙商金汇	308117	811630	1359303
64	渤海信托	304225	3449863	15301028
65	国投泰康	264400	3902759	13321574
66	北方国信	97143	552994	2334248
67	长城新盛	0	59900	378214
68	西藏信托	未披露	未披露	未披露
合计		375185727	312122843	345152079
平均		5708111	4876919	5229577

表 4－53　　新增主动管理信托资产规模占比序列表（2015 年度）

序号	公司简称	2015 年（%）	2014 年（%）	2013 年（%）
1	工商信托	100.00	100.00	100.00
2	江苏国信	100.00	98.37	99.76
3	东莞信托	94.36	99.30	100.00
4	华润信托	93.92	64.36	100.00
5	重庆国信	87.71	84.48	84.69
6	中建投信托	81.75	44.69	33.84
7	方正东亚	76.45	73.04	64.71

续　表

序号	公司简称	2015 年（%）	2014 年（%）	2013 年（%）
8	新华信托	72.33	60.26	91.54
9	华能贵诚	69.18	100.00	100.00
10	建信信托	69.17	72.08	76.15
11	五矿信托	63.62	37.14	47.16
12	华信信托	62.58	79.55	100.00
13	天津信托	62.26	16.85	46.11
14	金谷信托	62.03	64.48	84.33
15	苏州信托	61.71	77.79	100.00
16	中融信托	61.65	53.60	71.99
17	百瑞信托	58.65	53.72	30.12
18	民生信托	58.57	49.34	22.70
19	湖南信托	58.51	71.52	71.39
20	云南国信	58.25	12.04	14.41
21	华宸信托	57.57	未披露	77.66
22	昆仑信托	54.64	92.45	98.86
23	陆家嘴信托	54.26	66.41	38.64
24	中航信托	52.10	29.71	28.78
25	中原信托	52.09	95.69	78.81
26	华宝信托	50.72	15.97	28.73
27	华澳信托	49.34	48.89	24.25
28	华融国信	47.31	40.40	70.66
29	北京国信	47.27	40.22	81.53
30	中泰信托	46.89	97.42	99.65
31	爱建信托	45.67	0	48.60
32	中海信托	43.32	33.55	30.38
33	山西信托	42.19	52.42	20.21
34	紫金信托	38.27	40.27	48.84
35	厦门国信	37.36	51.11	44.20
36	国元信托	37.03	31.48	32.01
37	长安国信	36.88	88.95	98.94

续 表

序号	公司简称	2015 年（%）	2014 年（%）	2013 年（%）
38	平安信托	34.80	97.77	99.98
39	新时代	34.62	20.26	41.55
40	西部信托	30.88	32.51	81.70
41	安信信托	30.79	15.44	29.85
42	浙商金汇	30.64	59.01	79.41
43	中江国信	29.24	31.53	51.03
44	四川信托	29.04	29.64	20.23
45	国联信托	28.89	37.84	70.54
46	陕西国信	28.11	0	72.12
47	山东国信	27.96	16.40	14.37
48	粤财信托	27.26	23.22	46.15
49	上海国信	26.37	58.46	76.99
50	中铁信托	24.49	22.77	89.84
51	中信信托	21.99	41.85	24.42
52	万向信托	20.67	44.41	99.98
53	光大兴陇	19.41	7.63	3.37
54	兴业信托	19.21	25.76	17.76
55	华鑫信托	17.93	27.25	48.70
56	国民信托	17.91	未披露	22.65
57	吉林信托	17.56	7.59	73.70
58	中诚信托	17.10	15.35	23.02
59	中粮信托	17.09	22.80	25.33
60	英大信托	13.94	38.48	30.30
61	外贸信托	12.95	26.75	60.45
62	交银国信	7.42	3.66	9.32
63	国投泰康	3.08	48.59	94.12
64	渤海信托	2.38	24.85	99.42
65	北方国信	0.80	5.75	15.12
66	长城新盛	0	13.33	27.15
67	西藏信托	未披露	未披露	未披露
68	大业信托	未披露	未披露	未披露
平均		43.11	44.56	51.89

第五章　自营资产分布与运用分析

第一节　自营资产规模

一、自营资产规模的整体分析

根据2016年信托公司最新披露信息显示，2015年有68家信托公司公布了自营资产规模相关数据。

信托行业自营资产规模继续攀升，2015年达到4647亿元，平均每家信托公司自营总资产规模为683336万元，比2014年上升153685万元，上升幅度为29.02%。这是继2014年后出现的又一次大幅度增长。自2004年以来，信托公司的自营总资产规模在2007年度增长率最大，达到34.94%；在2005年下跌幅度最大，下跌了22028万元，下跌比率为14.53%。

自营总资产缩减的公司数目在2005年为史上最多，达到27家，在2007年降到9家之后，2008年又升到25家，2009年又回降到7家，2010年也是7家，2011年则继续减少为3家，2012年维持在3家，2015年有5家信托公司总资产额降低。对于自营净资产来讲，2008年发生缩减的公司数目为史上最多的15家，此后逐年下降，到2011年、2012年及2013年降为3家，2014年增长至4家，2015年增至5家。

平安信托在2015年创造了自2004年以来单个公司年度自营总资产规模的最高纪录与净资产规模的最高纪录2925275万元，突破了曾在2014达到的最高值

2130809万元，同时相比2014年度，达到了37.28%的增幅。

从各年度信托公司之间的自营资产规模差异来看，2004年差异性最小，变异系数为0.76，然后逐年上升，到2007年上升到最大值1.12，接下来的3年基本稳定在1.06~1.08。在2015年，变异系数进一步降低到0.79，这说明各公司的自营总资产规模变得更加平均化。同样，自营净资产的变异系数也延续了2008年以来的下降趋势，在2014年继续下降到0.79，2015年为0.74，相关数据如表5-1、表5-2所示。

表5-1　　2011—2015年度信托公司自营资产规模统计分析表

项目＼年份	2011	2012	2013	2014	2015
平均值（万元）	285511	347602	423486	534427	683336
平均值增长额（万元）	46068	62703	75883	107608	153685
平均值增长率（%）	19.12	22.01	21.83	25.21	29.02
公司数目（家）	63	66	68	67	68
自营资产缩减的公司数（家）	3	3	3	4	5
最大值（万元）	1538725	1607236	1856314	2130809	2925275
最小值（万元）	28907	32465	45159	44523	43113
标准差（万元）	271501	297566	341799	424092	542345
变异系数	0.95	0.86	0.81	0.79	0.79

表5-2　　2011—2015年度信托公司自营净资产规模统计分析表

项目＼年份	2011	2012	2013	2014	2015
平均值（万元）	254014	307805	374690	474526	560325
平均值增长额（万元）	42761	54128	66885	99835	90142
平均值增长率（%）	19.45	21.34	21.73	26.64	19.17
自营净资产缩减的公司数（家）	3	3	1	0	5
最大值（万元）	1364990	1514666	1713394	1966971	2277467
最小值（万元）	27144	31237	36447	39087	38456
标准差（万元）	240140	265416	306290	376103	416468
变异系数	0.95	0.86	0.81	0.79	0.74

对于自营资产负债率指标的全行业平均值，自2004年以来，基本呈逐年下降趋势，在2012年达到11.63%，在2013年达到11.35%，在2014年达到11.21%，2015年回升至18.00%。全行业最高的资产负债率出现在2004年，达到81.42%，之后逐年下降，在2012年已经下降到33.70%，2013年有所上升，达到45.97%，2014年下降至40.83%，2015年回升至47.62%。从全行业自营资产负债率分布的离散程度来看，变异系数自2008年以来逐年下降，在2013年有所上升到0.82，2014年下降至0.74，2015年下降至0.57。自营资产负债率指标的描述性统计如表5-3所示。

表5-3　　2011—2015年度信托公司自营资产负债率统计分析表

项目 \ 年份	2011	2012	2013	2014	2015
平均值（%）	11.03	11.63	11.35	11.21	18.00
平均值增长（%）	-0.27	0.60	-0.28	-0.14	6.79
公司数目（家）	63	66	67	67	68
最大值（%）	38.11	33.70	45.97	40.83	47.62
最小值（%）	1.47	1.71	1.49	1.6	2.07
标准差（%）	8.81	8.10	9.35	8.33	10.25
变异系数	0.80	0.70	0.82	0.74	0.57

自营资产负债率最小的5家公司是外贸信托（2.07%）、华信信托（2.52%）、英大信托（3.14%）、昆仑信托（3.40%）以及江苏国信（3.84%）。

二、自营资产规模的公司分析

从自营资产规模排名来看，目前自营资产规模最大的信托公司前五名为平安信托（2925275万元）、重庆国信（2440202万元）、中信信托（2231375万元）、华润信托（1890457万元）和中诚信托（1829432万元）。

同时，可以发现，2009年自营资产规模达到20亿元以上的公司有16家，2010年增长到25家，2011年增长到33家，2012年增至46家，2013年增至52家，2014年则增至56家，2015年增至63家；另外，2005年以来，平安信托的自营资产规模一直是行业第一名；2008—2010年，平安信托是唯一一家自营资产规模超过100亿元的信托公司，到了2011年，中诚信托和华润信托的自营资产规模也超过了100亿元，至2012年，中信信托自营资产规模也破百亿元，2014年平安信托和中信信托资产总额均超过200亿元。至2015年，平安信托、重庆国信和中信信托资产总额均超过200亿元。

从自营资产规模增幅来看，自营资产规模增幅前五名的公司为西部信托（505.23%）、安信信托（210.06%）、甘肃信托（166.52%）、陕西国信（105.39）以及新华信托（95.78%）。另外，自营资产规模发生下滑的公司为国投泰康（－22.94%）、吉林信托（－20.77%）、上海国信（－11.32%）、长城新盛（－3.17%）以及华信信托（－0.61%）。其中，长城新盛连续两年资产规模出现下滑。

具体数据如表5－4至表5－11所示。

表5－4　　信托公司资产总额序列表（2015年度）　　单位：万元

序号	公司简称	2015年	2014年	2013年
1	平安信托	2925275	2130809	1856314
2	重庆国信	2440202	1644624	1229985
3	中信信托	2231375	2080871	1487688
4	华润信托	1890457	1505557	1317521
5	中诚信托	1829432	1428678	1270411
6	中融信托	1662165	1205727	958301
7	兴业信托	1300345	1162804	537710
8	西部信托	1206352	199321	178754
9	华能贵诚	1045224	733833	602561
10	中铁信托	1015579	746744	606811
11	安信信托	915895	295394	160046
12	江苏国信	910175	828661	728807
13	陕西国信	874386	425725	392919
14	建信信托	873792	748680	657701
15	中航信托	860939	548864	431457
16	北京国信	799398	510956	421651
17	外贸信托	759065	672170	558367
18	上海国信	758945	855857	716011
19	华信信托	750932	755571	609088

续　表

序号	公司简称	2015 年	2014 年	2013 年
20	新华信托	718543	367019	395518
21	华融国信	710962	544327	363702
22	中建投信托	706467	472235	410494
23	长安国信	674079	542810	400174
24	交银国信	657268	582055	515333
25	华宝信托	655031	600621	462149
26	昆仑信托	643182	601991	564344
27	百瑞信托	617890	425149	339415
28	五矿信托	611610	521893	452641
29	国元信托	580576	501509	431795
30	中海信托	542795	524875	491393
31	中江国信	530189	491480	410258
32	山东国信	529650	454432	444498
33	英大信托	517668	456335	408518
34	中原信托	513081	347221	252305
35	四川信托	510668	414318	350770
36	陆家嘴信托	507719	377904	152984
37	国投泰康	505001	655364	282918
38	金谷信托	494092	361597	351656
39	吉林信托	485798	613143	393868
40	渤海信托	484820	376981	326764
41	爱建信托	475367	374597	324303
42	民生信托	470981	344930	115489
43	方正东亚	465931	351336	252285
44	甘肃信托	462197	173420	155076
45	粤财信托	457400	387567	332249
46	天津信托	451169	358158	274690
47	华鑫信托	449337	328856	344606
48	厦门国信	444045	374716	253144
49	北方国信	426533	374099	321467

续 表

序号	公司简称	2015 年	2014 年	2013 年
50	苏州信托	420103	379741	255228
51	新时代	409496	341280	329924
52	中泰信托	406709	379176	231633
53	东莞信托	396280	338950	291277
54	国联信托	395392	328055	268332
55	中粮信托	395256	360531	331699
56	湖南信托	353826	308020	244151
57	工商信托	335225	203149	143584
58	国民信托	306513	209666	200133
59	云南国信	220954	186425	161369
60	西藏信托	218967	178558	105061
61	山西信托	215284	202883	191332
62	紫金信托	210482	176521	150791
63	万向信托	206917	157390	140888
64	华澳信托	172887	124721	110301
65	大业信托	166172	126466	132706
66	华宸信托	155683	103923	98164
67	浙商金汇	87634	84507	68378
68	长城新盛	43113	44523	45159
合计		46466879	36016270	28797023
平均		683336	529651	423486

表 5－5　　信托公司资产总额增长序列表（2015 年度）　　单位：万元

序号	公司简称	2015 年	2014 年	2013 年
1	国投泰康	－150363	372445	46797
2	吉林信托	－127345	219275	－72552
3	上海国信	－96913	139846	84516
4	华信信托	－4639	146483	40093
5	长城新盛	－1410	－635	12694
6	浙商金汇	3127	16129	8303
7	山西信托	12401	11552	22627

续　表

序号	公司简称	2015 年	2014 年	2013 年
8	中海信托	17920	33482	91385
9	中泰信托	27533	147543	24535
10	紫金信托	33961	25730	78571
11	云南国信	34529	25055	33777
12	中粮信托	34725	28833	103555
13	中江国信	38709	81222	60525
14	大业信托	39705	-6240	59233
15	苏州信托	40362	124513	35462
16	西藏信托	40409	73497	32087
17	昆仑信托	41191	37647	38743
18	湖南信托	45806	63869	78871
19	华澳信托	48165	14420	17557
20	万向信托	49527	16502	未披露
21	华宸信托	51760	5759	-19613
22	北方国信	52434	52632	67624
23	华宝信托	54410	138472	-24256
24	东莞信托	57330	47673	182747
25	英大信托	61333	47818	45211
26	国联信托	67337	59723	24661
27	新时代	68216	11355	154485
28	厦门国信	69329	121572	64633
29	粤财信托	69833	55318	54602
30	交银国信	75213	66722	232375
31	山东国信	75218	9934	167978
32	国元信托	79067	69715	48093
33	江苏国信	81515	99854	83036
34	外贸信托	86895	113802	11599
35	五矿信托	89717	69252	239711
36	天津信托	93011	83467	54328
37	四川信托	96350	63548	108741

续 表

序号	公司简称	2015 年	2014 年	2013 年
38	国民信托	96847	未披露	30164
39	爱建信托	100769	50294	39387
40	渤海信托	107840	50217	43453
41	方正东亚	114595	99051	60501
42	华鑫信托	120480	-15750	51373
43	建信信托	125113	90979	108848
44	民生信托	126051	229441	未披露
45	陆家嘴信托	129815	224920	29443
46	长安国信	131269	142636	114825
47	工商信托	132076	59565	28621
48	金谷信托	132495	9941	113037
49	兴业信托	137541	625094	124512
50	中信信托	150504	593183	305590
51	中原信托	165860	94916	40218
52	华融国信	166635	180625	54398
53	百瑞信托	192742	85733	65650
54	中建投信托	234232	61741	110306
55	中铁信托	268836	139932	214766
56	北京国信	288442	89305	71394
57	甘肃信托	288777	18344	16184
58	华能贵诚	311391	131272	229754
59	中航信托	312075	117407	156550
60	新华信托	351524	-28500	92937
61	华润信托	384900	188036	124566
62	中诚信托	400754	158267	110286
63	陕西国信	448661	32806	36830
64	中融信托	456439	247426	337441
65	安信信托	620501	135348	64932
66	平安信托	794466	274495	249078
67	重庆国信	795578	414638	259107
68	西部信托	1007030	20567	22021
合计		10450609	7219247	5855280
平均		153685	106165	75883

表 5-6　　资产总额增幅序列表（2015 年度）　　单位：万元

序号	公司简称	2015 年（%）	2014 年（%）	2013 年（%）
1	西部信托	505.23	11.51	14.05
2	安信信托	210.06	84.57	68.27
3	甘肃信托	166.52	11.83	11.65
4	陕西国信	105.39	8.35	10.34
5	新华信托	95.78	-7.21	30.71
6	工商信托	65.01	41.48	24.90
7	中航信托	56.86	27.21	56.95
8	北京国信	56.45	21.18	20.38
9	华宸信托	49.81	5.87	-16.65
10	中建投信托	49.60	15.04	36.75
11	重庆国信	48.37	33.71	26.69
12	中原信托	47.77	37.62	18.96
13	国民信托	46.19	未披露	17.75
14	百瑞信托	45.34	25.26	23.98
15	华能贵诚	42.43	21.79	61.63
16	华澳信托	38.62	13.07	18.93
17	中融信托	37.86	25.82	54.35
18	平安信托	37.28	14.79	15.50
19	金谷信托	36.64	2.83	47.37
20	华鑫信托	36.64	-4.57	17.52
21	民生信托	36.54	198.67	未披露
22	中铁信托	36.00	23.06	54.78
23	陆家嘴信托	34.35	147.02	23.83
24	方正东亚	32.62	39.26	31.55
25	万向信托	31.47	11.71	未披露
26	大业信托	31.40	-4.70	80.62
27	华融国信	30.61	49.66	17.59
28	渤海信托	28.61	15.37	15.34
29	中诚信托	28.05	12.46	9.51
30	爱建信托	26.90	15.51	13.82

续 表

序号	公司简称	2015 年（%）	2014 年（%）	2013 年（%）
31	天津信托	25.97	30.39	24.65
32	华润信托	25.57	14.27	10.44
33	长安国信	24.18	35.64	40.24
34	四川信托	23.25	18.12	44.93
35	西藏信托	22.63	69.96	43.97
36	国联信托	20.53	22.26	10.12
37	新时代	19.99	3.44	88.06
38	紫金信托	19.24	17.06	108.79
39	云南国信	18.52	15.53	26.47
40	厦门国信	18.50	48.02	34.29
41	粤财信托	18.02	16.65	19.67
42	五矿信托	17.19	15.30	112.58
43	东莞信托	16.91	16.37	168.38
44	建信信托	16.71	13.83	19.83
45	山东国信	16.55	2.23	60.75
46	国元信托	15.77	16.15	12.53
47	湖南信托	14.87	26.16	47.72
48	北方国信	14.02	16.37	26.64
49	英大信托	13.44	11.71	12.44
50	外贸信托	12.93	20.38	2.12
51	交银国信	12.92	12.95	82.12
52	兴业信托	11.83	116.25	30.13
53	苏州信托	10.63	48.79	16.14
54	江苏国信	9.84	13.70	12.86
55	中粮信托	9.63	8.69	45.39
56	华宝信托	9.06	29.96	-4.99
57	中江国信	7.88	19.80	17.31
58	中泰信托	7.26	63.70	11.85
59	中信信托	7.23	39.87	25.85
60	昆仑信托	6.84	6.67	7.37

续　表

序号	公司简称	2015 年（%）	2014 年（%）	2013 年（%）
61	山西信托	6.11	6.04	13.41
62	浙商金汇	3.70	23.59	13.82
63	中海信托	3.41	6.81	22.85
64	华信信托	-0.61	24.05	7.05
65	长城新盛	-3.17	-1.41	39.10
66	上海国信	-11.32	19.53	13.38
67	吉林信托	-20.77	55.67	-15.56
68	国投泰康	-22.94	131.64	19.82
平均		29.02	25.07	25.52

表 5-7　　净资产序列表（2015 年度）　　单位：万元

序号	公司简称	2015 年	2014 年	2013 年
1	平安信托	2277467	1966971	1713394
2	中信信托	1795223	1821626	1301921
3	华润信托	1683537	1368856	1215028
4	重庆国信	1617141	1271025	919540
5	中诚信托	1411838	1281283	1104436
6	兴业信托	1225130	1107010	499879
7	中融信托	1131905	969767	755828
8	西部信托	941102	166620	150769
9	江苏国信	875226	815441	709466
10	建信信托	830851	718941	626912
11	陕西国信	765414	381387	未披露
12	外贸信托	743390	651810	531394
13	华信信托	731997	717999	587822
14	华能贵诚	727761	626973	538733
15	北京国信	692123	459454	389439
16	上海国信	674803	795928	673891
17	安信信托	630892	180463	86476
18	交银国信	628255	555973	494293
19	昆仑信托	621304	584271	544827

续 表

序号	公司简称	2015 年	2014 年	2013 年
20	新华信托	573344	275149	262781
21	华宝信托	571057	545391	407134
22	五矿信托	564975	486900	422237
23	国元信托	557691	483390	412039
24	百瑞信托	544031	372056	306520
25	中铁信托	531944	441853	388503
26	中航信托	520002	474839	383872
27	华融国信	513808	496216	325846
28	英大信托	501406	440363	387017
29	山东国信	500502	434943	315257
30	中建投信托	500203	428863	354381
31	中江国信	494418	448599	375343
32	长安国信	492502	421850	309027
33	国投泰康	482871	555582	271928
34	四川信托	471051	388707	323708
35	甘肃信托	432212	165770	145562
36	粤财信托	427646	370243	319303
37	中海信托	424218	383862	380801
38	吉林信托	423593	461274	329979
39	渤海信托	423372	368438	318793
40	中原信托	420255	317776	237213
41	厦门国信	398132	348061	235223
42	爱建信托	382115	360924	315450
43	天津信托	377648	339199	258883
44	中粮信托	377254	340104	321772
45	中泰信托	373605	344317	209089
46	方正东亚	372855	304538	217893
47	陆家嘴信托	371039	343101	135903
48	苏州信托	370791	329884	228538
49	国联信托	369873	321010	264339

续　表

序号	公司简称	2015 年	2014 年	2013 年
50	东莞信托	368573	319890	278187
51	新时代	368456	331685	320156
52	北方国信	364032	320610	274109
53	民生信托	359374	325249	106505
54	华鑫信托	346120	313117	310331
55	金谷信托	340160	330258	323346
56	湖南信托	300633	251133	200176
57	工商信托	286047	167652	120907
58	国民信托	213185	179224	169246
59	山西信托	192357	188694	175598
60	紫金信托	190878	163411	141313
61	云南国信	187186	161694	140033
62	万向信托	165168	150110	137197
63	西藏信托	161249	125747	75587
64	华宸信托	133425	92640	87499
65	大业信托	128091	107205	82889
66	华澳信托	114373	101853	86513
67	浙商金汇	74581	68179	60389
68	长城新盛	38456	39087	36447
合计		38102124	31972439	25527729
平均		560325	470183	374690

表 5－8　　　　净资产增长序列表（2015 年度）　　　　单位：万元

序号	公司简称	2015 年	2014 年	2013 年
1	西部信托	774482	15850	16085
2	安信信托	450429	93987	23419
3	陕西国信	384027	未披露	未披露
4	重庆国信	346116	351485	107782
5	华润信托	314681	153828	199482
6	平安信托	310496	253577	198728
7	新华信托	298195	12368	55409

续 表

序号	公司简称	2015 年	2014 年	2013 年
8	甘肃信托	266442	20208	18367
9	北京国信	232669	70015	61340
10	百瑞信托	171974	65536	68345
11	中融信托	162138	213939	272900
12	中诚信托	130556	176847	99807
13	工商信托	118395	46745	23414
14	兴业信托	118120	607131	108336
15	建信信托	111909	92029	97871
16	中原信托	102479	80563	39477
17	华能贵诚	100788	88240	213677
18	外贸信托	91580	120415	15798
19	中铁信托	90091	53350	108567
20	四川信托	82344	64999	105178
21	五矿信托	78075	64663	228547
22	国元信托	74300	71351	43199
23	交银国信	72282	61680	228282
24	中建投信托	71340	74482	82425
25	长安国信	70652	112823	88573
26	方正东亚	68317	86645	69458
27	山东国信	65559	119687	57234
28	英大信托	61042	53346	50866
29	江苏国信	59785	105975	90175
30	粤财信托	57403	50941	48566
31	渤海信托	54934	49645	44637
32	厦门国信	50071	112838	60810
33	湖南信托	49500	50957	67549
34	国联信托	48863	56671	24834
35	东莞信托	48683	41703	182186
36	中江国信	45819	73255	90353
37	中航信托	45163	90967	138942

续　表

序号	公司简称	2015 年	2014 年	2013 年
38	北方国信	43422	46501	52222
39	苏州信托	40907	101346	29766
40	华宸信托	40785	5141	3492
41	中海信托	40356	3061	779
42	天津信托	38448	80316	52099
43	中粮信托	37150	18332	100414
44	昆仑信托	37033	39444	38706
45	新时代	36771	11529	150399
46	西藏信托	35502	50160	15974
47	民生信托	34125	218744	未披露
48	国民信托	33961	未披露	19610
49	华鑫信托	33004	2786	50873
50	中泰信托	29288	135228	17481
51	陆家嘴信托	27938	207198	21269
52	紫金信托	27467	22099	75893
53	华宝信托	25666	138257	68305
54	云南国信	25492	21662	23934
55	爱建信托	21191	45474	36716
56	大业信托	20886	24316	25426
57	华融国信	17592	170370	39369
58	万向信托	15058	12913	未披露
59	华信信托	13998	130177	40464
60	华澳信托	12521	15340	11701
61	金谷信托	9902	6912	120988
62	浙商金汇	6401	7790	5936
63	山西信托	3663	13097	20709
64	长城新盛	-631	2640	5210
65	中信信托	-26403	519706	308230
66	吉林信托	-37681	131295	-335
67	国投泰康	-72711	283654	44560
68	上海国信	-121124	122037	91418
合计		6129685	6444711	5212566
平均		90142	95493	66885

表 5－9　　净资产增幅序列表（2015 年度）　　单位：万元

序号	公司简称	2015 年（%）	2014 年（%）	2013 年（%）
1	西部信托	464.82	10.51	11.94
2	安信信托	249.60	108.68	37.14
3	甘肃信托	160.73	13.88	14.44
4	新华信托	108.38	4.71	26.72
5	陕西国信	100.69	未披露	未披露
6	工商信托	70.62	38.66	24.02
7	北京国信	50.64	17.98	18.70
8	百瑞信托	46.22	21.38	28.70
9	华宸信托	44.02	5.88	4.16
10	中原信托	32.25	33.96	19.96
11	西藏信托	28.23	66.36	26.80
12	重庆国信	27.23	38.22	13.28
13	华润信托	22.99	12.66	19.64
14	方正东亚	22.43	39.76	46.79
15	四川信托	21.18	20.08	48.13
16	中铁信托	20.39	13.73	38.78
17	湖南信托	19.71	25.46	50.93
18	大业信托	19.48	29.34	44.25
19	国民信托	18.95	未披露	13.11
20	紫金信托	16.81	15.64	116.01
21	长安国信	16.75	36.51	40.18
22	中融信托	16.72	28.31	56.51
23	中建投信托	16.63	21.02	30.31
24	华能贵诚	16.08	16.38	65.74
25	五矿信托	16.04	15.31	118.00
26	平安信托	15.79	14.80	13.12
27	云南国信	15.77	15.47	20.62
28	建信信托	15.57	14.68	18.50
29	粤财信托	15.50	15.95	17.94
30	国元信托	15.37	17.32	11.71

续　表

序号	公司简称	2015 年（%）	2014 年（%）	2013 年（%）
31	国联信托	15. 22	21. 44	10. 37
32	东莞信托	15. 22	14. 99	189. 77
33	山东国信	15. 07	37. 96	22. 18
34	渤海信托	14. 91	15. 57	16. 28
35	厦门国信	14. 39	47. 97	34. 87
36	外贸信托	14. 05	22. 66	3. 06
37	英大信托	13. 86	13. 78	15. 13
38	北方国信	13. 54	16. 96	23. 54
39	交银国信	13. 00	12. 48	85. 82
40	苏州信托	12. 40	44. 35	14. 97
41	华澳信托	12. 29	17. 73	15. 64
42	天津信托	11. 34	31. 02	25. 19
43	新时代	11. 09	3. 60	88. 60
44	中粮信托	10. 92	5. 70	45. 36
45	兴业信托	10. 67	121. 46	27. 67
46	华鑫信托	10. 54	0. 90	19. 61
47	中海信托	10. 51	0. 80	0. 20
48	民生信托	10. 49	未披露	未披露
49	中江国信	10. 21	19. 52	31. 70
50	中诚信托	10. 19	16. 01	9. 93
51	万向信托	10. 03	未披露	未披露
52	中航信托	9. 51	23. 70	56. 73
53	浙商金汇	9. 39	12. 90	10. 90
54	中泰信托	8. 51	64. 68	9. 12
55	陆家嘴信托	8. 14	152. 46	18. 55
56	江苏国信	7. 33	14. 94	14. 56
57	昆仑信托	6. 34	7. 24	7. 65
58	爱建信托	5. 87	14. 42	13. 17
59	华宝信托	4. 71	33. 96	20. 16
60	华融国信	3. 55	52. 29	13. 74

续 表

序号	公司简称	2015 年（%）	2014 年（%）	2013 年（%）
61	金谷信托	3. 00	2. 14	59. 79
62	华信信托	1. 95	22. 15	7. 39
63	山西信托	1. 94	7. 46	13. 37
64	中信信托	-1. 45	39. 92	31. 02
65	长城新盛	-1. 61	7. 24	16. 68
66	吉林信托	-8. 17	39. 79	-0. 10
67	国投泰康	-13. 09	104. 31	19. 60
68	上海国信	-15. 22	18. 11	15. 69
平均		19. 17	25. 25	25. 66

表 5-10　　信托公司资产负债率序列表（2015 年度）

序号	公司简称	2015 年（%）	2014 年（%）	2013 年（%）
1	外贸信托	2. 07	3. 03	4. 83
2	华信信托	2. 52	4. 97	3. 49
3	英大信托	3. 14	3. 50	5. 26
4	昆仑信托	3. 40	2. 94	3. 46
5	江苏国信	3. 84	1. 60	2. 65
6	国元信托	3. 94	3. 61	4. 58
7	国投泰康	4. 38	15. 23	3. 88
8	交银国信	4. 41	4. 48	4. 08
9	中粮信托	4. 55	5. 67	2. 99
10	建信信托	4. 91	3. 97	4. 68
11	山东国信	5. 50	4. 29	29. 08
12	兴业信托	5. 78	4. 80	7. 04
13	国联信托	6. 45	2. 15	1. 49
14	甘肃信托	6. 49	4. 41	6. 14
15	粤财信托	6. 50	4. 47	3. 90
16	中江国信	6. 75	8. 72	8. 51
17	东莞信托	6. 99	5. 62	4. 49
18	五矿信托	7. 62	6. 71	6. 72
19	四川信托	7. 76	6. 18	7. 72

续　表

序号	公司简称	2015 年（%）	2014 年（%）	2013 年（%）
20	中泰信托	8. 14	9. 19	9. 73
21	紫金信托	9. 31	7. 43	6. 29
22	新时代	10. 02	2. 81	2. 96
23	厦门国信	10. 34	7. 11	7. 08
24	山西信托	10. 65	6. 99	8. 22
25	长城新盛	10. 80	12. 21	19. 29
26	华润信托	10. 95	9. 08	7. 78
27	上海国信	11. 09	7. 00	5. 88
28	苏州信托	11. 74	13. 13	10. 46
29	百瑞信托	11. 95	12. 49	9. 69
30	陕西国信	12. 46	10. 41	未披露
31	渤海信托	12. 67	2. 27	2. 44
32	吉林信托	12. 80	24. 77	16. 22
33	华宝信托	12. 82	9. 20	11. 90
34	北京国信	13. 42	10. 08	7. 64
35	华宸信托	14. 30	10. 86	10. 86
36	北方国信	14. 65	14. 30	14. 73
37	工商信托	14. 67	17. 47	15. 79
38	浙商金汇	14. 90	19. 32	11. 68
39	湖南信托	15. 03	18. 47	18. 01
40	云南国信	15. 28	13. 27	13. 22
41	天津信托	16. 30	5. 29	5. 75
42	中原信托	18. 09	8. 48	5. 98
43	中信信托	19. 55	12. 46	12. 49
44	爱建信托	19. 62	3. 65	2. 73
45	方正东亚	19. 98	13. 32	13. 63
46	万向信托	20. 18	4. 63	2. 62
47	新华信托	20. 21	25. 03	33. 56
48	中海信托	21. 85	26. 87	22. 51
49	西部信托	21. 99	16. 41	15. 66

续　表

序号	公司简称	2015 年（%）	2014 年（%）	2013 年（%）
50	平安信托	22.15	7.69	7.70
51	中诚信托	22.83	10.32	13.06
52	大业信托	22.92	15.23	37.54
53	华鑫信托	22.97	4.79	9.95
54	民生信托	23.70	5.71	7.78
55	西藏信托	26.36	29.58	28.05
56	陆家嘴信托	26.92	9.21	11.16
57	长安国信	26.94	22.28	22.78
58	华融国信	27.73	8.84	10.41
59	中建投信托	29.20	9.18	13.67
60	华能贵诚	30.37	14.56	10.59
61	国民信托	30.45	未披露	15.43
62	安信信托	31.12	38.91	45.97
63	金谷信托	31.15	8.67	8.05
64	中融信托	31.90	19.57	21.13
65	重庆国信	33.73	22.72	25.24
66	华澳信托	33.84	18.34	21.57
67	中航信托	39.60	13.49	11.03
68	中铁信托	47.62	40.83	35.98
平均		18.00	11.23	11.35

表 5－11　　资产负债率增长序列表（2015 年度）

序号	公司简称	2015 年（%）	2014 年（%）	2013 年（%）
1	吉林信托	－11.96	8.55	－12.96
2	国投泰康	－10.84	11.34	0.18
3	安信信托	－7.79	－7.06	12.26
4	中海信托	－5.02	4.36	17.51
5	新华信托	－4.82	－8.53	2.09
6	浙商金汇	－4.43	7.64	2.33
7	湖南信托	－3.43	0.46	－1.74
8	西藏信托	－3.22	1.52	9.75

续 表

序号	公司简称	2015 年（%）	2014 年（%）	2013 年（%）
9	工商信托	-2.80	1.68	0.60
10	华信信托	-2.45	1.48	-0.31
11	中江国信	-1.98	0.21	-10.00
12	长城新盛	-1.41	-7.08	15.51
13	苏州信托	-1.39	2.67	0.90
14	中粮信托	-1.11	2.67	0.02
15	中泰信托	-1.05	-0.54	2.25
16	外贸信托	-0.96	-1.80	-0.87
17	百瑞信托	-0.53	2.80	-3.31
18	英大信托	-0.36	-1.76	-2.21
19	交银国信	-0.07	0.40	-1.91
20	国元信托	0.33	-0.96	0.70
21	北方国信	0.36	-0.43	2.14
22	昆仑信托	0.46	-0.51	-0.25
23	五矿信托	0.92	-0.01	-2.32
24	建信信托	0.94	-0.71	1.07
25	兴业信托	0.99	-2.24	1.79
26	山东国信	1.21	-24.79	22.39
27	东莞信托	1.37	1.13	-7.05
28	四川信托	1.58	-1.53	-1.99
29	华润信托	1.87	1.30	-7.09
30	紫金信托	1.89	1.14	-3.13
31	云南国信	2.02	0.04	4.21
32	粤财信托	2.04	0.57	1.41
33	陕西国信	2.05	未披露	未披露
34	甘肃信托	2.08	-1.72	-2.29
35	江苏国信	2.24	-1.06	-1.45
36	厦门国信	3.23	0.03	-0.40
37	北京国信	3.34	2.44	1.31
38	华宸信托	3.44	-0.01	-17.81

续 表

序号	公司简称	2015 年（%）	2014 年（%）	2013 年（%）
39	华宝信托	3.62	-2.71	-18.44
40	山西信托	3.66	-1.23	0.03
41	上海国信	4.08	1.12	-1.88
42	国联信托	4.31	0.66	-0.22
43	长安国信	4.65	-0.49	0.03
44	西部信托	5.58	0.75	1.59
45	方正东亚	6.66	-0.31	-8.97
46	中铁信托	6.79	4.85	7.38
47	中信信托	7.09	-0.03	-3.45
48	新时代	7.21	-0.15	-0.28
49	大业信托	7.69	-22.31	15.75
50	中原信托	9.61	2.50	-0.79
51	渤海信托	10.41	-0.17	-0.79
52	天津信托	11.00	-0.46	-0.41
53	重庆国信	11.01	-2.52	8.85
54	中融信托	12.33	-1.56	-1.09
55	中诚信托	12.51	-2.75	-0.34
56	平安信托	14.46	-0.01	1.94
57	华澳信托	15.51	-3.23	2.23
58	万向信托	15.55	2.01	未披露
59	华能贵诚	15.81	3.97	-2.22
60	爱建信托	15.97	0.92	0.56
61	陆家嘴信托	17.71	-1.96	3.96
62	民生信托	17.99	-2.07	未披露
63	国民信托	17.99	-2.07	3.47
64	华鑫信托	18.18	-5.16	-1.57
65	华融国信	18.89	-1.57	3.03
66	中建投信托	20.01	-4.49	4.26
67	金谷信托	22.49	0.62	-7.15
68	中航信托	26.11	2.46	0.12
平均		6.77	-0.13	-0.10

第二节 自营资产分布

一、自营资产分布的行业分析

根据2016年信托公司最新披露信息显示，目前有63家信托公司公布了自营资产的行业分布情况。

信托公司的自营资产可以分为基础产业资产、房地产业资产、证券市场资产、实业资产以及金融机构资产五大行业资产类别和其他行业资产类别。2011—2015年，信托公司自营资产的行业分布特征如图5－1所示。

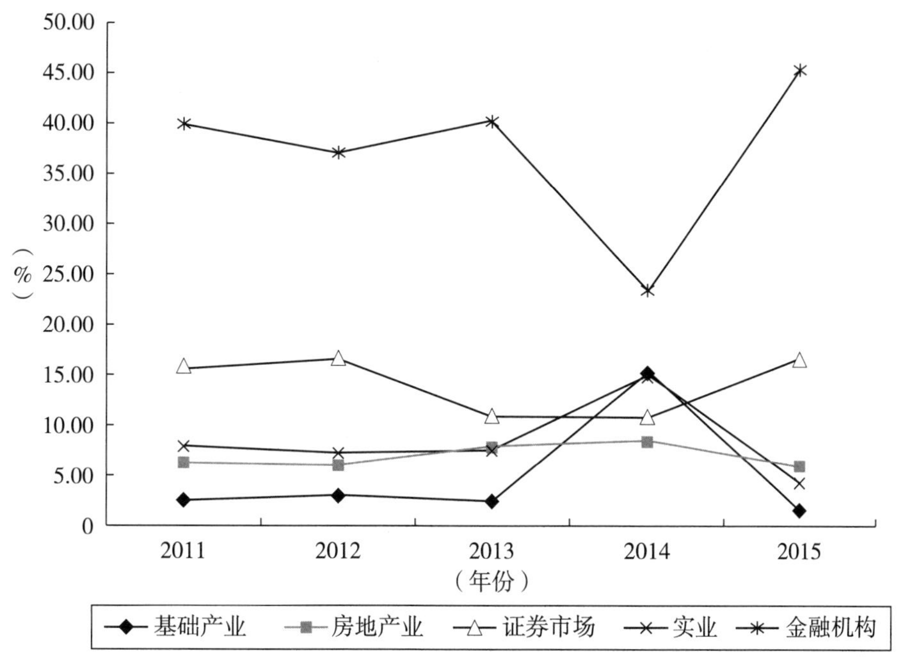

图5－1 2011—2015年信托公司自营资产的行业分布

从图5－1可以发现，2011—2014年，自营资产在实业的分布比例是平稳上升的，该比例在2014年大幅上升到15.01%，达到最高。而在2015年，实业分布比例出现大幅下降，回落至4.35%。

在2015年之前，基础产业资产比例的变动速度比例缓慢，2010年占比达到5.22%，在2011年发生较大幅度的下降，降为2.62%，在2012年回升至3.19%。

在2013年降至2.5%，而在2014年大幅上升至15.33%，而这一指标在2015年也出现大幅下降，回落至1.65%。

房地产业资产比例在2006年达到12.97%，但之后数年逐年下降，到2009年已为4.88%，到2010年则小幅提高为5.71%，2011年再发生小幅提高，变为6.19%，2012年则提升至7.63%，2013年维持在7.99%的水平，2014年保持在8.50%的比例，2015年回落至5.91%。在供给侧改革的背景下，房地产行业目前还处于消化库存阶段（尤其是三、四线城市），当前房地产信托余额依旧较高，在弱经济周期下，房地产市场的有效需求不足，面临的风险相对较大，信托公司对这类产品会更加谨慎。

证券市场资产比例则在2006—2008年快速提高，到2008年提升到20.42%，到2009年回落到17.32%，到2010年再次提高为22.49%，2011年大幅降低到15.55%，2012年略回升至16.60%，2013年降至10.9%，2014年维持在10.79%，2015年大幅上升至16.69%。

自2009年以来，可以获得金融业资产数据显示，在自营资产中，金融市场资产比例一直是各种资产中最高的。由2009年的35.13%上升到2011年的39.92%，2012年有所回落，降至37.01%，2013年该比例回升至40.28%，2014年该比例大幅回落至23.30%，2015年达到近几年最高的45.37%。

2011—2015年度信托公司自营资产行业分布情况如表5-12所示。

表5-12　　2011—2015年度信托公司自营资产行业分布统计分析表

项目 \ 年份		2011	2012	2013	2014	2015
披露公司数目（家）		59	63	61	63	63
基础产业资产	平均规模（万元）	7776	11138	10830	146268	11384
	平均占比（%）	2.62	3.19	2.50	15.33	1.65
	该值为0的公司数（家）	44	44	43	46	47
	占比最大值（%）	63.59	35.65	34.60	55.06	39.57
	占比最小值（%）	0	0	0	0	0
	占比标准差（%）	9.57	7.52	6.87	9.8%	6.94
	占比变异系数	3.65	2.36	2.74	0.64	4.21

续 表

项目	年份	2011	2012	2013	2014	2015
房地产业资产	平均规模（万元）	18375	26690	34556	81109	40816
	平均占比（%）	6.19	6.05	7.99	8.50	5.91
	该值为0的公司数（家）	29	31	30	31	29
	占比最大值（%）	48.72	39.75	41.00	42.90	41.37
	占比最小值（%）	0	0	0	0	0
	占比标准差（%）	10.33	9.40	10.92	10.35	8.97
	占比变异系数	1.67	1.55	1.37	1.22	1.52
证券市场资产	平均规模（万元）	43168	58022	47177	102958	115297
	平均占比（%）	15.55	16.60	10.90	10.79	16.69
	该值为0的公司数（家）	4	7	7	7	7
	占比最大值（%）	80.77	76.41	68.31	82.03	83.72%
	占比最小值（%）	0	0	0	0	0
	占比标准差（%）	17.72	18.40	15.33	18.65	18.33
	占比变异系数	1.14	1.04	1.41	1.73	1.10
实业资产	平均规模（万元）	23682	26482	33051	143244	30049
	平均占比（%）	7.98	7.31	7.64	15.01	4.35
	该值为0的公司数（家）	21	25	27	24	29
	占比最大值（%）	44.47	48.19	66.05	34.27	28.95
	占比最小值（%）	0	0	0	0	0
	占比标准差（%）	10.27	10.83	12.19	10.54	7.04
	占比变异系数	1.29	1.48	1.60	0.7	1.62
金融机构资产	平均规模（万元）	118412	131486	174267	222315	313499
	平均占比（%）	39.92	37.01	40.28	23.30	45.37
	该值为0的公司数（家）	4	2	3	3	2
	占比最大值（%）	92.73	94.97	97.26	96.19	96.15
	占比最小值（%）	0	0	0	0	0
	占比标准差（%）	28.00	23.57	28.75	28.10	30.06
	占比变异系数	0.70	0.63	0.71	1.21	0.66

二、自营资产分布的公司分析

具体数据如表 5－13、表 5－14 所示。

表 5－13　　2015 年度各项自营资产比例最大的前三名

项目＼名次	第 1 名	第 2 名	第 3 名
基础产业资产	爱建信托（39.57%）	湖南信托（34.40%）	万向信托（11.51%）
房地产业资产	新华信托（41.37%）	爱建信托（31.41%）	中诚信托（24.97%）
证券市场资产	西部信托（83.72%）	中江国信（76.21%）	长安国信（65.67%）
实业资产	北京国信（28.95%）	西藏信托（27.95%）	百瑞信托（18.89%）
金融机构资产	粤财信托（96.15%）	五矿信托（95.95%）	长城新盛（95.68%）

注：公司名称后括号中数字为该行业资产占比。

表 5－14　　2015 年度各项自营资产规模最大的前三名

项目＼名次	第 1 名	第 2 名	第 3 名
基础产业资产	爱建信托（190733）	湖南信托（121733）	昆仑信托（55520）
房地产业资产	中诚信托（456701）	中信信托（360926）	新华信托（297256）
证券市场资产	西部信托（1009994）	中融信托（628160）	兴业信托（503476）
实业资产	平安信托（448432）	北京国信（236719）	百瑞信托（116724）
金融机构资产	平安信托（2302816）	重庆国信（1701346）	华润信托（1235050）

注：公司名称后括号中数字为该行业资产规模（单位：万元）。

第三节　自营资产运用

一、自营资产运用的行业分析

根据2016年信托公司最新披露信息显示，目前有64家信托公司公布了自营资产的运用情况。

信托公司自营资产的运用方式可以分为货币资产、贷款资产、长期投资资产以及其他方式。2011—2015年，信托公司自营资产运用的分布特征如图5-2所示。

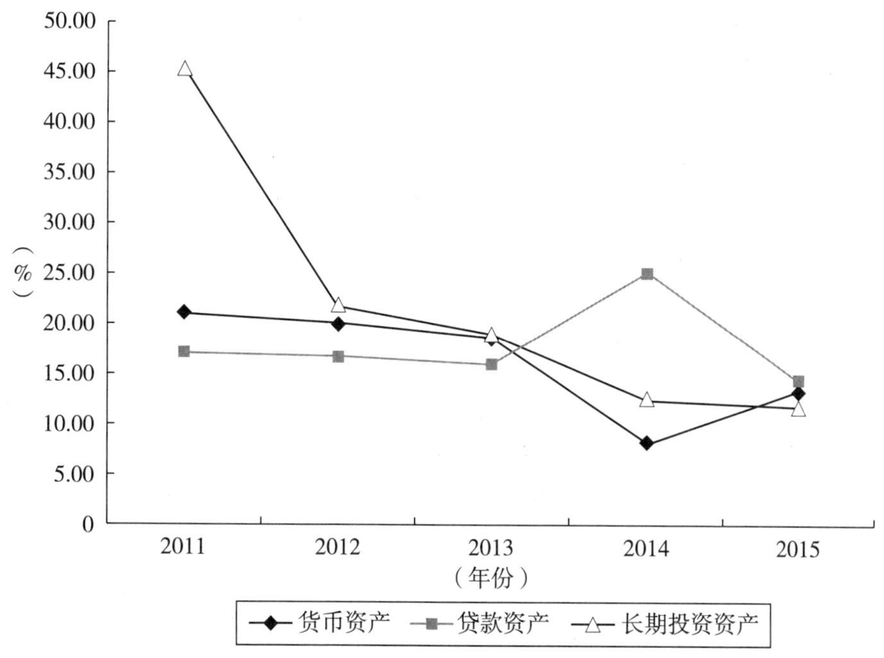

图5-2　2011—2015年信托公司自营资产的运用分布

2007年及以前，长期投资一直是信托公司自营资产的主要运用方式，占自营资产比例一般在30%以上。从图5-2可以发现，2011—2015年，货币资产成为主要的自营资产运用方式，比例一般占到20%以上，2011年比例为21.33%，2012年比例为20.50%，2013年比例为18.70%，而2014年该比例出现较大变化，降至8.19%；同时，长期投资资产的占比也持续降低，由2012年的21.78%降至2013年的19.00%，再降至2014年的12.35%。另外，贷款资产的占比在2007年以前保持在22%以上，在2007年以后，该项资产占比快速上升，2009年达到了18.32%，然后在2010年略有下降，为17.61%，2011年再次发生小幅下降，降为16.73%，2012年未出现大变动，维持在16.87%占比水平，2013年小幅下降至15.98%，2014年大幅回升至25.16%，而2015年又大幅回落至14.35%，如表5-15所示。

表5-15　　2011—2015年度信托公司自营资产运用方式分布

项目＼年份		2011	2012	2013	2014	2015
披露公司数目（家）		59	63	61	63	64
货币资产	平均规模（万元）	63266	71683	80895	78111	107146
	平均占比（%）	21.33	20.50	18.70	8.19	13.32
	占比最大值（%）	77.29	79.29	87.04	64.04	71.58
	占比最小值（%）	1.00	0.30	0.20	0	0.39
	占比标准差（%）	20.67	20.54	19.00	14.98	16.53
	变异系数	0.97	1.00	1.01	1.83	1.24
贷款资产	平均规模（万元）	49624	58965	69130	239995	87436
	平均占比（%）	16.73	16.87	15.98	25.16	14.35
	占比最大值（%）	65.61	60.67	74.07	89.57	83.58
	占比最小值（%）	0	0	0	0	0
	占比标准差（%）	17.42	16.32	17.21	20.43	17.32
	变异系数	1.04	0.97	1.08	0.81	1.21
长期投资资产	平均规模（万元）	134233	76152	82209	117784	117784
	平均占比（%）	45.25	21.78	19.00	12.35	11.83
	占比最大值（%）	80.53	73.65	75.65	75.08	63.79
	占比最小值（%）	0	0	0	0	0
	占比标准差（%）	21.06	18.20	17.30	16.29	16.07
	占比变异系数	0.47	0.84	0.91	1.32	1.36

二、自营资产运用的公司分析

具体化数据如表5-16至表5-34所示。

表 5 – 16　　2015 年度自营资产运用方式比例最大的前三名

项目＼名次	第 1 名	第 2 名	第 3 名
货币资产	光大兴陇（71.58%）	云南国信（69.32%）	五矿信托（60.23%）
贷款资产	方正信托（83.58%）	中建设信托（79.03%）	交银国信（62.72%）
长期投资资产	江苏国信（63.79%）	华润信托（62.12%）	国元信托（53.83%）

注：表中公司名称后括号中数字为该种资产占比。

表 5 – 17　　2015 年度各项自营资产规模最大的前三名

项目＼名次	第 1 名	第 2 名	第 3 名
货币资产	平安信托（848594）	中融信托（773415）	中信信托（532090）
贷款	中信信托（699781）	中建设信托（558357）	交银国信（412396）
长期投资	华润信托（1174290）	重庆国信（633602）	平安信托（608362）

注：表中公司名称后括号中数字为该种资产规模（单位：万元）。

表 5 – 18　　自营货币资产序列表（2015 年度）　　单位：万元

序号	公司简称	2015 年	2014 年	2013 年
1	平安信托	848594	146859	44948
2	中融信托	773415	411162	843153
3	中信信托	532090	5	287670
4	五矿信托	368393	602047	335889
5	光大兴陇	330838	35881	23980
6	中诚信托	299311	147410	234441
7	重庆国信	274322	134302	18442
8	民生信托	206504	214174	62278
9	中铁信托	195728	106297	63114

续 表

序号	公司简称	2015 年	2014 年	2013 年
10	外贸信托	186869	127484	62884
11	四川信托	164452	174634	144701
12	云南国信	153162	24944	47290
13	粤财信托	131873	98828	169915
14	中航信托	126090	12670	29192
15	长安国信	106365	79374	136428
16	苏州信托	103824	3794	13008
17	中江国信	101678	73380	117736
18	昆仑信托	99238	90239	53524
19	华宝信托	90034	63192	24915
20	华澳信托	87397	45086	43187
21	中粮信托	80802	95569	148066
22	陆家嘴信托	80567	126195	27198
23	中原信托	79092	42192	13976
24	华润信托	76992	62761	53078
25	天津信托	73294	20454	35831
26	华能贵诚	72999	43214	63892
27	北京国信	72904	145863	130805
28	建信信托	72210	18172	61327
29	上海国信	65870	39708	61365
30	交银国信	65823	56354	182551
31	渤海信托	55598	195555	122788
32	国联信托	54646	77098	24938
33	北方国信	50991	110536	113074
34	西藏信托	49356	66288	未披露
35	兴业信托	46966	83091	48203
36	中建投信托	43629	38832	54794
37	大业信托	43383	8375	53021
38	百瑞信托	41876	50642	22013
39	方正信托	41604	14727	44711

续 表

序号	公司简称	2015 年	2014 年	2013 年
40	新时代	37252	18036	31861
41	中海信托	35253	58551	134313
42	英大信托	34850	55070	27985
43	厦门国信	34708	80934	30302
44	爱建信托	33687	14759	18908
45	金谷信托	29267	45997	136310
46	工商信托	28633	42083	19021
47	华鑫信托	28329	6253	912
48	湖南信托	25959	22579	38491
49	华融国信	25913	未披露	未披露
50	长城新盛	24944	28514	20383
51	新华信托	23671	36954	未披露
52	东莞信托	21047	15494	12822
53	浙商金汇	20378	35194	48081
54	山东国信	16061	28739	139245
55	紫金信托	15943	23199	36247
56	山西信托	13778	23512	37535
57	中泰信托	13307	17272	73724
58	江苏国信	10568	2228	1463
59	国元信托	10475	3443	47336
60	华宸信托	7948	927	1913
61	国民信托	7811	未披露	19715
62	西部信托	4707	3455	21444
63	国投信托	2786	226195	5662
64	万向信托	1293	10021	12565
65	华信信托	未披露	234197	未披露
66	吉林信托	未披露	未披露	未披露
67	安信信托	未披露	未披露	未披露
68	陕西国信	未披露	未披露	未披露
合计		6857346	4686795	4934566
平均		107146	75593	80895

表 5－19　　自营货币资产占比序列表（2015 年度）

序号	公司简称	2015 年（%）	2014 年（%）	2013 年（%）
1	光大兴陇	71.58	20.69	15.46
2	云南国信	69.32	13.38	29.31
3	五矿信托	60.23	2.26	74.21
4	长城新盛	57.86	64.04	45.14
5	华澳信托	50.55	28.03	39.15
6	民生信托	43.85	62.09	53.93
7	中融信托	41.03	33.70	87.04
8	四川信托	32.20	42.15	41.25
9	平安信托	29.01	6.89	2.42
10	粤财信托	28.83	25.50	51.14
11	大业信托	26.00	7.00	40.00
12	外贸信托	24.62	18.97	11.26
13	苏州信托	24.17	1.00	5.09
14	中信信托	23.85	0	19.34
15	浙商金汇	23.25	41.65	70.32
16	西藏信托	22.54	37.13	未披露
17	中粮信托	20.44	26.51	44.64
18	中铁信托	19.27	14.23	10.40
19	中江国信	19.18	14 .93	28.70
20	中诚信托	16.36	10.32	18.45
21	天津信托	16.25	5.71	13.06
22	陆家嘴信托	15.87	33.39	17.78
23	长安国信	15.78	14.62	34.09
24	昆仑信托	15.43	14.99	9.48
25	中原信托	15.42	12.15	5.54
26	中航信托	14.65	2.31	6.77
27	国联信托	13.82	23.50	9.29
28	华宝信托	13.74	10.52	5.39
29	北方国信	11.95	29.55	35.17
30	渤海信托	11.47	51.87	37.58

续 表

序号	公司简称	2015 年（%）	2014 年（%）	2013 年（%）
31	重庆国信	11.24	8.16	1.50
32	交银国信	10.01	9.63	35.42
33	新时代	9.10	5.28	9.66
34	方正信托	8.93	4.19	17.72
35	北京国信	8.92	28.19	31.01
36	上海国信	8.68	4.64	8.57
37	工商信托	8.54	20.72	13.25
38	建信信托	8.26	2.43	9.32
39	厦门国信	7.82	21.60	11.97
40	紫金信托	7.57	13.14	24.04
41	湖南信托	7.34	7.33	15.77
42	爱建信托	6.99	3.88	5.72
43	华能贵诚	6.99	5.89	10.60
44	百瑞信托	6.78	11.91	6.49
45	英大信托	6.73	12.07	6.85
46	中海信托	6.49	11.16	27.33
47	山西信托	6.40	11.59	19.62
48	华鑫信托	6.30	1.90	0.26
49	中建投信托	6.18	8.22	13.35
50	金谷信托	5.92	12.72	38.76
51	东莞信托	5.31	4.57	4.40
52	华宸信托	5.10	0.89	1.95
53	华润信托	4.07	4.17	4.03
54	华融国信	3.64	未披露	未披露
55	兴业信托	3.61	7.15	8.96
56	新华信托	3.29	10.07	未披露
57	中泰信托	3.27	4.56	31.83
58	山东国信	3.03	6.32	31.33
59	国民信托	2.55	未披露	9.85
60	国元信托	1.80	0.69	10.96

续 表

序号	公司简称	2015 年（%）	2014 年（%）	2013 年（%）
61	江苏国信	1. 16	0. 27	0. 20
62	万向信托	0. 62	6. 37	8. 92
63	国投信托	0. 55	34. 51	2. 00
64	西部信托	0. 39	1. 73	12. 00
65	华信信托	未披露	31. 00	未披露
66	吉林信托	未披露	未披露	未披露
67	安信信托	未披露	未披露	未披露
68	陕西国信	未披露	未披露	未披露
平均		13. 32	8. 19	18. 70

表 5 – 20　　自营贷款资产序列表（2015 年度）　　单位：万元

序号	公司简称	2015 年	2014 年	2013 年
1	中信信托	699781	402175	399163
2	中建投信托	558357	351242	286084
3	交银国信	412396	470336	246749
4	中诚信托	409680	880698	700865
5	方正信托	389401	314694	186866
6	重庆国信	331833	208420	413045
7	北京国信	281466	156479	93708
8	新华信托	182926	94240	未披露
9	爱建信托	151916	178012	173139
10	湖南信托	122392	100699	54224
11	中航信托	112634	77985	57889
12	大业信托	112311	11605	11814
13	天津信托	111945	177359	106213
14	北方国信	109304	187691	131988
15	工商信托	100547	35230	25120
16	中海信托	100000	100000	100000
17	渤海信托	94749	108234	36864
18	百瑞信托	92624	122684	111549
19	金谷信托	86991	72503	73704

续　表

序号	公司简称	2015 年	2014 年	2013 年
20	中泰信托	82938	43157	29283
21	江苏国信	76095	160	234
22	国民信托	75545	未披露	22164
23	四川信托	72110	33899	21725
24	国元信托	67128	66460	75419
25	西藏信托	61200	24600	未披露
26	中粮信托	59400	57000	66900
27	山东国信	57603	22798	22331
28	英大信托	48000	92006	108241
29	光大兴陇	45124	58139	43579
30	中原信托	43893	58214	69019
31	东莞信托	41319	47463	32346
32	外贸信托	39732	48840	27842
33	民生信托	38610	39600	0
34	中融信托	37510	1099	0
35	国联信托	37130	25382	18276
36	苏州信托	33718	43953	42624
37	华润信托	31062	46992	40171
38	华澳信托	29550	51990	15000
39	华融国信	29226	未披露	未披露
40	长安国信	28301	2408	2447
41	昆仑信托	25344	53717	79152
42	华宸信托	19487	19701	23839
43	厦门国信	14715	12000	31500
44	兴业信托	11903	30201	18721
45	粤财信托	11571	9634	5581
46	紫金信托	3992	38991	26000
47	陆家嘴信托	3204	2395	1582
48	华宝信托	3016	3243	3920
49	浙商金汇	2736	3716	2856

续 表

序号	公司简称	2015 年	2014 年	2013 年
50	国投信托	2201	667	4999
51	五矿信托	683	9964769	17811
52	西部信托	604	5481	10187
53	平安信托	33	1050	2949
54	上海国信	0	0	0
55	山西信托	0	0	0
56	建信信托	0	0	0
57	新时代	0	21357	14612
58	中江国信	0	0	0
59	云南国信	0	0	0
60	中铁信托	0	1200	4900
61	华能贵诚	0	49500	49500
62	华鑫信托	0	19823	64208
63	长城新盛	0	0	0
64	万向信托	0	0	8000
65	华信信托	未披露	67823	未披露
66	吉林信托	未披露	未披露	未披露
67	安信信托	未披露	未披露	未披露
68	陕西国信	未披露	未披露	未披露
合计		5595936	15051889	4216903
平均		87436	242772	69130

表 5 - 21　　自营贷款资占比产序列表（2015 年度）

序号	公司简称	2015 年（%）	2014 年（%）	2013 年（%）
1	方正信托	83. 58	89. 57	74. 07
2	中建投信托	79. 03	74. 38	69. 69
3	交银国信	62. 72	80. 36	47. 88
4	湖南信托	34. 59	32. 69	22. 21
5	北京国信	34. 43	30. 24	22. 22
6	爱建信托	31. 51	46. 77	52. 42
7	中信信托	31. 36	19. 33	26. 83

续 表

序号	公司简称	2015 年（%）	2014 年（%）	2013 年（%）
8	工商信托	30.00	17.34	17.49
9	西藏信托	27.95	13.78	未披露
10	北方国信	25.63	50.17	41.06
11	新华信托	25.46	25.68	未披露
12	天津信托	24.81	49.52	38.71
13	国民信托	24.65	未披露	11.07
14	中诚信托	22.39	61.64	55.17
15	中泰信托	20.39	11.38	12.64
16	渤海信托	19.54	28.71	11.28
17	中海信托	18.42	19.05	20.35
18	金谷信托	17.61	20.05	20.96
19	华澳信托	17.09	32.33	13.60
20	中粮信托	15.03	15.81	20.17
21	百瑞信托	14.99	28.86	32.86
22	四川信托	14.12	8.18	6.19
23	重庆国信	13.60	12.67	33.58
24	中航信托	13.08	14.21	13.42
25	华宸信托	12.52	18.96	24.28
26	国元信托	11.56	13.25	17.47
27	山东国信	10.88	5.02	5.02
28	东莞信托	10.43	14.01	11.11
29	光大兴陇	9.76	33.52	28.10
30	国联信托	9.39	7.74	6.81
31	英大信托	9.27	20.16	26.50
32	中原信托	8.55	16.77	27.36
33	江苏国信	8.36	0.02	0.03
34	民生信托	8.20	11.48	0
35	苏州信托	7.85	11.56	16.68
36	大业信托	7.00	9.00	9.00
37	外贸信托	5.23	7.27	4.99

续 表

序号	公司简称	2015 年（%）	2014 年（%）	2013 年（%）
38	长安国信	4.20	0.44	0.61
39	华融国信	4.11	未披露	未披露
40	昆仑信托	3.94	8.92	14.03
41	厦门国信	3.31	3.20	12.44
42	浙商金汇	3.12	4.40	4.18
43	粤财信托	2.53	2.49	1.68
44	中融信托	1.99	0.09	0
45	紫金信托	1.90	22.09	17.24
46	华润信托	1.64	3.12	3.05
47	兴业信托	0.92	2.60	3.48
48	陆家嘴信托	0.63	0.63	1.03
49	华宝信托	0.46	0.54	0.85
50	国投信托	0.44	0.10	1.77
51	五矿信托	0.11	37.40	3.93
52	西部信托	0.05	2.75	5.70
53	上海国信	0	0	0
54	平安信托	0	0.05	0.16
55	山西信托	0	0	0
56	建信信托	0	0	0
57	新时代	0	6.26	4.43
58	中江国信	0	0	0
59	云南国信	0	0	0
60	中铁信托	0	0.16	0.81
61	华能贵诚	0	6.75	8.21
62	华鑫信托	0	6.03	18.63
63	长城新盛	0	0	0
64	万向信托	0	0	5.68
65	华信信托	未披露	8.98	未披露
66	吉林信托	未披露	未披露	未披露
67	安信信托	未披露	未披露	未披露
68	陕西国信	未披露	未披露	未披露
平均		14.35	25.16	15.98

表 5-22　　自营长期投资序列表（2015 年度）　　单位：万元

序号	公司简称	2015 年	2014 年	2013 年
1	华润信托	1174290	850044	640125
2	重庆国信	633602	404714	281787
3	平安信托	608362	608362	662516
4	江苏国信	580573	622142	551345
5	中诚信托	345194	274189	276426
6	国元信托	312479	275093	294070
7	建信信托	258958	154688	76856
8	中海信托	214834	178934	105398
9	中泰信托	190659	182055	21306
10	粤财信托	171431	129622	119059
11	中融信托	164772	5316	7511
12	国联信托	162026	112298	151865
13	中江国信	140722	140722	227286
14	中信信托	120539	88507	178190
15	兴业信托	101129	31426	42815
16	中原信托	95241	0	78964
17	四川信托	84453	84453	84646
18	华宝信托	80473	76257	73225
19	外贸信托	76194	57963	53318
20	天津信托	66754	38099	12800
21	上海国信	65376	241780	242299
22	北方国信	65295	35310	38577
23	厦门国信	50844	53295	61198
24	山西信托	40556	36849	32596
25	中铁信托	37579	63104	20004
26	新华信托	35447	29462	未披露
27	湖南信托	23554	16231	60683
28	北京国信	11863	10431	32283
29	国投信托	11100	11100	80860
30	山东国信	10235	9000	61206

续 表

序号	公司简称	2015 年	2014 年	2013 年
31	英大信托	9800	10447	40061
32	长安国信	8213	5383	6104
33	华宸信托	6205	6858	11901
34	东莞信托	5928	5663	16361
35	工商信托	5000	3000	3250
36	西藏信托	3258	0	未披露
37	中建投信托	3049	1390	903
38	爱建信托	2949	3696	4838
39	苏州信托	2861	2909	34481
40	昆仑信托	2670	2158	45790
41	中粮信托	2510	2510	9510
42	紫金信托	1471	597	597
43	交银国信	67	10000	22000
44	光大兴陇	0	0	25217
45	华融国信	0	未披露	未披露
46	百瑞信托	0	0	57072
47	国民信托	0	未披露	0
48	新时代	0	0	43268
49	西部信托	0	15000	32754
50	云南国信	0	0	0
51	渤海信托	0	0	39905
52	陆家嘴信托	0	0	0
53	华能贵诚	0	0	0
54	中航信托	0	0	46522
55	华澳信托	0	0	0
56	金谷信托	0	0	5000
57	方正信托	0	0	0
58	大业信托	0	0	0
59	华鑫信托	0	0	0
60	五矿信托	0	2254922	0

续 表

序号	公司简称	2015 年	2014 年	2013 年
61	长城新盛	0	0	0
62	浙商金汇	0	0	0
63	万向信托	0	0	0
64	民生信托	0	0	0
65	华信信托	未披露	159600	未披露
66	吉林信托	未披露	未披露	未披露
67	安信信托	未披露	未披露	未披露
68	陕西国信	未披露	未披露	未披露
合计		7302581	7302581	5014749
平均		117784	117784	82209

表 5－23　　　　自营长期期权投资占比序列表（2015 年度）

序号	公司简称	2015 年（%）	2014 年（%）	2013 年（%）
1	江苏国信	63.79	75.08	75.65
2	华润信托	62.12	56.46	48.59
3	国元信托	53.83	54.85	68.10
4	中泰信托	46.88	48.01	9.20
5	国联信托	40.98	34.23	56.60
6	中海信托	39.58	34.09	21.45
7	粤财信托	37.48	33.44	35.83
8	建信信托	29.64	20.67	11.69
9	中江国信	26.54	28.63	55.40
10	重庆国信	25.97	24.61	22.91
11	平安信托	20.80	28.55	35.69
12	中诚信托	18.87	19.19	21.76
13	山西信托	18.84	18.16	17.04
14	中原信托	18.56	0	31.30
15	四川信托	16.53	20.38	24.13
16	北方国信	15.31	9.44	12.00
17	天津信托	14.80	10.64	4.67
18	华宝信托	12.29	12.70	15.84

续 表

序号	公司简称	2015 年（%）	2014 年（%）	2013 年（%）
19	厦门国信	11.45	14.22	24.18
20	外贸信托	10.04	8.62	9.55
21	中融信托	8.74	0.44	0.78
22	上海国信	8.61	28.25	33.84
23	兴业信托	7.78	2.70	7.96
24	湖南信托	6.66	5.27	24.85
25	中信信托	5.40	4.25	11.98
26	新华信托	4.93	8.02	未披露
27	华宸信托	3.99	6.60	12.12
28	中铁信托	3.70	8.45	3.30
29	国投信托	2.20	1.69	28.58
30	山东国信	1.93	1.98	13.77
31	英大信托	1.89	2.29	9.81
32	东莞信托	1.50	1.67	5.62
33	西藏信托	1.49	0	未披露
34	工商信托	1.49	1.48	2.26
35	北京国信	1.45	2.02	7.65
36	长安国信	1.22	0.99	1.53
37	紫金信托	0.70	0.34	0.40
38	苏州信托	0.67	0.77	13.49
39	中粮信托	0.64	0.70	2.87
40	爱建信托	0.61	0.97	1.46
41	中建投信托	0.43	0.29	0.22
42	昆仑信托	0.42	0.36	8.11
43	交银国信	0.01	1.71	4.27
44	光大兴陇	0	0	16.26
45	华融国信	0	未披露	未披露
46	百瑞信托	0	0	16.81
47	国民信托	0	未披露	0
48	新时代	0	0	13.11

续 表

序号	公司简称	2015 年（%）	2014 年（%）	2013 年（%）
49	西部信托	0	7.53	18.32
50	云南国信	0	0	0
51	渤海信托	0	0	12.21
52	陆家嘴信托	0	0	0
53	华能贵诚	0	0	0
54	中航信托	0	0	10.78
55	华澳信托	0	0	0
56	金谷信托	0	0	1.42
57	方正信托	0	0	0
58	大业信托	0	0	0
59	华鑫信托	0	0	0
60	五矿信托	0	8.46	0
61	长城新盛	0	0	0
62	浙商金汇	0	0	0
63	万向信托	0	0	0
64	民生信托	0	0	0
65	华信信托	未披露	21.12	未披露
66	吉林信托	未披露	未披露	未披露
67	安信信托	未披露	未披露	未披露
68	陕西国信	未披露	未披露	未披露
平均		11.83	12.35	19.00

表 5－24　　自营资产金融机构资产序列表（2015 年度）　　单位：万元

序号	公司简称	2015 年	2014 年	2013 年
1	平安信托	2302816	1440078	1061218
2	重庆国信	1701346	1109724	407096
3	华润信托	1235050	896071	693198
4	华能贵诚	948616	531086	468996
5	中诚信托	772432	390318	465792
6	中信信托	746301	750222	418345
7	江苏国信	632727	595295	517275

续 表

序号	公司简称	2015 年	2014 年	2013 年
8	五矿信托	586821	0	335889
9	中建投信托	495585	301983	211942
10	上海国信	495334	716278	576196
11	建信信托	488450	492386	513229
12	华宝信托	449940	446348	368957
13	英大信托	442211	332687	215568
14	北京国信	440853	299787	233917
15	粤财信托	439770	367266	318287
16	金谷信托	431923	271262	281518
17	华融国信	416356	未披露	未披露
18	民生信托	415901	214174	62278
19	国元信托	406774	350635	335967
20	中原信托	372296	208337	78964
21	新时代	342774	296858	262341
22	中海信托	313073	264576	239712
23	中粮信托	305472	289597	159988
24	中铁信托	295427	134138	20004
25	国联信托	274388	174560	151665
26	四川信托	269748	174634	271385
27	渤海信托	267288	195555	162693
28	苏州信托	247938	176074	121883
29	华鑫信托	242102	135435	77205
30	天津信托	229145	64783	48631
31	中航信托	219056	99522	46522
32	中泰信托	190659	182055	21306
33	国民信托	189641	未披露	129038
34	西部信托	184201	32754	32754
35	紫金信托	173876	114821	105836
36	中融信托	158927	2867	2867
37	西藏信托	134447	95898	未披露

续　表

序号	公司简称	2015 年	2014 年	2013 年
38	长安国信	133461	128755	200189
39	万向信托	110176	19261	0
40	华澳信托	101213	87752	80437
41	兴业信托	96966	156750	51740
42	山西信托	86961	47542	32596
43	湖南信托	84419	76059	81970
44	陆家嘴信托	80567	53671	16177
45	外贸信托	79002	60771	50510
46	工商信托	68633	42083	19021
47	华宸信托	68304	13059	11901
48	爱建信托	66206	87324	55628
49	厦门国信	65935	73036	23952
50	新华信托	54619	19426	未披露
51	国投泰康	54400	80860	80860
52	昆仑信托	51250	26750	2250
53	光大兴陇	48056	35798	35041
54	方正东亚	41604	14727	44711
55	长城新盛	41251	42826	43922
56	北方国信	33720	144071	36702
57	交银国信	32000	32000	22000
58	百瑞信托	31163	33737	30887
59	浙商金汇	26151	38068	50202
60	东莞信托	18653	16548	8655
61	山东国信	16056	28730	179466
62	中江国信	0	0	0
63	云南国信	0	0	0
64	华信信托	未披露	395811	未披露
65	吉林信托	未披露	未披露	未披露
66	安信信托	未披露	未披露	未披露
67	陕西国信	未披露	未披露	未披露
68	大业信托	未披露	102360	53016
合计		19750429	14005833	10630297
平均		313499	222315	174267

表 5-25 自营资产金融机构占比序列表（2015 年度）

序号	公司简称	2015 年（%）	2014 年（%）	2013 年（%）
1	粤财信托	96.15	94.76	95.80
2	五矿信托	95.95	0	74.21
3	长城新盛	95.68	96.19	97.26
4	华能贵诚	90.76	72.37	77.83
5	民生信托	88.30	62.09	53.93
6	金谷信托	87.42	75.02	80.06
7	英大信托	85.42	53.86	52.77
8	新时代	83.71	86.98	79.52
9	紫金信托	82.61	65.05	70.19
10	平安信托	78.72	67.58	57.17
11	中粮信托	77.28	80.33	48.23
12	中原信托	72.56	60.00	31.30
13	中建投信托	70.15	63.95	51.63
14	国元信托	70.07	69.91	77.81
15	重庆国信	69.72	67.48	33.10
16	江苏国信	69.52	72.00	70.98
17	国联信托	69.40	53.21	56.52
18	华宝信托	68.69	74.31	79.84
19	华润信托	65.33	59.52	52.61
20	上海国信	65.27	83.69	80.47
21	国民信托	61.87	未披露	64.48
22	西藏信托	61.40	53.71	未披露
23	华融国信	58.56	未披露	未披露
24	华澳信托	58.54	54.56	72.92
25	苏州信托	57.71	46.31	47.68
26	中海信托	57.68	50.41	48.78
27	建信信托	55.90	65.78	78.03
28	渤海信托	55.13	51.87	49.79
29	北京国信	53.92	57.94	55.46
30	华鑫信托	53.88	41.18	22.40

续 表

序号	公司简称	2015 年（%）	2014 年（%）	2013 年（%）
31	万向信托	53.25	12.24	0
32	四川信托	52.82	42.15	77.37
33	天津信托	50.79	18.09	17.72
34	中泰信托	46.88	48.01	9.20
35	华宸信托	43.87	12.57	12.12
36	中诚信托	42.22	27.32	36.66
37	山西信托	40.39	23.43	17.04
38	中信信托	33.45	36.05	28.12
39	浙商金汇	29.84	45.05	73.42
40	中铁信托	29.09	17.96	3.30
41	中航信托	25.44	18.13	10.78
42	湖南信托	23.86	24.69	33.57
43	工商信托	20.47	20.72	13.25
44	长安国信	19.80	23.72	50.02
45	陆家嘴信托	15.87	14.20	10.57
46	西部信托	15.27	16.43	18.32
47	厦门国信	14.85	19.49	9.46
48	爱建信托	13.73	22.94	16.84
49	国投泰康	10.77	12.34	28.58
50	外贸信托	10.41	9.04	9.05
51	光大兴陇	10.40	20.64	22.60
52	方正东亚	8.93	4.19	17.72
53	中融信托	8.43	0.24	0.30
54	昆仑信托	7.97	4.44	0.40
55	北方国信	7.91	38.51	11.42
56	新华信托	7.60	5.29	未披露
57	兴业信托	7.46	13.48	9.62
58	百瑞信托	5.04	7.94	9.10
59	交银国信	4.87	5.47	4.27
60	东莞信托	4.71	4.88	2.97

续 表

序号	公司简称	2015 年（%）	2014 年（%）	2013 年（%）
61	山东国信	3.03	6.32	40.38
62	中江国信	0	0	0
63	云南国信	0	0	0
64	华信信托	未披露	52.39	未披露
65	吉林信托	未披露	未披露	未披露
66	安信信托	未披露	未披露	未披露
67	陕西国信	未披露	未披露	未披露
68	大业信托	未披露	81.00	40.00
平均		45.37	23.30	40.28

表 5-26　　自营资产金融机构增加序列表（2015 年度）　　单位：万元

序号	公司简称	2015 年	2014 年	2013 年
1	平安信托	862738	378860	279400
2	重庆国信	591622	702628	113476
3	五矿信托	586821	-335889	192480
4	华能贵诚	417530	62090	189174
5	中诚信托	382113	-75473	69337
6	华润信托	338979	202873	-429
7	中建投信托	193602	90041	47008
8	天津信托	164362	16152	3753
9	中原信托	163959	129373	0
10	中铁信托	161289	114134	0
11	金谷信托	160661	-10257	152669
12	中融信托	156060	0	0
13	西部信托	151447	0	0
14	北京国信	141066	65870	-9320
15	中航信托	119534	53000	15480
16	英大信托	109524	117118	153767
17	华鑫信托	106668	58230	31911
18	国联信托	99828	22895	10138
19	四川信托	95114	-96751	203082

续 表

序号	公司简称	2015 年	2014 年	2013 年
20	粤财信托	72504	48978	54590
21	苏州信托	71864	54191	41948
22	渤海信托	71733	32861	-7679
23	紫金信托	59055	8986	90291
24	国元信托	56139	14668	37448
25	华宸信托	55245	1158	-41331
26	中海信托	48496	24865	148196
27	新时代	45916	34517	149181
28	山西信托	39420	14946	-13064
29	江苏国信	37432	78020	33343
30	陆家嘴信托	26896	37494	-11019
31	方正东亚	26877	-29984	-73254
32	工商信托	26550	23062	-16972
33	昆仑信托	24500	24500	2003
34	外贸信托	18231	10261	3808
35	中粮信托	15875	129609	64065
36	华澳信托	13461	7315	35702
37	光大兴陇	12258	757	-25489
38	中泰信托	8604	160749	0
39	湖南信托	8360	-5911	48970
40	长安国信	4706	-71435	29928
41	华宝信托	3593	77390	234040
42	东莞信托	2105	7892	118
43	中江国信	0	0	0
44	云南国信	0	0	0
45	交银国信	0	10000	-10000
46	长城新盛	-1574	-1096	22812
47	百瑞信托	-2574	2850	-18632
48	中信信托	-3921	331877	292356
49	建信信托	-3936	-20844	247812

续 表

序号	公司简称	2015 年	2014 年	2013 年
50	厦门国信	-7101	49084	-5873
51	浙商金汇	-11917	-12134	28664
52	山东国信	-12674	-150736	77992
53	爱建信托	-21119	31696	-41910
54	国投泰康	-26460	0	22400
55	兴业信托	-59784	105009	-170187
56	北方国信	-110351	107369	-35752
57	上海国信	-220943	140082	154284
58	新华信托	未披露	未披露	未披露
59	华信信托	未披露	未披露	未披露
60	吉林信托	未披露	未披露	未披露
61	西藏信托	未披露	未披露	未披露
62	华融国信	未披露	未披露	未披露
63	国民信托	未披露	未披露	14933
64	安信信托	未披露	未披露	未披露
65	陕西国信	未披露	未披露	未披露
66	大业信托	未披露	49344	4977
67	万向信托	未披露	未披露	未披露
68	民生信托	未披露	未披露	未披露
合计		5744595	3375536	2478141
平均		-222315	48048	44868

表 5-27　　自营基础产业资产序列表（2015 年度）　　单位：万元

序号	公司简称	2015 年	2014 年	2013 年
1	爱建信托	190733	0	0
2	湖南信托	121733	120223	63863
3	昆仑信托	55520	79830	195280
4	国元信托	50000	37400	57200
5	交银国信	50000	50000	0
6	英大信托	48000	92000	108006
7	厦门国信	40644	43095	37246

续　表

序号	公司简称	2015 年	2014 年	2013 年
8	北方国信	27503	21077	209
9	新华信托	25621	2310	未披露
10	万向信托	23820	86660	8000
11	渤海信托	23669	0	0
12	光大兴陇	15000	15000	0
13	百瑞信托	14800	15400	15400
14	中航信托	12485	0	0
15	天津信托	12210	10650	10000
16	中诚信托	5460	2968	23262
17	上海国信	0	0	0
18	中海信托	0	0	0
19	平安信托	0	0	0
20	东莞信托	0	0	0
21	西藏信托	0	0	未披露
22	山西信托	0	0	0
23	中融信托	0	0	0
24	中信信托	0	0	0
25	苏州信托	0	0	0
26	外贸信托	0	31868	75120
27	江苏国信	0	0	0
28	华融国信	0	未披露	未披露
29	粤财信托	0	0	0
30	中原信托	0	0	0
31	华宸信托	0	0	0
32	兴业信托	0	0	0
33	工商信托	0	0	0
34	建信信托	0	0	0
35	国民信托	0	未披露	0
36	华宝信托	0	0	0
37	中泰信托	0	0	0

续 表

序号	公司简称	2015 年	2014 年	2013 年
38	国联信托	0	0	0
39	新时代	0	0	0
40	山东国信	0	0	0
41	华润信托	0	0	0
42	中江国信	0	0	0
43	国投泰康	0	0	0
44	长安国信	0	0	0
45	西部信托	0	5633	3900
46	云南国信	0	0	0
47	重庆国信	0	0	0
48	北京国信	0	0	0
49	中建投信托	0	0	27720
50	中铁信托	0	1200	0
51	陆家嘴信托	0	0	0
52	华能贵诚	0	0	0
53	华澳信托	0	0	0
54	金谷信托	0	0	0
55	方正东亚	0	0	0
56	四川信托	0	0	0
57	华鑫信托	0	0	18500
58	五矿信托	0	8599585	7000
59	中粮信托	0	0	9900
60	紫金信托	0	0	0
61	长城新盛	0	0	0
62	浙商金汇	0	0	0
63	民生信托	0	0	0
64	华信信托	未披露	0	未披露
65	吉林信托	未披露	未披露	未披露
66	安信信托	未披露	未披露	未披露
67	陕西国信	未披露	未披露	未披露
68	大业信托	未披露	0	0
合计		717198	9214900	660606
平均		11384	146268	10830

表 5-28　　自营资产分布基础产业占比序列表（2015 年度）

序号	公司简称	2015 年（%）	2014 年（%）	2013 年（%）
1	爱建信托	39.57	0	0
2	湖南信托	34.40	39.03	26.16
3	万向信托	11.51	55.06	5.68
4	英大信托	9.27	20.16	26.44
5	厦门国信	9.15	11.50	14.71
6	昆仑信托	8.63	13.26	34.60
7	国元信托	8.61	7.46	13.25
8	交银国信	7.60	8.54	0
9	北方国信	6.45	5.63	0.07
10	渤海信托	4.88	0	0
11	新华信托	3.57	14.25	未披露
12	光大兴陇	3.25	8.65	0
13	天津信托	2.71	2.97	3.64
14	百瑞信托	2.40	3.62	4.54
15	中航信托	1.45	0	0
16	中诚信托	0.30	0.21	1.83
17	上海国信	0	0	0
18	中海信托	0	0	0
19	平安信托	0	0	0
20	东莞信托	0	0	0
21	西藏信托	0	0	未披露
22	山西信托	0	0	0
23	中融信托	0	0	0
24	中信信托	0	0	0
25	苏州信托	0	0	0
26	外贸信托	0	4.74	13.45
27	江苏国信	0	0	0
28	华融国信	0	未披露	未披露
29	粤财信托	0	0	0
30	中原信托	0	0	0

续 表

序号	公司简称	2015 年（%）	2014 年（%）	2013 年（%）
31	华宸信托	0	0	0
32	兴业信托	0	0	0
33	工商信托	0	0	0
34	建信信托	0	0	0
35	国民信托	0	未披露	0
36	华宝信托	0	0	0
37	中泰信托	0	0	0
38	国联信托	0	0	0
39	新时代	0	0	0
40	山东国信	0	0	0
41	华润信托	0	0	0
42	中江国信	0	0	0
43	国投泰康	0	0	0
44	长安国信	0	0	0
45	西部信托	0	2. 83	2. 18
46	云南国信	0	0	0
47	重庆国信	0	0	0
48	北京国信	0	0	0
49	中建投信托	0	0	6. 75
50	中铁信托	0	0. 16	0
51	陆家嘴信托	0	0	0
52	华能贵诚	0	0	0
53	华澳信托	0	0	0
54	金谷信托	0	0	0
55	方正东亚	0	0	0
56	四川信托	0	0	0
57	华鑫信托	0	0	5. 37
58	五矿信托	0	32. 28	1. 55
59	中粮信托	0	0	2. 98
60	紫金信托	0	0	0

续　表

序号	公司简称	2015 年（%）	2014 年（%）	2013 年（%）
61	长城新盛	0	0	0
62	浙商金汇	0	0	0
63	民生信托	0	0	0
64	华信信托	未披露	0	未披露
65	吉林信托	未披露	未披露	未披露
66	安信信托	未披露	未披露	未披露
67	陕西国信	未披露	未披露	未披露
68	大业信托	未披露	0	0
平均		1.65	15.33	2.50

表 5－29　　自营资产分布房地产资产序列表（2015 年度）　　单位：万元

序号	公司简称	2015 年	2014 年	2013 年
1	中诚信托	456701	612992	490212
2	中信信托	360926	185361	226513
3	新华信托	297256	129861	未披露
4	兴业信托	238175	338200	0
5	爱建信托	151437	154179	129303
6	中建投信托	138282	66547	130913
7	昆仑信托	134732	135356	186100
8	交银国信	130720	84612	50443
9	渤海信托	120344	39000	0
10	平安信托	78545	64359	128588
11	中航信托	77211	114115	33000
12	外贸信托	57373	184311	114540
13	北京国信	54000	0	0
14	工商信托	45000	9950	10000
15	北方国信	33105	58779	52153
16	金谷信托	28291	51378	40000
17	四川信托	25590	40497	40853
18	华宸信托	22238	0	0
19	华澳信托	21820	4000	0

续 表

序号	公司简称	2015 年	2014 年	2013 年
20	国元信托	19440	19640	12640
21	方正东亚	17729	48905	40385
22	中原信托	14363	29300	26119
23	国联信托	9262	9458	2000
24	天津信托	6989	7600	10500
25	华鑫信托	6391	6391	7938
26	万向信托	5060	22390	0
27	苏州信托	5000	9000	13000
28	百瑞信托	5000	25000	89620
29	长安国信	4651	6014	5560
30	紫金信托	3000	0	16000
31	厦门国信	1323	0	5500
32	光大兴陇	996	10996	11000
33	重庆国信	383	87129	170490
34	华宝信托	93	98	103
35	上海国信	0	0	0
36	中海信托	0	0	0
37	东莞信托	0	0	0
38	西藏信托	0	0	未披露
39	山西信托	0	0	0
40	中融信托	0	0	0
41	江苏国信	0	0	0
42	华融国信	0	未披露	未披露
43	粤财信托	0	0	0
44	湖南信托	0	0	0
45	建信信托	0	0	0
46	国民信托	0	未披露	0
47	中泰信托	0	0	0
48	英大信托	0	0	0
49	新时代	0	0	0

续 表

序号	公司简称	2015 年	2014 年	2013 年
50	山东国信	0	0	0
51	华润信托	0	0	0
52	中江国信	0	0	0
53	国投泰康	0	0	0
54	西部信托	0	17600	5000
55	云南国信	0	0	0
56	中铁信托	0	0	4900
57	陆家嘴信托	0	0	0
58	华能贵诚	0	0	0
59	五矿信托	0	2536831	59
60	中粮信托	0	0	0
61	长城新盛	0	0	0
62	浙商金汇	0	0	0
63	民生信托	0	0	0
64	华信信托	未披露	0	未披露
65	吉林信托	未披露	未披露	未披露
66	安信信托	未披露	未披露	未披露
67	陕西国信	未披露	未披露	未披露
68	大业信托	未披露	0	54495
合计		2571426	5109850	2107926
平均		40816	81109	34556

表 5-30　　　　自营资产分布房地产资产占比序列表（2015 年度）

序号	公司简称	2015 年（%）	2014 年（%）	2013 年（%）
1	新华信托	41. 37	35. 38	未披露
2	爱建信托	31. 41	40. 51	39. 15
3	中诚信托	24. 97	42. 90	38. 59
4	渤海信托	24. 82	10. 35	0
5	昆仑信托	20. 95	22. 48	32. 98
6	交银国信	19. 88	14. 46	9. 79
7	中建投信托	19. 57	14. 09	31. 89

续 表

序号	公司简称	2015 年（%）	2014 年（%）	2013 年（%）
8	兴业信托	18. 32	29. 08	0
9	中信信托	16. 18	8. 91	15. 23
10	华宸信托	14. 28	0	0
11	工商信托	13. 42	4. 90	6. 96
12	华澳信托	12. 62	2. 49	0
13	中航信托	8. 97	20. 79	7. 65
14	北方国信	7. 76	15. 71	16. 22
15	外贸信托	7. 56	27. 43	20. 51
16	北京国信	6. 60	0	0
17	金谷信托	5. 72	14. 21	11. 37
18	四川信托	5. 01	9. 77	11. 65
19	方正东亚	3. 81	13. 92	16. 01
20	国元信托	3. 35	3. 92	2. 93
21	中原信托	2. 80	8. 44	10. 35
22	平安信托	2. 69	3. 02	6. 93
23	万向信托	2. 45	14. 23	0
24	国联信托	2. 34	2. 88	0. 75
25	天津信托	1. 55	2. 12	3. 83
26	华鑫信托	1. 42	1. 94	2. 30
27	紫金信托	1. 42	0	10. 61
28	苏州信托	1. 16	2. 37	5. 09
29	百瑞信托	0. 81	5. 88	26. 40
30	长安国信	0. 69	1. 11	1. 39
31	厦门国信	0. 30	0	2. 17
32	光大兴陇	0. 21	6. 34	7. 09
33	重庆国信	0. 02	5. 30	13. 86
34	华宝信托	0. 01	0. 02	0. 02
35	上海国信	0	0	0
36	中海信托	0	0	0
37	东莞信托	0	0	0

续　表

序号	公司简称	2015 年（%）	2014 年（%）	2013 年（%）
38	西藏信托	0	0	未披露
39	山西信托	0	0	0
40	中融信托	0	0	0
41	江苏国信	0	0	0
42	华融国信	0	未披露	未披露
43	粤财信托	0	0	0
44	湖南信托	0	0	0
45	建信信托	0	0	0
46	国民信托	0	未披露	0
47	中泰信托	0	0	0
48	英大信托	0	0	0
49	新时代	0	0	0
50	山东国信	0	0	0
51	华润信托	0	0	0
52	中江国信	0	0	0
53	国投泰康	0	0	0
54	西部信托	0	8.83	2.80
55	云南国信	0	0	0
56	中铁信托	0	0	0.81
57	陆家嘴信托	0	0	0
58	华能贵诚	0	0	0
59	五矿信托	0	9.52	0.01
60	中粮信托	0	0	0
61	长城新盛	0	0	0
62	浙商金汇	0	0	0
63	民生信托	0	0	0
64	华信信托	未披露	0	未披露
65	吉林信托	未披露	未披露	未披露
66	安信信托	未披露	未披露	未披露
67	陕西国信	未披露	未披露	未披露
68	大业信托	未披露	0	41.00
平均		5.91	8.50	7.99

表 5-31 自营资产分布证券资产序列表（2015 年度） 单位：万元

序号	公司简称	2015 年	2014 年	2013 年
1	西部信托	1009994	107981	87414
2	中融信托	628160	641883	56999
3	兴业信托	503476	84919	40615
4	长安国信	442677	350155	146128
5	中诚信托	428462	111385	39213
6	中江国信	404053	403164	280227
7	重庆国信	379445	310033	210240
8	华润信托	300647	155831	80302
9	中信信托	295013	43674	41591
10	华融国信	241782	未披露	未披露
11	外贸信托	239029	147401	126842
12	山东国信	224137	205717	89355
13	华鑫信托	200843	167330	197263
14	上海国信	167896	67181	93188
15	中航信托	149372	27298	19540
16	北方国信	136331	22082	28139
17	国投泰康	131872	89197	25035
18	华宝信托	126533	84146	40949
19	苏州信托	114394	130470	62111
20	陆家嘴信托	108929	130266	67715
21	东莞信托	90529	172016	35284
22	中海信托	86950	28767	32058
23	北京国信	78727	34197	61386
24	华能贵诚	67110	123815	59771
25	天津信托	62545	65364	62942
26	厦门国信	62293	32108	2414
27	国元信托	54561	64528	5073
28	中粮信托	48586	20855	2654
29	中建投信托	41670	36036	24235
30	昆仑信托	39999	42280	6000

续　表

序号	公司简称	2015 年	2014 年	2013 年
31	中泰信托	37468	69560	17920
32	四川信托	35049	30338	8426
33	华宸信托	33222	53069	47553
34	浙商金汇	32671	32535	6880
35	爱建信托	31591	65725	76895
36	渤海信托	27163	28854	122771
37	紫金信托	25717	15964	11530
38	英大信托	24576	27854	53973
39	山西信托	21893	26659	21275
40	交银国信	20837	19054	17518
41	百瑞信托	20302	10605	8136
42	万向信托	14750	9650	0
43	粤财信托	12260	6014	3555
44	国联信托	10879	30798	46091
45	光大兴陇	10477	27096	27931
46	湖南信托	10373	17392	10963
47	新华信托	8578	19070	未披露
48	江苏国信	8007	181662	152139
49	西藏信托	3208	52092	未披露
50	国民信托	3011	未披露	22115
51	方正东亚	2304	6909	6122
52	建信信托	1347	15387	23952
53	中铁信托	604	2296	1274
54	工商信托	586	365	249
55	五矿信托	418	1531121	94028
56	云南国信	375	1710	416
57	平安信托	0	0	24587
58	中原信托	0	19991	0
59	新时代	0	0	46786
60	华澳信托	0	0	0

续 表

序号	公司简称	2015 年	2014 年	2013 年
61	金谷信托	0	0	0
62	长城新盛	0	0	0
63	民生信托	0	0	0
64	华信信托	未披露	284473	未披露
65	吉林信托	未披露	未披露	未披露
66	安信信托	未披露	未披露	未披露
67	陕西国信	未披露	未披露	未披露
68	大业信托	未披露	0	0
合计		7263684	6486323	2877768
平均		115297	102958	47177

表 5－32　　自营资产分布证券资产占比序列表（2015 年度）

序号	公司简称	2015 年（%）	2014 年（%）	2013 年（%）
1	西部信托	83. 72	54. 17	48. 90
2	中江国信	76. 21	82. 03	68. 31
3	长安国信	65. 67	64. 51	36. 52
4	华鑫信托	44. 70	50. 88	57. 24
5	山东国信	42. 32	45. 27	20. 10
6	兴业信托	38. 72	7. 30	7. 55
7	浙商金汇	37. 28	38. 50	10. 06
8	华融国信	34. 01	未披露	未披露
9	中融信托	33. 32	52. 61	5. 88
10	北方国信	31. 96	5. 90	8. 75
11	外贸信托	31. 49	21. 93	22. 72
12	苏州信托	26. 63	34. 32	24. 30
13	国投泰康	26. 11	13. 61	8. 85
14	中诚信托	23. 42	7. 80	3. 09
15	东莞信托	22. 84	50. 75	12. 11
16	上海国信	22. 12	7. 85	13. 01
17	陆家嘴信托	21. 45	34. 47	44. 26
18	华宸信托	21. 34	51. 07	48. 44

续 表

序号	公司简称	2015 年（%）	2014 年（%）	2013 年（%）
19	华宝信托	19. 32	14. 01	8. 86
20	中航信托	17. 35	4. 97	4. 53
21	中海信托	16. 02	5. 48	6. 52
22	华润信托	15. 90	10. 35	6. 09
23	重庆国信	15. 55	18. 85	17. 09
24	厦门国信	14. 03	8. 57	0. 95
25	天津信托	13. 86	18. 25	22. 94
26	中信信托	13. 22	2. 10	2. 80
27	中粮信托	12. 29	5. 78	0. 80
28	紫金信托	12. 22	9. 04	7. 65
29	山西信托	10. 17	13. 14	11. 12
30	北京国信	9. 63	6. 61	14. 55
31	国元信托	9. 40	12. 87	1. 17
32	中泰信托	9. 21	18. 35	7. 74
33	万向信托	7. 13	6. 13	0
34	四川信托	6. 86	7. 32	2. 40
35	爱建信托	6. 55	17. 27	23. 28
36	华能贵诚	6. 42	16. 87	9. 92
37	昆仑信托	6. 22	7. 02	1. 06
38	中建投信托	5. 90	7. 63	5. 90
39	渤海信托	5. 61	7. 65	37. 57
40	英大信托	4. 75	1. 40	13. 21
41	百瑞信托	3. 29	2. 49	2. 40
42	交银国信	3. 17	3. 26	3. 40
43	湖南信托	2. 93	5. 65	4. 49
44	国联信托	2. 75	9. 39	17. 18
45	粤财信托	2. 68	1. 55	1. 07
46	光大兴陇	2. 27	15. 62	18. 01
47	西藏信托	1. 47	29. 17	未披露
48	新华信托	1. 19	5. 20	未披露

续 表

序号	公司简称	2015 年（%）	2014 年（%）	2013 年（%）
49	国民信托	0.98	未披露	11.05
50	江苏国信	0.88	22.00	20.88
51	方正东亚	0.49	1.97	2.43
52	工商信托	0.18	0.18	0.17
53	云南国信	0.17	0.92	0.26
54	建信信托	0.15	2.06	3.64
55	五矿信托	0.07	5.75	20.77
56	中铁信托	0.06	0.31	0.21
57	平安信托	0	0	1.32
58	中原信托	0	5.76	0
59	新时代	0	0	14.18
60	华澳信托	0	0	0
61	金谷信托	0	0	0
62	长城新盛	0	0	0
63	民生信托	0	0	0
64	华信信托	未披露	37.65	未披露
65	吉林信托	未披露	未披露	未披露
66	安信信托	未披露	未披露	未披露
67	陕西国信	未披露	未披露	未披露
68	大业信托	未披露	0	0
平均		16.69	10.79	10.90

表 5-33　　自营资产分布实业资产序列表（2015 年度）　　单位：万元

序号	公司简称	2015 年	2014 年	2013 年
1	平安信托	448432	556365	551621
2	北京国信	236719	177342	109515
3	百瑞信托	116724	114761	115184
4	昆仑信托	102969	149998	59217
5	中海信托	100000	100000	100000
6	重庆国信	100000	0	36000
7	新华信托	89250	36371	未披露

续 表

序号	公司简称	2015 年	2014 年	2013 年
8	天津信托	83620	102817	116855
9	西藏信托	61200	24600	未披露
10	中诚信托	59654	97904	106484
11	中航信托	46243	146675	7400
12	长安国信	43820	20501	17728
13	国元信托	38750	21500	10500
14	民生信托	38610	39600	0
15	苏州信托	36755	36209	31596
16	东莞信托	36500	43525	7706
17	兴业信托	35594	333606	355136
18	山东国信	29989	14150	0
19	光大兴陇	28584	39771	39739
20	华宸信托	26504	21868	13100
21	四川信托	22380	70112	25313
22	渤海信托	22068	98375	34500
23	华澳信托	18500	47990	15000
24	万向信托	17400	17050	0
25	国联信托	16597	15550	15400
26	中信信托	11662	13802	0
27	中建投信托	10720	19800	0
28	外贸信托	5301	20997	18143
29	金谷信托	2951	919	6700
30	湖南信托	2750	5714	19923
31	厦门国信	1270	0	0
32	中原信托	1229	1057	35075
33	工商信托	250	250	250
34	爱建信托	75	58571	67120
35	上海国信	0	0	0
36	山西信托	0	0	0
37	中融信托	0	0	0

续 表

序号	公司简称	2015 年	2014 年	2013 年
38	江苏国信	0	0	0
39	华融国信	0	未披露	未披露
40	粤财信托	0	8000	4000
41	北方国信	0	5099	0
42	建信信托	0	0	0
43	国民信托	0	未披露	0
44	华宝信托	0	0	0
45	中泰信托	0	0	0
46	英大信托	0	0	0
47	新时代	0	20000	12500
48	华润信托	0	0	0
49	中江国信	0	0	0
50	国投泰康	0	0	4433
51	西部信托	0	5000	15000
52	云南国信	0	0	0
53	交银国信	0	0	0
54	中铁信托	0	0	1058
55	陆家嘴信托	0	0	0
56	华能贵诚	0	0	0
57	方正东亚	0	0	10235
58	华鑫信托	0	19700	43700
59	五矿信托	0	6480818	0
60	中粮信托	0	0	0
61	紫金信托	0	38000	10000
62	长城新盛	0	0	0
63	浙商金汇	0	0	0
64	华信信托	未披露	0	未披露
65	吉林信托	未披露	未披露	未披露
66	安信信托	未披露	未披露	未披露
67	陕西国信	未披露	未披露	未披露
68	大业信托	未披露	0	0
合计		1893071	9024368	2016130
平均		30049	143244	33051

表5-34　　自营资产分布实业资产占比序列表（2015年度）

序号	公司简称	2015年（%）	2014年（%）	2013年（%）
1	北京国信	28.95	34.27	25.97
2	西藏信托	27.95	13.78	未披露
3	百瑞信托	18.89	26.99	33.94
4	天津信托	18.53	28.71	42.59
5	中海信托	18.42	19.05	20.35
6	华宸信托	17.03	21.04	13.35
7	昆仑信托	16.01	24.92	10.49
8	平安信托	15.33	26.11	29.72
9	新华信托	12.42	9.91	未披露
10	华澳信托	10.70	29.84	13.60
11	东莞信托	9.21	12.84	2.65
12	苏州信托	8.55	9.52	12.36
13	万向信托	8.41	10.83	0
14	民生信托	8.20	11.48	0
15	国元信托	6.67	4.29	2.43
16	长安国信	6.50	3.77	4.43
17	光大兴陇	6.18	22.94	25.63
18	山东国信	5.66	3.11	0
19	中航信托	5.37	26.72	1.72
20	渤海信托	4.55	26.10	10.56
21	四川信托	4.38	16.92	7.22
22	国联信托	4.20	4.74	5.74
23	重庆国信	4.10	0	2.93
24	中诚信托	3.26	6.85	8.38
25	兴业信托	2.74	28.69	66.05
26	中建投信托	1.52	4.19	0
27	湖南信托	0.78	1.86	8.16
28	外贸信托	0.70	3.12	3.25
29	金谷信托	0.60	0.25	1.91
30	中信信托	0.52	0.66	0

续 表

序号	公司简称	2015 年（%）	2014 年（%）	2013 年（%）
31	厦门国信	0. 29	0	0
32	中原信托	0. 24	0. 30	13. 90
33	工商信托	0. 07	0. 12	0. 17
34	爱建信托	0. 02	15. 39	20. 32
35	上海国信	0	0	0
36	山西信托	0	0	0
37	中融信托	0	0	0
38	江苏国信	0	0	0
39	华融国信	0	未披露	未披露
40	粤财信托	0	2. 07	1. 20
41	北方国信	0	1. 36	0
42	建信信托	0	0	0
43	国民信托	0	未披露	0
44	华宝信托	0	0	0
45	中泰信托	0	0	0
46	英大信托	0	0	0
47	新时代	0	5. 86	3. 79
48	华润信托	0	0	0
49	中江国信	0	0	0
50	国投泰康	0	0	1. 57
51	西部信托	0	2. 51	8. 39
52	云南国信	0	0	0
53	交银国信	0	0	0
54	中铁信托	0	0	0. 17
55	陆家嘴信托	0	0	0
56	华能贵诚	0	0	0
57	方正东亚	0	0	4. 06
58	华鑫信托	0	5. 99	12. 68
59	五矿信托	0	24. 33	0
60	中粮信托	0	0	0

续　表

序号	公司简称	2015 年（%）	2014 年（%）	2013 年（%）
61	紫金信托	0	21.53	6.63
62	长城新盛	0	0	0
63	浙商金汇	0	0	0
64	华信信托	未披露	0	未披露
65	吉林信托	未披露	未披露	未披露
66	安信信托	未披露	未披露	未披露
67	陕西国信	未披露	未披露	未披露
68	大业信托	未披露	0	0
平均		4.35	15.01	7.64

第六章　公司收入结构分析

第一节　信托公司营业收入

一、营业收入的历史分析

根据2016年信托公司最新披露信息显示，信托行业共实现营业收入1160余亿元，平均每家信托公司营业收入为170643万元，2015年比2014年增长32184万元，上升了23.24%。自2004年以来，信托公司的营业收入在2007年的上升幅度最大，上升了21694万元，上升比率为158.76%；在2008年下跌幅度最大，下跌了1163万元，下跌比例为3.32%。

在2007年，单个信托公司的营业收入为较高的259269万元，之后，年度高点在2008年降为200481万元，在2009年则小幅回升为207486万元，2010年继续上升为238640万元。2015年出现了历史最高的营业收入——中信信托创造的1019364万元。

2004年以来，各个信托公司的营业收入的最小差异出现在2005年，变异系数为0.78；在2007年，该变异系数上升到最大，为1.42，然后，逐渐下降，到2011年下降为1.03，2012年为0.86，2013年为0.82，2014年为0.85，而2015年提高至0.99，如表6－1所示。

表 6－1　　2011—2015 年度信托公司营业收入统计分析表

项目＼年份	2011	2012	2013	2014	2015
平均值（万元）	68262	96936	122187	138459	170643
均值增长额度（万元）	23881	28919	25251	16272	32184
公司数目（家）	63	66	68	67	68
最大值（万元）	374684	447433	547823	562954	1019364
最小值（万元）	1626	4161	16620	14609	8157
标准差（万元）	70489	83753	102051	118550	174336
变异系数	1.03	0.86	0.82	0.85	0.99

二、营业收入的公司分析

从营业收入排名来看，营业收入最高的信托公司前五名为中信信托（1019364 万元）、平安信托（628744 万元）、中融信托（597669 万元）、华润信托（547528 万元）以及重庆国信（533525 万元）。2015 年与 2013 年相比，前五名公司的组成没有变动。

同时，可以发现，2009 年营业收入达到 5 亿元以上的公司只有 12 家，而 2010 年则增长到 16 家，2011 年增加到 27 家，2012 年达到 47 家，2013 年达到 56 家，2014 年达到 57 家，2015 年则达到 62 家。

从营业收入增幅来看，2015 年度有 6 家公司增幅在 1 倍以上，营业收入增长率前五名的公司为西部信托（197.64%）、西藏信托（150.64%）、民生信托（131.02%）、光大兴陇（111.04%）以及国民信托（101.72%）。

第二节　信托公司利润总额与净利润

一、利润总额与净利润的历史分析

根据 2016 年信托公司最新披露信息显示，信托行业共实现利润 743 亿元，平均每家信托公司利润总额为 109310 万元，2015 年比 2014 年上升了 14.51%。自 2004 年以来，信托公司的利润总额在 2007 年的上升幅度最大，上升了 26759 万元，上升比例为273.66%；在2008年下跌幅度最大，下跌了10392万元，下跌比例为28.81%。

单个信托公司的利润总额最高点在2008年大幅降为140906万元，在2009年则小幅回升为147981万元，2010年继续回升为151189万元，2011年则大幅上升到256055万元，2012年达到360599万元，2013年更是高达418591万元，2014年回落至354984万元，2015年增长至458736万元。

2004年以来，各个信托公司的利润总额差异度的最大值出现在2004年，变异系数为1.49，2005年和2006年两年变异系数下降之后，2007年变异系数增长为1.29，之后逐年下降，在2011年达到0.97，在2012年达到0.86，2013年达到0.84，2014年取得历史最低值0.82，2015年小幅上升至0.86，如表6－2所示。

表6－2　　2011—2015年度信托公司利润总额统计分析表

项目＼年份	2011	2012	2013	2014	2015
平均值（万元）	46889	67931	83745	96526	109310
均值增长额度（万元）	15734	21207	14041	12781	13854
公司数目（家）	63	66	68	67	68
利润总额为负的公司数（家）	0	0	0	0	0
最大值（万元）	256055	360599	418591	354984	458736
最小值（万元）	841	1658	232	1919	2185
标准差（万元）	45706	58741	70218	78760	94456
变异系数	0.97	0.86	0.84	0.82	0.86

图6－1描述的是2011—2015年信托公司利润总额与净利润的相关参数比较。图6－1表明，2011年以来，净利润与利润总额在绝对值上的差距逐年增大。

二、利润总额与净利润的公司分析

从利润总额排名来看，目前利润总额最大的信托公司前五名为重庆国信（458736万元）、中信信托（403727万元）、平安信托（387692万元）、中融信托（312414万元）以及华润信托（294236万元）。

同时，2010年利润总额达到5亿元以上的公司有13家，2011年则增长到20家，2012年达到35家，2013年为42家，2014年增至46家，2015年提升至49

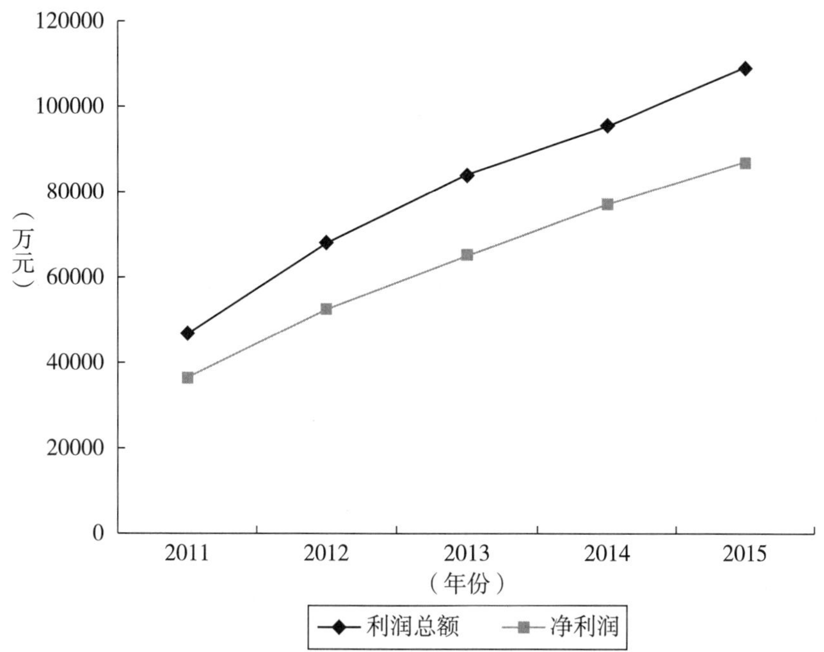

图 6-1 2011—2015 年信托公司平均利润总额与净利润总额比较

家。2010 年净利润达到 1 亿元以上的公司有 46 家，2011 年则增长到 54 家，2012 年达到 63 家，2013 年、2014 年及 2015 年均为 63 家。净利润在 10 亿元以上的公司数目在 2010 年、2011 年以及 2012 年分别是 4 家、5 家和 7 家，2013 年则达到了 13 家，2014 年升至 14 家，2015 年达到 20 家。

从利润总额增长率来看，目前利润总额增幅前五名的公司为西部信托（282.90%）、吉林信托（143.02%）、国投泰康（120.53%）、民生信托（108.69%）以及万向信托（102.98%）。另外，在 2015 年，有 21 家公司的营业利润出现下滑。其中，天津信托 5 年来业绩首降。手续费及佣金收入的降低是造成净利润减少的主要因素。2015 年净利润下滑的 21 家信托公司中，有 16 家公司的手续费及佣金收入出现了不同程度的下滑，21 家公司平均每家下滑近 1 亿元，其中，手续费及佣金收入下滑比重最多的公司下滑幅度高达 93.8%。

从信托公司净利润水平来看，全行业净利润增速显著放缓。目前，在全行业的 68 家公司中，共有 25 家信托公司的净利润超过了行业平均值（8.72 亿元），占比达 36.76%。2015 年与 2014 年相同，重庆国信、中信信托、华润信托、平安信托、中融信托依旧占据了净利润的前五名，这 5 家信托公司 2015 年净利润均超过了 20 亿元。总体而言，全行业净利润同比增长 13.05%，2015 年较 2014 年

18.7%的净利润增幅下降5.65个百分点。

相对于大型信托公司业务类型多样，中小型信托公司受市场波动影响、单一项目风险影响较为明显，其主营业务收入波动也会相对明显。此外，资产减值损失的增加，也是导致2015年信托公司利润下滑的因素之一。2015年利润下滑的21家信托公司中，除了山西信托、天津信托、湖南信托和国联信托的资产减值损失有所减少以外，其余信托公司2015年在该项目下计提数额均有所增加，平均每家公司增加超过8000万元。在刚性兑付尚未完全打破的前提下，信托公司在面对风险信托项目时，往往会通过固有资金接盘的方式来先兑付项目资产，信托资产的风险也会间接在固有项下的资产减值损失中体现，如表6-3所示。

表6-3　　2014、2015年度信托公司资产减值损失统计分析表

项目 \ 年份	2014	2015
公司总数（家）	68	68
资产减值损失大于零的公司数（家）	50	39
资产减值损失增加的公司数（家）	40	—
最大值（万元）	466178	87703
平均值（万元）	16395	7631
标准差（万元）	57814	16441

具体数据如表6-4至表6-12所示。

表6-4　　营业收入序列表（2015年度）　　单位：万元

序号	公司简称	2015年	2014年	2013年
1	中信信托	1019364	562954	547823
2	平安信托	628744	568515	436304
3	中融信托	597669	540948	489555
4	华润信托	547528	394561	275394
5	重庆国信	533525	343666	206915
6	安信信托	295477	180938	83763
7	长安国信	292018	188672	232909
8	华信信托	274769	229724	170843

续　表

序号	公司简称	2015 年	2014 年	2013 年
9	兴业信托	272703	244802	204845
10	华能贵诚	267673	226965	145120
11	中诚信托	267456	311820	306503
12	四川信托	260621	217237	204460
13	上海国信	254343	231885	194794
14	外贸信托	247415	200005	202969
15	五矿信托	217501	154598	131031
16	中航信托	200776	170045	153722
17	建信信托	197552	147116	111922
18	中原信托	180632	138659	96118
19	北京国信	175022	146986	151980
20	百瑞信托	171996	135738	116454
21	华融国信	164033	183183	195591
22	江苏国信	163967	138959	135619
23	山东国信	161581	136608	115953
24	国投泰康	161290	80531	62169
25	中海信托	159010	140889	120663
26	华鑫信托	154730	94637	90657
27	中建投信托	153476	115821	102373
28	方正东亚	152796	158732	127889
29	中铁信托	147849	147939	157884
30	昆仑信托	147667	138977	135038
31	陆家嘴信托	136329	84547	56596
32	华宝信托	130510	132981	132724
33	中江国信	129958	123646	119639
34	交银国信	128093	120361	100477
35	国元信托	121379	102536	86937
36	北方国信	120146	121908	113806
37	西部信托	118989	39977	36884
38	陕西国信	115097	83548	83278

续 表

序号	公司简称	2015 年	2014 年	2013 年
39	天津信托	114769	148631	113602
40	英大信托	110894	98941	94972
41	民生信托	108214	46841	16619
42	渤海信托	106994	114888	100599
43	粤财信托	103537	83407	79267
44	新华信托	101658	99701	182444
45	爱建信托	100068	85325	65775
46	苏州信托	95536	97409	66773
47	厦门国信	93952	77932	79787
48	国民信托	93243	46224	41062
49	工商信托	88987	92969	68556
50	东莞信托	84639	75805	69903
51	湖南信托	76628	92902	87432
52	中泰信托	76234	73907	68354
53	西藏信托	71644	28584	28505
54	新时代	70972	70041	67654
55	紫金信托	70384	50795	37598
56	云南国信	70022	56514	52996
57	光大兴陇	61865	29314	36849
58	国联信托	61791	58309	44237
59	万向信托	60313	31407	16807
60	大业信托	55344	60260	53919
61	中粮信托	54071	54071	41912
62	华澳信托	50740	43268	56975
63	金谷信托	47131	75940	109702
64	山西信托	30885	57168	60211
65	浙商金汇	23572	27463	19906
66	华宸信托	21203	19240	21550
67	吉林信托	20589	21761	71671
68	长城新盛	8157	14609	15449
合计		11603721	9415239	8308691
平均		170643	138459	122187

表 6－5　　营业收入增长序列表（2015 年度）　　单位：万元

序号	公司简称	2015 年	2014 年	2013 年
1	中信信托	456410	15130	100391
2	重庆国信	189859	136751	80904
3	华润信托	152968	119167	68184
4	安信信托	114539	97175	34872
5	长安国信	103346	－44237	52726
6	国投泰康	80758	18362	21201
7	西部信托	79012	3093	6479
8	五矿信托	62903	23566	42615
9	民生信托	61373	未披露	未披露
10	平安信托	60228	132211	63498
11	华鑫信托	60093	3979	17290
12	中融信托	56722	51393	114006
13	陆家嘴信托	51783	27951	28733
14	建信信托	50437	35193	6500
15	外贸信托	47410	－2964	38100
16	国民信托	47018	未披露	－11824
17	华信信托	45044	58881	52896
18	四川信托	43384	12777	53562
19	西藏信托	43059	79	11752
20	中原信托	41973	42541	35944
21	华能贵诚	40709	81845	28681
22	中建投信托	37655	13448	48974
23	百瑞信托	36258	19284	35198
24	光大兴陇	32551	－7536	12502
25	陕西国信	31549	270	25647
26	中航信托	30731	16323	24882
27	万向信托	28906	未披露	未披露
28	北京国信	28036	－4994	20451
29	兴业信托	27901	39957	60319
30	江苏国信	25008	3340	8501

续 表

序号	公司简称	2015 年	2014 年	2013 年
31	山东国信	24973	20655	4821
32	上海国信	22458	37091	53793
33	粤财信托	20130	4140	20652
34	紫金信托	19589	13197	11208
35	国元信托	18842	15599	21293
36	中海信托	18121	20227	9814
37	厦门国信	16020	-1855	9922
38	爱建信托	14743	19550	23369
39	云南国信	13507	3518	22140
40	英大信托	11953	3969	3049
41	东莞信托	8834	5902	25183
42	昆仑信托	8690	3939	13779
43	交银国信	7732	19884	29354
44	华澳信托	7472	-13707	19964
45	中江国信	6313	4006	20260
46	国联信托	3482	14072	8616
47	中泰信托	2327	5553	36348
48	华宸信托	1964	-2310	-9124
49	新华信托	1957	-82743	38361
50	新时代	930	2387	17115
51	中粮信托	0	12159	9115
52	中铁信托	-90	-9945	36312
53	吉林信托	-1172	-49911	-8118
54	北方国信	-1761	8101	22286
55	苏州信托	-1873	30636	14933
56	华宝信托	-2471	256	34533
57	浙商金汇	-3891	7557	8778
58	工商信托	-3982	24413	16877
59	大业信托	-4916	6341	13836
60	方正东亚	-5936	30843	52529

续 表

序号	公司简称	2015 年	2014 年	2013 年
61	长城新盛	-6452	-840	11288
62	渤海信托	-7894	14289	30333
63	湖南信托	-16274	5470	23354
64	华融国信	-19150	-12408	27740
65	山西信托	-26284	-3043	18850
66	金谷信托	-28809	-33762	15166
67	天津信托	-33862	35029	49559
68	中诚信托	-44364	5317	37209
合计		2188482	1106549	1910904
平均		32184	16273	25250

表 6-6　　营业收入增幅序列表（2015 年度）

序号	公司简称	2015 年（%）	2014 年（%）	2013 年（%）
1	西部信托	197.64	8.39	21.31
2	西藏信托	150.64	0.28	70.14
3	民生信托	131.02	未披露	未披露
4	光大兴陇	111.04	-20.45	51.35
5	国民信托	101.72	未披露	-22.36
6	国投泰康	100.28	29.54	51.75
7	万向信托	92.04	未披露	未披露
8	中信信托	81.07	2.76	22.44
9	华鑫信托	63.50	4.39	23.57
10	安信信托	63.30	116.01	71.33
11	陆家嘴信托	61.25	49.39	103.12
12	重庆国信	55.25	66.09	64.20
13	长安国信	54.78	-18.99	29.26
14	五矿信托	40.69	17.99	48.20
15	华润信托	38.77	43.27	32.91
16	紫金信托	38.57	35.10	42.47
17	陕西国信	37.76	0.32	44.50
18	建信信托	34.28	31.44	6.17

续 表

序号	公司简称	2015 年（%）	2014 年（%）	2013 年（%）
19	中建投信托	32. 51	13. 14	91. 71
20	中原信托	30. 27	44. 26	59. 73
21	百瑞信托	26. 71	16. 56	43. 32
22	粤财信托	24. 13	5. 22	35. 23
23	云南国信	23. 90	6. 64	71. 75
24	外贸信托	23. 70	-1. 46	23. 11
25	厦门国信	20. 56	-2. 32	14. 20
26	四川信托	19. 97	6. 25	35. 50
27	华信信托	19. 61	34. 46	44. 85
28	北京国信	19. 07	-3. 29	15. 55
29	国元信托	18. 38	17. 94	32. 44
30	山东国信	18. 28	17. 81	4. 34
31	中航信托	18. 07	10. 62	19. 31
32	江苏国信	18. 00	2. 46	6. 69
33	华能贵诚	17. 94	56. 40	24. 63
34	爱建信托	17. 28	29. 72	55. 11
35	华澳信托	17. 27	-24. 06	53. 94
36	中海信托	12. 86	16. 76	8. 85
37	英大信托	12. 08	4. 18	3. 32
38	东莞信托	11. 65	8. 44	56. 31
39	兴业信托	11. 40	19. 51	41. 74
40	平安信托	10. 59	30. 30	17. 03
41	中融信托	10. 49	10. 50	30. 36
42	华宸信托	10. 21	-10. 72	-29. 74
43	上海国信	9. 68	19. 04	38. 15
44	交银国信	6. 42	19. 79	41. 27
45	昆仑信托	6. 25	2. 92	11. 36
46	国联信托	5. 97	31. 81	24. 19
47	中江国信	5. 11	3. 35	20. 39
48	中泰信托	3. 15	8. 12	113. 56

续 表

序号	公司简称	2015 年（%）	2014 年（%）	2013 年（%）
49	新华信托	1.96	-45.35	26.62
50	新时代	1.33	3.53	33.87
51	中粮信托	0.00	29.01	27.79
52	中铁信托	-0.06	-6.30	29.87
53	北方国信	-1.44	7.12	24.35
54	华宝信托	-1.86	0.19	35.17
55	苏州信托	-1.92	45.88	28.81
56	方正东亚	-3.74	24.12	69.70
57	工商信托	-4.28	35.61	32.66
58	吉林信托	-5.39	-69.64	-10.17
59	渤海信托	-6.87	14.20	43.17
60	大业信托	-8.16	11.76	34.52
61	华融国信	-10.45	-6.34	16.53
62	浙商金汇	-14.17	37.96	78.88
63	中诚信托	-14.23	1.73	13.82
64	湖南信托	-17.52	6.26	36.45
65	天津信托	-22.78	30.84	77.38
66	金谷信托	-37.94	-30.78	16.04
67	长城新盛	-44.17	-5.44	271.32
68	山西信托	-45.98	-5.05	45.57
平均		23.24	13.32	26.05

表 6-7　　利润总额序列表（2015 年度）　　单位：万元

序号	公司简称	2015 年	2014 年	2013 年
1	重庆国信	458736	298720	147580
2	中信信托	403727	354984	418591
3	平安信托	387692	262910	218224
4	中融信托	312414	319338	278224
5	华润信托	294236	266154	220519
6	华信信托	252133	211613	152116
7	安信信托	236144	137722	40163

续 表

序号	公司简称	2015 年	2014 年	2013 年
8	华能贵诚	201257	171167	111534
9	中诚信托	199764	272212	236822
10	兴业信托	197666	179843	146146
11	上海国信	190020	189815	161712
12	建信信托	152262	113359	85838
13	外贸信托	151303	156928	170110
14	江苏国信	149175	125314	122001
15	四川信托	147118	136423	139610
16	中航信托	142827	121136	98313
17	国投泰康	141739	64274	48615
18	中海信托	130402	117053	102473
19	中铁信托	126652	125331	140049
20	长安国信	126496	126593	122549
21	五矿信托	126112	100651	85522
22	山东国信	123758	101134	93359
23	北京国信	122924	120067	111490
24	百瑞信托	121111	97910	86015
25	昆仑信托	120779	105321	110708
26	中原信托	109601	106257	73586
27	国元信托	103709	81230	68224
28	中建投信托	99496	78031	70533
29	华融国信	97799	97591	107545
30	西部信托	96145	25110	25286
31	交银国信	94426	81386	67598
32	方正东亚	92116	115437	96376
33	英大信托	88526	77438	75732
34	粤财信托	82818	71032	67120
35	华鑫信托	80584	70638	65313
36	中江国信	75118	79254	75362
37	北方国信	71835	75189	69132

续 表

序号	公司简称	2015 年	2014 年	2013 年
38	厦门国信	71188	59009	57218
39	陆家嘴信托	70570	47821	35345
40	苏州信托	70120	65278	47179
41	爱建信托	69410	61387	49442
42	吉林信托	68352	28127	54545
43	渤海信托	67855	78673	66729
44	天津信托	65101	96613	66209
45	东莞信托	64875	56132	53201
46	陕西国信	60817	46758	41800
47	工商信托	57890	62041	45132
48	湖南信托	56981	70983	62648
49	民生信托	52996	25395	7678
50	紫金信托	49256	36109	25011
51	新时代	48057	40221	42063
52	国民信托	45887	23688	26106
53	中泰信托	44643	50572	46813
54	云南国信	42796	34359	32044
55	国联信托	42076	48709	38365
56	西藏信托	39063	43712	18705
57	中粮信托	37933	37933	27992
58	华宝信托	36079	80678	90107
59	万向信托	35131	17308	9481
60	大业信托	34751	39118	33934
61	光大兴陇	30691	18941	26273
62	华澳信托	17047	20472	30498
63	金谷信托	15815	15166	35042
64	山西信托	11811	20947	27589
65	浙商金汇	8564	10453	8081
66	新华信托	3881	10372	71510
67	华宸信托	2604	1919	232
68	长城新盛	2185	7484	7626
合计		7433047	6490943	5694687
平均		109310	95455	83745

表 6-8　　利润总额增长序列表（2015 年度）　　单位：万元

序号	公司简称	2015 年	2014 年	2013 年
1	重庆国信	160016	151140	40323
2	平安信托	124782	44686	33277
3	安信信托	98422	97559	20113
4	国投泰康	77466	15659	16893
5	西部信托	71035	-176	4093
6	中信信托	48743	-63607	57992
7	华信信托	40520	59497	49988
8	吉林信托	40226	-26418	21947
9	建信信托	38904	27521	11072
10	华能贵诚	30091	59633	30675
11	华润信托	28081	45635	58581
12	民生信托	27601	未披露	未披露
13	五矿信托	25461	15129	22803
14	江苏国信	23861	3313	4448
15	百瑞信托	23200	11895	23663
16	陆家嘴信托	22749	12476	19008
17	山东国信	22624	7774	-2766
18	国元信托	22479	13006	16754
19	国民信托	22199	未披露	-18420
20	中航信托	21691	22823	14811
21	中建投信托	21466	7498	32361
22	万向信托	17823	未披露	未披露
23	兴业信托	17823	33697	42963
24	昆仑信托	15458	-5387	10335
25	陕西国信	14059	4958	6995
26	中海信托	13349	14580	4006
27	紫金信托	13147	11099	8244
28	交银国信	13040	13788	22168
29	厦门国信	12179	1791	2077
30	粤财信托	11787	3911	18179

续 表

序号	公司简称	2015年	2014年	2013年
31	光大兴陇	11750	-7331	8107
32	英大信托	11088	1706	6063
33	四川信托	10695	-3188	27950
34	华鑫信托	9946	5325	12133
35	东莞信托	8743	2932	20521
36	云南国信	8437	2315	11230
37	爱建信托	8023	11944	18752
38	新时代	7835	-1842	14705
39	苏州信托	4842	18099	10814
40	中原信托	3344	32672	30874
41	北京国信	2858	8576	15073
42	中铁信托	1321	-14718	33667
43	华宸信托	685	1687	-20524
44	金谷信托	650	-19877	-33515
45	华融国信	208	-9954	20127
46	上海国信	205	28103	47946
47	中粮信托	0	9941	5679
48	长安国信	-96	4044	19132
49	浙商金汇	-1889	2372	2831
50	北方国信	-3354	6058	10262
51	华澳信托	-3425	-10026	13482
52	中江国信	-4136	3892	12275
53	工商信托	-4151	16909	13045
54	大业信托	-4368	5184	8820
55	西藏信托	-4650	25008	8551
56	长城新盛	-5299	-142	5968
57	外贸信托	-5626	-13182	31789
58	中泰信托	-5929	3759	18958
59	新华信托	-6491	-61139	-1569
60	国联信托	-6633	10344	8031

续 表

序号	公司简称	2015 年	2014 年	2013 年
61	中融信托	-6925	41114	75933
62	山西信托	-9135	-6642	8780
63	渤海信托	-10818	11944	11742
64	湖南信托	-14002	8335	18038
65	方正东亚	-23321	19062	44151
66	天津信托	-31512	30404	32507
67	华宝信托	-44598	-9430	18358
68	中诚信托	-72448	35390	30781
合计		942103	796257	1211209
平均		13854	11710	15814

表 6-9　　　　　　利润总额增幅序列表（2015 年度）

序号	公司简称	2015 年（%）	2014 年（%）	2013 年（%）
1	西部信托	282.90	-0.70	19.32
2	吉林信托	143.02	-48.43	67.33
3	国投泰康	120.53	32.21	53.26
4	民生信托	108.69	未披露	未披露
5	万向信托	102.98	未披露	未披露
6	国民信托	93.71	未披露	-41.37
7	安信信托	71.46	242.91	100.32
8	光大兴陇	62.04	-27.91	44.63
9	重庆国信	53.57	102.41	37.59
10	陆家嘴信托	47.57	35.30	116.34
11	平安信托	47.46	20.48	17.99
12	紫金信托	36.41	44.38	49.17
13	华宸信托	35.71	728.12	-98.88
14	建信信托	34.32	32.06	14.81
15	陕西国信	30.07	11.86	20.10
16	国元信托	27.67	19.06	32.55
17	中建投信托	27.51	10.63	84.78
18	五矿信托	25.30	17.69	36.36

续 表

序号	公司简称	2015 年（%）	2014 年（%）	2013 年（%）
19	云南国信	24. 56	7. 22	53. 96
20	百瑞信托	23. 70	13. 83	37. 95
21	山东国信	22. 37	8. 33	-2. 88
22	厦门国信	20. 64	3. 13	3. 77
23	新时代	19. 48	-4. 38	53. 75
24	华信信托	19. 15	39. 11	48. 95
25	江苏国信	19. 04	2. 72	3. 78
26	中航信托	17. 91	23. 21	17. 74
27	华能贵诚	17. 58	53. 47	37. 94
28	粤财信托	16. 59	5. 83	37. 14
29	交银国信	16. 02	20. 40	48. 80
30	东莞信托	15. 58	5. 51	62. 80
31	昆仑信托	14. 68	-4. 87	10. 30
32	英大信托	14. 32	2. 25	8. 70
33	华鑫信托	14. 08	8. 15	22. 81
34	中信信托	13. 73	-15. 20	16. 08
35	爱建信托	13. 07	24. 16	61. 10
36	中海信托	11. 40	14. 23	4. 07
37	华润信托	10. 55	20. 69	36. 18
38	兴业信托	9. 91	23. 06	41. 64
39	四川信托	7. 84	-2. 28	25. 03
40	苏州信托	7. 42	38. 36	29. 74
41	金谷信托	4. 28	-56. 72	-48. 89
42	中原信托	3. 15	44. 40	72. 28
43	北京国信	2. 38	7. 69	15. 63
44	中铁信托	1. 05	-10. 51	31. 65
45	华融国信	0. 21	-9. 26	23. 02
46	上海国信	0. 11	17. 38	42. 14
47	中粮信托	0. 00	35. 51	25. 45
48	长安国信	-0. 08	3. 30	18. 50

续 表

序号	公司简称	2015 年（%）	2014 年（%）	2013 年（%）
49	中融信托	-2.17	14.78	37.54
50	外贸信托	-3.58	-7.75	22.98
51	北方国信	-4.46	8.76	17.43
52	中江国信	-5.22	5.16	19.46
53	工商信托	-6.69	37.47	40.66
54	西藏信托	-10.64	133.70	84.22
55	大业信托	-11.17	15.28	35.12
56	中泰信托	-11.72	8.03	68.06
57	国联信托	-13.62	26.96	26.48
58	渤海信托	-13.75	17.90	21.35
59	华澳信托	-16.73	-32.87	79.23
60	浙商金汇	-18.07	29.35	53.93
61	湖南信托	-19.73	13.30	40.43
62	方正东亚	-20.20	19.78	84.54
63	中诚信托	-26.61	14.94	14.94
64	天津信托	-32.62	45.92	96.45
65	山西信托	-43.61	-24.08	46.68
66	华宝信托	-55.28	-10.47	25.59
67	新华信托	-62.58	-85.50	-2.15
68	长城新盛	-70.81	-1.86	359.96
平均		14.51	13.98	23.28

表 6-10 **净利润序列表（2015 年度）** 单位：万元

序号	公司简称	2015 年	2014 年	2013 年
1	重庆国信	409667	243204	127682
2	中信信托	315034	278569	313554
3	华润信托	313049	235093	179460
4	平安信托	310941	219046	191443
5	中融信托	241712	241308	209152
6	华信信托	197009	168040	117866
7	安信信托	172215	102353	27960

续 表

序号	公司简称	2015 年	2014 年	2013 年
8	中诚信托	164192	213401	185004
9	上海国信	156775	160705	137099
10	华能贵诚	150788	128240	83577
11	兴业信托	150338	138383	110055
12	江苏国信	134002	115225	112481
13	外贸信托	120400	121656	129621
14	建信信托	114512	85320	63912
15	五矿信托	114474	87980	74562
16	四川信托	112344	102499	105178
17	中海信托	109905	97254	85794
18	国投泰康	109171	50953	39252
19	中航信托	107563	90967	73942
20	长安国信	104518	95959	92350
21	中铁信托	97499	94264	105082
22	北京国信	97340	90758	81794
23	山东国信	92314	73720	71677
24	昆仑信托	90548	79061	82746
25	百瑞信托	87573	74795	64217
26	国元信托	87035	66804	54122
27	中原信托	77147	80697	55774
28	华融国信	75990	70163	80115
29	中建投信托	75136	58910	53228
30	西部信托	72983	18696	18962
31	交银国信	70834	60528	50675
32	方正东亚	68302	85909	70191
33	英大信托	67559	58238	56847
34	粤财信托	66339	55202	52665
35	中江国信	56128	60494	55474
36	厦门国信	55724	47479	45781
37	华鑫信托	55430	52299	50876

续 表

序号	公司简称	2015 年	2014 年	2013 年
38	陆家嘴信托	55190	35795	26983
39	渤海信托	54933	59147	50868
40	天津信托	53547	77734	51468
41	北方国信	53448	56402	52181
42	苏州信托	52960	49444	35900
43	吉林信托	52316	26776	43293
44	爱建信托	50917	45497	36509
45	东莞信托	49205	42205	39654
46	陕西国信	45395	35063	31308
47	工商信托	43353	46418	33737
48	湖南信托	42259	53868	49275
49	国联信托	39782	42034	31358
50	民生信托	39125	18744	5645
51	紫金信托	37219	26511	18693
52	中泰信托	36279	40506	36577
53	西藏信托	35502	37316	15974
54	新时代	35357	29484	30444
55	国民信托	33992	179224	19464
56	中粮信托	30562	30562	20452
57	云南国信	30492	25662	23934
58	华宝信托	29375	62295	67918
59	大业信托	26248	29316	25426
60	万向信托	26175	12913	7020
61	光大兴陇	23031	14510	19544
62	华澳信托	12660	15201	22701
63	金谷信托	12056	10257	27228
64	山西信托	9354	14809	20564
65	浙商金汇	6401	7790	5991
66	华宸信托	4702	2939	1170
67	新华信托	2438	9262	53052
68	长城新盛	1504	5051	5705
合计		5928271	5246907	4420206
平均		87180	77160	65003

表 6 - 11　　净利润增长序列表（2015 年度）　　单位：万元

序号	公司简称	2015 年	2014 年	2013 年
1	中诚信托	-49209	28397	24275
2	新华信托	-6824	-43790	2168
3	华信信托	28969	50174	39115
4	上海国信	-3929	23605	40997
5	中海信托	12651	11460	5066
6	平安信托	91896	27602	38487
7	厦门国信	8245	1698	3055
8	吉林信托	25540	-16518	16602
9	东莞信托	7000	2551	15540
10	西藏信托	-1815	21343	7412
11	山西信托	-5454	-5756	7301
12	光大兴陇	8521	-5035	6000
13	中融信托	404	32157	57619
14	中信信托	36465	-34985	42002
15	苏州信托	3516	13544	8163
16	外贸信托	-1256	-7965	23888
17	江苏国信	18777	2744	4900
18	华融国信	5828	-9952	14933
19	粤财信托	11137	2538	13048
20	天津信托	-24187	26266	26608
21	北方国信	-2954	4221	8909
22	百瑞信托	12778	10578	17444
23	中原信托	-3549	24923	23441
24	华宸信托	1763	1769	-15501
25	湖南信托	-11609	4593	15346
26	兴业信托	11955	28327	32833
27	工商信托	-3065	12681	9731
28	建信信托	29192	21408	7382
29	国民信托	-145232	未披露	-13878
30	华宝信托	-32920	-5623	12737

续 表

序号	公司简称	2015 年	2014 年	2013 年
31	中泰信托	-4227	3929	12778
32	英大信托	9321	1391	4823
33	国联信托	-2252	10676	7363
34	安信信托	69862	74393	14269
35	陕西国信	10332	3756	5245
36	新时代	5873	-959	10400
37	山东国信	18594	2043	-2774
38	华润信托	77956	55633	45658
39	国元信托	20231	12682	13232
40	中江国信	-4367	5020	9730
41	国投泰康	58218	11701	13692
42	昆仑信托	11487	-3685	8728
43	长安国信	8559	3610	13949
44	西部信托	54288	-266	1066
45	云南国信	4830	1728	8384
46	重庆国信	166462	115522	40333
47	北京国信	6582	8964	9654
48	交银国信	10306	9853	16840
49	渤海信托	-4213	8278	9328
50	中建投信托	16226	5682	24226
51	中铁信托	3236	-10818	25272
52	陆家嘴信托	19395	8812	14815
53	爱建信托	5420	8988	13527
54	华能贵诚	22548	44663	23359
55	中航信托	16596	17025	10789
56	华澳信托	-2541	-7500	10103
57	金谷信托	1799	-16971	-24031
58	方正东亚	-17607	15717	30572
59	四川信托	9845	-2679	21902
60	大业信托	-3068	3890	6631

续 表

序号	公司简称	2015 年	2014 年	2013 年
61	华鑫信托	3131	1423	12196
62	五矿信托	26493	13419	11217
63	中粮信托	0	10110	4504
64	紫金信托	10708	7818	6404
65	长城新盛	-3547	-653	4468
66	浙商金汇	-1389	1799	2108
67	万向信托	13262	未披露	未披露
68	民生信托	20381	未披露	未披露
合计		681363	826701	949049
平均		10020	12157	12410

表 6-12　　净利润增幅序列表（2015 年度）

序号	公司简称	2015 年（%）	2014 年（%）	2013 年（%）
1	西部信托	290.38	-1.40	5.96
2	国投泰康	114.26	29.81	53.57
3	民生信托	108.73	未披露	未披露
4	万向信托	102.71	未披露	未披露
5	吉林信托	95.39	-38.15	62.20
6	重庆国信	68.45	90.48	46.17
7	安信信托	68.26	266.07	104.22
8	华宸信托	59.98	151.15	-92.98
9	光大兴陇	58.73	-25.76	44.30
10	陆家嘴信托	54.18	32.66	121.76
11	平安信托	41.95	14.42	25.16
12	紫金信托	40.39	41.82	52.12
13	建信信托	34.21	33.50	13.06
14	华润信托	33.16	31.00	34.12
15	国元信托	30.28	23.43	32.36
16	五矿信托	30.11	18.00	17.71
17	陕西国信	29.47	12.00	20.12
18	中建投信托	27.54	10.68	83.53

续 表

序号	公司简称	2015 年（%）	2014 年（%）	2013 年（%）
19	山东国信	25. 22	2. 85	-3. 73
20	粤财信托	20. 17	4. 82	32. 93
21	新时代	19. 92	-3. 15	51. 89
22	云南国信	18. 82	7. 22	53. 92
23	中航信托	18. 24	23. 03	17. 08
24	华能贵诚	17. 58	53. 44	38. 79
25	金谷信托	17. 54	-62. 33	-46. 88
26	厦门国信	17. 37	3. 71	7. 15
27	华信信托	17. 24	42. 57	49. 67
28	百瑞信托	17. 08	16. 47	37. 29
29	交银国信	17. 03	19. 44	49. 77
30	东莞信托	16. 58	6. 43	64. 45
31	江苏国信	16. 30	2. 44	4. 55
32	英大信托	16. 00	2. 45	9. 27
33	昆仑信托	14. 53	-4. 45	11. 79
34	中信信托	13. 09	-11. 16	15. 47
35	中海信托	13. 01	13. 36	6. 28
36	爱建信托	11. 91	24. 62	58. 86
37	四川信托	9. 60	-2. 55	26. 30
38	长安国信	8. 92	3. 91	17. 79
39	兴业信托	8. 64	25. 74	42. 52
40	华融国信	8. 31	-12. 42	22. 91
41	北京国信	7. 25	10. 96	13. 38
42	苏州信托	7. 11	37. 73	29. 43
43	华鑫信托	5. 99	2. 80	31. 53
44	中铁信托	3. 43	-10. 30	31. 67
45	中融信托	0. 17	15. 37	38. 02
46	中粮信托	0	49. 43	28. 24
47	外贸信托	-1. 03	-6. 15	22. 59
48	上海国信	-2. 45	17. 22	42. 66

续　表

序号	公司简称	2015 年（%）	2014 年（%）	2013 年（%）
49	中原信托	-4.40	44.69	72.50
50	西藏信托	-4.86	133.61	86.56
51	北方国信	-5.24	8.09	20.59
52	国联信托	-5.36	34.05	30.69
53	工商信托	-6.60	37.59	40.54
54	渤海信托	-7.12	16.27	22.46
55	中江国信	-7.22	9.05	21.27
56	中泰信托	-10.44	10.74	53.69
57	大业信托	-10.46	15.30	35.28
58	华澳信托	-16.72	-33.04	80.19
59	浙商金汇	-17.83	30.04	54.31
60	方正东亚	-20.49	22.39	77.17
61	湖南信托	-21.55	9.32	45.23
62	中诚信托	-23.06	15.35	15.10
63	天津信托	-31.12	51.03	107.03
64	山西信托	-36.83	-27.99	55.05
65	华宝信托	-52.85	-8.28	23.08
66	长城新盛	-70.22	-11.45	361.31
67	新华信托	-73.68	-82.54	4.26
68	国民信托	-81.03	未披露	-41.62
平均		12.99	18.70	23.60

第三节　信托业务收入

一、行业信托业务收入总规模的历史对比

根据2016年信托公司最新披露信息显示，有68家公司披露了信托业务收入，

2015 年与 2014 年基本持平。信托行业共实现手续费及佣金收入 718 亿元，平均每家信托公司信托业务收入为 105593 万元，比 2014 年上升 3687 万元，增幅为 3.62%。自 2004 年以来，信托公司的信托业务收入在 2011 年的上升比例最大，在 2009 年下跌幅度最大，下跌了 10.99%，如表 6－13 所示。

表 6－13　　2011—2015 年度信托公司信托业务收入统计分析表

项目＼年份	2011	2012	2013	2014	2015
平均值（万元）	52637	74231	92784	101906	105593
均值增长额度（万元）	26936	22022	18553	9122	3687
平均增长率（%）	99.23	42.19	24.99	9.83	3.62
公司数目（家）	61	64	67	64	68
最大值（万元）	288201	353381	462460	444697	533140
最小值（万元）	0	1883	6700	111964	7621
标准差（万元）	56633	68507	83331	90187	94210
变异系数	1.08	0.92	0.90	0.88	0.89

二、信托业务收入的比例分析

信托行业平均信托业务收入比例为 59.86%，2015 年比 2014 年下降了 9.71%。自 2004 年以来，信托公司的信托业务收入比例在 2008 年的上升幅度最大，上升了 23.37 个百分点。

单个公司信托业务收入比例最高为 2008 年交银国信的 212.20%，之后 2009 年和 2010 年两年都低于 100%，2011 年的最大值跃升为 230.60%，2012 年为中江国信的 98.48%，2013 年为中江国信的 97.54%，2014 年为吉林信托的 96.38%，2015 年为西藏信托的 92.14%。

2004 年以来，各个信托公司的信托业务收入比例的变异系数在 2007 年最大，为 0.77，然后逐年下降，在 2011 年降为 0.40，在 2012 年降到了 0.23，2013 年达到了 0.18 的新低，2014 年上升至 0.24，2015 年上升至 0.30，如表 6－14 所示。这表明，在 2015 年信托公司之间的信托业务收入比例差异继续扩大。

表 6-14　　2011—2015 年度信托公司信托业务收入比例统计分析表

项目＼年份	2011	2012	2013	2014	2015
平均值（%）	74.11	73.89	74.67	69.57	59.86
平均值增长（%）	17.26	-0.22	0.78	-5.10	-9.71
最大值（%）	230.60	98.48	97.54	96.38	92.14
最小值（%）	0	14.63	34.04	22.98	22.65
标准差（%）	29.56	16.94	14.16	16.70	17.81
变异系数	0.40	0.23	0.18	0.24	0.30

三、信托业务收入的公司分析

从信托业务收入排名来看，信托业务收入最高的信托公司前五名为平安信托（533140 万元）、中融信托（461770 万元）、中信信托（370471 万元）、重庆国信（248614 万元）以及安信信托（233134 万元）。

同时，可以发现，2009 年信托业务收入达到 1 亿元以上和 10 亿元以上的公司分别有 27 家和 1 家，2010 年增长到 41 家和 2 家，2011 年增长到 56 家和 7 家，2012 年达到 62 家和 13 家，2013 年达到 66 家和 19 家，2014 年达到 64 家和 25 家，2015 年为 67 家和 26 家。

其中，净利润增长近七成的安信信托主营业务发展可观，其手续费及佣金收入 23.31 亿元，占营业收入的 78.90%。民生信托 2015 年实现营业收入为 10.97 亿元，同比增加 134.32%，其中，手续费及佣金净收入 7.97 亿元，占收入的 72.57%。

第四节　股权投资收入

一、股权投资收入的整体分析

根据 2016 年信托公司最新披露信息显示，信托行业共实现股权投资收入 164 亿元，平均每家信托公司股权投资收入为 24537 万元，2015 年比 2014 年有大幅上升，增长 11746 万元，增长率为 91.83%。自 2004 年以来，信托公司的股权投资收入在2007年的上升幅度最大，上升了11268万元，上升比率为264.96%；2006年的上升幅度也比较大，上升比例为164.44%。2007年之后，信托行业平均股权收入进入连续下降的通道，2011年已经降低到历史最低点，2012年结束下降，2013年、2014年都有较大幅度上升，2015年上升幅度将近一倍。

2005年，有5家信托公司的股权投资收入为负值，之后股权投资收入为负的公司数逐年下降，到2009年，全体信托的股权投资收入都告别了负值。但是，2010年与2011年分别出现了1家与2家股权投资收入为负的公司，2012年更是有5家公司的股权投资收入为负，2013年有3家公司的股权投资收入为负，2014年为2家，2015年为3家。

同时，股权投资收入为0的公司数基本呈逐年递增的趋势。2011年为17家，2012年为21家，2013年为20家，2014年为18家，2015年达到23家。

2015年，单个信托公司的股权投资收入达到历史最高点489368万元。在这之前的最高点出现在2007年，股权投资收入达到235282万元，之后，年度最高点在2008年降为146733万元，在2009年最高点进一步降为131466万元，在2010年则进一步降为116130万元，2011年再降为64762万元，2012年缓升至77133万元，2013年升至111897万元，2014年升至141717万元。

自2005年以来，各个信托公司的股权投资收入差异最小值出现在2005年，变异系数为1.45；在2007年，该变异系数上升到最大，为2.37，到2008年下降为1.88，2009年又回升到2.28，在2010年仍高达2.11，2011年升至2.15，2012年变异系数降至2.05，2013年变异系数为2.35，2014年变异系数为2.12，2015年达到最大值3.04，如表6-15所示。说明在最近3年，信托公司之间的股权投资收入仍保持较大差异。

表6-15　2011—2015年度信托公司股权投资收入统计分析表

项目＼年份	2011	2012	2013	2014	2015
平均值（万元）	6077	7533	9114	12791	24537
均值增长额度（万元）	-2769	1456	1580	3677	11746
平均值增长率（%）	-19.41	23.96	20.98	40.34	91.83
公司数目（家）	61	64	67	64	68

续　表

项目＼年份	2011	2012	2013	2014	2015
股权投资收入为负的公司数（家）	2	5	3	2	3
股权投资收入为 0 的公司数（家）	17	21	20	18	23
最大值（万元）	64762	77133	111897	141717	489368
最小值（万元）	-922	-1095	-849	-104	-747
标准差（万元）	13092	15458	21462	27116	74588
变异系数	2. 15	2. 05	2. 35	2. 12	3. 04

二、股权投资收入的公司分析

从目前股权投资收入排名来看，股权投资收入最高的信托公司前五名为中信信托（489368 万元）、华润信托（357781 万元）、平安信托（116906 万元）、江苏国信（92002 万元）以及重庆国信（79642 万元）。同时，可以发现，2008 年股权投资收入达到 1 亿元以上的公司有 19 家，2009 年则下降到 12 家，2010 年又增长为 14 家，2011 年又降低为 11 家，2012 年增长至 12 家，2013 年为 13 家，2014 年为 14 家，2015 年上升至 19 家。

从目前股权投资收入增长额来看，股权投资收入增长前五名的公司为中信信托（450478 万元）、华信信托（216064 万元）、光大兴陇（24477 万元）、中诚信托（21622 万元）以及粤财信托（20931 万元）。

其中，中信信托实现营业收入 102. 90 亿元，同比增长 81. 57%，细看其收入结构，手续费及佣金收入 37. 04 亿元，占比 36. 00%，数额较 2014 年手续费及佣金收入减少 15. 45%，而投资收益 56. 21 亿元在收入结构中占 54. 63%。超 50 亿元的投资收益主要得益于在报告期内，中信信托转让了持有的泰康人寿保险股份有限公司 8. 8% 的股权，确定投资收益 43. 24 亿元。然而转让股权确定的投资收益或许并不可持续，但正如中信信托在年报中所言，信托传统业务面临调整，创新业务尚未成熟，其发展需要接受市场实践的检验。高额的投资收益或许能为信托公司业务转型赢得时间和空间。

另外，国投泰康信托投资收益 10. 42 亿元，在收入结构中的占比为 64. 59%；陕西国信 2015 年投资收益 5. 25 亿元，在收入结构中占比 45. 49%。投资收益无疑为信托公司2015年的业绩起到了助推作用。传统信托产品的盈利空间大幅度缩小使得多数信托公司依靠投资收益的爆发，弥补自身信托业务收入增速放缓造成的缺口。

第五节 利息收入

一、利息收入的整体分析

根据2016年信托公司最新披露信息显示，信托行业共实现利息收入57亿元，平均每家信托公司利息收入为8407万元，2015年比2014年下降646万元，下降比率为7.14%。历史上，信托行业平均利息收入曾经过2006年和2007年每年20%以上的增长，还出现过2009年增长率为82.72%的巨幅增长。相比2011年31.24%的增长比率，2013年的增速有所放缓，2014年维持较平稳的增长，而在2015年出现了下降的现象，单个信托公司的利息收入出现历史最高点94520万元，如表6－16所示。

表6－16 2011—2015年度信托公司利息收入统计分析表

项目 \ 年份	2011	2012	2013	2014	2015
平均值（万元）	7368	8281	8538	9053	8407
均值增长额度（万元）	1754	949	258	515	－646
平均值增长率（%）	31.24	12.94	3.11	6.03	－7.14
公司数目（家）	61	64	67	64	68
最大值（万元）	73736	77955	58273	60895	94520
最小值（万元）	24	0	－1104	0	－2366
标准差（万元）	13013	12430	10735	12570	13422
变异系数	1.77	1.50	1.26	1.39	1.60

二、利息收入的公司分析

从目前利息收入排名来看，利息收入最高的信托公司前五名为中信信托（94520万元）、中诚信托（44449万元）、安信信托（26600万元）、重庆国信

（25135 万元）以及陕西国信（22007 万元）。

同时，可以发现，2008 年利息收入达到 5000 万元以上的公司只有 6 家，2009 年则增长到 10 家，2010 年增长到 15 家，2011 年增长到 26 家，2012 年增长到 33 家，2013 年和 2014 年都维持在 33 家，2015 年下降至 30 家。

从利息收入占比来看，2015 年度占比最大的 3 家公司是陕西国信（占比 19.11%）、北方国信（占比 17.61%）以及爱建信托（占比 16.82%）。

第六节　证券投资收入

一、证券投资收入的整体分析

根据 2016 年信托公司最新披露信息显示，信托行业共实现证券投资收入 103 亿元，平均每家信托公司证券投资收入为 15396 万元，2015 年比 2014 年上升了 9897 万元，上升比率为 180.00%。历史上，最大年度上升幅度发生在 2007 年，该幅度为 11119 万元，上升比率为 388.16%；最大上升比率发生在 2006 年，上升比率为 3638.54%。

单个信托公司的证券投资收入达到 2007 年以来的历史最高点 150143 万元，而在 2011 年，单个信托公司的证券投资收入则达到 2007 年以来的历史最低点 24966 万元，在 2012 年，该项数值再创新低，达到 23770 万元，在 2013 年回升至 60792 万元，在 2014 年为 59337 万元。

2012 年证券投资收入为负的公司数与 2011 年持平，达到 13 家，2013 年为 4 家，2014 年为 1 家，2015 年为 2 家。2012 年证券投资收入为 0 的公司数则从 2011 年的 20 家增加为 22 家，2013 年与 2014 年均为 24 家，2015 年为 25 家，如表 6－17 所示。

表 6－17　　2011—2015 年度信托公司证券投资收入统计分析表

项目 \ 年份	2011	2012	2013	2014	2015
平均值（万元）	1265	1801	4486	5498	15396
均值增长额度（万元）	－3077	536	2685	1012	9897

续 表

项目 \ 年份	2011	2012	2013	2014	2015
平均值增长率（%）	70.87	42.40	59.86	22.56	180.00
公司数目（家）	60	64	67	64	68
证券投资收入为负的公司数（家）	13	13	4	1	2
证券投资收入为0的公司数（家）	20	22	24	24	25
最大值（万元）	24966	23770	60792	59337	150143
最小值（万元）	-5284	-6327	-5458	-139	-458
标准差（万元）	4804	5086	11100	10806	30100
变异系数	3.80	2.82	2.47	1.97	1.96

二、证券投资收入的公司分析

从证券投资收入排名来看，证券投资收入最大的信托公司前五名为华信信托（150143 万元）、重庆国信（134615 万元）、平安信托（92343 万元）、西部信托（78249 万元）以及华鑫信托（72306 万元）。可以发现，2009 年证券投资收入达到5000 万元以上的公司有9 家，而 2010 年则增长到 13 家，2011 年锐减为 5 家，2012 年增至8 家，2013 年增至13 家，2014 年达到17 家，2015 年已经达到25 家。

从证券投资收入占比来看，占比最大的 3 家公司是吉林信托（占比66.36%）、西部信托（65.77%）以及华信信托（54.57%）。

具体数据如表6-18 至表6-31 所示。

表6-18　　信托手续费收入规模序列表（2015 年度）　　单位：万元

序号	公司简称	2015 年	2014 年	2013 年
1	平安信托	533140	429356	294342
2	中融信托	461770	444697	454205
3	中信信托	370471	438186	462460
4	重庆国信	248614	188406	94131
5	安信信托	233134	未披露	79115
6	四川信托	212520	191623	190572
7	华能贵诚	194714	120305	115736

续　表

序号	公司简称	2015 年	2014 年	2013 年
8	五矿信托	183333	125525	113269
9	长安国信	167776	186795	197425
10	中航信托	166291	136926	134142
11	兴业信托	164900	143293	165482
12	外贸信托	156417	139875	120703
13	上海国信	150912	229849	100509
14	华融国信	150145	154886	176941
15	中原信托	140003	114352	81207
16	建信信托	137401	80727	76479
17	华润信托	132538	171455	172266
18	北京国信	130048	133166	123196
19	百瑞信托	126252	103846	92687
20	山东国信	117317	101687	94946
21	方正东亚	116704	131671	111256
22	中铁信托	115777	127359	115807
23	中诚信托	111222	170955	181465
24	陆家嘴信托	110518	70003	50287
25	中建投信托	107146	77461	74817
26	中江国信	103508	115590	116698
27	昆仑信托	97777	90270	95289
28	渤海信托	96916	102952	92516
29	交银国信	93050	81986	69144
30	北方国信	92641	90092	94232
31	华宝信托	89599	96310	99345
32	华信信托	88985	101286	94047
33	中海信托	86038	79297	61442
34	苏州信托	80427	71929	48906
35	民生信托	79655	33764	10851
36	英大信托	78931	76502	76866
37	爱建信托	77126	52645	42038

续 表

序号	公司简称	2015 年	2014 年	2013 年
38	天津信托	69613	89480	98853
39	新华信托	69441	132697	171811
40	西藏信托	66015	未披露	27473
41	工商信托	64840	74106	46331
42	国民信托	64334	未披露	26991
43	东莞信托	64002	56818	50961
44	华鑫信托	62146	65750	63118
45	湖南信托	60208	70292	71080
46	云南国信	59938	47814	46882
47	国投泰康	55788	55059	43667
48	中泰信托	55782	38680	33089
49	江苏国信	54585	47440	46169
50	厦门国信	53458	46155	55486
51	紫金信托	51721	35493	32177
52	粤财信托	49704	63720	62039
53	万向信托	47564	18570	6700
54	大业信托	47010	52056	49620
55	陕西国信	45649	未披露	未披露
56	国元信托	45499	67697	63640
57	华澳信托	41838	36146	52803
58	新时代	39667	51957	52326
59	金谷信托	31641	60142	88401
60	西部信托	30055	29076	27553
61	光大兴陇	25323	24635	25560
62	中粮信托	24233	19259	25257
63	国联信托	20666	28767	28428
64	山西信托	20109	38075	51489
65	浙商金汇	18554	23513	18687
66	吉林信托	16271	19364	41407
67	华宸信托	13328	12238	19671
68	长城新盛	7621	11964	14038
合计		7180319	6521991	6216525
平均		105593	101906	92784

表6-19 信托手续费收入占比序列表（2015年度）

序号	公司简称	2015年（%）	2014年（%）	2013年（%）
1	西藏信托	92.14	未披露	96.38
2	华融国信	91.53	84.53	90.46
3	云南国信	85.60	84.60	88.46
4	大业信托	84.94	85.79	92.03
5	五矿信托	83.98	81.19	86.44
6	渤海信托	83.26	84.44	87.17
7	长城新盛	82.59	81.89	85.80
8	四川信托	81.31	87.44	91.14
9	中航信托	80.83	80.37	87.11
10	苏州信托	80.16	73.65	72.77
11	陆家嘴信托	79.75	81.59	88.46
12	中江国信	79.65	93.48	97.54
13	华澳信托	79.53	80.02	88.39
14	安信信托	78.90	未披露	89.03
15	湖南信托	78.49	75.49	81.12
16	万向信托	78.45	58.76	39.75
17	中原信托	76.71	82.12	83.98
18	北方国信	76.58	72.14	82.41
19	方正东亚	76.38	80.57	85.84
20	东莞信托	75.59	74.91	72.87
21	中铁信托	75.25	85.31	72.68
22	爱建信托	73.61	61.16	61.32
23	浙商金汇	73.40	80.37	84.49
24	百瑞信托	73.35	76.38	79.18
25	紫金信托	72.82	69.02	85.26
26	工商信托	72.81	79.69	67.57
27	山东国信	72.58	74.41	81.86
28	民生信托	72.57	72.08	65.29
29	交银国信	72.09	67.49	68.73
30	英大信托	71.18	77.09	80.21

续 表

序号	公司简称	2015 年（%）	2014 年（%）	2013 年（%）
31	中泰信托	71.07	51.32	47.87
32	平安信托	70.49	75.47	67.27
33	建信信托	69.49	53.85	67.43
34	华能贵诚	69.10	51.13	73.91
35	中建投信托	69.08	66.53	72.34
36	中融信托	69.06	80.64	92.66
37	国民信托	68.96	未披露	65.71
38	新华信托	68.07	132.40	94.11
39	华宝信托	67.06	71.08	73.44
40	北京国信	66.99	75.80	78.56
41	金谷信托	64.62	78.97	80.54
42	山西信托	64.43	64.27	85.09
43	昆仑信托	63.54	63.67	66.57
44	外贸信托	63.09	69.88	59.46
45	华宸信托	62.02	62.76	87.68
46	天津信托	60.63	60.18	81.70
47	兴业信托	60.12	58.33	80.37
48	上海国信	59.32	51.96	51.46
49	长安国信	57.40	73.30	84.71
50	厦门国信	56.46	59.12	69.02
51	新时代	55.04	73.12	76.11
52	中海信托	53.32	22.98	49.49
53	粤财信托	48.01	76.39	78.25
54	重庆国信	44.99	53.03	43.05
55	中诚信托	41.27	54.78	59.07
56	中粮信托	41.03	33.37	54.19
57	光大兴陇	40.93	83.43	69.36
58	陕西国信	39.64	未披露	未披露
59	华鑫信托	39.43	65.83	69.62
60	国元信托	37.31	65.29	72.89

续　表

序号	公司简称	2015 年（%）	2014 年（%）	2013 年（%）
61	中信信托	36.00	77.32	84.17
62	国投泰康	34.58	68.20	70.02
63	国联信托	33.45	49.34	64.26
64	江苏国信	33.29	34.05	34.04
65	华信信托	32.34	44.09	55.05
66	西部信托	25.26	72.62	74.31
67	华润信托	24.15	43.43	62.51
68	吉林信托	22.65	96.38	57.08
平均		59.86	69.57	74.67

表 6－20　　信托手续费收入规模增长序列表（2015 年度）　　单位：万元

序号	公司简称	2015 年	2014 年	2013 年
1	西藏信托	未披露	未披露	未披露
2	国民信托	未披露	未披露	19254
3	安信信托	未披露	未披露	36793
4	陕西国信	未披露	未披露	未披露
5	平安信托	103784	135014	－1772
6	华能贵诚	74409	4569	27313
7	重庆国信	60208	94275	43172
8	五矿信托	57808	12256	36894
9	建信信托	56674	4248	4249
10	民生信托	45891	22913	未披露
11	陆家嘴信托	40515	19716	23811
12	中建投信托	29684	2644	44574
13	中航信托	29365	2784	22073
14	万向信托	28995	11869	未披露
15	中原信托	25652	33145	29514
16	爱建信托	24482	10606	12337
17	百瑞信托	22406	11159	27799
18	兴业信托	21607	－22189	55373
19	四川信托	20897	1051	44587

续 表

序号	公司简称	2015 年	2014 年	2013 年
20	中泰信托	17103	5591	20868
21	中融信托	17073	-9508	100824
22	外贸信托	16542	19172	4162
23	紫金信托	16228	3316	9217
24	山东国信	15630	6741	24171
25	云南国信	12124	931	21207
26	交银国信	11064	12841	27184
27	苏州信托	8498	23023	5766
28	昆仑信托	7507	-5018	25357
29	厦门国信	7303	-9331	733
30	东莞信托	7183	5858	13010
31	江苏国信	7145	1271	1900
32	中海信托	6741	17855	1131
33	华澳信托	5692	-16657	16304
34	中粮信托	4974	-5997	2932
35	北方国信	2550	-4140	17275
36	英大信托	2429	-364	-2883
37	华宸信托	1090	-7432	-2160
38	西部信托	979	1523	11744
39	国投泰康	728	11393	19613
40	光大兴陇	688	-925	2973
41	吉林信托	-3093	-22043	-11163
42	北京国信	-3118	9970	16679
43	华鑫信托	-3605	2633	10693
44	长城新盛	-4343	-2074	12155
45	华融国信	-4740	-22055	25690
46	浙商金汇	-4959	4826	7970
47	大业信托	-5046	2436	未披露
48	渤海信托	-6036	10437	28305
49	华宝信托	-6711	-3035	25413

续 表

序号	公司简称	2015 年	2014 年	2013 年
50	国联信托	-8101	339	502
51	工商信托	-9266	27775	12473
52	湖南信托	-10084	-788	10810
53	中铁信托	-11582	11552	16375
54	中江国信	-12082	-1108	18828
55	新时代	-12290	-369	11946
56	华信信托	-12302	7239	14189
57	粤财信托	-14016	1681	21281
58	方正东亚	-14967	20415	43723
59	山西信托	-17966	-13414	21154
60	长安国信	-19020	-10629	26858
61	天津信托	-19867	-9373	43668
62	国元信托	-22199	4058	14284
63	金谷信托	-28501	-28259	13249
64	华润信托	-38917	-811	55642
65	中诚信托	-59733	-10510	23057
66	新华信托	-63256	-39114	37228
67	中信信托	-67715	-24274	132182
68	上海国信	-78937	129340	24359
合计		658328	305466	1465757
平均		3687	9122	18553

表 6-21　　利息收入规模序列表（2015 年度）　　单位：万元

序号	公司简称	2015 年	2014 年	2013 年
1	中信信托	94520	59553	43712
2	中诚信托	44449	60895	58273
3	安信信托	26600	未披露	8809
4	重庆国信	25135	35762	34447
5	陕西国信	22007	未披露	未披露
6	北方国信	21306	29091	17797
7	中铁信托	20889	17959	31866

续 表

序号	公司简称	2015 年	2014 年	2013 年
8	北京国信	18227	12661	17967
9	爱建信托	17629	22852	21125
10	交银国信	16922	18758	10562
11	中建投信托	16750	16174	18514
12	百瑞信托	15728	18662	18401
13	天津信托	15271	18823	11145
14	渤海信托	15013	12051	9239
15	中融信托	12372	42837	34074
16	中海信托	11155	11495	14314
17	中航信托	10564	9324	7085
18	英大信托	9287	8895	10403
19	国元信托	9014	11175	9167
20	五矿信托	8815	0	8761
21	大业信托	8334	8203	5213
22	平安信托	8205	2370	-1104
23	中粮信托	8154	11406	9959
24	中泰信托	7400	496	1655
25	民生信托	7109	5964	3439
26	东莞信托	6698	6932	6265
27	华信信托	6400	2340	3486
28	中原信托	5908	7973	7718
29	西藏信托	5629	未披露	1032
30	昆仑信托	5253	7508	10765
31	苏州信托	4958	5839	7820
32	四川信托	4554	5427	6934
33	方正东亚	4515	7348	5515
34	吉林信托	4143	0	4320
35	国联信托	3776	4598	2516
36	湖南信托	3621	3881	4531
37	金谷信托	3450	7644	17465

续 表

序号	公司简称	2015 年	2014 年	2013 年
38	兴业信托	3142	5514	2455
39	紫金信托	2782	3821	3021
40	粤财信托	2581	8128	7452
41	厦门国信	2543	3778	6561
42	华澳信托	2447	2134	3400
43	华能贵诚	2308	6596	5516
44	西部信托	2216	2033	4207
45	建信信托	2191	714	5447
46	工商信托	2134	1415	2373
47	光大兴陇	1889	4071	3607
48	中江国信	1778	4954	2459
49	华宝信托	1733	1194	3328
50	华润信托	1599	1587	2879
51	华鑫信托	1563	5702	8241
52	山西信托	1545	1754	1438
53	外贸信托	1493	1435	1653
54	云南国信	1413	712	3156
55	山东国信	1333	238	108
56	华宸信托	1306	1034	1606
57	新华信托	1146	1485	3549
58	新时代	1084	959	884
59	浙商金汇	932	1440	903
60	长城新盛	774	589	1022
61	上海国信	710	9346	1253
62	陆家嘴信托	691	686	628
63	长安国信	670	1876	4837
64	国民信托	252	未披露	476
65	国投泰康	217	376	2681
66	万向信托	28	403	1823
67	江苏国信	-219	68	421
68	华融国信	-2366	10451	1492
合计		571672	579386	572067
平均		8407	9053	8538

表 6－22　　利息收入占比序列表（2015 年度）

序号	公司简称	2015 年（%）	2014 年（%）	2013 年（%）
1	陕西国信	19.11	未披露	未披露
2	北方国信	17.61	23.29	15.57
3	爱建信托	16.82	26.55	30.81
4	中诚信托	16.49	19.51	18.97
5	大业信托	15.06	13.52	9.67
6	中粮信托	13.81	19.76	21.37
7	中铁信托	13.58	12.03	20.00
8	天津信托	13.30	12.66	9.21
9	交银国信	13.11	15.44	10.50
10	渤海信托	12.90	9.88	8.70
11	中建投信托	10.80	13.89	17.90
12	中泰信托	9.43	0.66	2.39
13	北京国信	9.39	7.21	11.46
14	中信信托	9.19	10.51	7.96
15	百瑞信托	9.14	13.73	15.72
16	安信信托	0	未披露	9.91
17	长城新盛	8.38	4.03	6.25
18	英大信托	8.37	8.96	10.86
19	东莞信托	7.91	9.14	8.96
20	西藏信托	0	未披露	3.62
21	国元信托	7.39	10.78	10.50
22	金谷信托	7.05	10.04	15.91
23	中海信托	6.91	8.01	11.53
24	民生信托	6.48	12.73	20.69
25	国联信托	6.11	7.89	5.69
26	华宸信托	6.08	5.30	7.16
27	吉林信托	5.77	0	5.96
28	中航信托	5.13	5.47	4.60
29	山西信托	4.95	2.96	2.38
30	苏州信托	4.94	5.98	11.64

续 表

序号	公司简称	2015 年（%）	2014 年（%）	2013 年（%）
31	湖南信托	4. 72	4. 17	5. 17
32	华澳信托	4. 65	4. 72	5. 69
33	重庆国信	4. 55	10. 07	15. 76
34	五矿信托	4. 04	0	6. 69
35	紫金信托	3. 92	7. 43	8. 01
36	浙商金汇	3. 69	4. 92	4. 08
37	昆仑信托	3. 41	5. 30	7. 52
38	中原信托	3. 24	5. 73	7. 98
39	光大兴陇	3. 05	13. 79	9. 79
40	方正东亚	2. 96	4. 50	4. 25
41	厦门国信	2. 69	4. 84	8. 16
42	粤财信托	2. 49	9. 74	9. 40
43	工商信托	2. 40	1. 52	3. 46
44	华信信托	2. 33	1. 02	2. 04
45	云南国信	2. 02	1. 26	5. 95
46	西部信托	1. 86	5. 08	11. 35
47	中融信托	1. 85	7. 77	6. 95
48	四川信托	1. 74	2. 48	3. 32
49	新时代	1. 50	1. 35	1. 29
50	中江国信	1. 37	4. 01	2. 06
51	华宝信托	1. 30	0. 88	2. 46
52	兴业信托	1. 15	2. 24	1. 19
53	新华信托	1. 12	1. 48	1. 94
54	建信信托	1. 11	0. 48	4. 80
55	平安信托	1. 08	0. 42	-0. 25
56	华鑫信托	0. 99	5. 71	9. 09
57	山东国信	0. 82	0. 17	0. 09
58	华能贵诚	0. 82	2. 80	3. 52
59	外贸信托	0. 60	0. 72	0. 81
60	陆家嘴信托	0. 50	0. 80	1. 10

续 表

序号	公司简称	2015 年（%）	2014 年（%）	2013 年（%）
61	华润信托	0. 29	0. 40	1. 04
62	上海国信	0. 28	2. 71	0. 64
63	国民信托	0	未披露	1. 16
64	长安国信	0. 23	0. 74	2. 08
65	国投泰康	0. 13	0. 47	4. 30
66	万向信托	0. 05	1. 28	10. 82
67	江苏国信	-0. 13	0. 05	0. 31
68	华融国信	-1. 44	5. 70	0. 76
平均		4. 77	6. 18	6. 87

表 6-23　　投资收益规模序列表（2015 年度）　　单位：万元

序号	公司简称	2015 年	2014 年	2013 年
1	中信信托	562196	65214	41221
2	华润信托	411990	220174	98739
3	重庆国信	282808	129740	72638
4	平安信托	209249	135725	142651
5	华信信托	178656	125845	73540
6	中诚信托	113446	78097	67649
7	江苏国信	109589	91508	89034
8	兴业信托	107712	94131	37958
9	国投泰康	104176	24529	15475
10	上海国信	102891	99535	92414
11	华鑫信托	93912	28376	19298
12	外贸信托	90008	58858	82870
13	西部信托	86474	8806	5120
14	华能贵诚	81194	102374	24329
15	中融信托	75903	32940	-4670
16	国元信托	68119	24418	13657
17	长安国信	67747	27349	9858
18	中海信托	58401	48229	45572
19	建信信托	57220	50943	30749

续 表

序号	公司简称	2015 年	2014 年	2013 年
20	陕西国信	52500	未披露	未披露
21	粤财信托	51225	11553	9787
22	吉林信托	51096	0	26553
23	北京国信	44514	23675	11530
24	昆仑信托	44349	40932	29052
25	华宝信托	39522	36100	31116
26	国联信托	37307	24942	13290
27	厦门国信	36840	24756	16878
28	四川信托	36512	20769	6263
29	中原信托	36144	15978	6881
30	中粮信托	32116	14833	6046
31	新华信托	31504	-35915	8171
32	光大兴陇	31222	2353	6865
33	方正东亚	30820	19021	11454
34	中建投信托	30648	21591	9889
35	百瑞信托	29934	12757	5365
36	中航信托	28898	23497	13163
37	天津信托	27882	38089	3448
38	中江国信	27194	2898	447
39	陆家嘴信托	26898	12291	6359
40	五矿信托	26294	15080	8561
41	英大信托	22670	13810	7836
42	新时代	22018	13435	9321
43	民生信托	21189	7112	1555
44	工商信托	20261	10434	5636
45	安信信托	19047	未披露	635
46	紫金信托	16620	8288	2478
47	华融国信	15989	17571	16889
48	交银国信	14493	12640	9184
49	中铁信托	14034	2235	7031

续 表

序号	公司简称	2015 年	2014 年	2013 年
50	东莞信托	13869	12048	12678
51	湖南信托	13517	17467	11873
52	金谷信托	13053	8154	3836
53	中泰信托	12986	34374	31524
54	万向信托	12131	11514	7915
55	渤海信托	11323	6414	4235
56	苏州信托	11009	19311	9963
57	爱建信托	9785	7571	2589
58	山西信托	8864	17070	7197
59	华宸信托	6623	6122	954
60	华澳信托	6533	4922	2339
61	北方国信	5369	2055	1728
62	浙商金汇	5125	4021	2514
63	西藏信托	5111	未披露	0
64	国民信托	2674	未披露	1384
65	山东国信	1615	14342	5392
66	长城新盛	827	2056	936
67	云南国信	698	326	385
68	大业信托	0	0	0
合计		3922544	2025281	1357226
平均		57684	31645	20257

表 6－24　　投资收益占比序列表（2015 年度）

序号	公司简称	2015 年（%）	2014 年（%）	2013 年（%）
1	华润信托	75.06	55.77	35.83
2	西部信托	72.68	21.99	13.81
3	吉林信托	71.14	0	36.61
4	江苏国信	66.83	65.68	65.65
5	华信信托	64.93	54.78	43.05
6	国投泰康	64.59	30.38	24.81
7	国联信托	60.38	42.78	30.04

续　表

序号	公司简称	2015 年（%）	2014 年（%）	2013 年（%）
8	华鑫信托	59. 59	28. 41	21. 29
9	国元信托	55. 86	23. 55	15. 64
10	中信信托	54. 63	11. 51	7. 50
11	中粮信托	54. 38	25. 70	12. 97
12	重庆国信	51. 18	36. 52	33. 22
13	光大兴陇	50. 47	7. 97	18. 63
14	粤财信托	49. 48	13. 85	12. 34
15	陕西国信	0	未披露	未披露
16	中诚信托	42. 09	25. 02	22. 02
17	上海国信	40. 45	28. 84	47. 32
18	兴业信托	39. 27	38. 32	18. 44
19	厦门国信	38. 91	31. 71	20. 99
20	外贸信托	36. 31	29. 40	40. 82
21	中海信托	36. 20	33. 60	36. 71
22	新华信托	30. 88	-35. 84	4. 48
23	华宸信托	30. 82	31. 40	4. 25
24	新时代	30. 54	18. 91	13. 56
25	华宝信托	29. 58	26. 64	23. 00
26	建信信托	28. 94	33. 98	27. 11
27	昆仑信托	28. 82	28. 87	20. 29
28	华能贵诚	28. 81	43. 51	15. 54
29	山西信托	28. 40	28. 81	11. 89
30	平安信托	27. 67	23. 86	32. 60
31	金谷信托	26. 66	10. 71	3. 50
32	天津信托	24. 29	25. 62	2. 85
33	紫金信托	23. 40	16. 12	6. 56
34	长安国信	23. 18	10. 73	4. 23
35	北京国信	22. 93	13. 48	7. 35
36	工商信托	22. 75	11. 22	8. 22
37	中江国信	20. 93	2. 34	0. 37

续　表

序号	公司简称	2015 年（%）	2014 年（%）	2013 年（%）
38	英大信托	20.44	13.92	8.18
39	浙商金汇	20.27	13.74	11.37
40	方正东亚	20.17	0	8.84
41	万向信托	20.01	36.43	46.96
42	中原信托	19.80	11.47	7.12
43	中建投信托	19.76	18.54	9.56
44	陆家嘴信托	19.41	14.33	11.19
45	民生信托	19.31	15.18	9.35
46	湖南信托	17.62	18.76	13.55
47	百瑞信托	17.39	9.38	4.58
48	中泰信托	16.54	45.61	45.60
49	东莞信托	16.38	15.88	18.13
50	中航信托	14.05	13.79	8.55
51	四川信托	13.97	9.48	3.00
52	华澳信托	12.42	10.90	3.92
53	五矿信托	12.04	9.75	6.53
54	中融信托	11.35	5.97	-0.95
55	交银国信	11.23	10.41	9.13
56	苏州信托	10.97	19.77	14.82
57	华融国信	9.75	9.59	8.63
58	渤海信托	9.73	5.26	3.99
59	爱建信托	9.34	8.80	3.78
60	中铁信托	9.12	1.50	4.41
61	长城新盛	8.96	14.07	5.72
62	西藏信托	0	未披露	0
63	安信信托	0	未披露	0.71
64	北方国信	4.44	1.65	1.51
65	国民信托	0	未披露	3.37
66	山东国信	1.00	10.49	4.65
67	云南国信	1.00	0.58	0.73
68	大业信托	0	0	0
平均		32.70	21.60	16.30

表 6-25 **股权投资收益规模序列表（2015 年度）** 单位：万元

序号	公司简称	2015 年	2014 年	2013 年
1	中信信托	489368	38890	10544
2	华润信托	357781	141717	63240
3	平安信托	116906	98206	111897
4	江苏国信	92002	85046	84047
5	重庆国信	79642	60395	65808
6	中诚信托	59525	37903	32318
7	上海国信	53224	71216	70761
8	中海信托	47943	37778	34728
9	国元信托	44243	23612	13138
10	国联信托	34086	18831	10007
11	粤财信托	28088	7157	8620
12	华信信托	27362	63260	11963
13	外贸信托	26052	9842	9169
14	光大兴陇	25887	1410	0
15	中原信托	19875	7056	1387
16	建信信托	19377	15640	3181
17	天津信托	18996	30356	-344
18	四川信托	12429	4237	1136
19	中铁信托	10074	737	209
20	中融信托	9577	3001	3093
21	厦门国信	9467	16179	11693
22	华宝信托	7852	6394	4777
23	北京国信	6822	4576	1241
24	新华信托	5885	1661	-849
25	百瑞信托	5318	4573	3126
26	山东国信	4420	883	3482
27	北方国信	4300	2194	2142
28	吉林信托	3434	203	9395
29	国投泰康	3315	3468	11287
30	山西信托	2865	2451	761

续 表

序号	公司简称	2015 年	2014 年	2013 年
31	西部信托	2823	2126	2567
32	湖南信托	2694	5427	8500
33	英大信托	2397	20	732
34	中航信托	2343	1053	1550
35	长安国信	1690	2582	967
36	昆仑信托	1530	1359	1560
37	兴业信托	1462	3278	2435
38	渤海信托	1318	620	310
39	中建投信托	931	414	3
40	交银国信	832	708	263
41	东莞信托	713	679	806
42	紫金信托	109	36	36
43	西藏信托	0	未披露	0
44	华融国信	0	0	1183
45	工商信托	0	0	0
46	国民信托	0	未披露	0
47	中泰信托	0	0	6503
48	安信信托	0	未披露	6
49	陕西国信	0	未披露	未披露
50	新时代	0	0	0
51	中江国信	0	372	0
52	云南国信	0	0	0
53	陆家嘴信托	0	0	0
54	华能贵诚	0	0	0
55	华澳信托	0	0	0
56	金谷信托	0	0	0
57	方正东亚	0	0	0
58	大业信托	0	0	0
59	华鑫信托	0	0	0
60	五矿信托	0	0	0

续　表

序号	公司简称	2015 年	2014 年	2013 年
61	中粮信托	0	0	0
62	长城新盛	0	0	0
63	浙商金汇	0	0	0
64	万向信托	0	0	0
65	民生信托	0	0	0
66	苏州信托	-48	-36	2050
67	华宸信托	-207	1189	-813
68	爱建信托	-747	-104	0
合计		1643956	818594	610615
平均		24537	12791	9114

表 6-26　　股权投资收益占比序列表（2015 年度）

序号	公司简称	2015 年（%）	2014 年（%）	2013 年（%）
1	华润信托	65.19	35.89	22.95
2	江苏国信	56.11	61.04	61.97
3	国联信托	55.16	32.30	22.62
4	中信信托	47.56	6.86	1.92
5	光大兴陇	41.84	4.77	0
6	国元信托	36.28	22.77	15.05
7	中海信托	29.71	26.32	27.97
8	粤财信托	27.13	8.58	10.87
9	中诚信托	22.08	12.14	10.52
10	上海国信	20.92	20.63	36.23
11	天津信托	16.55	20.42	-0.28
12	平安信托	15.46	17.26	25.57
13	重庆国信	14.41	17.00	30.10
14	中原信托	10.89	5.07	1.43
15	外贸信托	10.51	4.92	4.52
16	厦门国信	10.00	20.72	14.54
17	华信信托	9.94	27.54	7.00
18	建信信托	9.80	10.43	2.80

续 表

序号	公司简称	2015 年（%）	2014 年（%）	2013 年（%）
19	山西信托	9. 18	4. 14	1. 26
20	中铁信托	6. 55	0. 49	0. 13
21	华宝信托	5. 88	4. 72	3. 53
22	新华信托	5. 77	1. 66	-0. 47
23	吉林信托	4. 78	1. 01	12. 95
24	四川信托	4. 76	1. 93	0. 54
25	北方国信	3. 55	1. 76	1. 87
26	北京国信	3. 51	2. 60	0. 79
27	湖南信托	3. 51	5. 83	9. 70
28	百瑞信托	3. 09	3. 36	2. 67
29	山东国信	2. 73	0. 65	3. 00
30	西部信托	2. 37	5. 31	6. 92
31	英大信托	2. 16	0. 02	0. 76
32	国投泰康	2. 06	4. 30	18. 10
33	中融信托	1. 43	0. 54	0. 63
34	中航信托	1. 14	0. 62	1. 01
35	渤海信托	1. 13	0. 51	0. 29
36	昆仑信托	1. 00	0. 96	1. 09
37	东莞信托	0. 84	0. 90	1. 15
38	交银国信	0. 64	0. 58	0. 26
39	中建投信托	0. 60	0. 36	0
40	长安国信	0. 58	1. 01	0. 42
41	兴业信托	0. 53	1. 33	1. 18
42	紫金信托	0. 15	0. 07	0. 10
43	西藏信托	0	未披露	0
44	华融国信	0	0	0. 60
45	工商信托	0	0	0
46	国民信托	0	未披露	0
47	中泰信托	0	0	9. 41
48	安信信托	0	未披露	0. 01

续　表

序号	公司简称	2015 年（%）	2014 年（%）	2013 年（%）
49	陕西国信	0	未披露	未披露
50	新时代	0	0	0
51	中江国信	0	0.30	0
52	云南国信	0	0	0
53	陆家嘴信托	0	0	0
54	华能贵诚	0	0	0
55	华澳信托	0	0	0
56	金谷信托	0	0	0
57	方正东亚	0	0	0
58	大业信托	0	0	0
59	华鑫信托	0	0	0
60	五矿信托	0	0	0
61	中粮信托	0	0	0
62	长城新盛	0	0	0
63	浙商金汇	0	0	0
64	万向信托	0	0	0
65	民生信托	0	0	0
66	苏州信托	-0.05	-0.04	3.05
67	爱建信托	-0.72	-0.12	0
68	华宸信托	-0.96	6.10	-3.62
平均		13.91	8.73	7.33

表 6-27　　股权投资收益增长序列表（2015 年度）　　单位：万元

序号	公司简称	2015 年	2014 年	2013 年
1	中信信托	450478	28346	-402
2	华润信托	216064	78477	7791
3	光大兴陇	24477	1410	-200
4	中诚信托	21622	5585	7536
5	粤财信托	20931	-1463	-2787
6	国元信托	20631	10474	3674
7	重庆国信	19247	-5412	43698

续 表

序号	公司简称	2015 年	2014 年	2013 年
8	平安信托	18700	-13691	60355
9	外贸信托	16210	673	-287
10	国联信托	15255	8824	4454
11	中原信托	12819	5669	-1042
12	中海信托	10166	3050	7794
13	中铁信托	9337	528	45
14	四川信托	8192	3101	974
15	江苏国信	6956	998	6915
16	中融信托	6576	-92	3109
17	新华信托	4224	2511	-598
18	建信信托	3737	12458	2007
19	山东国信	3537	-2598	-35536
20	吉林信托	3231	-9193	-1518
21	英大信托	2377	-712	655
22	北京国信	2246	3335	-5713
23	北方国信	2106	52	377
24	华宝信托	1458	1617	-833
25	中航信托	1291	-497	866
26	百瑞信托	745	1447	2332
27	渤海信托	698	310	-1008
28	西部信托	697	-441	-6161
29	中建投信托	517	411	3
30	山西信托	414	1690	819
31	昆仑信托	171	-200	648
32	交银国信	124	445	263
33	紫金信托	73	0	36
34	东莞信托	34	-127	107
35	华融国信	0	-1183	988
36	工商信托	0	0	0
37	中泰信托	0	-6503	-5603

续 表

序号	公司简称	2015 年	2014 年	2013 年
38	新时代	0	0	0
39	云南国信	0	0	0
40	陆家嘴信托	0	0	0
41	华能贵诚	0	0	0
42	华澳信托	0	0	0
43	金谷信托	0	0	0
44	方正东亚	0	0	0
45	大业信托	0	0	未披露
46	华鑫信托	0	0	0
47	五矿信托	0	0	0
48	中粮信托	0	0	0
49	长城新盛	0	0	0
50	浙商金汇	0	0	0
51	万向信托	0	0	未披露
52	民生信托	0	0	未披露
53	苏州信托	-12	-2086	-692
54	国投泰康	-153	-7819	4201
55	中江国信	-372	372	0
56	爱建信托	-643	-104	0
57	长安国信	-892	1615	967
58	华宸信托	-1396	2002	-66
59	兴业信托	-1816	843	821
60	湖南信托	-2733	-3073	7307
61	厦门国信	-6712	4486	5767
62	天津信托	-11360	30701	751
63	上海国信	-17991	454	20602
64	华信信托	-35898	51297	3298
65	西藏信托	未披露	未披露	未披露
66	国民信托	未披露	未披露	0
67	安信信托	未披露	未披露	-8231
68	陕西国信	未披露	未披露	未披露
合计		825361	207979	128485
平均		11746	3677	1580

表 6 - 28　　证券投资收益规模序列表（2015 年度）　　单位：万元

序号	公司简称	2015 年	2014 年	2013 年
1	华信信托	150143	59337	60792
2	重庆国信	134615	14194	-5458
3	平安信托	92343	37519	30754
4	西部信托	78249	3557	49
5	华鑫信托	72306	17817	15676
6	上海国信	49667	28320	21653
7	吉林信托	47663	2222	17116
8	长安国信	47368	0	8680
9	兴业信托	45952	37873	9821
10	外贸信托	39264	22528	55102
11	中信信托	37729	3667	2514
12	中江国信	27194	1101	25
13	陆家嘴信托	26898	12291	6359
14	新华信托	21752	6725	3782
15	北京国信	20948	12000	-593
16	中诚信托	16730	11144	6177
17	五矿信托	15395	9929	6464
18	江苏国信	14286	265	239
19	建信信托	14096	1394	3828
20	厦门国信	9211	177	72
21	工商信托	8234	11	2
22	天津信托	7786	6908	2920
23	国元信托	7698	788	286
24	紫金信托	6834	1291	969
25	华宸信托	5235	134	-110
26	华融国信	4903	4139	3710
27	浙商金汇	4888	3786	2810
28	苏州信托	4423	14385	6513
29	国民信托	2674	未披露	1384
30	东莞信托	2467	1498	1520

续　表

序号	公司简称	2015 年	2014 年	2013 年
31	国联信托	2429	1459	2164
32	山西信托	2300	9015	2640
33	百瑞信托	2194	475	0
34	爱建信托	1871	4507	801
35	中建投信托	1762	2461	1461
36	光大兴陇	1608	5	0
37	中海信托	1296	2454	0
38	渤海信托	776	5794	3925
39	云南国信	504	186	61
40	北方国信	262	-139	-560
41	中航信托	57	2746	2094
42	西藏信托	0	未披露	0
43	中融信托	0	0	0
44	粤财信托	0	0	0
45	中原信托	0	0	0
46	华宝信托	0	0	0
47	中泰信托	0	0	21012
48	英大信托	0	0	2049
49	安信信托	0	未披露	305
50	陕西国信	0	未披露	未披露
51	新时代	0	0	0
52	山东国信	0	0	0
53	华润信托	0	0	0
54	国投泰康	0	0	0
55	昆仑信托	0	0	0
56	中铁信托	0	0	0
57	华能贵诚	0	0	0
58	华澳信托	0	0	0
59	金谷信托	0	0	0
60	方正东亚	0	0	0

续 表

序号	公司简称	2015 年	2014 年	2013 年
61	四川信托	0	7400	0
62	大业信托	0	0	0
63	中粮信托	0	0	0
64	长城新盛	0	0	0
65	万向信托	0	0	0
66	民生信托	0	0	0
67	交银国信	-40	0	1436
68	湖南信托	-458	542	138
合计		1031513	351903	300583
平均		15396	5498	4486

表 6-29　　证券投资收益占比序列表（2015 年度）

序号	公司简称	2015 年（%）	2014 年（%）	2013 年（%）
1	吉林信托	66.36	11.06	23.60
2	西部信托	65.77	8.88	0.13
3	华信信托	54.57	25.83	35.58
4	华鑫信托	45.88	17.84	17.29
5	华宸信托	24.36	0.68	-0.49
6	重庆国信	24.36	3.99	-2.50
7	新华信托	21.32	6.71	2.07
8	中江国信	20.93	0.89	0.02
9	上海国信	19.52	8.21	11.09
10	陆家嘴信托	19.41	14.33	11.19
11	浙商金汇	19.34	12.94	12.70
12	兴业信托	16.75	15.42	4.77
13	长安国信	16.21	0	3.72
14	外贸信托	15.84	11.25	27.14
15	平安信托	12.21	6.59	7.03
16	北京国信	10.79	6.83	-0.38
17	厦门国信	9.73	0.23	0.09
18	紫金信托	9.62	2.51	2.57

续 表

序号	公司简称	2015 年（%）	2014 年（%）	2013 年（%）
19	工商信托	9. 25	0. 01	0
20	江苏国信	8. 71	0. 19	0. 18
21	山西信托	7. 37	15. 22	4. 36
22	建信信托	7. 13	0. 93	3. 38
23	五矿信托	7. 05	6. 42	4. 93
24	天津信托	6. 78	4. 65	2. 41
25	国元信托	6. 31	0. 76	0. 33
26	中诚信托	6. 21	3. 57	2. 01
27	苏州信托	4. 41	14. 73	9. 69
28	国联信托	3. 93	2. 50	4. 89
29	中信信托	3. 67	0. 65	0. 46
30	华融国信	2. 99	2. 26	1. 90
31	东莞信托	2. 91	1. 97	2. 17
32	国民信托	2. 87	未披露	3. 37
33	光大兴陇	2. 60	0. 02	0
34	爱建信托	1. 79	5. 24	1. 17
35	百瑞信托	1. 27	0. 35	0
36	中建投信托	1. 14	2. 11	1. 41
37	中海信托	0. 80	1. 71	0
38	云南国信	0. 72	0. 33	0. 11
39	渤海信托	0. 67	4. 75	3. 70
40	北方国信	0. 22	-0. 11	-0. 49
41	中航信托	0. 03	1. 61	1. 36
42	西藏信托	0	未披露	0
43	中融信托	0	0	0
44	粤财信托	0	0	0
45	中原信托	0	0	0
46	华宝信托	0	0	0
47	中泰信托	0	0	30. 40
48	英大信托	0	0	2. 14

续 表

序号	公司简称	2015 年（%）	2014 年（%）	2013 年（%）
49	安信信托	0	未披露	0.34
50	陕西国信	0	未披露	未披露
51	新时代	0	0	0
52	山东国信	0	0	0
53	华润信托	0	0	0
54	国投泰康	0	0	0
55	昆仑信托	0	0	0
56	中铁信托	0	0	0
57	华能贵诚	0	0	0
58	华澳信托	0	0	0
59	金谷信托	0	0	0
60	方正东亚	0	0	0
61	四川信托	0	3.38	0
62	大业信托	0	0	0
63	中粮信托	0	0	0
64	长城新盛	0	0	0
65	万向信托	0	0	0
66	民生信托	0	0	0
67	交银国信	-0.03	0	1.43
68	湖南信托	-0.60	0.58	0.16
平均		8.73	3.75	3.61

表 6-30　　公允价值变动收益规模序列表（2015 年度）　　单位：万元

序号	公司简称	2015 年	2014 年	2013 年
1	长安国信	40637	38598	6397
2	国民信托	21657	未披露	7433
3	安信信托	18054	未披露	91
4	四川信托	4357	-2592	1333
5	中海信托	2655	1846	-356
6	光大兴陇	2100	-2737	259
7	中信信托	1764	0	443

续 表

序号	公司简称	2015 年	2014 年	2013 年
8	华宝信托	930	-5	-460
9	北方国信	891	283	-205
10	浙商金汇	423	182	-687
11	方正东亚	375	672	-42
12	建信信托	315	-262	-967
13	西部信托	208	39	0
14	华澳信托	117	282	0
15	厦门国信	113	2189	-133
16	昆仑信托	97	0	0
17	国联信托	41	3	-4
18	云南国信	29	533	44
19	东莞信托	25	7	0
20	吉林信托	18	0	76
21	新时代	3	1607	1001
22	工商信托	2	0	0
23	粤财信托	0	0	0
24	华信信托	0	0	0
25	平安信托	0	0	0
26	中融信托	0	11873	-1011
27	外贸信托	0	0	-2236
28	江苏国信	0	0	0
29	华融国信	0	0	0
30	天津信托	0	0	2
31	百瑞信托	0	0	86
32	中原信托	0	0	0
33	华宸信托	0	0	0
34	英大信托	0	0	0
35	山东国信	0	13459	1911
36	华润信托	0	0	0
37	国投泰康	0	0	0

续 表

序号	公司简称	2015 年	2014 年	2013 年
38	交银国信	0	0	0
39	中建投信托	0	352	-253
40	中铁信托	0	0	0
41	华能贵诚	0	32983	490
42	金谷信托	0	0	0
43	大业信托	0	0	0
44	长城新盛	0	0	0
45	万向信托	0	0	0
46	苏州信托	-3	337	95
47	中航信托	-15	521	-506
48	山西信托	-15	183	166
49	华鑫信托	-23	23	0
50	中泰信托	-113	3	-25
51	五矿信托	-135	1021	441
52	北京国信	-343	-114	2549
53	民生信托	-445	-171	648
54	陕西国信	-536	未披露	未披露
55	中诚信托	-573	1742	-271
56	湖南信托	-718	1262	-51
57	紫金信托	-730	3251	42
58	新华信托	-856	1397	-779
59	上海国信	-903	2681	-2414
60	陆家嘴信托	-966	1567	-677
61	国元信托	-994	53	4
62	兴业信托	-1613	1971	5
63	爱建信托	-1661	1567	378
64	中江国信	-2521	0	0
65	渤海信托	-6975	-22	1
66	中粮信托	-8493	8776	666
67	重庆国信	-8790	-3245	13881
68	西藏信托	-23211	未披露	0
合计		34180	122114	27366
平均		503	1908	408

表 6－31　　公允价值变动收益占比序列表（2015 年度）

序号	公司简称	2015 年（%）	2014 年（%）	2013 年（%）
1	国民信托	23.21	未披露	18.10
2	长安国信	13.90	15.15	2.75
3	安信信托	6.11	未披露	0.10
4	光大兴陇	3.40	－9.27	0.70
5	浙商金汇	1.67	0.62	－3.10
6	四川信托	1.67	－1.18	0.64
7	中海信托	1.65	1.29	－0.29
8	北方国信	0.74	0.23	－0.18
9	华宝信托	0.70	0	－0.34
10	方正东亚	0.25	0.41	－0.03
11	华澳信托	0.22	0.62	0
12	西部信托	0.17	0.10	0
13	中信信托	0.17	0	0.08
14	建信信托	0.16	－0.17	－0.85
15	厦门国信	0.12	2.80	－0.17
16	国联信托	0.07	0.01	－0.01
17	昆仑信托	0.06	0	0
18	云南国信	0.04	0.94	0.08
19	东莞信托	0.03	0.01	0
20	吉林信托	0.02	0	0.10
21	新时代	0	2.26	1.46
22	工商信托	0	0	0
23	粤财信托	0	0	0
24	华信信托	0	0	0
25	平安信托	0	0	0
26	中融信托	0	2.15	－0.21
27	外贸信托	0	0	－1.10
28	江苏国信	0	0	0
29	华融国信	0	0	0
30	天津信托	0	0	0

续 表

序号	公司简称	2015 年（%）	2014 年（%）	2013 年（%）
31	百瑞信托	0	0	0.07
32	中原信托	0	0	0
33	华宸信托	0	0	0
34	英大信托	0	0	0
35	山东国信	0	9.85	1.65
36	华润信托	0	0	0
37	国投泰康	0	0	0
38	交银国信	0	0	0
39	中建投信托	0	0.30	-0.24
40	中铁信托	0	0	0
41	华能贵诚	0	14.02	0.31
42	金谷信托	0	0	0
43	大业信托	0	0	0
44	长城新盛	0	0	0
45	万向信托	0	0	0
46	苏州信托	0	0.35	0.14
47	中航信托	-0.01	0.31	-0.33
48	华鑫信托	-0.01	0.02	0
49	山西信托	-0.05	0.31	0.28
50	五矿信托	-0.06	0.66	0.34
51	中泰信托	-0.14	0	-0.04
52	北京国信	-0.18	-0.06	1.63
53	中诚信托	-0.21	0.56	-0.09
54	上海国信	-0.35	0.78	-1.24
55	民生信托	-0.41	-0.37	3.90
56	陕西国信	-0.47	未披露	未披露
57	兴业信托	-0.59	0.80	0
58	陆家嘴信托	-0.70	1.83	-1.19
59	国元信托	-0.80	0.05	0
60	新华信托	-0.84	1.39	-0.43

续　表

序号	公司简称	2015 年（%）	2014 年（%）	2013 年（%）
61	湖南信托	-0.94	1.36	-0.06
62	紫金信托	-1.03	6.32	0.11
63	爱建信托	-1.59	1.82	0.55
64	重庆国信	-1.59	-0.91	6.35
65	中江国信	-1.94	0	0
66	渤海信托	-5.99	-0.02	0
67	中粮信托	-14.38	15.21	1.43
68	西藏信托	-32.40	未披露	0
平均		0.28	1.30	0.33

第七章　风控与资产质量分析

面对不可预期的风险经济环境，风险控制是信托公司价值创造的保障。2015年全球经济持续低迷，宏观经济下行压力较大，需求持续疲软，投资与消费均不乐观。信托业在“新常态”背景下，面临传统业务萎缩、资管市场竞争加剧、高杠杆风险暴露以及互联网冲击等经济压力，制度红利不断削弱，信用风险持续显现。信托业为加快转型，增强自身风控能力，已加快证券投资、事务管理型信托业务结构调整，专业化和差异化竞争战略逐步成型，然而较庞大的表内外融资业务依然面临信用风险的挑战。

第一节　净资本

净资本管理既可控制“小马拉大车”无意中出现的管理能力与风控能力不相匹配的问题；也可防止个别公司为追逐眼前利益而出现的恶意“违规超载”的现象；同时更有引导信托公司尽快实现从“广种薄收”“以量取胜”片面追求规模的粗放式经营模式，向“精耕细作”、提升业务科技含量和产品附加值内涵发展的经营模式升级转型的深层考量和战略意图。在动荡多变环境下获取竞争优势、进行风险管控的关键是建立以净资本管理为核心的业务发展模式和管理体系。

根据2016年信托公司最新披露信息显示，全部68家信托公司中披露净资本值的有46家，净资产值全部披露。而2014年披露净资产值的仅有14家，2015年较2014年的信息披露状况大为改观。但详细披露固有业务风险资本和信托业务风险资本的仅有8家，披露各项业务风险资本之和的有4家。在具体风险资本披露上仍需加强。

在合规内容方面，《信托公司净资本管理办法》中明确规定信托公司净资本不得低于人民币 2 亿元。目前披露净资本值的 46 家公司此项风险控制指标均达标，最低值在 11 亿元以上。其中最高的是平安信托（184.3 亿元），第二位为华润信托（137.85 亿元）。披露公司的平均净资本值为 74 亿元，较 2014 年大幅提高。

监管规定净资本不得低于各项风险资本之和的 100%，净资本不得低于净资产的 40%。披露的 46 家公司这两项指标均达标，信托公司各项业务的风险资本有相应的净资本做支撑。其中，吉林信托和华信信托净资本是风险资本之和的 552.56%、416.21%，排名第一、二位，净资本占净资产比重最高的是五矿信托（91.93%），其次是万向信托（90.18%），如表 7－1 所示。

表 7－1　　2015 年与 2014 年净资本相关指标排名

指标 排名	净资本前三名（2015 年）	净资本前三名（2014 年）	净资本/各项业务风险资本之和前三名（2015 年）	净资本/各项业务风险资本之和前三名（2014 年）	净资本/净资产前三名（2015 年）	净资本/净资产前三名（2014 年）
第一名	平安信托（184.30）	平安信托（145.87）	吉林信托（552.56%）	华信信托（489.99%）	五矿信托（91.93%）	民生信托（93.97%）
第二名	华润信托（137.85）	中信信托（123.69）	华信信托（416.21%）	民生信托（447.04%）	万向信托（90.18%）	五矿信托（93.24%）
第三名	重庆信托（129.05）	华润信托（118.00）	云南信托（379.00%）	吉林信托（400.18%）	中融信托（90.00%）	华信信托（93.04%）

注：括号内数值（单位：亿元）。

具体数据见表 7－2。

表 7－2　　净资本、风险资本及风控指标（2015 年度）　　单位：亿元

序号	公司简称	净资产	各项业务风险资本之和	净资本	净资本/各项业务风险资本之和	净资本/净资产
1	中诚信托	141.18	32.48	104.13	320.57%	78.34%

续 表

序号	公司简称	净资产	各项业务风险资本之和	净资本	净资本/各项业务风险资本之和	净资本/净资产
2	新华信托	57.33	未披露	未披露	未披露	未披露
3	华信信托	73.20	15.79	65.71	416.21%	89.77%
4	上海国信	67.48	未披露	未披露	未披露	未披露
5	中海信托	42.42	22.33	35.96	161.04%	84.77%
6	平安信托	227.75	80.48	184.30	229.00%	81.00%
7	厦门国信	39.81	13.86	31.64	228.23%	79.47%
8	吉林信托	42.36	6.47	35.76	552.56%	84.42%
9	东莞信托	36.86	未披露	未披露	未披露	未披露
10	西藏信托	16.12	10.35	13.40	129.52%	83.12%
11	山西信托	19.24	11.30	11.34	118.05%	69.33%
12	甘肃信托	43.22	17.00	32.40	190.59%	74.96%
13	中融信托	113.19	未披露	102.02	未披露	90.12%
14	中信信托	179.52	56.00	129.00	231.00%	72.00%
15	苏州信托	37.08	未披露	未披露	未披露	未披露
16	外贸信托	74.34	42.15	66.98	158.93%	89.15%
17	江苏国信	87.52	56.96	73.26	128.63%	83.71%
18	华融国信	51.38	40.50	44.00	108.63%	85.63%
19	粤财信托	42.76	未披露	未披露	未披露	未披露
20	天津信托	37.76	10.28	30.17	293.48%	79.90%
21	北方国信	36.40	未披露	未披露	未披露	未披露
22	百瑞信托	54.40	24.99	46.48	185.99%	85.43%
23	中原信托	42.03	21.56	33.40	154.92%	79.47%
24	华宸信托	13.34	未批露	未批露	未披露	未披露
25	湖南信托	30.06	8.66	23.55	271.98%	78.35%
26	兴业信托	122.51	59.18	104.67	176.87%	85.44%
27	工商信托	28.60	未批露	20.64	223.60%	72.14%
28	建信信托	83.09	未批露	未批露	未批露	未批露
29	国民信托	21.32	10.04	16.47	164.04%	77.27%

续　表

序号	公司简称	净资产	各项业务风险资本之和	净资本	净资本/各项业务风险资本之和	净资本/净资产
30	华宝信托	57.11	未批露	未批露	未披露	未披露
31	中泰信托	37.36	未批露	30.41	284.21%	81.40%
32	英大信托	50.14	未披露	44.85	223.00%	89.00%
33	国联信托	36.99	10.59	29.09	274.77%	77.35%
34	安信信托	63.09	25.55	43.53	170.40%	69.00%
35	陕西国信	76.54	19.10	63.51	332.58%	82.97%
36	新时代	36.85	未批露	未批露	未披露	未披露
37	山东国信	50.05	未批露	未批露	未批露	未批露
38	华润信托	168.35	38.63	137.85	356.80%	81.88%
39	国投信托	55.77	19.18	48.94	255.19%	87.76%
40	中江国信	49.44	未批露	45.72	未披露	未披露
41	国投泰康	48.29	17.52	40.07	228.63%	未披露
42	昆仑信托	62.13	24.37	54.35	222.98%	87.47%
43	长安国信	49.25	19.09	40.48	212.00%	82.00%
44	西部信托	94.11	未批露	未批露	未批露	未批露
45	云南国信	18.72	4.43	16.80	379.00%	90.00%
46	重庆国信	161.71	51.22	129.05	251.95%	79.80%
47	北京国投	69.21	31.31	55.76	178.11%	80.56%
48	交银国信	62.83	23.73	50.12	264.74%	79.77%
49	渤海信托	42.34	未披露	未披露	未披露	未披露
50	中建投信托	50.02	23.23	40.96	176.36%	81.90%
51	中铁信托	53.19	18.43	42.35	229.76%	83.36%
52	陆家嘴信托	37.10	18.59	32.57	175.25%	87.78%
53	爱建信托	38.21	未披露	未披露	未披露	未披露
54	华能贵诚	72.78	53.22	61.74	116.01%	84.83%
55	中航信托	52.00	未披露	未披露	未披露	未披露
56	华澳信托	11.44	未披露	未披露	未披露	未披露
57	金谷信托	34.02	15.76	22.67	143.83%	66.64%

续 表

序号	公司简称	净资产	各项业务风险资本之和	净资本	净资本/各项业务风险资本之和	净资本/净资产
58	方正东亚	37.29	未披露	未披露	未披露	未披露
59	四川信托	47.11	21.09	41.31	196.00%	87.00%
60	大业信托	12.81	未披露	未披露	未披露	未披露
61	华鑫信托	34.61	22.06	29.90	135.54%	86.39%
62	五矿信托	56.50	22.76	51.94	228.21%	91.93%
63	中粮信托	37.73	未披露	未披露	未披露	未披露
64	紫金信托	19.09	未披露	未披露	未披露	未披露
65	长城新盛	3.85	未披露	未披露	未披露	未披露
66	浙商金汇	7.46	未披露	未披露	未披露	未披露
67	万向信托	16.52	10.40	14.89	143.25%	90.18%
68	民生信托	35.94	14.56	29.86	205.04%	83.13%
合计		3810.21	1045.19	2404.02		
平均		56.03	25.49	52.26		

第二节 自营业务不良资产

从整体来看，信托公司固有业务风险持续显露。自营业务平均不良资产规模为21941万元，2015年较2014年增加15873万元，增幅261.59%，不良资产总体规模也从40亿元增加到74亿元，为历年增长之最，不良资产表现令人担忧。

结合后面不良资产规模分布可以看出，68家信托公司中有39家存在不良资产，2015年较2014年增加9家。总体而言，2015年信托自营业务不良资产大幅增加，资产质量下降，经营风险加大。2015年变异系数为1.20，反映了公司间差异逐渐缩小。主要是亿元以上不良资产规模企业的数量大幅上升（从9家增加到16家），这些企业集中导致了行业整体表现下降，如表7-3所示。

表 7－3　　2011—2015 年度自营不良资产规模的统计分析表

项目＼年份	2011	2012	2013	2014	2015
合计（万元）	204747	163199	265181	400477	745998
平均值（万元）	3357	2473	3900	6068	21941
平均值增长幅度（万元）	370	－884	1427	2168	15873
平均值增长率（%）	12.39	－26.33	57.70	55.59	261.59
公司数目（家）	64	66	68	66	68
不良资产缩减的公司数（家）	21	11	13	13	12
最大值（万元）	103484	70731	64232	77652	144367
最小值（万元）	0	0	0	0	0
标准差（万元）	14087	9679	10208	13940	26241
变异系数	4.20	3.91	2.62	2.30	1.20

从不良资产率来看，68 家公司平均不良资产率为 2.71%，2015 年较 2014 年度大幅增加。不良资产率最大值为 47.60%，呈逐年下降趋势。不良资产率的公司间差异为 3.08，如表 7－4 所示。总体来看，信托公司自营不良资产率较规模而言表现稍好，不良资产率缩减的公司在不断增加，但 2015 年比 2014 年平均不良资产率大幅增高，经营风险加大。浙商金汇、华宸信托、中泰信托不良率较高，分别为 47.60%、30.98% 和 26.72%。信托公司不良资产率升高，一方面是因为这些公司固有资产配置中贷款、应收账款增加，信用风险逐渐显现；另一方面也可能是由于固有资金接盘信托风险项目，可能涉及相关资产风险由表外向表内传递。2016 年，银监会发布《关于进一步加强信托公司风险监管工作的意见》，指出外表业务风险可能向表内传递的，需要在财务报表中通过预计负债进行反映。根据信托公司年报披露，爱建信托、安信信托、中建投信托、陕国投、天津信托、云南信托、中粮信托、中原信托、民生信托等都与保障基金公司开展了业务合作，通过负债资金参与金融市场投资，使得自身杠杆风险加大。另外，华信信托、西部信托、华宝信托等重仓股票，2015 年年末股票投资规模进一步上升，需要关注其股票二级市场投资风险。

表 7－4　2011—2015 年度自营不良资产率的统计分析表

项目＼年份	2011	2012	2013	2014	2015
平均值（%）	2. 23	1. 3	0. 05	0. 12	2. 71
平均值增长率（%）	0. 34	－0. 93	－1. 25	0. 07	2. 59
公司数目（家）	64	66	68	66	68
不良资产率缩减的公司数（家）	22	7	14	14	21
最大值（%）	83. 47	80. 29	55. 82	50. 52	47. 60
最小值（%）	0	0	0	0	0
标准差（%）	11. 35	10. 18	7. 57	10. 36	8. 35
变异系数	5. 08	7. 83	3. 46	2. 59	3. 08

从不良资产规模的分布区间来看，2015 年亿元以上不良资产公司为 16 家（占全部信托公司数的 23. 53%），而 2012 年只有 2 家，2014 年为 9 家，更多公司步入亿元不良资产行列。亿元以上不良资产公司产生了 90% 以上的信托行业不良资产，监管对象和风控重点应集中在这 16 家公司，如表 7－5 所示。

表 7－5　自营不良资产规模分布

不良资产规模区间	1 亿元及以上区间	0～1 亿元区间	0 元	总计
2015 年公司数目（占比）	16（23. 53%）	23（33. 82%）	29（42. 65%）	68
2014 年公司数目（占比）	9（13. 63%）	21（31. 82%）	36（54. 55%）	66
2015 年不良资产规模合计（占比）	680892 万元（91. 27%）	65106 万元（8. 73%）	0	745998 万元
2014 年不良资产规模合计（占比）	313913 万元（78. 38%）	86565 万元（21. 62%）	0	400477 万元

从信托公司不良资产规模增幅来看，目前，不良资产规模缩减最多的是长安信托，缩减 5. 15 亿元，其次是中信信托和外贸信托。不良资产率缩减最多的是新时代（缩减 32. 86%），其次是新华信托和华宸信托。其中，中信信托连续四年不良资产规模和比率均有较大规模缩减，新时代的不良资产率也逐年大幅缩减，资

产质量稳健提升，如表7－6所示。

表7－6　　信托公司自营不良资产缩减前五名

排名＼指标	不良资产规模缩减前五名（2015年）	不良资产规模缩减前五名（2014年）	不良资产率缩减前五名（2015年）	不良资产率缩减前五名（2014年）
第一名	长安国信（－51532）	平安信托（－26398）	新时代（－32.86%）	新时代（－22.81%）
第二名	中信信托（－27743）	中信信托（－22732）	新华信托（－28.50%）	江苏国信（－5.57%）
第三名	外贸信托（－23761）	中铁信托（－7156）	华宸信托（－19.54%）	中信信托（－4.76%）
第四名	华鑫信托（－5891）	安信信托（－6078）	吉林信托（－12.00%）	安信信托（－3.89%）
第五名	吉林信托（－2988）	金谷信托（－4910）	长安信托（－9.14%）	华能贵诚（－3.40%）

注：括号内不良资产规模缩减（单位：万元）。

从不良资产的构成来看，按照银监会要求，我国信托公司资产质量实行五级分类管理，次级、可疑和损失类资产即不良资产直接反映了信托公司资产的质量和安全程度。2015年，信托公司正常类资产平均75亿元，占全部资产的93.57%，而次级、可疑和损失类不良资产总计2.19亿元，占资产总额的2.71%，如表7－7所示。

表7－7　　2015年度信托公司资产类别　　单位：万元

资产类别	正常	关注	次级	可疑	损失	不良资产合计
合计	25715920	999451	367871	192462	186665	745998
平均	756351	29396	10820	5661	5490	21941
占比	93.57%	3.64%	1.34%	0.70%	0.68%	2.71%

具体数据见表7－8至表7－11。

表 7－8　　自营不良资产规模序列表（2015 年度）　　单位：万元

序号	公司简称	2015 年	2014 年	2013 年
1	华润信托	144367	9088	1739
2	新华信托	110148	77652	25109
3	五矿信托	105825	37421	23027
4	华宸信托	52028	15021	300
5	北方国信	44138	0	0
6	中泰信托	35416	35416	35416
7	山东国信	28466	17969	7122
8	甘肃信托	26613	8844	349
9	山西信托	21774	4017	0
10	浙商金汇	20472	0	0
11	西部信托	18902	4012	4048
12	华澳信托	18190	0	0
13	西藏信托	15291	0	0
14	天津信托	15000	7000	0
15	中信信托	13757	41500	64232
16	渤海信托	10503	0	0
17	昆仑信托	9217	11647	2430
18	中诚信托	7709	7709	7709
19	金谷信托	7395	8240	13151
20	陕西国信	7103	2628	4061
21	吉林信托	5999	8987	0
22	大业信托	5165	0	0
23	百瑞信托	4901	7763	9990
24	爱建信托	4296	648	1288
25	四川信托	3163	0	0
26	华能贵诚	2316	4840	5118
27	英大信托	1520	1520	1541
28	长安国信	1151	52683	13190
29	国民信托	951	未披露	0
30	外贸信托	842	24604	25

续 表

序号	公司简称	2015 年	2014 年	2013 年
31	中建投信托	720	720	0
32	新时代	669	669	2669
33	国元信托	618	未披露	496
34	平安信托	583	946	27344
35	华鑫信托	500	6391	0
36	中江国信	197	50	50
37	厦门国信	70	0	0
38	华宝信托	18	1440	1440
39	陆家嘴信托	3	3	3
40	华信信托	0	0	0
41	上海国信	0	0	0
42	中海信托	0	0	0
43	东莞信托	0	1050	0
44	中融信托	0	0	0
45	苏州信托	0	0	0
46	江苏国信	0	0	100
47	华融国信	0	0	0
48	粤财信托	0	0	0
49	中原信托	0	0	0
50	湖南信托	0	0	0
51	兴业信托	0	0	0
52	工商信托	0	0	0
53	建信信托	0	0	0
54	国联信托	0	0	0
55	安信信托	0	0	6078
56	国投泰康	0	0	0
57	云南国信	0	0	0
58	重庆国信	0	0	0
59	北京国信	0	0	0
60	交银国信	0	0	0

续 表

序号	公司简称	2015 年	2014 年	2013 年
61	中铁信托	0	0	7156
62	中航信托	0	0	0
63	方正东亚	0	0	0
64	中粮信托	0	0	0
65	紫金信托	0	0	0
66	长城新盛	0	0	0
67	万向信托	0	0	0
68	民生信托	0	0	0
合计		745998	400477	265181
平均		21941	6068	3900

表 7－9　　自营不良资产减少序列表（2015 年度）　　单位：万元

序号	公司简称	2015 年	2014 年	2013 年
1	长安国信	－51532	39493	10649
2	中信信托	－27743	－22732	－6500
3	外贸信托	－23761	24579	25
4	华鑫信托	－5891	6391	0
5	吉林信托	－2988	8987	0
6	百瑞信托	－2862	－2227	6980
7	华能贵诚	－2523	－279	－529
8	昆仑信托	－2430	9217	0
9	华宝信托	－1421	0	0
10	东莞信托	－1050	1050	0
11	金谷信托	－846	－4910	13151
12	平安信托	－364	－26398	24815
13	中诚信托	0	0	7709
14	华信信托	0	0	0
15	上海国信	0	0	0
16	中海信托	0	0	0
17	中融信托	0	0	0
18	苏州信托	0	0	0

续 表

序号	公司简称	2015 年	2014 年	2013 年
19	江苏国信	0	-100	0
20	华融国信	0	0	-124
21	粤财信托	0	0	-97
22	中原信托	0	0	0
23	湖南信托	0	0	0
24	兴业信托	0	0	0
25	工商信托	0	0	-724
26	建信信托	0	0	0
27	中泰信托	0	0	0
28	国联信托	0	0	0
29	安信信托	0	-6078	3343
30	新时代	0	-2000	2000
31	国投泰康	0	0	0
32	云南国信	0	0	0
33	重庆国信	0	0	0
34	北京国信	0	0	0
35	交银国信	0	0	0
36	中建投信托	0	720	0
37	中铁信托	0	-7156	0
38	陆家嘴信托	0	0	0
39	中航信托	0	0	0
40	方正东亚	0	0	0
41	中粮信托	0	0	0
42	紫金信托	0	0	0
43	长城新盛	0	0	0
44	万向信托	0	0	未披露
45	民生信托	0	0	未披露
46	英大信托	0	-21	-1063
47	厦门国信	70	0	0
48	中江国信	147	0	-1408

续 表

序号	公司简称	2015 年	2014 年	2013 年
49	四川信托	3163	0	0
50	爱建信托	3649	-640	-42
51	陕西国信	4475	-1433	2316
52	大业信托	5165	0	0
53	天津信托	8000	7000	-305
54	山东国信	10497	10847	0
55	渤海信托	10503	0	0
56	西部信托	14890	-36	-608
57	西藏信托	15291	0	0
58	山西信托	17757	4017	-3999
59	甘肃信托	17769	8495	0
60	华澳信托	18190	0	0
61	浙商金汇	20472	0	0
62	新华信托	32496	52543	25109
63	华宸信托	37007	14721	0
64	北方国信	44138	0	0
65	五矿信托	68404	14394	23027
66	华润信托	135279	7349	-1734
67	国元信托	未披露	未披露	-11
68	国民信托	未披露	未披露	0
合计		345520	135297	101982
平均		15873	2168	1427

表 7-10　　　　自营资产不良资产率序列表（2015 年度）

序号	公司简称	2015 年（%）	2014 年（%）	2013 年（%）
1	华信信托	0	0	0
2	上海国信	0	0	0
3	中海信托	0	0	0
4	东莞信托	0	1.65	0
5	中融信托	0	0	0
6	苏州信托	0	0	0

续　表

序号	公司简称	2015 年（%）	2014 年（%）	2013 年（%）
7	江苏国信	0	0	5.57
8	华融国信	0	0	0
9	粤财信托	0	0	0
10	中原信托	0	0	0
11	湖南信托	0	0	0
12	兴业信托	0	0	0
13	工商信托	0	0	0
14	建信信托	0	0	0
15	国联信托	0	0	0
16	安信信托	0	0	3.89
17	国投泰康	0	0	0
18	云南国信	0	0	0
19	重庆国信	0	0	0
20	北京国信	0	0	0
21	交银国信	0	0	0
22	中铁信托	0	0	1.18
23	陆家嘴信托	0	0	0
24	中航信托	0	0	0
25	方正东亚	0	0	0
26	中粮信托	0	0	0
27	紫金信托	0	0	0
28	长城新盛	0	0	0
29	万向信托	0	0	0
30	民生信托	0	0	0
31	华宝信托	0.02	2.03	1.06
32	平安信托	0.03	0.05	1.73
33	中江国信	0.04	0.01	0.01
34	外贸信托	0.11	3.66	0
35	国元信托	0.11	未披露	0.40
36	华鑫信托	0.11	1.99	0

续 表

序号	公司简称	2015 年（%）	2014 年（%）	2013 年（%）
37	厦门国信	0. 13	0	0
38	新时代	0. 16	33. 02	55. 82
39	长安国信	0. 17	9. 31	3. 21
40	华能贵诚	0. 23	0. 65	4. 06
41	英大信托	0. 29	0. 33	0. 38
42	中建投信托	0. 35	0. 41	0
43	四川信托	0. 67	0	0
44	百瑞信托	0. 79	1. 81	2. 89
45	国民信托	0. 90	未披露	0
46	中信信托	1. 01	3. 17	7. 93
47	昆仑信托	1. 39	2. 50	0. 49
48	西部信托	1. 57	2. 00	2. 28
49	渤海信托	1. 64	0	0
50	陕西国信	1. 68	1. 00	1. 65
51	中诚信托	2. 24	1. 56	2. 18
52	爱建信托	2. 29	0. 30	0. 57
53	华润信托	2. 41	7. 90	0. 42
54	大业信托	3. 55	0	0
55	山东国信	5. 09	3. 80	1. 57
56	天津信托	5. 34	2. 57	0
57	金谷信托	5. 51	6. 20	6. 41
58	西藏信托	6. 53	0	0
59	甘肃信托	7. 35	9. 15	0. 50
60	山西信托	9. 62	2. 55	0
61	华澳信托	10. 00	0	0
62	北方国信	14. 41	0	0
63	新华信托	14. 66	43. 16	12. 22
64	五矿信托	15. 28	7. 45	6. 20
65	吉林信托	23. 25	35. 25	0
66	中泰信托	26. 72	29. 67	25. 52

续　表

序号	公司简称	2015 年（%）	2014 年（%）	2013 年（%）
67	华宸信托	30.98	50.52	0.88
68	浙商金汇	47.60	0	0
平均		2.71	0.12	0.05

表 7-11　　自营不良资产率减少序列表（2015 年度）

序号	公司简称	2015 年（%）	2014 年（%）	2013 年（%）
1	新时代	-32.86	-22.81	55.44
2	新华信托	-28.50	30.94	12.22
3	华宸信托	-19.54	49.64	0.63
4	吉林信托	-12.00	35.25	0
5	长安国信	-9.14	6.11	2.34
6	华润信托	-5.49	7.48	-0.50
7	外贸信托	-3.55	3.66	0
8	中泰信托	-2.95	4.15	-54.77
9	中信信托	-2.16	-4.76	0.16
10	华宝信托	-2.01	0.98	0
11	华鑫信托	-1.88	1.99	0
12	甘肃信托	-1.80	8.65	0
13	东莞信托	-1.65	1.65	0
14	昆仑信托	-1.11	2.01	0.03
15	百瑞信托	-1.02	-1.08	1.80
16	金谷信托	-0.69	-0.22	6.41
17	西部信托	-0.43	-0.28	-18.27
18	华能贵诚	-0.42	-3.40	-3.31
19	中建投信托	-0.06	0.41	0
20	英大信托	-0.04	-0.04	-0.34
21	平安信托	-0.02	-1.68	1.52
22	陆家嘴信托	0	0	0
23	华信信托	0	0	0
24	上海国信	0	0	0
25	中海信托	0	0	0

续 表

序号	公司简称	2015 年（%）	2014 年（%）	2013 年（%）
26	中融信托	0	0	0
27	苏州信托	0	0	0
28	江苏国信	0	-5.57	5.37
29	华融国信	0	0	-0.25
30	粤财信托	0	0	-0.77
31	中原信托	0	0	0
32	湖南信托	0	0	0
33	兴业信托	0	0	0
34	工商信托	0	0	-0.63
35	建信信托	0	0	0
36	国联信托	0	0	0
37	安信信托	0	-3.89	0.93
38	国投泰康	0	0	0
39	云南国信	0	0	0
40	重庆国信	0	0	0
41	北京国信	0	0	0
42	交银国信	0	0	0
43	中铁信托	0	-1.18	-0.65
44	中航信托	0	0	0
45	方正东亚	0	0	0
46	中粮信托	0	0	0
47	紫金信托	0	0	0
48	长城新盛	0	0	0
49	万向信托	0	0	未披露
50	民生信托	0	0	未披露
51	中江国信	0.03	0	-0.41
52	厦门国信	0.13	0	0
53	四川信托	0.67	0	0
54	陕西国信	0.68	-0.65	0.71
55	中诚信托	0.68	-0.62	2.18

续　表

序号	公司简称	2015 年（%）	2014 年（%）	2013 年（%）
56	山东国信	1.29	2.22	-0.89
57	渤海信托	1.64	0	0
58	爱建信托	1.99	-0.27	-0.09
59	天津信托	2.77	2.57	-0.32
60	大业信托	3.55	0	0
61	西藏信托	6.53	0	0
62	山西信托	7.07	2.55	-2.37
63	五矿信托	7.83	1.25	6.20
64	华澳信托	10.00	0	0
65	北方国信	14.41	0	0
66	浙商金汇	47.60	0	0
67	国民信托	未披露	未披露	0
68	国元信托	未披露	未披露	0.27
平均		2.59	0.07	-1.25

第八章　人力资源分析

第一节　人力资源基本情况

根据2016年信托公司最新披露信息显示，目前信托行业从业人员的整体规模总数为17554人，连续四年达到万人规模，2015年比2014年增长4.03%，增速下滑12.95%。信托行业人员队伍不断扩大，但在金融机构中属人员较少的行业，而且随着经济下行、信托业景气度下降和业务营销难度加大等因素，人员扩张速度大幅放缓，具体在披露的68家公司中，22家公司出现人员递减的情况。2015年信托行业人员的变异系数继续保持在1左右，各公司间差距逐步缩小，如表8－1所示。

表8－1　　2011—2015年度信托公司从业人员规模的统计分析表

项目＼年份	2011	2012	2013	2014	2015
总数（人）	9209	11523	14233	16388	17554
平均值（人）	149	175	212	248	258
平均值增长幅度（人）	15	26	37	36	10
平均值增长率（%）	11.39	17.45	21.14	16.98	4.03
公司数目（家）	64	66	68	66	68
从业人员增加的公司数（家）	62	58	61	54	46
最大值（人）	1151	1221	1620	1815	1980

续 表

项目 \ 年份	2011	2012	2013	2014	2015
最小值（人）	32	20	41	51	49
标准差（人）	164. 16	179. 41	221. 48	253. 7	266. 31
变异系数	1. 11	1. 02	1. 04	1. 02	1. 03

各信托公司中，从业人员的规模分布以1000人以下的中小型信托公司为主，2015年规模前三位为中融信托、平安信托和四川信托。2015年从业人员增幅前三名为中融信托、中建投和光大兴陇，高质量人员的流入也为这些公司业绩增长带来了一定支撑。新华信托的人员流失量达到295人，2015年年底总人数为231人，而新华信托的资本利润率仅有0. 57%，是披露公司中最低的，人员净流出的同时公司经营业绩下滑较大，如表8－2、表8－3所示。

表8－2　　2013—2015年度信托公司从业人员规模前三名

排名 \ 年度	2015年从业人员规模	2014年从业人员规模	2013年从业人员规模
第一名	中融信托（1980）	中融信托（1815）	中融信托（1620）
第二名	平安信托（1120）	平安信托（1053）	平安信托（906）
第三名	四川信托（744）	四川信托（752）	新华信托（646）

注：括号内从业人员规模（单位：人）。

表8－3　　2013—2015年度信托公司从业人员规模增幅前三名

排名 \ 年度	2015年增幅	2014年增幅	2013年增幅
第一名	中融信托（165）	中融信托（399）	新华信托（221）
第二名	中建投（95）	长安国信（116）	四川信托（105）
第三名	光大兴陇（71）	华能贵诚（113）	长安信托（99）

注：括号内从业人员规模增幅（单位：人）。

从披露的信托公司从业人员年龄来看，已披露的20家公司中，平均年龄为35. 00岁，2015年比2014年进一步年轻化。从业人员最大年龄为41岁，最小年龄32岁，行业内分布几乎不存在差异化，整体呈现年轻化态势。在年龄段分布上，30~39岁人员占比最多，其次是29岁以下人员，40岁以下人群是信托行业的主力，如表8-4、表8-5所示。

表8-4　　2011—2015年度信托公司从业人员年龄的统计分析表

项目＼年份	2011	2012	2013	2014	2015
平均值（岁）	35.96	35.72	35.20	35.07	35.00
平均值增长幅度（岁）	-0.62	0.23	-0.52	-0.13	-0.07
平均值增长率（%）	-0.02	0.64	-1.45	-0.37	-0.20
公司数目（家）	20	24	17	17	20
最大值（岁）	41	41	42	41	41
最小值（岁）	32.31	32.33	31.51	31.70	32
标准差（岁）	2.23	2.43	2.65	2.76	2.61
变异系数	0.06	0.07	0.08	0.07	0.07

表8-5　　2015年度信托公司从业人员年龄分布

年龄分布	29岁以下（人）	占比（%）	30~39岁（人）	占比（%）	40岁以上（人）	占比（%）
平均人数	88	34.26	111	42.86	53	20.47

平均年龄最小的是平安信托（32岁），兴业信托和中泰信托分排第二、第三位，各年度从业人员平均年龄变化不大，如表8-6所示。

表8-6　　2013—2015年度信托公司从业人员年龄最小的前三名

排名＼年度	2015	2014	2013
第一名	平安信托（32.00）	兴业信托（31.70）	兴业信托（31.51）
第二名	兴业信托（32.10）	云南国信（31.74）	浙商金汇（32.00）
第三名	中泰信托（33.00）	工商信托（32.70）	新华信托（32.73）

注：括号内从业人员年龄（单位：岁）。

第二节　人力资源岗位分布

一、人力资源岗位总体分布

根据2016年信托公司最新披露信息显示，在信托公司人员岗位分布中，高管人员平均人数为9人，占3.42%，自营人员平均为12人，占4.73%，信托业务人员平均133人，占52.27%，其余为其他人员。其中，自营业务人员的变异系数最大，公司间差异较大。高管人数最多的是中信信托（17人），人数最少的为西藏信托（3人）；自营人员人数最多的为五矿信托（227人），中融信托和万向信托人数最少（0人）；中融信托的信托业务人员达到1167人，居行业首位。增加自营业务人员，加大自营业务的比重，是信托业新形势下两条腿走路保障公司健康平稳发展的重要途径，如表8-7所示。

表8-7　　2015年度信托公司从业人员岗位分布的统计分析表

项目＼岗位	高管	自营	信托
平均值（人）	9	12	133
占比（%）	3.42	4.73	52.27
公司数目（家）	68	52	52
最大值（人）	17	227	1167
最小值（人）	3	0	0
标准差（人）	3.13	31.17	160.89
变异系数	0.35	2.60	1.21

二、信托业务人员分布

信托业务人员是信托公司的主力。从2011—2015年信托业务人员的统计分析来看，2015年信托业务人员的平均人数为133人，较前一年有所下降，占全部从业人员比重下降了8.53%。信托人员的行业内分布不均仍然较普遍，公司间差异较大，如表8-8所示。

表 8 -8　　2011—2015 年信托公司信托业务人员的统计分析表

项目 \ 年份	2011	2012	2013	2014	2015
平均值（人）	92	105	131	151	133
占比（%）	49.68	50.98	61.61	60.80	52.27
占比增幅（%）	0.63	1.3	1.52	-0.81	-8.53
最大值（人）	743	784	1045	1332	1167
最小值（人）	6	7	19	29	22
标准差（人）	126.46	132.14	162.89	203.74	160.89
变异系数	1.37	1.26	1.24	1.35	1.21

第三节　人力资源学历分布

2011—2015 年博士学历人员的绝对数量保持平稳，2015 年平均每家公司 5 人，相比其他层次人员，变异系数较小，各公司间分布差异不大。与博士学历人员情况不同，硕士学历从业人员持续大幅增加，成为各信托公司的主力军，但 2015 年与 2014 年度同期相比，增长幅度放缓。高学历人员（包括硕士和博士两个层次）的平均人数由 2011 年的 62 人激增至 2015 年的 125 人，所占比例也增加到 48.38%，如表 8 -9 所示。

表 8 -9　　2011—2015 年度信托公司从业人员学历的统计分析表

项目 \ 年份		2011	2012	2013	2014	2015
披露公司数目		64	66	68	66	68
博士	平均值（人）	5	4	5	6	5
	占比（%）	3.15	2.46	2.30	2.25	2.05
	占比增长幅度（%）	0.83	-0.69	-0.16	-0.05	-0.20
	最大值（人）	60	19	18	20	23
	最小值（人）	0	0	0	0	0
	标准差	7.97	3.83	4.14	4.71	4.36
	变异系数	1.71	0.96	0.83	0.84	0.82

续　表

项目	年份	2011	2012	2013	2014	2015
硕士	平均值（人）	57	74	97	114	120
	占比（%）	38.67	42.12	45.56	45.85	46.33
	占比增长幅度（%）	5.6	3.45	3.44	0.29	0.48
	最大值（人）	349	508	745	744	643
	最小值（人）	2	3	9	15	17
	标准差	60.83	78.67	104.35	110.54	101.78
	变异系数	1.07	1.06	1.08	0.97	0.85
本科	平均值（人）	69	76.29	93	109	114
	占比（%）	46.74	43.70	43.80	43.79	44.22
	占比增长幅度（%）	2.32	3.04	0.10	-0.01	0.43
	最大值（人）	642	599	757	908	1112
	最小值（人）	15	9	10	25	25
	标准差	87.17	88.21	103	125.80	146.03
	变异系数	1.27	1.16	1.11	1.16	1.28
高学历	平均值（人）	62	78	102	119	125
	占比（%）	41.82	44.59	47.85	48.11	48.38
	占比增长幅度（%）	6.43	2.77	3.26	0.26	0.27
	最大值（人）	355	514	757	753	653
	最小值（人）	3	6	10	16	19
	标准差	63.10	80.89	23.42	113.30	104.73
	变异系数	1.02	1.04	0.23	0.95	0.84

具体到各信托公司，博士学历人员最多的是平安信托（23人），其次为兴业信托（17人），博士学历人员占比最高的是百瑞信托（6.52%）；硕士学历人员最多的是中融信托（643人），其次是平安信托（481人），硕士占比最高的仍为百瑞信托（70.11%）；综合博士和硕士高学历人员，中融信托人数最多（653人），百瑞信托的比例最高（76.63%），如表8-10所示。

表 8－10　　2015 年度信托公司人力资源学历分布排名前三名

项目 排名	博士规模（人）	博士占比（%）	硕士规模（人）	硕士占比（%）	高学历规模（人）	高学历占比（%）
第一名	平安信托（23）	百瑞信托（6.52%）	中融信托（643）	百瑞信托（70.11%）	中融信托（653）	百瑞信托（76.63%）
第二名	兴业信托（17）	甘肃信托（5.73%）	平安信托（481）	大业信托（68.69%）	平安信托（504）	山东国信（70.62%）
第三名	陕西国信（15）	粤财信托（5.10%）	中信信托（348）	山东国信（67.01%）	中信信托（359）	华鑫信托（69.44%）

具体数据见表 8－11 至表 8－19。

表 8－11　　信托公司员工总数序列表（2015 年度）　　单位：人

序号	公司简称	2015 年	2014 年	2013 年
1	中融信托	1980	1815	1620
2	平安信托	1120	1053	906
3	四川信托	744	752	432
4	长安国信	597	541	436
5	兴业信托	530	488	344
6	中信信托	528	544	488
7	五矿信托	341	295	271
8	外贸信托	325	354	311
9	上海信托	319	290	221
10	华融国信	306	284	216
11	中建投信托	302	207	145
12	华能贵诚	298	228	262
13	陆家嘴信托	296	261	154
14	陕西国信	295	253	未披露
15	华润信托	294	309	299
16	华宝信托	274	307	282
17	建信信托	271	218	190
18	方正信托	264	230	160
19	中航信托	252	268	221

续 表

序号	公司简称	2015 年	2014 年	2013 年
20	中诚信托	249	239	222
21	昆仑信托	248	250	245
22	新时代	235	251	242
23	中泰信托	234	221	164
24	北京国信	232	215	195
25	新华信托	231	526	646
26	民生信托	228	191	147
27	光大兴陇	227	156	91
28	国民信托	219	192	133
29	云南国信	216	157	134
30	中原信托	210	194	164
31	厦门国信	197	164	135
32	渤海信托	197	159	134
33	华澳信托	196	203	157
34	万向信托	195	147	86
35	山东国信	194	169	162
36	中江国信	191	185	180
37	交银国信	187	178	159
38	吉林信托	186	197	192
39	安信信托	185	191	163
40	中铁信托	185	229	116
41	百瑞信托	184	171	172
42	华信信托	183	173	174
43	华鑫信托	180	167	145
44	爱建信托	176	158	155
45	山西信托	172	174	164
46	西部信托	170	156	141
47	工商信托	165	152	140
48	中粮信托	164	152	119
49	东莞信托	162	161	138

续 表

序号	公司简称	2015 年	2014 年	2013 年
50	国元信托	161	159	161
51	国投信托	153	144	115
52	英大信托	150	144	141
53	重庆国信	149	95	91
54	湖南信托	145	140	120
55	金谷信托	142	180	195
56	天津信托	141	142	142
57	紫金信托	141	111	106
58	北方国信	134	133	122
59	中海信托	132	138	130
60	苏州信托	111	109	96
61	华宸信托	104	113	103
62	大业信托	99	95	98
63	粤财信托	98	102	108
64	浙商金汇	95	112	100
65	国联信托	78	72	57
66	江苏国信	76	85	77
67	西藏信托	62	51	41
68	长城新盛	49	68	57
合计		17554	16768	14233
平均		258	247	212

表 8 - 12　　信托公司增员序列表（2015 年度）　　单位：人

序号	公司简称	2015 年	2014 年	2013 年
1	中融信托	165	195	399
2	中建投信托	95	62	40
3	光大兴陇	71	65	-2
4	华能贵诚	70	-34	113
5	平安信托	67	147	68
6	云南国信	59	23	52
7	长安国信	56	105	116

续　表

序号	公司简称	2015 年	2014 年	2013 年
8	重庆国信	54	4	8
9	建信信托	53	28	41
10	万向信托	48	61	未披露
11	五矿信托	46	24	63
12	兴业信托	42	144	109
13	陕西国信	42	未披露	未披露
14	渤海信托	38	25	37
15	民生信托	37	44	未披露
16	陆家嘴信托	35	107	50
17	方正信托	34	70	53
18	厦门国信	33	29	20
19	紫金信托	30	5	21
20	上海信托	29	69	29
21	国民信托	27	59	54
22	山东国信	25	7	20
23	华融国信	22	68	48
24	爱建信托	18	3	50
25	北京国信	17	20	19
26	中原信托	16	30	30
27	西部信托	14	15	36
28	百瑞信托	13	-1	20
29	工商信托	13	12	19
30	中泰信托	13	57	65
31	华鑫信托	13	22	27
32	中粮信托	12	33	16
33	西藏信托	11	10	10
34	中诚信托	10	17	44
35	华信信托	10	-1	22
36	国投信托	9	29	12
37	交银国信	9	19	31

续 表

序号	公司简称	2015 年	2014 年	2013 年
38	英大信托	6	3	15
39	国联信托	6	15	0
40	中江国信	6	5	12
41	湖南信托	5	20	27
42	大业信托	4	-3	22
43	苏州信托	2	13	18
44	国元信托	2	-2	24
45	东莞信托	1	23	29
46	北方国信	1	11	11
47	天津信托	-1	0	3
48	山西信托	-2	10	-8
49	昆仑信托	-2	5	29
50	粤财信托	-4	-6	24
51	中海信托	-6	8	17
52	安信信托	-6	28	62
53	华澳信托	-7	46	31
54	四川信托	-8	320	99
55	江苏国信	-9	8	6
56	华宸信托	-9	10	-12
57	吉林信托	-11	5	28
58	华润信托	-15	10	17
59	中信信托	-16	56	52
60	新时代	-16	9	38
61	中航信托	-16	47	35
62	浙商金汇	-17	12	31
63	长城新盛	-19	11	37
64	外贸信托	-29	43	76
65	华宝信托	-33	25	46
66	金谷信托	-38	-15	62
67	中铁信托	-44	113	11
68	新华信托	-295	-120	68
合计		786	2535	2710
平均		12	34	38

表 8-13　　信托公司信托人员序列表（2015 年度）　　单位：人

序号	公司简称	2015 年	2014 年	2013 年
1	中融信托	1167	1332	1045
2	中信信托	402	399	311
3	长安国信	260	230	230
4	外贸信托	235	261	223
5	四川信托	235	314	215
6	北京国信	191	未披露	153
7	华润信托	176	211	197
8	昆仑信托	167	163	162
9	中江国信	157	145	143
10	中航信托	156	128	110
11	华融国信	153	144	98
12	中原信托	139	125	102
13	陕西国信	137	114	未披露
14	交银国信	136	未披露	115
15	万向信托	136	101	59
16	中诚信托	135	133	126
17	陆家嘴信托	131	未披露	未披露
18	华信信托	126	115	109
19	厦门国信	124	96	73
20	华宝信托	120	150	136
21	中建投信托	113	75	52
22	新时代	112	134	134
23	百瑞信托	110	100	98
24	中泰信托	106	96	72
25	民生信托	106	107	77
26	新华信托	104	未披露	431
27	光大兴陇	104	87	35
28	国民信托	103	未披露	49
29	华鑫信托	102	83	71
30	云南国信	100	未披露	未披露

续 表

序号	公司简称	2015 年	2014 年	2013 年
31	国投信托	97	93	67
32	渤海信托	97	77	71
33	中粮信托	95	84	65
34	国元信托	86	89	91
35	中海信托	85	78	74
36	紫金信托	79	54	37
37	吉林信托	77	139	109
38	东莞信托	74	70	60
39	天津信托	74	76	70
40	湖南信托	74	未披露	未披露
41	金谷信托	68	85	105
42	英大信托	67	71	70
43	西部信托	64	61	45
44	粤财信托	58	61	69
45	华澳信托	56	64	65
46	苏州信托	51	48	47
47	大业信托	51	39	44
48	江苏国信	37	37	36
49	国联信托	25	29	30
50	长城新盛	25	49	40
51	西藏信托	22	30	19
52	五矿信托	未披露	186	181
53	上海信托	未披露	169	87
54	平安信托	未披露	724	622
55	山西信托	未披露	未披露	未披露
56	北方国信	未披露	未披露	53
57	华宸信托	未披露	未披露	未披露
58	兴业信托	未披露	未披露	未披露
59	工商信托	未披露	未披露	未披露
60	建信信托	未披露	未披露	未披露

续 表

序号	公司简称	2015 年	2014 年	2013 年
61	安信信托	未披露	未披露	未披露
62	山东国信	未披露	未披露	未披露
63	重庆国信	未披露	未披露	未披露
64	中铁信托	未披露	未披露	未披露
65	爱建信托	未披露	58	61
66	华能贵诚	未披露	142	164
67	方正信托	未披露	92	60
68	浙商金汇	未披露	未披露	未披露
合计		6905	7548	7068
平均		133	151	131

表 8－14　　信托公司信托人员占比序列表（2015 年度）

序号	公司简称	2015 年（%）	2014 年（%）	2013 年（%）
1	北京国信	82. 33	未披露	78. 46
2	中江国信	82. 20	78. 38	79. 44
3	中信信托	76. 14	73. 35	63. 73
4	交银国信	72. 73	未披露	72. 33
5	外贸信托	72. 31	73. 73	71. 70
6	万向信托	69. 74	68. 71	68. 60
7	华信信托	68. 85	66. 47	62. 64
8	昆仑信托	67. 34	65. 20	66. 12
9	中原信托	66. 19	64. 43	62. 20
10	中海信托	64. 39	56. 52	56. 92
11	国投信托	63. 40	64. 58	58. 26
12	厦门国信	62. 94	58. 54	54. 07
13	中航信托	61. 90	47. 76	49. 77
14	华润信托	59. 86	68. 28	65. 89
15	百瑞信托	59. 78	58. 48	56. 98
16	粤财信托	59. 18	59. 80	63. 89
17	中融信托	58. 94	73. 39	64. 51
18	中粮信托	57. 93	55. 26	54. 62

续 表

序号	公司简称	2015 年（%）	2014 年（%）	2013 年（%）
19	华鑫信托	56.67	49.70	48.97
20	紫金信托	56.03	48.65	34.91
21	中诚信托	54.22	55.65	56.76
22	国元信托	53.42	55.97	56.52
23	天津信托	52.48	53.52	49.30
24	大业信托	51.52	41.05	44.90
25	湖南信托	51.03	未披露	未披露
26	长城新盛	51.02	72.06	70.18
27	华融国信	50.00	50.70	45.37
28	渤海信托	49.24	48.43	52.99
29	江苏国信	48.68	43.53	46.75
30	金谷信托	47.89	47.22	53.85
31	新时代	47.66	53.39	55.37
32	国民信托	47.03	未披露	36.84
33	民生信托	46.49	56.02	52.38
34	陕西国信	46.44	45.06	未披露
35	云南国信	46.30	未披露	未披露
36	苏州信托	45.95	44.04	48.96
37	光大兴陇	45.81	55.77	38.46
38	东莞信托	45.68	43.48	43.48
39	中泰信托	45.30	43.44	43.90
40	新华信托	45.02	未披露	66.72
41	英大信托	44.67	49.31	49.65
42	陆家嘴信托	44.26	未披露	未披露
43	华宝信托	43.80	48.86	48.23
44	长安国信	43.55	42.51	52.75
45	吉林信托	41.40	69.50	56.77
46	西部信托	37.65	39.10	31.91
47	中建投	37.42	36.23	35.86
48	西藏信托	35.48	58.82	46.34

续 表

序号	公司简称	2015 年（%）	2014 年（%）	2013 年（%）
49	国联信托	32.05	40.28	52.63
50	四川信托	31.59	41.76	49.77
51	华澳信托	28.57	31.53	41.40
52	五矿信托	0	63.05	66.79
53	上海信托	未披露	58.28	39.37
54	平安信托	未披露	68.76	68.65
55	山西信托	未披露	未披露	未披露
56	北方国信	未披露	未披露	43.44
57	华宸信托	未披露	未披露	未披露
58	兴业信托	未披露	未披露	未披露
59	工商信托	未披露	未披露	未披露
60	建信信托	未披露	未披露	未披露
61	安信信托	未披露	未披露	未披露
62	山东国信	未披露	未披露	未披露
63	重庆国信	未披露	未披露	未披露
64	中铁信托	未披露	未披露	未披露
65	爱建信托	未披露	36.71	39.35
66	华能贵诚	未披露	62.28	62.60
67	方正信托	未披露	40.00	37.50
68	浙商金汇	未披露	未披露	未披露
平均		52.27	60.80	61.61

表 8-15　　信托公司人员平均年龄序列表（2015 年度）　　单位：岁

序号	公司简称	2015 年	2014 年	2013 年
1	平安信托	32.00	未披露	未披露
2	兴业信托	32.10	31.70	31.51
3	中泰信托	33.00	未披露	未披露
4	方正信托	33.00	未披露	34.00
5	浙商金汇	33.00	33.00	32.00
6	工商信托	33.70	32.70	33.50
7	大业信托	33.97	34.16	33.80

续 表

序号	公司简称	2015 年	2014 年	2013 年
8	重庆国信	34.00	37.00	36.00
9	湖南信托	34.30	33.07	33.69
10	苏州信托	35.00	35.00	35.00
11	建信信托	35.00	36.00	36.00
12	华能贵诚	35.00	未披露	未披露
13	爱建信托	35.71	未披露	未披露
14	新华信托	35.82	33.67	32.73
15	北京国信	36.00	未披露	未披露
16	中江国信	37.00	37.00	36.00
17	中铁信托	38.70	36.40	38.70
18	江苏国信	39.00	未披露	37.00
19	华宸信托	40.20	40.20	38.00
20	山西信托	41.00	41.00	42.00
21	中诚信托	未披露	未披露	未披露
22	华信信托	未披露	未披露	未披露
23	上海信托	未披露	33.40	34.50
24	中海信托	未披露	未披露	未披露
25	厦门国信	未披露	未披露	未披露
26	吉林信托	未披露	未披露	未披露
27	东莞信托	未披露	未披露	未披露
28	西藏信托	未披露	未披露	未披露
29	光大兴陇	未披露	未披露	未披露
30	中融信托	未披露	未披露	未披露
31	中信信托	未披露	未披露	未披露
32	外贸信托	未披露	未披露	未披露
33	华融国信	未披露	未披露	未披露
34	粤财信托	未披露	未披露	未披露
35	天津信托	未披露	未披露	未披露
36	北方国信	未披露	未披露	未披露
37	百瑞信托	未披露	未披露	未披露

续　表

序号	公司简称	2015 年	2014 年	2013 年
38	中原信托	未披露	未披露	未披露
39	国民信托	未披露	未披露	未披露
40	华宝信托	未披露	未披露	未披露
41	英大信托	未披露	未披露	未披露
42	国联信托	未披露	未披露	未披露
43	安信信托	未披露	未披露	未披露
44	陕西国信	未披露	37. 10	未披露
45	新时代	未披露	未披露	未披露
46	山东国信	未披露	未披露	未披露
47	华润信托	未披露	未披露	未披露
48	国元信托	未披露	未披露	未披露
49	国投信托	未披露	未披露	未披露
50	昆仑信托	未披露	未披露	未披露
51	长安国信	未披露	未披露	未披露
52	西部信托	未披露	未披露	未披露
53	云南国信	未披露	31. 74	34. 00
54	交银国信	未披露	33. 00	未披露
55	渤海信托	未披露	未披露	未披露
56	中建投	未披露	未披露	未披露
57	陆家嘴信托	未披露	未披露	未披露
58	中航信托	未披露	未披露	未披露
59	华澳信托	未披露	未披露	未披露
60	金谷信托	未披露	未披露	未披露
61	四川信托	未披露	未披露	未披露
62	华鑫信托	未披露	未披露	未披露
63	五矿信托	未披露	未披露	未披露
64	中粮信托	未披露	未披露	未披露
65	紫金信托	未披露	未披露	未披露
66	长城新盛	未披露	未披露	未披露
67	万向信托	未披露	未披露	未披露
68	民生信托	未披露	未披露	未披露
平均		35	35	35

表 8－16　　信托公司人员岗位分布汇总表（2015 年度）

序号	公司简称	总人数（人）	平均年龄（岁）	29 岁以下（人）	占比（%）	30～39 岁（人）	占比（%）	40 岁以上（人）	占比（%）
1	中诚信托	249	未披露	52	20.88	126	50.60	71	28.51
2	新华信托	231	35.82	50	21.65	111	48.05	70	30.30
3	华信信托	183	未披露	60	32.79	86	46.99	37	20.22
4	上海国信	319	未披露	146	45.77	102	31.97	71	22.26
5	中海信托	132	未披露	36	27.27	66	50.00	30	22.73
6	平安信托	1120	32.00	未披露	未披露	未披露	未披露	未披露	未披露
7	厦门国信	197	未披露	85	43.15	41	20.81	71	36.04
8	吉林信托	186	未披露	59	31.72	69	37.10	58	31.18
9	东莞信托	162	未披露	59	36.42	75	46.30	28	17.28
10	西藏信托	62	未披露	30	48.39	25	40.32	7	11.29
11	山西信托	172	41.00	未披露	未披露	未披露	未披露	未披露	未披露
12	甘肃信托	227	未披露	49	21.59	108	47.58	70	30.84
13	中融信托	1980	未披露	807	40.76	958	48.38	215	10.86
14	中信信托	528	未披露	181	34.28	254	48.11	93	17.61
15	苏州信托	111	35.00	50	45.05	29	26.13	32	28.83
16	外贸信托	325	未披露	110	33.85	172	52.92	43	13.23
17	江苏国信	76	39.00	17	22.37	19	25.00	40	52.63
18	华融国信	306	未披露	104	33.99	133	43.46	69	22.55
19	粤财信托	98	未披露	36	36.73	38	38.78	24	24.49
20	天津信托	141	未披露	22	15.60	39	27.66	80	56.74
21	北方国信	134	未披露	37	27.61	32	23.88	65	48.51
22	百瑞信托	184	未披露	48	26.09	96	52.17	40	21.74
23	中原信托	210	未披露	68	32.38	81	38.57	61	29.05
24	华宸信托	104	40.20	未披露	未披露	未披露	未披露	未披露	未披露
25	湖南信托	145	34.30	48	33.10	63	43.45	34	23.45
26	兴业信托	530	32.10	未披露	未披露	未披露	未披露	未披露	未披露
27	工商信托	165	33.70	未披露	未披露	未披露	未披露	未披露	未披露
28	建信信托	271	35.00	未披露	未披露	未披露	未披露	未披露	未披露
29	国民信托	219	未披露	55	25.11	120	54.79	44	20.09

续 表

序号	公司简称	总人数（人）	平均年龄（岁）	29 岁以下（人）	占比（%）	30～39 岁（人）	占比（%）	40 岁以上（人）	占比（%）
30	华宝信托	274	未披露	111	40.51	122	44.53	41	14.96
31	中泰信托	234	33.00	94	40.17	92	39.32	48	20.51
32	英大信托	150	未披露	46	30.67	45	30.00	59	39.33
33	国联信托	78	未披露	31	39.74	29	37.18	18	23.08
34	安信信托	185	未披露	未披露	未披露	未披露	未披露	未披露	未披露
35	陕西国信	295	未披露	未披露	未披露	未披露	未披露	未披露	未披露
36	新时代	235	未披露	101	42.98	87	37.02	47	20.00
37	山东国信	194	未披露	未披露	未披露	未披露	未披露	未披露	未披露
38	华润信托	294	未披露	84	28.57	152	51.70	58	19.73
39	国元信托	161	未披露	38	23.60	39	24.22	84	52.17
40	中江国信	191	37.00	67	35.08	53	27.75	71	37.17
41	国投信托	153	未披露	51	33.33	76	49.67	26	16.99
42	昆仑信托	248	未披露	78	31.45	102	41.13	68	27.42
43	长安国信	597	未披露	141	23.62	318	53.27	138	23.12
44	西部信托	170	未披露	44	25.88	60	35.29	66	38.82
45	云南国信	216	未披露	119	55.09	72	33.33	25	11.57
46	重庆国信	149	34.00	未披露	未披露	未披露	未披露	未披露	未披露
47	北京国信	232	36.00	60	25.86	100	43.10	72	31.03
48	交银国信	187	未披露	51	27.27	103	55.08	33	17.65
49	渤海信托	197	未披露	81	41.12	74	37.56	42	21.32
50	中建投信托	302	未披露	140	46.36	130	43.05	32	10.60
51	中铁信托	185	38.70	未披露	未披露	未披露	未披露	未披露	未披露
52	陆家嘴信托	296	未披露	100	33.78	145	48.99	51	17.23
53	爱建信托	176	35.71	未披露	未披露	未披露	未披露	未披露	未披露
54	华能贵诚	298	35.00	未披露	未披露	未披露	未披露	未披露	未披露
55	中航信托	252	未披露	104	41.27	102	40.48	46	18.25
56	华澳信托	196	未披露	71	36.22	96	48.98	29	14.80
57	金谷信托	142	未披露	41	28.87	57	40.14	44	30.99
58	方正东亚	264	33.00	未披露	未披露	未披露	未披露	未披露	未披露

续 表

序号	公司简称	总人数（人）	平均年龄（岁）	29岁以下（人）	占比（%）	30～39岁（人）	占比（%）	40岁以上（人）	占比（%）
59	四川信托	744	未披露	316	42.47	305	40.99	123	16.53
60	大业信托	99	33.97	29	29.29	50	50.51	20	20.20
61	华鑫信托	180	未披露	30	16.67	104	57.78	46	25.56
62	五矿信托	341	未披露	162	47.51	151	44.28	28	8.21
63	中粮信托	164	未披露	54	32.93	72	43.90	38	23.17
64	紫金信托	141	未披露	44	31.21	69	48.94	28	19.86
65	长城新盛	49	未披露	14	28.57	20	40.82	15	30.61
66	浙商金汇	95	33.00	未披露	未披露	未披露	未披露	未披露	未披露
67	万向信托	195	未披露	92	47.18	75	38.46	28	14.36
68	民生信托	228	未披露	84	36.84	121	53.07	23	10.09
合计		17554	707.50	4687		5864		2800	
平均		258	35	88	34.26	111	42.86	53	20.47

表8－17　　信托公司人员学历结构汇总表（2015年度）

序号	公司简称	总人数（人）	博士（人）	占比（%）	硕士（人）	占比（%）	高学历（人）	占比（%）	本科（人）	占比（%）	专科及以下（人）	占比（%）
1	中诚信托	249	11	4.42	155	62.25	166	66.67	78	31.33	5	2.01
2	新华信托	231	3	1.30	92	39.83	95	41.13	122	52.81	14	6.06
3	华信信托	183	1	0.55	86	46.99	87	47.54	90	49.18	6	3.28
4	上海信托	319	10	3.13	196	61.44	206	64.58	101	31.66	12	3.76
5	中海信托	132	4	3.03	75	56.82	79	59.85	48	36.36	5	3.79
6	平安信托	1120	23	2.05	481	42.95	504	45.00	538	48.04	78	6.96
7	厦门国信	197	1	0.51	74	37.56	75	38.07	101	51.27	21	10.66
8	吉林信托	186	3	1.61	52	27.96	55	29.57	108	58.06	23	12.37
9	东莞信托	162	0	0	34	20.99	34	20.99	116	71.60	12	7.41
10	西藏信托	62	1	1.61	21	33.87	22	35.48	31	50.00	9	14.52
11	山西信托	172	0	0	50	29.07	50	29.07	94	54.65	28	16.28
12	甘肃信托	227	13	5.73	121	53.30	134	59.03	73	32.16	20	8.81
13	中融信托	1980	10	0.51	643	32.47	653	32.98	1112	56.16	215	10.86

续　表

序号	公司简称	总人数（人）	博士（人）	占比（%）	硕士（人）	占比（%）	高学历（人）	占比（%）	本科（人）	占比（%）	专科及以下（人）	占比（%）
14	中信信托	528	11	2.08	348	65.91	359	67.99	145	27.46	24	4.55
15	苏州信托	111	1	0.90	54	48.65	55	49.55	46	41.44	10	9.01
16	外贸信托	325	7	2.15	189	58.15	196	60.31	118	36.31	11	3.38
17	江苏国信	76	2	2.63	30	39.47	32	42.11	37	48.68	7	9.21
18	华融国信	306	8	2.61	182	59.48	190	62.09	107	34.97	9	2.94
19	粤财信托	98	5	5.10	49	50.00	54	55.10	40	40.82	4	4.08
20	天津信托	141	2	1.42	62	43.97	64	45.39	56	39.72	21	14.89
21	北方国信	134	5	3.73	59	44.03	64	47.76	60	44.78	10	7.46
22	百瑞信托	184	12	6.52	129	70.11	141	76.63	38	20.65	5	2.72
23	中原信托	210	5	2.38	134	63.81	139	66.19	53	25.24	18	8.57
24	华宸信托	104	3	2.88	41	39.42	44	42.31	40	38.46	20	19.23
25	湖南信托	145	2	1.38	46	31.72	48	33.10	75	51.72	22	15.17
26	兴业信托	530	17	3.21	300	56.60	317	59.81	209	39.43	4	0.75
27	工商信托	165	2	1.21	70	42.42	72	43.64	83	50.30	10	6.06
28	建信信托	271	12	4.43	139	51.29	151	55.72	109	40.22	11	4.06
29	国民信托	219	6	2.74	104	47.49	110	50.23	98	44.75	11	5.02
30	华宝信托	274	6	2.19	128	46.72	134	48.91	130	47.45	10	3.65
31	中泰信托	234	5	2.14	104	44.44	109	46.58	96	41.03	29	12.39
32	英大信托	150	6	4.00	89	59.33	95	63.33	40	26.67	15	10.00
33	国联信托	78	3	3.85	31	39.74	34	43.59	36	46.15	8	10.26
34	安信信托	185	2	1.08	72	38.92	74	40.00	76	41.08	35	18.92
35	陕西国信	295	15	5.08	148	50.17	163	55.25	未披露	未披露	未披露	未披露
36	新时代	235	2	0.85	62	26.38	64	27.23	123	52.34	48	20.43
37	山东国信	194	7	3.61	130	67.01	137	70.62	47	24.23	10	5.15
38	华润信托	294	8	2.72	167	56.80	175	59.52	107	36.39	12	4.08
39	国元信托	161	1	0.62	60	37.27	61	37.89	73	45.34	27	16.77
40	中江国信	191	2	1.05	36	18.85	38	19.90	120	62.83	33	17.28
41	国投信托	153	7	4.58	78	50.98	85	55.56	66	43.14	2	1.31

续 表

序号	公司简称	总人数（人）	博士（人）	占比（%）	硕士（人）	占比（%）	高学历（人）	占比（%）	本科（人）	占比（%）	专科及以下（人）	占比（%）
42	昆仑信托	248	6	2. 42	124	50. 00	130	52. 42	111	44. 76	7	2. 82
43	长安国信	597	7	1. 17	298	49. 92	305	51. 09	247	41. 37	45	7. 54
44	西部信托	170	2	1. 18	60	35. 29	62	36. 47	73	42. 94	35	20. 59
45	云南国信	216	0	0	117	54. 17	117	54. 17	82	37. 96	17	7. 87
46	重庆国信	149	2	1. 34	84	56. 38	86	57. 72	55	36. 91	8	5. 37
47	北京国信	232	10	4. 31	140	60. 34	150	64. 66	67	28. 88	15	6. 47
48	交银国信	187	1	0. 53	105	56. 15	106	56. 68	78	41. 71	3	1. 60
49	渤海信托	197	3	1. 52	87	44. 16	90	45. 69	100	50. 76	7	3. 55
50	中建投信托	302	8	2. 65	161	53. 31	169	55. 96	124	41. 06	9	2. 98
51	中铁信托	185	6	3. 24	64	34. 59	70	37. 84	104	56. 22	11	5. 95
52	陆家嘴信托	296	4	1. 35	147	49. 66	151	51. 01	125	42. 23	20	6. 76
53	爱建信托	176	6	3. 41	63	35. 80	69	39. 20	96	54. 55	11	6. 25
54	华能贵诚	298	3	1. 01	131	43. 96	134	44. 97	158	53. 02	6	2. 01
55	中航信托	252	4	1. 59	114	45. 24	118	46. 83	111	44. 05	23	9. 13
56	华澳信托	196	2	1. 02	87	44. 39	89	45. 41	99	50. 51	8	4. 08
57	金谷信托	142	6	4. 23	75	52. 82	81	57. 04	55	38. 73	6	4. 23
58	方正信托	264	8	3. 03	126	47. 73	134	50. 76	115	43. 56	15	5. 68
59	四川信托	744	5	0. 67	236	31. 72	241	32. 39	388	52. 15	115	15. 46
60	大业信托	99	0	0	68	68. 69	68	68. 69	31	31. 31	0	0
61	华鑫信托	180	7	3. 89	118	65. 56	125	69. 44	50	27. 78	5	2. 78
62	五矿信托	341	3	0. 88	144	42. 23	147	43. 11	177	51. 91	17	4. 99
63	中粮信托	164	6	3. 66	92	56. 10	98	59. 76	60	36. 59	6	3. 66
64	紫金信托	141	2	1. 42	66	46. 81	68	48. 23	69	48. 94	4	2. 84
65	长城新盛	49	2	4. 08	17	34. 69	19	38. 78	25	51. 02	5	10. 20
66	浙商金汇	95	3	3. 16	48	50. 53	51	53. 68	44	46. 32	0	0
67	万向信托	195	4	2. 05	102	52. 31	106	54. 36	84	43. 08	5	2. 56
68	民生信托	228	6	2. 63	138	60. 53	144	63. 16	80	35. 09	4	1. 75
	合计	17554	360	2. 05	8133	46. 33	8493	48. 38	7648	43. 57	1281	7. 30
	平均	258	5	2. 05	120	46. 33	125	48. 38	114	44. 22	19	7. 41

表 8－18　　信托公司人员高学历序列表（2015 年度）

序号	公司简称	高学历（人）	占比（%）
1	中融信托	653	32.98
2	平安信托	504	45.00
3	中信信托	359	67.99
4	兴业信托	317	59.81
5	长安国信	305	51.09
6	四川信托	241	32.39
7	上海信托	206	64.58
8	外贸信托	196	60.31
9	华融国信	190	62.09
10	华润信托	175	59.52
11	中建投信托	169	55.96
12	中诚信托	166	66.67
13	陕西国信	163	55.25
14	建信信托	151	55.72
15	陆家嘴信托	151	51.01
16	北京国信	150	64.66
17	五矿信托	147	43.11
18	民生信托	144	63.16
19	百瑞信托	141	76.63
20	中原信托	139	66.19
21	山东国信	137	70.62
22	甘肃信托	134	59.03
23	华宝信托	134	48.91
24	华能贵诚	134	44.97
25	方正信托	134	50.76
26	昆仑信托	130	52.42
27	华鑫信托	125	69.44
28	中航信托	118	46.83
29	云南国信	117	54.17
30	国民信托	110	50.23

续 表

序号	公司简称	高学历（人）	占比（%）
31	中泰信托	109	46.58
32	交银国信	106	56.68
33	万向信托	106	54.36
34	中粮信托	98	59.76
35	新华信托	95	41.13
36	英大信托	95	63.33
37	渤海信托	90	45.69
38	华澳信托	89	45.41
39	华信信托	87	47.54
40	重庆国信	86	57.72
41	国投信托	85	55.56
42	金谷信托	81	57.04
43	中海信托	79	59.85
44	厦门国信	75	38.07
45	安信信托	74	40.00
46	工商信托	72	43.64
47	中铁信托	70	37.84
48	爱建信托	69	39.20
49	大业信托	68	68.69
50	紫金信托	68	48.23
51	天津信托	64	45.39
52	北方国信	64	47.76
53	新时代	64	27.23
54	西部信托	62	36.47
55	国元信托	61	37.89
56	吉林信托	55	29.57
57	苏州信托	55	49.55
58	粤财信托	54	55.10
59	浙商金汇	51	53.68
60	山西信托	50	29.07

续 表

序号	公司简称	高学历（人）	占比（%）
61	湖南信托	48	33.10
62	华宸信托	44	42.31
63	中江国信	38	19.90
64	东莞信托	34	20.99
65	国联信托	34	43.59
66	江苏国信	32	42.11
67	西藏信托	22	35.48
68	长城新盛	19	38.78
合计		8493	
平均		125	48.38

表 8－19　　信托公司人员高学历占比序列表（2015 年度）

序号	公司简称	高学历（人）	占比（%）
1	百瑞信托	141	76.63
2	山东国信	137	70.62
3	华鑫信托	125	69.44
4	大业信托	68	68.69
5	中信信托	359	67.99
6	中诚信托	166	66.67
7	中原信托	139	66.19
8	北京国信	150	64.66
9	上海信托	206	64.58
10	英大信托	95	63.33
11	民生信托	144	63.16
12	华融国信	190	62.09
13	外贸信托	196	60.31
14	中海信托	79	59.85
15	兴业信托	317	59.81
16	中粮信托	98	59.76
17	华润信托	175	59.52
18	甘肃信托	134	59.03

续 表

序号	公司简称	高学历（人）	占比（%）
19	重庆国信	86	57.72
20	金谷信托	81	57.04
21	交银国信	106	56.68
22	中建投信托	169	55.96
23	建信信托	151	55.72
24	国投信托	85	55.56
25	陕西国信	163	55.25
26	粤财信托	54	55.10
27	万向信托	106	54.36
28	云南国信	117	54.17
29	浙商金汇	51	53.68
30	昆仑信托	130	52.42
31	长安国信	305	51.09
32	陆家嘴信托	151	51.01
33	方正信托	134	50.76
34	国民信托	110	50.23
35	苏州信托	55	49.55
36	华宝信托	134	48.91
37	紫金信托	68	48.23
38	北方国信	64	47.76
39	华信信托	87	47.54
40	中航信托	118	46.83
41	中泰信托	109	46.58
42	渤海信托	90	45.69
43	华澳信托	89	45.41
44	天津信托	64	45.39
45	平安信托	504	45.00
46	华能贵诚	134	44.97
47	工商信托	72	43.64
48	国联信托	34	43.59

续 表

序号	公司简称	高学历（人）	占比（%）
49	五矿信托	147	43.11
50	华宸信托	44	42.31
51	江苏国信	32	42.11
52	新华信托	95	41.13
53	安信信托	74	40.00
54	爱建信托	69	39.20
55	长城新盛	19	38.78
56	厦门国信	75	38.07
57	国元信托	61	37.89
58	中铁信托	70	37.84
59	西部信托	62	36.47
60	西藏信托	22	35.48
61	湖南信托	48	33.10
62	中融信托	653	32.98
63	四川信托	241	32.39
64	吉林信托	55	29.57
65	山西信托	50	29.07
66	新时代	64	27.23
67	东莞信托	34	20.99
68	中江国信	38	19.90
合计		8493	
平均		125	48.38

第九章 信托公司非财务信息分析

第一节 信托公司股权结构分析

根据第一大股东持股信息数据来看，68 家信托公司均对各大股东的持股比例进行了披露，2015 年与 2014 年的数据相对比，股东的持股比例总体有较小幅度的改善。虽然我国信托公司的股权结构有所改善，但依然呈现高度集中的特征，主要表现有：第一大股东股权比例在 90% 及以上的公司为 13 家，2015 年与 2014 年持平；持股比例在 80% ~90% 的公司为 7 家，2015 年与 2014 年持平；持股比例在 70% ~80% 的公司数量为 6 家，2015 年与 2014 年持平；持股比例在 60% ~70% 的公司数量为 9 家，2015 年比 2014 年减少了 3 家；持股比例在 50% ~60% 的公司数量为 13 家，2015 年比 2014 年同期增长了 2 家。因此，在所调查的这 68 家信托公司中，第一股东持股比例在 50% 以上即达到绝对控股地位的有 48 家，持股比例在 50% 以下的只有 20 家。

由以上分析可以得出，有绝对控股地位的公司数量有所减少，但减少的幅度比较低，因此所调查信托公司在 2015 年仍未改变股权高度集中和一股独大的显著特点。股权的高度集中导致控股股东对公司的控制力明显增强，有助于推动公司高级管理人员与股东尤其是控股股东的利益趋同，代理成本因此而得到一定控制。但股权的高度集中会导致控股股东对公司的参与程度过高，从而导致董事包括独立董事、监事、甚至中介机构缺乏独立性，进而导致较为严重的利益侵占问题。由上面的分析可见，大多数的公司都存在此问题，因此平衡股权结构应该成为信托公司进行公司治理的关键。

第二节　董事会结构分析

根据2016年信托公司最新披露信息显示，有62家信托公司的第一大股东会担任董事长一职，1家担任副董事长一职，剩余4家公司的第一大股东未担任上述职务。2015年与2014年相比，第一大股东的控股情况有所改善，但从总数来看，第一大股东对公司的经营决策仍然具有较高的掌控能力。在被研究的68家公司中，第一大股东担任董事长并同时兼任总经理或者总裁一职的高达30余家企业，2015年较2014年两职兼任的企业数量明显呈现大幅度增加趋势。董事直接兼任公司经营管理人员，在董事长有时间行驶总经理的权利时，决策速度快；节省了总经理的工资开支；防止了总经理吃里爬外的行为。但这使得公司管理架构缺失，不利于公司管理层次的提升，妨碍了下属的发展，董事长行事则更加武断，而且董事长没时间行使总经理权利时，会出现扯皮现象。容易造成董事会实际干预经营的局面，股东、董事会与经营管理层之间并没有各司其职、明确分工，没有形成彼此之间的良性互动，这对公司的治理是不利的。

就董事数量而言，2015年披露相关信息的公司为66家，较2014年增加1家。依据调查，2015年董事会人数平均数约为4人，高于2014年的平均水平2.40人，人数最多的是外贸信托和华融信托，均达到6人，人数最少的为中江国信，为0人，而2014年共有6家公司董事会人数为0，董事会成员有增加的趋势。学术界认为董事会规模与公司绩效之间存在着明显的倒U形曲线，人数过多会导致沟通不到位、决策效率低下、成本上升等问题，人数过少又难以实现真正的集体决策，一般认为7~8人为最佳人数标准。由以上的分析可以得知，我国信托公司的董事会规模结构有所完善，但还应该考虑信托行业的特殊性。

具体数据见表9-1至表9-3。

表 9 - 1　　信托公司股东情况汇总表（2015 年度）

序号	公司简称	股东总数	第一大股东名称	持股比例	担任高管职务	董事数量	第二大股东名称	持股比例	与大股东关系	第三大股东名称	持股比例	与大股东关系	第四大股东名称	持股比例
1	中诚信托	15	中国人民保险集团股份有限公司	32. 92%	副董事长	1	国华能源投资有限公司	20. 35%		兖矿集团有限公司	10. 18%			
2	新华信托	6	上海珊瑚礁信息系统有限公司	40. 00%	董事长	1	上海纪辉资产管理有限公司	21. 43%		新产业投资股份有限公司	17. 33%		北京宏达信资产经营有限公司	10. 00%
3	华信信托	3	华信汇通集团有限公司	44. 58%	董事长	3	沈阳品成投资有限公司	15. 42%		大连保税区海涵发展有限公司	4. 48%			
4	上海国信	3	上海国际集团有限公司	66. 33%	董事长、副董事长、总经理	3	上海久事有限公司	20. 00%		申能股份有限公司	5. 00%			
5	中海信托	2	中国海洋石油总公司	95. 00%	董事长、总裁、副总裁、财务总监	4	中国中信有限公司	5. 00%						
6	平安信托	2	中国平安保险（集团）股份有限公司	99. 88%	董事长、总经理、副总经理	8	上海市糖业烟酒（集团）有限公司	0. 12%						
7	厦门国信	3	厦门市金财投资有限公司	80. 00%	董事长	4	厦门市建发集团有限公司	10. 00%		厦门港务控股集团有限公司	10. 00%			
8	吉林信托	5	吉林省财政厅	97. 50%	董事长、总经理	2	吉林粮食集团有限公司	0. 626%		吉林化纤集团有限责任公司	0. 626%			

续 表

序号	公司简称	股东总数	第一大股东名称	持股比例	担任高管职务	董事数量	第二大股东名称	持股比例	与大股东关系	第三大股东名称	持股比例	与大股东关系	第四大股东名称	持股比例
9	东莞信托	7	东莞市财信发展有限公司	43.50%	董事长、副董事长、总经理	4	东莞市财政局	30.00%						
10	西藏信托	2	西藏自治区财政厅	80.00%	董事长、总经理、副总经理	6	西藏自治区投资有限公司	20.00%	全资控股企业					
11	山西信托	3	山西省国信投资（集团）有限公司	90.70%	董事长、总经理	4	太原市海信资产管理有限公司	8.30%		山西国际电力集团有限公司	1.00%			
12	甘肃信托	4	中国广大集团股份公司	51.00%	董事长	4	甘肃省国有资产投资集团有限公司	41.58%		天水市财政局	4.00%		白银市财政局	3.42%
13	中融信托	4	经纬纺织机械股份有限公司	37.47%	董事长、副董事长、总裁	4	中植企业集团有限公司	32.99%		哈尔滨投资集团有限责任公司	21.54%			
14	中信信托	2	中国中信有限公司	80.00%	董事长、副董事长、总经理、副总经理	7	中信兴业投资集团有限公司	20.00%	全资子公司					
15	苏州信托	3	苏州国际发展集团有限公司	70.01%	董事长	3	苏格兰皇家银行公众有限公司	19.99%		联想控股有限公司	10.00%			

续 表

序号	公司简称	股东总数	第一大股东名称	持股比例	担任高管职务	董事数量	第二大股东名称	持股比例	与大股东关系	第三大股东名称	持股比例	与大股东关系	第四大股东名称	持股比例
16	外贸信托	2	中国中化股份有限公司	96.22%	董事长、总经理	9	中化集团财务有限责任公司	3.78%	股东					
17	江苏国信	3	江苏省国信资产管理集团有限公司	98.00%	董事长	4	江苏省投资管理有限责任公司	1.00%	全资子公司	江苏省房地产投资有限责任公司	1.00%			
18	华融国信	4	中国华融资产管理公司	98.09%	董事长、副董事长	9	新疆凯迪投资有限责公司	1.13%		新疆恒合投资股份有限公司	0.78%			
19	粤财信托	2	广东粤财投资控股有限公司	98.14%	董事长、总经理、副总经理	5	广东省科技创业投资公司	1.86%						
20	天津信托	5	天津海泰控股集团有限公司	51.58%	董事长	3	天津市泰达国际控股（集团）有限公司	42.11%		安邦人寿保险股份有限公司	3.90%			
21	北方国信	27	天津泰达投资控股有限公司	32.33%		2	津联集团有限公司	11.21%		天津市财政局	6.23%			
22	百瑞信托	9	中电投融和控股投资有限公司	31.97%	董事长	4	中电投财务有限公司	18.27%		摩根大通	19.99%			
23	中原信托	3	河南投资集团有限公司	48.42%	董事长	3	河南中原高速公路股份有限公司	33.28%		河南盛润创业投资管理有限公司	18.30%			
24	华宸信托	未披露	包头钢铁（集团）有限责任公司	36.50%	董事长、副总经理、财务总监	2	中国大唐集团资本控股有限公司	32.45%		内蒙古自治区人民政府国有资产监督管理委员会	30.20%		呼和浩特市财政局	0.50%

续　表

序号	公司简称	股东总数	第一大股东名称	持股比例	担任高管职务	董事数量	第二大股东名称	持股比例	与大股东关系	第三大股东名称	持股比例	与大股东关系	第四大股东名称	持股比例
25	湖南信托	2	湖南财信投资控股有限责任公司	96.00%	董事长、总裁	3	湖南省国有资产投资经营公司	4.00%	全资子公司					
26	兴业信托	5	兴业银行股份有限公司	73.00%	董事长、总裁、财务总监	4	澳大利亚国民银行	16.83%		福建华投投资有限公司	4.81%		福建省华兴集团有限责任公司	4.52%
27	工商信托	未披露	杭州市金融投资集团有限公司	57.99%	董事长、总裁	7	绿地金融投资控股集团有限公司	19.90%		浙江新安化工集团股份有限公司	6.26%			
28	建信信托	3	中国建设银行股份有限公司	67.00%	董事长、副董事长	4	合肥兴泰控股集团有限公司	27.50%		合肥市国有资产控股有限公司	5.50%			
29	国民信托	4	丰益实业发展有限公司	31.73%	董事长	1	璟安实业有限公司	27.55%		上海创信资产管理有限公司	24.16%		恒丰裕实业发展有限公司	16.56%
30	华宝信托	2	宝钢集团有限公司	98.00%	董事长、总经理	6	浙江省舟山财政局	2.00%						
31	中泰信托	6	中国华闻投资控股有限公司	31.57%	董事长、总裁	8	上海新黄浦置业股份有限公司	29.97%	间接关联	广联（南宁）投资股份有限公司	20.00%			
32	英大信托	6	国网英大国际控股集团有限公司	84.55%	董事长	7	中国电力财务有限公司	5.21%		济南市能源投资有限责任公司	4.38%			

续 表

序号	公司简称	股东总数	第一大股东名称	持股比例	担任高管职务	董事数量	第二大股东名称	持股比例	与大股东关系	第三大股东名称	持股比例	与大股东关系	第四大股东名称	持股比例
33	国联信托	5	无锡市国联发展（集团）有限公司	65.85%	董事长	5	无锡国联环保能源及集团有限公司	9.76%	出资95%	无锡市地方电力公司	8.13%	全资子公司	无锡市交通产业集团有限公司	8.13%
34	安信信托	若干	上海国之杰投资发展有限公司	56.99%	董事长、副总裁		顾斌	2.23%		中国证券金融股份有限公司	2.07%			
35	陕西国信	若干	陕西煤业化工集团有限责任公司	34.58%	董事长	未披露	陕西省高速公路建设集团公司	21.33%		华宝信托有限责任公司	2.67%		泰达宏利基金－民生银行－泰达宏利价值成长定向增发333号资产管理计划	2.22%
36	新时代	4	新时代远景（北京）投资有限公司	58.54%	董事长、副董事长	4	上海人广实业发展有限公司	24.39%		潍坊科微投资有限公司	14.63%		包头市鑫鼎盛贸易有限责任公司	2.44%
37	山东国信	5	山东省鲁信投资控股集团有限公司	63.02%	董事长	2	中油资产管理有限公司	25.00%		山东省高新技术创业投资有限公司	6.25%	实际控制人		
38	华润信托	2	华润股份有限公司	51.00%	董事长	3	深圳市人民政府国有资产监督管理委员会	49.00%						
39	国元信托	7	安徽国元控股（集团）责任有限公司	49.69%	董事长	5	深圳市中海投资管理有限公司	40.38%		安徽皖投资产管理有限公司	9.00%			

续 表

序号	公司简称	股东总数	第一大股东名称	持股比例	担任高管职务	董事数量	第二大股东名称	持股比例	与大股东关系	第三大股东名称	持股比例	与大股东关系	第四大股东名称	持股比例
40	中江国信	14	领锐资产管理股份有限公司	32.74%	无	0	大连昱辉科技发展有限公司	25.11%		江西省财政厅	20.44%			
41	国投泰康	5	国投资本控股有限公司	52.50%	董事长	5	泰康人寿保险股份有限公司	32.98%		江苏悦达资产管理有限公司	10.00%		国投高科技投资有限公司	2.50%
42	昆仑信托	3	中油资产管理有限公司	82.18%	董事长、副总裁	6	天津经济技术开发区国有资产经营公司	12.82%		广博投资控股有限公司	5.00%			
43	长安国信	6	西安投资控股有限公司	40.44%	董事长	2	上海证大投资管理有限公司	29.66%		上海淳大资产管理有限公司	13.63%			
44	西部信托	24	陕西省电力建设投资开发公司	57.78%	董事长	5	陕西省产业投资有限公司	8.66%		重庆中侨置业有限公司	6.36%			
45	云南国信	6	云南省财政厅	25.00%	无	2	涌金实业（集团）有限公司	24.50%	股权关联	上海纳米创业投资有限公司	23.00%	股权关联	北京知金科技投资有限公司	17.50%
46	重庆国信	未披露	重庆国信投资控股有限公司	66.99%	董事长、首席执行官	7	国寿投资控股有限公司	26.04%		上海淮矿资产管理有限公司	4.10%			
47	北京国信	10	北京市国有资产经营有限责任公司	34.30%	董事长、副董事长、总经理	3	航天科技财务有限责任公司	15.32%		威益投资有限公司（Win Eagle Investments Limited）	15.30%		中国石油化工股份有限公司	14.29%
48	交银国信	2	交通银行股份有限公司	85.00%	董事长、总裁	5	湖北省交通投资集团有限公司	15.00%						

续 表

序号	公司简称	股东总数	第一大股东名称	持股比例	担任高管职务	董事数量	第二大股东名称	持股比例	与大股东关系	第三大股东名称	持股比例	与大股东关系	第四大股东名称	持股比例
49	渤海信托	2	海航资本集团有限公司	60.22%	董事长	3	中国新华航空集团有限公司	39.78%	股权关联					
50	中建投信托	2	中国建银投资有限责任公司	90.05%	董事长、总经理	7	建投控股有限责任公司	9.95%						
51	中铁信托	未披露	中国中铁股份有限公司	78.91%	董事长、总经理	3	中铁二局集团有限公司	7.23%		成都工投资产经营有限公司	3.43%			
52	陆家嘴信托	3	上海陆家嘴金融发展有限公司	71.61%	董事长、总经理、副总经理	3	青岛国信金融控股有限公司	18.28%		青岛国信发展（集团）有限责任公司	10.11%			
53	爱建信托	3	上海爱建股份有限公司	99.33%	董事长、副董事长、总经理	4	上海爱建纺织品公司	0.33%	全资子公司	上海爱建进出口有限公司	0.33%	全资子公司		
54	华能贵诚	9	华能资本服务有限公司	67.58%	董事长	3	贵州产业投资（集团）有限责任公司	31.45%						
55	中航信托	2	中航投资控股有限公司	80.00%	无	2	华侨银行有限公司	20.00%						
56	华澳信托	3	北京融达投资有限公司	50.01%	董事长	4	华兴电力股份公司	30.00%		重庆财信企业集团有限公司	19.99%			
57	金谷信托	3	中国信达资产管理股份有限公司	92.29%	董事长、总经理	5	中国妇女活动中心	6.25%		中国海外工程有限责任公司	1.46%			

续表

序号	公司简称	股东总数	第一大股东名称	持股比例	担任高管职务	董事数量	第二大股东名称	持股比例	与大股东关系	第三大股东名称	持股比例	与大股东关系	第四大股东名称	持股比例
58	方正东亚	3	北大方正集团有限公司	70.01%	董事长、常务副董事长、总裁	4	东亚银行有限公司	19.99%		武汉金融控股（集团）有限公司	10.00%			
59	四川信托	10	四川宏达（集团）有限公司	32.04%	董事长	2	中海信托股份有限公司	30.25%		四川宏达股份有限公司	22.16%	股权关联		
60	大业信托	3	中国东方资产管理公司	41.67%	无	3	广州金融控股集团有限公司	38.33%		广东京信电力集团有限公司	20.00%			
61	华鑫信托	2	中国华电集团公司	51.00%	董事长、副总经理	3	中国华电集团财务有限公司	49.00%						
62	五矿信托	4	五矿资本控股有限公司	66.00%	董事长	2	青海省国有资产投资管理有限公司	30.98%		西宁城市投资管理有限公司	2.96%		青海华鼎实业股份有限公司	0.06%
63	中粮信托	3	中粮资本投资有限公司	76.01%	董事长	5	蒙特利尔银行	19.99%		中粮财务有限责任公司	4.00%	股权关联		
64	紫金信托	5	南京紫金投资集团有限责任公司	60.01%	董事长、总裁	4	三井住友信托银行股份有限公司	19.99%		三胞集团有限公司	10.00%			
65	长城新盛	4	长城公司	35.00%	董事长、总经理	3	兵团国资	35.00%		德阳国资	17.00%		伊犁财信	13.00%
66	浙商金汇	3	浙江省国际贸易集团有限公司	56.00%	董事长、总经理	6	中国国际金融股份有限公司	35.00%		传化集团有限公司	9.00%			

续 表

序号	公司简称	股东总数	第一大股东名称	持股比例	担任高管职务	董事数量	第二大股东名称	持股比例	与大股东关系	第三大股东名称	持股比例	与大股东关系	第四大股东名称	持股比例
67	万向信托	5	中国万向控股有限公司	76.50%	董事长	6	浙江烟草投资管理有限责任公司	14.49%		浙江省邮政公司	3.97%		巨化集团公司	2.86%
68	民生信托	6	中国泛海控股集团有限公司	59.65%	董事长、副董事长、总裁	7	浙江泛海建设投资有限公司	25.00%		北京首都旅游集团有限责任公司	15.00%			

表 9－2　信托公司最终实际控制人背景（2015 年度）　　单位：亿元

序号	公司简称	实际控制人	持股比例	法人代表	注册资本	主要经营业务及主要财务情况
1	中诚信托	中国人民保险集团股份有限公司	32.92%	吴焰	424.240	投资并持有上市公司、保险机构和其他金融机构的股权；监督管理控股投资企业的各种国内、外业务；国家授权或委托的政策性保险业务；经中国保监会和国家有关部门批准的其他业务。（依法须经批准的项目，经相关部门批准后方可开展经营活动）2015 年年底，净资产为 3772 亿元
2	新华信托	未披露				
3	华信信托	未披露				
4	上海信托	上海国际集团有限公司	66.33%	沈骏	105.588	开展以金融为主、非金融为辅的投资、资本运作与资产管理业务，金融研究，社会经济咨询（上述经营范围涉及许可经营的凭许可证经营）。资产总额 23129926.72 万元，负债 6132887.53 万元，利润总额 1284628.13 万元，净利润 1089128.32 万元，所有者权益 16997039.19 万元

续　表

序号	公司简称	实际控制人	持股比例	法人代表	注册资本	主要经营业务及主要财务情况
5	中海信托	中国海洋石油总公司	95.00%	杨华	949.000	海上石油、天然气勘探、开发、生产及炼油等。全年生产原油 7970.2 万吨，天然气 250.4 亿立方米，总油气当量首次突破 1 亿吨大关，实现营业收入超 4260.8 亿元，利润 450.7 亿元
6	平安信托	中国平安保险（集团）股份有限公司	99.88%	马明哲	182.800	投资保险企业，监督管理控股投资企业的各种国内、国际业务，开展资金运用业务；2015 年年末其资产总额 47651.59 亿元
7	厦门国信	未披露				
8	吉林信托	吉林省财政厅	97.496%	刘长龙	未披露	
9	东莞信托	未披露				
10	西藏信托	未披露				
11	山西信托	山西省国信投资（集团）有限公司	90.70%	孙海潮	34.667	投资业务，资产委托管理，资产重组并购，公司理财，财务顾问及咨询，房地产投资，代理财产管理等。报告期内，公司财务状况良好
12	甘肃信托	中国光大集团股份公司	51.00%	唐双宁	600.000	投资和管理金融业包括银行、证券、保险、基金、信托、期货、租赁、金银交易；资产管理；投资和管理非金融业
13	中融信托	经纬纺织机械股份有限公司	37.47%	叶茂新	7.041	生产纺织机械、其他机电产品，财务状况良好
14	中信信托	中国中信有限公司	80.00%	常振明	1390.000	金融、实业，2015 年年底净资产为 4372 亿元
15	苏州信托	未披露				
16	外贸信托	中国中化股份有限公司	96.22%	刘德树	398.000	公司主营业务范围包括石油、化肥、化工品、金融服务、酒店和房地产业务等。截至 2015 年 12 月 31 日，公司资产总额 3376.29 亿元人民币。2015 年，公司实现营业总收入 3564.62 亿元人民币，利润总额 39.34 亿元人民币

续 表

序号	公司简称	实际控制人	持股比例	法人代表	注册资本	主要经营业务及主要财务情况
17	江苏国信	江苏省国信资产管理集团有限公司	98.00%	董启彬	100.000	主要经营范围：江苏省政府授权范围内的国有资产经营、管理、转让、投资、企业托管、资产重组以及经批准的其他业务。主要财务情况：2007年年末净资产367.29亿元
18	华融国信	中国华融资产管理股份有限公司	98.09%	赖小民	390.702	收购、受托经营金融机构不良资产，对不良资产进行管理、投资和处置；债权转股权，对股权资产进行管理、投资和处置；破产管理；对外投资；买卖有价证券；发行金融债券、同业拆借和向其他金融机构进行商业融资；经批准的资产证券化业务、金融机构托管和关闭清算业务；财务、投资、法律及风险管理咨询和顾问业务；资产及项目评估。财务状况良好
19	粤财信托	广东粤财投资控股公司	98.14%	杨润贵	115.480	主要经营业务：资本运营管理、资产受托管理、投资项目的管理；科技风险投资、实业投资；企业重组、并购咨询服务。主要财务情况（未经审计，合并报表）：资产总额：5395501万元；净资产：2494869万元；当年净利润：152414万元
20	天津信托	天津海泰控股集团有限公司	51.58%	刘津元	25.600	主营业务为：天津滨海高新技术产业开发区基础设施建设、土地开发与转让、高科技投资和配套服务业。2015年年末总资产为352.01亿元，总负债为256.13亿元，所有者权益为95.88亿元
21	北方国信	未批露				

续 表

序号	公司简称	实际控制人	持股比例	法人代表	注册资本	主要经营业务及主要财务情况
22	百瑞信托	国家电力投资集团公司	100.00%	王炳华	450.000	主要经营业务：电力（煤电、核电、水电、风电、太阳能发电、天然气发电、垃圾发电、生物质发电、煤层气发电等）、热力的开发、投资、建设、生产、经营和销售；电力配电、售电；与电力相关的煤炭、煤层气、页岩气开发及相关交通运输；铝土矿、氧化铝、电解铝的开发、投资、建设、生产、经营和贸易等业务；节能环保工程投资、建设、生产、运营；核电、火电等电力及相关产业技术的科研开发、技术咨询服务、工程建设、运行、维护、工程监理、招投标代理等；业务范围内设备的成套、配套、监造、运行及检修；电能及相关产业配套设备的销售；对外工程承包和对外劳务合作进出口业务；业务范围内的境内外投资及相关融资业务（依法须经批准的项目，经相关部门批准后方可开展经营活动）。主要财务情况（合并报表，未审计）：资产总额 7751 亿元，负债总额 6389 亿元，权益总额 1362 亿元
23	中原信托	河南投资集团有限公司	48.42%	朱连昌	120.000	投资管理、建设项目的投资、建设项目所需工业生产资料和机械设备、投资项目分得的产品原材料的销售（国家专项规定的除外）；酒店管理；物业管理；房屋租赁。2015 年年末公司总资产 1151.6 亿元，所有者权益 370.7 亿元
24	华宸信托	未披露				
25	湖南信托	湖南财信投资控股有限责任公司	96.00%	王红舟	35.442	主要经营业务：省政府授权的国有资产投资、经营及管理；投资策划咨询、财务顾问、担保；酒店经营与管理（具体业务由分支机构凭许可证书经营）、房屋出租。主要财务情况：截至 2015 年 12 月 31 日，公司资产总额 4539848 万元，负债总额 3374672 万元，少数股东权益 369581 万元，归属于母公司所有者权益 795595 万元，利润总额 180713 万元

续 表

序号	公司简称	实际控制人	持股比例	法人代表	注册资本	主要经营业务及主要财务情况
26	兴业信托	兴业银行股份有限公司	73.00%	高建平	190.520	主要经营业务：商业银行业务。主要财务情况（未经审计）：截至2015年年末资产总额52988.80亿元，负债总额49815.03亿元，所有者权益3173.77亿元
27	工商信托	杭州市金融投资集团有限公司	57.99%	张锦铭	50.000	市政府授权范围内的国有资产经营，市政府及有关部门委托经营的资产。2015年年末净资产128.52亿元，净利润11.07亿元（未经审计）
28	建信信托	中国建设银行股份有限公司	67.00%	郭树清	2336.890	公司银行业务、个人银行业务、资金业务、投资银行业务及海外业务。截至2009年年底，公司总资产96233.55亿元，总负债90643.35亿元，净利润1068.36亿元
29	国民信托	未披露				
30	华宝信托	上海宝钢集团有限公司	98.00%	徐乐江	527.911	经营国务院授权范围内的国有资产，并开展有关投资业务：钢铁、冶金矿产、化工、电力、码头等以及技术开发转让、技术管理等业务、外经贸部批准的进出口业务，国内外贸易及其服务
31	中泰信托	未披露				
32	英大信托	未披露				
33	国联信托	无锡市国联发展（集团）有限公司	65.85%	高敏	80.000	从事资本、资产经营；代理投资、投资咨询及投资服务
34	安信信托	未披露				
35	陕西国信	陕西省人民政府国有资产监督管理委员会	未披露	刘阳	未披露	未披露

续　表

序号	公司简称	实际控制人	持股比例	法人代表	注册资本	主要经营业务及主要财务情况
36	新时代	未披露				
37	山东国信	山东省鲁信投资控股集团有限公司	63.02%	汲斌昌	30.000	对外投资（不含法律法规限制行业）及管理，投资咨询（不含证券、期货的咨询），资产管理，资本运营等
38	华润信托	华润股份有限公司	51.00%	傅育宁	164.670	对金融、保险、能源、交通、电力、通信、仓储运输、食品饮料生产企业的投资；对商业零售企业（含连锁超市）、民用建筑工程施工的投资与管理；石油化工、轻纺织品、建筑材料产品的生产；电子及机电产品的加工、生产、销售；物业管理；民用建筑工程的外装修及室内装修，技术交流
39	国元信托	未披露				
40	中江国信	未披露				
41	国投信托	未披露				
42	昆仑信托	中油资产管理有限公司	82.18%	王亮	50.200	资产经营管理、投资、资本运营策划与咨询。截至 2015 年年末，公司资产总额 1883981 万元，负债总额 825842 元，所有者权益 1058139 万元。公司实现利润 130094 万元，净利润 99466 万元
43	长安国信	未披露				
44	西部信托	未披露				
45	云南国信	涌金实业（集团）有限公司	24.50%	ZHAOJUN	2.000	主营业务：物业管理，旅游资源开发，国内贸易（除国家明令禁止经营的商品），室内装潢，实业投资咨询，农业产品的购销（除专项审批外）。主要财务情况：截至 2015 年年底，总资产 169096 万元，所有者权益 120666 万元

续 表

序号	公司简称	实际控制人	持股比例	法人代表	注册资本	主要经营业务及主要财务情况
46	重庆国信	未披露				
47	北京国信	交通银行股份有限公司	85.00%	牛锡明	742.630	银行业务　2015 年年末，资产总额人民币 71553.62 亿元，每股净资产人民币 7.00 元，资本充足率 13.49%，全年实现净利润人民币 665.28 亿元
48	交银国信	交通银行股份有限公司	85.00%	胡怀邦	489.900	2009 年年末：总资产 33091.37 亿元；总负债：31447.12 亿元；净资产：1644.25 亿元；每股净资产：3.34 元；2009 年度净利润 300.75 亿元
49	渤海信托	海航资本集团有限公司	60.22%	刘小勇	未披露	未披露
50	中投信托	中国建银投资有限责任公司	90.05%	仲建安	0.207	投资与投资管理；资产管理与处置；企业管理；房地产租赁；咨询。2015 年，中国建投实现合并营业收入 260.88 亿元，归属于母公司净利润 219.17 亿元（未经最终审计）
51	中铁信托	未披露				
52	陆家嘴信托	上海陆家嘴金融发展有限公司	71.61%	黎作强	80.000	金融产业、工业、商业、城市基础设施等项目的投资、管理，投资咨询，企业收购、兼并。（依法须经批准的项目，经相关部门批准后方可开展经营活动）。截至 2015 年年底，公司资产总额为 198.09 亿元
53	爱建信托	上海爱建股份有限公司	99.33%	范永进	13.371	实业投资、投资管理、房地产开发、经营及咨询。外经贸部批准的进出口业务（按批文）、商务咨询（涉及行政许可的凭许可证经营。）2015 年营业收入 132417.15 万元，净利润 55468.08 万元
54	华能贵诚	未披露				
55	中航信托	中国航空工业集团公司	未披露	未披露	未披露	未披露

续 表

序号	公司简称	实际控制人	持股比例	法人代表	注册资本	主要经营业务及主要财务情况
56	华澳信托	北京融达投资有限公司	50.01%	郑俊	3.000	主要投资房地产、金融股权、煤炭等
57	金谷信托	未披露				
58	方正信托	北大方正集团有限公司	70.01%	张兆东	10.500	制造方正电子出版系统、方正－SUPPER汉卡、计算机软硬件及相关设备、通信设备、仪器仪表、办公自动化设备；技术开发、技术转让、技术咨询、技术服务、技术推广；投资管理；财务咨询（不得开展审计、验资、查账、评估、会计咨询、代理记账等需经专项审批的业务，不得出具相应的审计报告、验资报告、查账报告、评估报告等文字材料）；销售电子产品、自行开发的产品、计算机、软件及辅助设备、仪器仪表、机械设备、非金属矿石、金属矿石、金属材料、建筑材料、化工产品（不含危险化学品及一类易制毒化学品）；货物进出口、代理进出口、技术进出口；装卸服务；仓储服务；包装服务；房地产开发；物业管理。（依法须经批准的项目，经相关部门批准后依批准的内容开展经营活动）
59	四川信托	未披露				
60	大业信托	未披露				
61	华鑫信托	中国华电集团公司	51.00%	李庆奎	未披露	许可经营项目：对外派遣境外工程所需的劳务人员；一般经营项目：实业投资及经营管理；电源的开发、投资、建设、经营和管理等
62	五矿信托	未披露				
63	中粮信托	未披露				
64	紫金信托	南京紫金投资集团有限责任公司	60.01%	王海涛	50.000	股权投资；实业投资；资产管理；财务咨询、投资咨询。（依法须经批准的项目，经相关部门批准后方可开展经营活动）

续 表

序号	公司简称	实际控制人	持股比例	法人代表	注册资本	主要经营业务及主要财务情况
65	长城新盛	长城公司	35.00%	张晓松	100.000	许可经营项目：收购并经营中国农业银行剥离的不良资产；债务追偿，资产置换、转让与销售；债务重组及企业重组；债权转股权及阶段性持股，资产证券化；资产管理范围内的上市推荐及债券、股票承销；直接投资；发行债券，商业借款；向金融机构借款和向中国人民银行申请再贷款；投资、财务及法律咨询与顾问；资产及项目评估；企业审计与破产清算；经金融监管理部门批准的其他业务；除新闻、出版、教育、医疗保健、药品、医疗器械和 BBS 以外的因特网信息服务业务。财务状况良好
66	浙商金汇	未批露				
67	万向信托	中国万向控股有限公司	76.50%	鲁伟鼎	12.000	从事实业投资、投资管理和金融专业技术领域内的技术咨询、技术开发等
68	民生信托	中国泛海控股集团有限公司	59.65%	卢志强	78.000	主要经营业务：科技、文化、教育、房地产、基础设施项目及产业的投资；资本经营、资产管理；酒店及物业管理；会议及会展服务；出租商业用房、办公用房、车位；通信、办公自动化、建筑装饰材料及设备的销售；与上述业务相关的经济、技术、管理咨询。财务状况：截至 2015 年 12 月 31 日，总资产 1907 亿元，净资产 355 亿元。（未经审计）

表 9-3　信托公司独立董事设置状况（2015 年度）

序号	公司简称	设置	数量	姓名	所在单位及职务	性别	年龄	选任日期	所推举的股东名称	该股东持股比例	简要履历
1	中诚信托	是	3	李秉祥	未披露	男	57	2015 年 3 月	未披露	未披露	长期从事金融学领域的教学科研工作，有过两年学习考察和研究欧洲与美国金融市场的经历，曾任多家银行、信托与证券等金融机构的独立董事或顾问。现任博元投资股份有限公司、大连友谊（集团）股份有限公司独立董事；中诚信托有限责任公司第四届董事会独立董事
				刘宗义	未披露	男	57	2015 年 3 月	未披露	未披露	曾任贵州省毕节地区劳动人事局干部科科员、贵州财经学院讲师、贵阳新华会计师事务所所长、亚太中汇会计师事务所有限公司贵州分所所长、中审亚太会计师事务所有限公司贵州分所所长。现任任瑞华会计师事务所（特殊普通合伙）贵州分所所长；中诚信托有限责任公司第四届董事会独立董事
				张晓森	未披露	男	57	2008 年 9 月	未披露	未披露	曾任中国政法大学副教授、系副主任；香港胡关李罗律师事务所中国法顾问；天达律师事务所合伙人；现任中咨律师事务所合伙人；中诚信托有限责任公司第四届董事会独立董事

续 表

序号	公司简称	设置	数量	姓名	所在单位及职务	性别	年龄	选任日期	所推举的股东名称	该股东持股比例	简要履历
2	新华信托	是	3	张玉敏	西南政法大学教授	女	69	2015 年 12 月	未披露	未披露	曾任贵州省纳雍县政法机关工作人员，贵州省纳雍县公安局副局长，贵州省纳雍县法院副院长，西南政法学院（现西南政法大学）教授，现任新华信托股份有限公司独立董事
				汪方军	西安交通大学副教授	男	40	2015 年 12 月	纪辉	21.43%	曾受聘恒泰证券股份有限公司独立董事，担任董事会审计委员会主任委员、薪酬委员会委员，中国会计学会财务成本分会理事。目前是西安交通大学会计学副教授、博士生导师，中国会计学会会员与美国会计学会会员，现任新华信托股份有限公司独立董事
				黄志亮	重庆工商大学教授	男	60	2015 年 12 月	未披露	未披露	曾任贵州大学教师，重庆市政府办公厅财经办主任科员，重庆商学院讲师、副教授、教授、副系主任、系主任、副院长，重庆工商大学党委副书记、副校长、教授、硕士生导师（其间，任民丰农化、建峰化工独立董事），重庆工商大学党委常委、副校长、教授、博士生导师。目前为重庆工商大学教授、博士生导师、“†西部论坛‡”主编，现任新华信托股份有限公司独立董事

续　表

序号	公司简称	设置	数量	姓名	所在单位及职务	性别	年龄	选任日期	所推举的股东名称	该股东持股比例	简要履历
3	华信信托	是	3	王忠民	未披露	男	66	2014 年 4 月	未披露	未披露	曾任中诚信托有限责任公司董事长、中国信托业协会第一任会长、嘉实基金管理有限公司董事长；现任华信信托股份有限公司独立董事
				于元浦	未披露	男	63	2014 年 4 月	未披露	未披露	曾任中国银行辽宁省分行副行长、中国银行沈阳分行行长；现任华信信托股份有限公司独立董事
				单建保	未披露	男	61	2014 年 12 月	未披露	未披露	曾任光大银行总行副行长；现任华信信托股份有限公司独立董事
4	上海国信	是	3	万晓枫	上海银行党委副书记兼纪委书记（已退休）	男	66	2011 年 9 月	未披露	未披露	哲学硕士，中共党员。曾任上海市委办公厅干部、副处长、处长，上海市委办公厅副主任，浦发银行党委副书记、监事，上海银行党委副书记兼纪委书记。现任上海国际信托有限公司独立董事（已递交辞呈）
				陈世敏	中欧国际工商学院会计学教授	男	57	2011 年 9 月	未披露	未披露	会计学博士研究生，教授，美国注册管理会计师。曾任 Clarion University of Pennsylvania，会计学副教授，教授，The University of Louisiana at Lafayette，会计学副教授，香港岭南大学，会计学副教授，香港理工大学，会计学副教授。现任中欧国际工商学院，会计学教授，上海国际信托有限公司独立董事

续 表

序号	公司简称	设置	数量	姓名	所在单位及职务	性别	年龄	选任日期	所推举的股东名称	该股东持股比例	简要履历
4	上海国信	是	3	李宪明	现任上海市锦天城律师事务所合伙人	男	41	2009 年 6 月	未披露	未披露	法学博士研究生，中共党员，执业律师。曾在吉林大学法学院工作，现任上海市锦天城律师事务所合伙人，上海国际信托有限公司独立董事
5	中海信托	是	3	王国樑	中国石油天然气集团公司党组成员	男	64	2013 年	未披露	未披露	1995—1998 年，任中油财务有限责任公司副总裁；1998—1999 年，任中国石油勘探开发公司副总经理、总会计师；1999—2007 年，任中国石油天然气股份有限公司财务总监；2007—2013 年，任中国石油天然气集团公司总会计师、党组成员
				胡维翊	北京市天铎律师事务所合伙人、常务副主任	男	50	2013 年	未披露	未披露	历任全国人大常委会办公厅研究室政治组干部；北京市乾坤律师事务所合伙人；北京市中凯律师事务所律师。2001 年 5 月至今，任北京市天铎律师事务所合伙人、常务副主任
				张秉训	退休	男	67	2014 年	未披露	未披露	曾任中国银行董事会秘书，金融机构部总经理及中银国际董事、总经理等职。目前，正式退休

续　表

序号	公司简称	设置	数量	姓名	所在单位及职务	性别	年龄	选任日期	所推举的股东名称	该股东持股比例	简要履历
6	平安信托	是	3	曲毅民	退休	男	61	2014 年 12 月	平安集团公司	99.88%	曾供职于中远集团、远洋地产，并曾担任平安集团、招商银行、华泰保险等多家公司董事。高级会计师，大专学历
				杨世成	中远（英国）公司总经理	男	52	2014 年 12 月	平安集团公司	99.88%	现任中远（英国）公司总经理，兼任英国中资企业协会会长。曾供职于青岛远洋运输公司、中远散货运输有限公司、中远集团总公司。获英国 BRISTOL 大学法学硕士学位
				陈勇	上海海高咨询有限公司董事总经理	男	53	2015 年 3 月	平安集团公司	99.88%	现任上海海高咨询有限公司董事总经理。曾供职于伯林翰律师事务所、美国 Navios 公司。获纽约州立大学海运学院理学硕士学位
7	厦门国信	是	3	刘持金	北京泛太平洋管理咨询有限公司董事长、中国企业改革发展研究会副会长	男	53	2013 年 6 月	未披露	未披露	1997 年 7 月毕业于美国哈佛大学工商管理专业，获硕士学位，现任北京泛太平洋管理咨询有限公司董事长

续 表

序号	公司简称	设置	数量	姓名	所在单位及职务	性别	年龄	选任日期	所推举的股东名称	该股东持股比例	简要履历
7	厦门国信	是	3	孙立坚	复旦大学金融研究中心主任、经济学院金融学教授	男	53	2013 年 6 月	未披露	未披露	2000 年 3 月毕业于日本一桥大学商学研究科，获博士学位，现任复旦大学金融研究中心主任、经济学院金融学教授
				陈工	厦门大学经济学院财政系教授	男	57	2013 年 6 月	未披露	未披露	1999 年 7 月毕业于厦门大学财经系，博士学历，经济学教授、博士生导师，现任厦门大学经济学院财政系教授
8	吉林信托	是	1	蔡力东	未披露	男	46	2010 年 3 月	未披露	未披露	曾任吉林省交通厅体改法规处任科员、副主任科员、主任科员，吉林大学法学院工作历任讲师、副教授、教授、博士导师、法学院副院长
9	东莞信托	是	2	陈平	中山大学岭南学院教授	男	51	2013 年 4 月	东莞市财信发展有限公司	43. 50%	曾任中山大学岭南学院国际金融教研室主任、国际贸易金融系主任助理、国际贸易金融系主任、经济研究所副所长、所长，中山大学岭南学院副院长
				彭志坚	未披露	男	67	2013 年 4 月	东莞市财信发展有限公司	43. 50%	曾任人民银行广西分行行长，人民银行广州分行副行长兼任深圳特区中心支行行长，人民银行武汉分行行长兼国家外管局湖北省分局局长，中国银行业监督管理委员会广东监管局局长，广东省政协常委

续　表

序号	公司简称	设置	数量	姓名	所在单位及职务	性别	年龄	选任日期	所推举的股东名称	该股东持股比例	简要履历
10	西藏信托	是	1	王运金	未披露	男	67	2012 年 9 月	未披露	未披露	曾任西藏自治区信托投资公司常务副总经理、总经理、董事长；已退休；现任公司董事
11	山西信托	是	1	杨华（拟任）	未披露	男	40		山西国信投资集团有限公司	90.70%	曾任厦门南方培训学校校长，美国加州天使风险投资基金经理，美国毕马威结构部高级模型工程师、项目经理，中国广东核电集团资本运营部投资总监，厦门市创业投资公司总经理，厦门金圆资本管理有限公司总经理。现任中国资产证券化研究院院长
12	甘肃信托	是	3	周小明	中国人民大学信托与基金研究所所长	男	49	2014 年 9 月	未披露	未披露	曾任安信信托投资股份有限公司总裁、北京君泽君律师事务所高级合伙人、北京六名律师事务所主任，现任中国人民大学信托与基金研究所所长
				范德军	中国社科院研究生院，中国人民大学客座教授（退休后担任）	男	65	2014 年 9 月	未披露	未披露	曾任中国银河证券公司高级经济学家，现任中国社科院研究生院，中国人民大学客座教授（退休后担任）
				张萍	甘肃茂源会计师事务所有限公司董事长	女	47	2014 年 9 月	未披露	未披露	曾在甘肃省审计厅第一审计事务所工作，现任甘肃注册会计师协会副会长、甘肃茂源会计师事务所有限公司董事长、甘肃中联茂源工程造价咨询有限公司董事长、中联资产评估集团（甘肃）有限公司总经理

续 表

序号	公司简称	设置	数量	姓名	所在单位及职务	性别	年龄	选任日期	所推举的股东名称	该股东持股比例	简要履历
13	中融信托	是	2	李华杰	北京永拓会计师事务所管理合伙人	男	51	2015 年 8 月	未披露	未披露	自 2015 年 8 月起任公司独立董事，现任北京永拓会计师事务所管理合伙人，曾任哈尔滨阀门厂财务主管、黑龙江会计师事务所部门经理、黑龙江兴业会计师事务所部门经理、利安达信隆会计师事务所副所长、北京永拓会计师事务所有限责任公司副主任会计师
				李辉	北京赢动投资有限公司总经理	男	44	2010 年 7 月	未披露	未披露	自 2010 年 7 月起任公司独立董事，现任北京赢动投资有限公司总经理，曾任联合证券投资银行部高级经理、汉唐证券投资银行部副总经理、银河证券投资银行部业务总监、安信证券投资银行部业务总监，瑞信方正证券有限责任公司企业融资部执行董事
14	中信信托	是	3	林义相	未披露	男	51	2012 年 5 月	中国中信有限公司	80.00%	法国巴黎第十大学应用宏观经济博士，天相投资顾问有限公司董事长兼总经理
				姜国华	未披露	男	44	2012 年 5 月	中国中信有限公司	80.00%	美国加利福尼亚大学伯克利分校会计学博士，北京大学光华管理学院会计学教授、博士生导师
				徐经长	未披露	男	50	2012 年 5 月	中国中信有限公司	80.00%	中国人民大学经济学博士，中国人民大学商学院教授、博士生导师

续 表

序号	公司简称	设置	数量	姓名	所在单位及职务	性别	年龄	选任日期	所推举的股东名称	该股东持股比例	简要履历
15	苏州信托	是	1	贝政新	未披露	男	64	2014 年 3 月	联想控股股份有限公司	10. 00%	曾任苏州大学东吴商学院讲师、副教授、管理系支部书记、金融系主任。现任苏州大学东吴商学院金融系教授、博士生导师、东吴基金管理有限公司独立董事、苏州工业园区设计研究院股份有限公司独立董事
16	外贸信托	是	3	成长青	驰卓投资有限公司执行董事	男	54	2015 年 4 月	中国中化股份有限公司	96. 22%	曾任美国亚历山大咨询有限公司管理咨询员，加拿大多伦多道明银行客户经理，美国第一银行大中华信贷审批主管、中国市场部总经理，英国渣打银行北京分行副行长、中国企业部主管、企业咨询董事总经理，高盛高华证券有限责任公司董事总经理，现任驰卓投资有限公司执行董事，中国对外经济贸易信托有限公司独立董事
				卢力平	北京国家会计学院教授、金融系主任	男	60	2015 年 4 月	中国中化股份有限公司	96. 22%	曾任天津电子仪表局公务员、处长，天津中环集团处长，现任北京国家会计学院教授，中国对外经济贸易信托有限公司独立董事
				孙向东	杭州久利投资有限责任公司董事长	男	53	2012 年 7 月	中国中化股份有限公司	96. 22%	曾任建设银行浙江省分行投资研究所研究室副主任、副所长、市场开发部主任，浙江省信托投资有限责任公司副总经理，国民信托有限责任公司董事、副总经理、执行董事。现任杭州久利投资有限责任公司董事长、中国对外经济贸易信托有限公司独立董事

续 表

序号	公司简称	设置	数量	姓名	所在单位及职务	性别	年龄	选任日期	所推举的股东名称	该股东持股比例	简要履历
17	江苏国信	是	3	吴经起	原为江苏省政府副秘书长，现已退休	男	67	2009 年 5 月	国信集团	98%	1961. 9—1968. 3，南京化工学院有机系基本有机合成；1968. 3—1970. 3，无锡电化厂；1970. 3—1981. 4，无锡化工局；1981. 4—1982. 2，无锡化工局计划科副科长；1982. 2—1983. 2，无锡造漆厂主持工作副厂长、厂长；1983. 2—1985. 6，无锡化工局副局长；1986. 6—1988. 11，无锡电影胶片厂代厂长、副厂长；1986. 6—1988. 11，无锡市化工局局长；1988. 11—1991. 1，无锡市计划委员会主任；1991. 9—1997. 12，无锡市副市长；1997. 12—2006. 2，江苏省政府副秘书长；2006. 2 退休
				黄正威	江苏省人民政府参事	男	64	2009 年 5 月	国信集团	98%	大学文化，原中国人民银行南京分行副行长
				范健	南京大学法学院教授、博士生导师	男	53	2009 年 5 月	国信集团	98%	硕士研究生，南京大学法学院教授、博士生导师

续 表

序号	公司简称	设置	数量	姓名	所在单位及职务	性别	年龄	选任日期	所推举的股东名称	该股东持股比例	简要履历
18	华融国信	是	4	何维达	北京科技大学经管学院教授、企业与产业发展研究所所长	男	55	2010 年 2 月	中国华融资产管理股份有限公司	98.09%	中南财经政法大学博士，现任北京科技大学经济管理学院教授、企业与产业发展研究所所长
				罗群芳	退休干部	女	61	2009 年 3 月	中国华融资产管理股份有限公司	98.09%	曾任新疆银监局非银行监管处处长，长期在新疆人民银行任职
				邢成	中国人民大学信托与基金研究所执行所长	男	53	2009 年 3 月	中国华融资产管理股份有限公司	98.09%	南开大学博士，现任中国人民大学信托与基金研究所执行所长、教授
				安秀梅	中央财经大学教授、博士生导师	女	54	2015 年 8 月	中国华融资产管理股份有限公司	98.09%	中央财经大学博士，现任中央财经大学教授、博士生导师，中央财经大学校友总会、教育基金会秘书长

续 表

序号	公司简称	设置	数量	姓名	所在单位及职务	性别	年龄	选任日期	所推举的股东名称	该股东持股比例	简要履历
19	粤财信托	是	2	王聪	暨南大学经济学院教授	男	57	2014 年 12 月	广东粤财投资控股有限公司	98.14%	现任暨南大学经济学院金融系教授、金融系主任、国际学院副院长
				张天民	北京市君泽君律师事务所高级合伙人	男	45	2014 年 12 月	广东粤财投资控股有限公司	98.14%	2004 年起任北京市君泽君律师事务所高级合伙人
20	天津信托	是	1	郭田勇	未披露	男	48	2012 年 11 月	天津市泰达国际控股（集团）有限公司	42.11%	1990 年于山东大学获理学学士学位，之后曾在中国人民银行烟台分行工作，1996 年、1999 年分别于中国人民大学财政金融学院、中国人民银行研究生部获金融学硕士、博士学位。1999 年至今，中央财经大学金融学院教授，博士生导师，中国银行业研究中心主任

续　表

序号	公司简称	设置	数量	姓名	所在单位及职务	性别	年龄	选任日期	所推举的股东名称	该股东持股比例	简要履历
21	北方信托	是	4	苑德军	未披露	男	65	2014 年 4 月	天津市宁发集团有限公司	4. 75%	曾在中国人民银行所属的哈尔滨金融高等专科学校任教，曾任天津财经大学学术委员会、学位委员会委员、天津市哲学社会科学“九五”规划经济学科组成员，现任《金融时报》专家组成员，中国社科院研究生院、北京航空航天大学、吉林财经大学等多所高等院校兼职教授，中国“恩必特经济论坛”核心成员
				戴金平	南开大学国家经济战略研究院副院长	女	51	2014 年 4 月	天津市大安房地产开发有限公司	3. 37%	曾任河北经贸大学教授，南开大学教师，南开大学国经所所长，南开大学深圳金融工程学院副院长，现任南开大学国家经济战略研究院副院长、跨国公司研究中心副主任、教授、博士生导师
				王爱俭	天津财经大学副校长	女	56	2008 年 12 月	天津泰达投资控股有限公司	32. 33%	天津财经大学经济学院副院长、博士生导师
				毛翔	天津市吉威汇英商务咨询经理、天津中审联会计师事务所经理、税务咨询公司经理	女	61	2015 年 12 月	未披露	未披露	曾在二轻局按扣厂会计科工作，曾在天津市计划委员会财政金融处工作，先后负责主抓市财政局及国资委、计算机网络等方面工作，兼任市计划委员会团副书记，后被派往委机关下属三产主持建立会计师事务所、商务咨询公司、评估公司、税务咨询公司、深圳鹏城会计师事务所北京分所，均任负责人，现担任天津市吉威汇英商务咨询经理、天津中审联会计师事务所经理、税务咨询公司经理

续 表

序号	公司简称	设置	数量	姓名	所在单位及职务	性别	年龄	选任日期	所推举的股东名称	该股东持股比例	简要履历
22	百瑞信托	是	3	刘亚	对外经济贸易大学教授	男	57	2014 年 3 月	未披露	未披露	曾任中国金融学院教授，现任对外经济贸易大学教授
				姚毅	天达共和律师事务所合伙人律师	女	50	2014 年 3 月	未披露	未披露	曾在北京市对外经济律师事务所、澳大利亚铭德律师事务所墨尔本办公室等单位工作；1995 年 5 月至 2014 年 8 月任北京市共和律师事务所合伙人律师；2014 年 8 月至今任天达共和律师事务所合伙人律师
				张明洪	郑州乔天置业有限公司副总经理	男	55	2014 年 3 月	未披露	未披露	曾在郑州市财政局、河南大桥石化有限公司工作；2011 年 4 月至 2014 年 8 月在河南宏光奥林匹克置业有限公司任副总经理；2014 年 8 月至今在郑州乔天置业有限公司任副总经理
23	中原信托	是	2	于萍	北京市大成律师事务所郑州分所高级律师	女	50	未披露	未披露	未披露	北京大成（郑州）律师事务所律师，合伙人，高级律师，法学硕士。河南省公司证券专业委员会副主任委员，河南省金融保险专业委员会委员，河南省招商引资律师服务团成员，具有上市公司独立董事任职资格和金融机构高级管理人员任职资格
				徐长生	华中科技大学教授	男	52	未披露	未披露	未披露	华中科技大学经济学院博士生导师，经济学院教授，兼任教育部经济学教学指导委员会委员，中华外国经济学研究会理事暨经济学分会副会长。曾任德国杜伊斯堡大学客座教授，并在美国哈佛大学做高级访问学者

续 表

序号	公司简称	设置	数量	姓名	所在单位及职务	性别	年龄	选任日期	所推举的股东名称	该股东持股比例	简要履历
24	华宸信托	是	2	郝占魁	北京陶氏投资控股有限公司	男	60	2013 年 11 月	公司董事会	未披露	历任中国人民银行包头支行科员、科长，中国工商银行包头支行办事处副主任、主任，中国交通银行包头支行副行长，中国交通银行包头分行行长，中国交通银行内蒙古分行副行长，北京陶氏投资控股有限公司总裁
				赵廉慧	中国政法大学	男	41	2015 年 4 月	公司董事会	未披露	历任中国政法大学民商经济法学院副教授、硕士生导师；中国人民大学信托与基金研究所资深研究员；《中国信托业发展报告》副主编。2015 年经华宸信托有限责任公司股东会选举为华宸信托拟任独立董事，截至报告期末尚未取得银监部门任职资格核准
25	湖南信托	是	2	张军建	中南大学法学院教授	男	59	2015 年 10 月	湖南财信投资控股有限责任公司	未披露	博士、中南大学法学院教授，现任中南大学信托与信托法研究中心主任、中南大学中日经济法研究所所长。中南大学法学院民商法学科信托法方向、经济法学科金融法方向的学科带头人、中南大学信托法学科创建人
				乔海曙	湖南大学两型社会研究院院长	男	43	2014 年 2 月	湖南财信投资控股有限责任公司	未披露	曾任人民银行湖南分行副行长、党组成员、党组副书记，国家外汇管理局湖南省分局副局长，人民银行长沙监管办党组书记、特派员，武汉分行党委委员，中国银监会湖南监管局党委书记、局长。现任湖南金融学会名誉会长

续 表

序号	公司简称	设置	数量	姓名	所在单位及职务	性别	年龄	选任日期	所推举的股东名称	该股东持股比例	简要履历
26	兴业信托	是	3	吴雅伦	未披露	男	67	2015 年 9 月	未披露	未披露	已退休。曾就职于中国人民银行上海市分行，后组建上海申银证券公司，筹建上海证券交易所，并历任上海证券交易所副总经理、交易所非会员理事兼会员管理委员会主任和复核委员会主任、上海证券通信有限公司董事长、中国证券登记结算有限责任公司董事等职务
				吴世农	厦门大学教授、博士生导师	男	59	2015 年 9 月	未披露	未披露	现任厦门大学教授、博士生导师。历任厦门大学中加 MBA 教育中心主任、厦门大学工商管理学院院长、厦门大学管理学院常务副院长和院长、厦门大学副校长等职务
				田力	国际金融资源服务有限公司（香港）董事长兼总裁	男	47	2015 年 9 月	未披露	未披露	现任国际金融资源服务有限公司（中国香港）董事长兼总裁。曾任美国摩根大通银行投资银行部金融机构组高级经理、中银国际执行董事兼投资银行金融机构部主管、荷兰银行集团执行董事兼中国区金融机构业务主管（中国香港）、星翰国际金融服务有限公司（中国香港）董事兼总裁等职务

续 表

序号	公司简称	设置	数量	姓名	所在单位及职务	性别	年龄	选任日期	所推举的股东名称	该股东持股比例	简要履历
27	工商信托	是	3	Andrew Gordon Williamson	无	男	57	2014 年 10 月	杭州市金融投资集团有限公司摩根士丹利国际控股公司	57.99%	曾任 Coopers & Lybrand（伦敦）审计主管，汇丰银行集团总部会计师、亚太地区首席会计师、香港会计和银行业的自聘顾问
				秦永忠	中信国安集团公司监事会主席	男	58	2014 年 10 月	杭州市金融投资集团有限公司摩根士丹利国际控股公司	57.99%	曾任中信国安总公司财务部经理，中信国安信息产业股份公司副总经理、董事总经理，中信国安集团公司董事、常务副总经理，现任中信国安集团公司监事会主席
				金雪军	浙江大学应用经济研究中心	男	57	2014 年 10 月	杭州市金融投资集团有限公司摩根士丹利国际控股公司	57.99%	曾任浙大金融研究所所长，浙大外经贸学院副院长兼经济与金融系主任，浙大经济学院副院长兼金融系主任，金融学院院长，现任浙江大学求是特聘教授、金融学博士生导师、浙大应用经济研究中心主任、浙江省高校财政金融学专业教学指导委员会主任、浙江省国际金融学会会长、浙江省政府咨询委员、中国金融学会常务理事、国家开发银行总行特聘专家、浙江省金融研究院学术委员会主任等

续 表

序号	公司简称	设置	数量	姓名	所在单位及职务	性别	年龄	选任日期	所推举的股东名称	该股东持股比例	简要履历
28	建信信托	是	2	范成法	未披露	男	64	2011 年 3 月	未披露	未披露	曾任安徽省财政厅预算外资金管理办公室主任、综合处处长、金融处处长、安徽省推进皖江城市带承接产业转移示范区建设领导小组办公室融资组组长、安徽省担保协会副会长，现任建信信托独立董事
				王巍	万盟并购集团有限公司董事长，兼全国工商联并购公会会长	男	56	2010 年 12 月	未披露	未披露	曾任职于中国建设银行、中国银行，曾担任美国化学银行分析师、美国世界银行顾问、中国南方证券有限公司副总裁、万盟投资管理有限公司董事长，以及中化国际、上海医药、方正证券独立董事，现任万盟并购集团有限公司董事长，同时兼任全国工商联并购公会会长，以及中体产业、光大银行、嘉实基金独立董事，建信信托独立董事
29	国民信托	是	3	蔡启川	未披露	男	46	2012 年 5 月	未披露	未披露	毕业于伦敦经济与政治学院会计与金融系，获荣誉学士学位。曾在新加坡国际企业发展局任中国发展司司长，并曾在美国赛门铁克公司等大型跨国公司中担任高级管理职务，具有二十多年的经济工作及管理经验

续 表

序号	公司简称	设置	数量	姓名	所在单位及职务	性别	年龄	选任日期	所推举的股东名称	该股东持股比例	简要履历
29	国民信托	是	3	任光明	北京星轨科技有限公司董事长、北京荣之联科技股份有限公司独立董事、北京四维图新科技股份有限公司独立董事、碧生源控股有限公司独立董事	男	51	2013 年 7 月	未披露	未披露	毕业于北京大学中国经济研究中心，获硕士学位。曾在国务院港澳办公室、香港电讯盈科北京公司、港交所北京代表处担任高级管理职务，具有 27 年的经济、金融工作及管理经验
				尚健	上海弘尚资产管理有限公司法定代表人、董事长	男	48	2013 年 9 月	未披露	未披露	毕业于美国康涅狄格大学，获博士学位。曾在中国证券监督管理委员会、上海证券交易所、华安基金管理有限公司、银华基金管理有限公司和国投瑞银基金管理有限公司担任高级管理职务，具有 18 年的金融、经济工作及管理经验

续 表

序号	公司简称	设置	数量	姓名	所在单位及职务	性别	年龄	选任日期	所推举的股东名称	该股东持股比例	简要履历
30	华宝信托	是	2	廖海	源泰律师事务所主任合伙人	男	50	2015 年 2 月	宝钢集团有限公司	98.00%	曾任北京市中伦金通律师事务所上海分所合伙人。现任上海源泰律师事务所主任合伙人，华宝信托独立董事
				赵欣舸	中欧国际工商学院会计学教授	男	46	2015 年 2 月	宝钢集团有限公司	98.00%	曾任哈尔滨市对外科技交流中心职员、美国威廉与玛丽学院商学院金融学助理教授、中欧国际工商学院金融学与会计学副教授、现任中欧国际工商学院会计学教授，华宝信托独立董事
31	中泰信托	是	4	袁东生	已退休	男	64	2014 年 11 月	华闻控股	31.57%	先后于中共山西省委党校、西安交通大学管理学院学习，取得工商管理硕士学位，长期从事金融及企业管理工作，先后任职于山西信托有限责任公司、山西国信投资（集团）公司等机构，并担任高级管理职务，具有近二十年的金融及企业管理工作经验
				熊焰	北京国富资本有限公司董事长	男	59	2015 年 7 月	华闻控股	31.57%	毕业于哈尔滨工业大学无线电工程系通信专业，获得学士学位，后毕业于该校管理学院经济学专业，获得硕士学位。长期从事金融及企业管理工作，实践经验深厚，先后任职于中国共产主义青年团中央委员会、北京产权交易所有限公司、北京金融资产交易所有限公司及北京国富资本有限公司等机构，并担任高级管理职务，具有近二十年的金融及企业管理工作经验

续 表

序号	公司简称	设置	数量	姓名	所在单位及职务	性别	年龄	选任日期	所推举的股东名称	该股东持股比例	简要履历
31	中泰信托	是	4	朱青	中国人们大学财政金融学院教授、博士生导师	男	58	2014 年 7 月	华闻控股	31.57%	毕业于北京经济学院财贸系财政专业获得学士学位，后就读于中国人民大学财政金融学院财政系财政专业，先后获得经济学硕士及博士学位。长期从事财政金融和社会保障领域的教学和研究工作，具有相当的财税知识，先后任职于中国人民大学财政金融学院等单位，担任学术委员会主任、教授、博士生导师等重要职务，积累了深厚的财政金融和社会保障领域工作经验
				鲍治	北京奋讯律师事务所合伙人	男	38	2014 年 7 月	华闻控股	31.57%	毕业于安徽大学法学院法律系法学专业，获得学士学位，后先后毕业于华东政法大学研究生院民商法学专业及美国加州大学伯克利分校法学院法学硕士专业，并分别获得硕士学位。长期从事金融、贸易相关法律领域工作，先后任职于中华人民共和国商务部、北京市君合律师事务所以及北京市奋讯律师事务所，积累了相当的金融法律相关领域工作经验

续　表

序号	公司简称	设置	数量	姓名	所在单位及职务	性别	年龄	选任日期	所推举的股东名称	该股东持股比例	简要履历
32	英大信托	是	3	马林	退休干部，原国家税务总局干部	男	62	2012 年 4 月	国网英大国际控股集团有限公司	84. 55%	未披露
				林伯强	厦门大学中国能源经济研究中心主任	男	58	2015 年 3 月	国网英大国际控股集团有限公司	84. 55%	未披露
				杨健	中国人民大学金融信息中心主任	男	56	2015 年 3 月	国网英大国际控股集团有限公司	84. 55%	未披露
33	国联信托	是	3	胡滨	中国社科院金融研究所研究员	男	44	2011 年 12 月	无锡市国联发展（集团）有限公司	65. 85%	曾任华安证券高级经理；中信证券高级经理；中国社科院金融所博士后研究人员；现任中国社科院金融所研究员、社科院金融法律与金融监管研究基地主任
				吴斌	东南大学经济管理学院	男	50	2015 年 4 月	无锡市国联发展（集团）有限公司	65. 85%	曾任南京交通高等专科学校管理系财会教研室主任，副教授；现任东南大学，经济管理学院财务与会计系教授
				许成宝	江苏世纪同仁律师事务所	男	49	2015 年 4 月	无锡市国联发展（集团）有限公司	65. 85%	曾任江苏对外经济律师事务所（世纪同仁前身）律师；华泰证券股份有限公司证券发行内核小组成员（外聘专家）；江苏省律师协会金融证券业务委员会副主任；江苏省律师协会直属分会金融证券业务委员会主任；现任江苏世纪同仁律师事务所副主任、高级合伙人

续 表

序号	公司简称	设置	数量	姓名	所在单位及职务	性别	年龄	选任日期	所推举的股东名称	该股东持股比例	简要履历
34	安信信托	是	3	朱荣恩	独立董事	男	61	2012 年 11 月	未披露	未披露	现任上海财经大学会计学教授、上海新世纪资信评估投资服务有限公司法定代表人、董事长，华域汽车系统股份有限公司独立董事和上海海立（集团）股份有限公司独立董事。本公司独立董事
				邵平	独立董事	男	58	2012 年 11 月	未披露	未披露	曾任民生银行总行信贷部副主任、总行信贷业务部副总经理、总经理，上海分行党委书记、行长，总行党委委员、行长助理，总行党委委员、副行长，总行风险管理委员会主席。现任平安银行股份有限公司董事、行长。本公司独立董事
				余云辉	独立董事	男	52	2012 年 11 月	未披露	未披露	曾任海通证券有限责任公司投资银行部项目经理、副总经理、基金部副总经理、交易部总经理、战略合作与并购部总经理、德邦证券有限责任公司常务副总裁、总裁。现任厦门大学金融系客座教授，厦门缘谱网络科技有限公司董事、华安财产保险股份有限公司独立董事。本公司独立董事

续 表

序号	公司简称	设置	数量	姓名	所在单位及职务	性别	年龄	选任日期	所推举的股东名称	该股东持股比例	简要履历
35	陕西国信	是	3	冯宗宪	独立董事	男	62	2013 年 1 月	未披露	未披露	中共党员，博士研究生学历，管理学博士。西安交通大学教授，博士生导师。历任西安交大管理学院讲师、副教授、教授、博士生导师；西安交大经济与金融学院教授，博士生导师；曾任国际贸易与金融系主任、西安交大应用经济学博士后流动站主任、西安交大金禾经济研究中心主任。现任西安交大经济与金融学院教授、博士生导师，兼任中国世界经济学会常务理事、西安交大发展与投资研究中心主任、陕国投第七届董事会独立董事
				王晓芳	独立董事	女		2013 年 1 月	未披露	未披露	中共党员，博士研究生，教授、博士生导师。历任西安市人民银行干部，陕西财经学院金融系讲师、副教授、教授，金融发展研究所副所长，金融系副主任，金融财政学院副院长，西安交通大学经济与金融学院副院长。现任西安交通大学经济与金融学院金融系教授、博士生导师。兼任中国金融学会常务理事，陕西金融学会常务理事，中国金融学年会理事，陕西金融会计学会副会长、陕国投第七届董事会独立董事

续 表

序号	公司简称	设置	数量	姓名	所在单位及职务	性别	年龄	选任日期	所推举的股东名称	该股东持股比例	简要履历
35	陕西国信	是	3	张晓明	独立董事	女		2013 年 1 月	未披露	未披露	中共党员，硕士研究生，教授、博士生导师。现任西北大学经济管理学院教授，博士生导师。兼任中国注册会计师，中国会计学会理事，陕西会计学会常务理事，西安总会计师协会常务理事，红旗民爆股份公司独立董事、西北大学经营性资产管理公司董事、西北大学财务委员会委员、陕国投第七届董事会独立董事等职
36	新时代	是	3	刘剑雄	中国社科院经济研究所副研究员	男	38	2015 年 4 月	无	无	曾在社会科学院研究生院政府政策与公共管理系任职
				杜惠芬	中央财经大学独立学院教授	女	53	2015 年 4 月	无	无	曾在山西财经学院；现在在中央财经大学任教
				何海峰	中国社科院金融政策研究中心主任	男	46	2015 年 4 月	无	无	曾在华北电力大学任教；中国社科院金融研究所任职

续 表

序号	公司简称	设置	数量	姓名	所在单位及职务	性别	年龄	选任日期	所推举的股东名称	该股东持股比例	简要履历
37	山东信托	是	3	赵长一	独立董事	男	42	2015 年 7 月	未披露	未披露	上海交通大学管理学院工学学士，澳大利亚悉尼科技大学（UTS）银行金融硕士。曾任职于澳大利亚著名金融机构及加拿大风险管理专业机构，现为中国金融教育发展有限公司（中国香港）董事、中华留学生商会（加拿大）主席、中国银行业协会风险管理专家组牵头人、中国财务公司协会风险管理核心专家、中国人民银行软件开发中心/中国金融电子化公司风险管理高级专家、对外经贸大学客座教授
				颜怀江	独立董事	男	42	2015 年 7 月	未披露	未披露	美国 Golden Gate University 财务金融学硕士，暨南大学金融学博士。曾任职瑞士银行（UBS）副总裁，瑞银证券（UBSS）副董事，清华大学法学院中国信托业协会高管班专家讲师，国际认证私人银行家 CPB 认证课程特聘讲师，考立咨询（广州）有限公司高级顾问，广东金融学院国际 CFP 项目中心高级顾问，台湾理财顾问认证协会（FPAT）正式会员 C00001、理事会理事兼主任委员、台湾证券商业同业公会（TSA）财富管理专任讲座与试题委员，台湾认证理财规划顾问（CFP）教育训练课程专任讲师，现任职为磐合家族办公室创办人/董事长、中盟磐合家族财富管理有限公司执行董事/总裁、中盟磐合家族办公室创办人、中国中小企业金融服务工作委员会副秘书长、中国中小企业产融共生联盟副主席、中国中小企业金融学院荣誉院长

续 表

序号	公司简称	设置	数量	姓名	所在单位及职务	性别	年龄	选任日期	所推举的股东名称	该股东持股比例	简要履历
37	山东信托	是	3	丁慧平	独立董事	男	59	2015年7月	未披露	未披露	企业经济博士，教授、博士生导师。历任西北铁合金厂工程师，甘肃省科委专利成果处工程师，北方交通大学工业管理系副教授、经济管理学院教授、博士生导师。曾兼任招商银行独立董事、华电国际独立董事、鲁能泰山独立董事
38	华润信托	是	2	梁伯韬	未披露	男	61	2010年5月	未披露	未披露	曾任百富勤投资集团有限公司董事总经理；法国巴黎百富勤有限公司行政总裁、集团副董事长、花旗环球金融亚洲有限公司亚洲区主席。现任 CVC Asia Pacific Limited 的大中华区主席及董事合伙人
				靳海涛	未披露	男	61	2010年5月	未披露	未披露	曾任中国电子工业总公司系统工程局综合处处长、计划处处长；中国电子工业深圳总公司总经理助理；深圳市赛格集团有限公司副总经理、党委副书记、纪委书记；深圳市赛格集团有限公司常务副总经理兼深圳市赛格股份有限公司副董事长、总经理、党委书记；全球策略投资基金驻中国特别代表；曾任深圳市创新投资集团有限公司董事长、党委书记，现任前海方舟资产管理有限公司董事长

续 表

序号	公司简称	设置	数量	姓名	所在单位及职务	性别	年龄	选任日期	所推举的股东名称	该股东持股比例	简要履历
39	国元信托	是	3	宋炳山	北京尊嘉资产管理公司首席投资官	男	46	2015 年 5 月	国元集团	49.69%	1991 年 9 月—1993 年 7 月济南通用自动化技术研究所，助理工程师。1996 年 3 月—1998 年 6 月国家科技部高技术司信息处科员。1998 年 7 月—2003 年 9 月博时基金管理公司历任研究部研究员、裕阳、裕华基金经理、交易部总经理。2003 年—2004 年富国基金公司投资副总监、投资决策委员会委员。2006—2008 年长盛基金公司副总经理，投资决策委员会主席。2008 年至今，北京尊嘉资产管理公司创始合伙人、首席投资官
				蒋敏	安徽天禾律师事务所合伙人	男	50	2015 年 5 月	国元集团	49.69%	1987 年 9 月—1990 年 7 月，安徽大学法律系研究生，法学硕士学位。1990 年研究生毕业后进入律师事务所从事专职律师工作
				刘祖前	广东省融资再担保有限公司董事、总经理	男	48	2015 年 5 月	中海投资	40.38%	1995 年 9 月—1998 年 7 月，南京大学投资经济专业经济学硕士。1998 年 7 月—2000 年 4 月，深圳市华为技术有限公司高级定价工程师。2000 年 4 月—2012 年 6 月，深圳市中小企业信用融资担保集团有限公司，历任总经理助理、副总经理，兼任集团独资小额贷款公司执行董事、总经理。2012 年 7 月—2014 年 3 月，广东省融资再担保有限公司董事、常务副总经理。2014 年 3 月至今，广东省融资再担保有限公司董事、总经理

续 表

序号	公司简称	设置	数量	姓名	所在单位及职务	性别	年龄	选任日期	所推举的股东名称	该股东持股比例	简要履历
40	中江信托	未披露									
41	国投信托	是	3	张先云	北京中证天通会计师事务（特普通合伙）首席合伙人	男	51	2015 年 3 月	国投资本控股有限公司、国投高科技投资有限公司	55.00%	大学本科学历，高级会计师，现任国投泰康信托有限公司独立董事、北京中证天通会计师事务所（特殊普通合伙）首席合伙人。曾在财政部、中国进出口银行工作，曾任北京农业集团公司、北京农业科技股份公司财务总监、北京中洲光华会计师事务所副主任会计师
				童朋方	北京市德润律师事务所高级合伙人、律师	男	43	2015 年 3 月	国投资本控股科技投资有限公司	55.00%	硕士研究生学历，注册会计师、律师，现任国投泰康信托有限公司独立董事、北京市德润律师事务所高级合伙人、律师，曾任财政部中国财政经济出版社会计分社编辑
				付磊	首都经济贸易大学教授、博士生导师	男	64	2015 年 3 月	泰康资产管理有限责任公司、泰康人寿保险股份有限公司	35.00%	博士研究生学历，教授、博士生导师，现任国投泰康信托有限公司独立董事、首都经济贸易大学教授、博士生导师。曾在北京东城机修厂工作，曾任首都经济贸易大学会计学院副院长、党总支书记、院长

续 表

序号	公司简称	设置	数量	姓名	所在单位及职务	性别	年龄	选任日期	所推举的股东名称	该股东持股比例	简要履历
42	昆仑信托	是	3	邢成	独立董事	男	53	2013 年 9 月	中油资产管理有限公司	82. 18%	经济学博士，教授。曾任天津市财政局干部，天津财经大学教授，北方信托股份有限责任公司战略发展研究所所长兼业务发展总部总经理。现任中国人民大学信托与基金研究所执行所长
				施天涛	独立董事	男	53	2013 年 9 月	中油资产管理有限公司	82. 18%	法学博士，教授。曾任清华大学法学院副院长，中国商法研究会常务理事，北京市高级人民法院特约监督员，北京仲裁委员会仲裁员，新加坡东亚政治经济研究所研究员，美国斯坦福大学法学院访问教授。现为清华大学法学院法学教授、博士生导师
				李忠臣	独立董事	男	69	2013 年 9 月	中油资产管理有限公司	82. 18%	高级会计师。曾任大庆石油管理局采油四厂财务科科员、副科长、科长，大庆石油管理局财务处副处长、处长，大庆石油管理局副总会计师、总会计师，中意人寿董事长，国家会计准则咨询专家，中国总会计师协会常务理事，黑龙江省企业管理协会副理事长

续 表

序号	公司简称	设置	数量	姓名	所在单位及职务	性别	年龄	选任日期	所推举的股东名称	该股东持股比例	简要履历
43	长安国信	是	2	强力	西北政法大学、教授	男	54	2015 年 4 月	未披露	未披露	曾任西北政法学院经济法系、法学二系副主任、主任，现为西北政法大学经济法学院院长；中国银行法学研究会副会长，中国证券法学研究会常务理事，陕西省法学会金融法学研究会会长、陕西省金融学会常务理事
				李成	西安交通大学、教授	男	59	2015 年 4 月	西安投资控股有限公司	40.44%	曾任陕西财经学院金融系教授。现任西安交通大学经济与金融学院金融系教授、博导，全国金融专业学位研究生教指委员，陕西省金融学会副秘书长
44	西部信托	是	3	羿克	陕西融德律师事务所主任	男	46	2012 年 8 月	未披露	未披露	西安交通大学经济法学硕士，中国社会科学院民商专业法学博士研究生。2005 年至今，西安交通大学法学院客座教授；2008 年至今，陕西融德律师事务所主任
				文富胜	北京旭日启源投资管理有限公司投资经理	男	47	2015 年 11 月	未披露	未披露	大学本科学历，经济学学士。具有注册会计师、律师、注册资产评估师、经济师（金融）、保荐代表人等资格
				马旭飞	香港中文大学创业研究中心副主任	男	43	2015 年 11 月	未披露	未披露	研究生学历，博士学位。先后毕业于西安交通大学、加拿大萨省大学商学院、新加坡国立大学商学院。香港中文大学商学院管理学系终身教授、博士生导师，战略管理和国际企业管理领域的知名学者

续 表

序号	公司简称	设置	数量	姓名	所在单位及职务	性别	年龄	选任日期	所推举的股东名称	该股东持股比例	简要履历
45	云南信托	是	3	梁旻松	北京弘松投资咨询有限责任公司合伙人	男	47	2015年6月	上海纳米创业投资有限公司	23%	经济学、法学博士，历任美国纽约 Kelly Drye & Warren LIP 公司/项目融资部律师、美国贝克·麦肯斯国际律师事务所香港办公室中国业务部律师及北京博雅新港资本投资咨询有限公司首席执行官。现任北京弘松投资咨询有限责任公司合伙人，云南国际信托有限公司独立董事
				杨先明	云南大学发展研究院，特聘教授（在任），博士生导师	男	62	2015年12月	云南省财政厅	25%	经济学博士，历任云南大学经济学系教师、讲师，云南大学经济学院副教授，副系主任，云南大学经济学系教授，系主任，云南省经济研究所研究员，所长，云南大学经济学院副院长，博士导师，云南大学发展研究院院长，博士导师，现任云南大学发展研究院特聘教授、博导，云南国际信托有限公司独立董事
				沈思	无	男	62	2015年10月	涌金实业（集团）有限公司	25%	经济学硕士，历任浙江省人民银行金融研究所副所长、办公室副主任、金管处副处长、调统处处长，人民银行总行调统司副司长，浦发银行杭州分行副行长，浦发银行董秘、董事会办公室主任、战略发展部总经理，浦发银行董秘、董事、执行董事、董事会战略委员会、资本经营委员会委员，现任云南国际信托有限公司独立董事

续 表

序号	公司简称	设置	数量	姓名	所在单位及职务	性别	年龄	选任日期	所推举的股东名称	该股东持股比例	简要履历
46	重庆国信	是	4	雷世文	北京市天驰律师事务所	男	51	2015 年 9 月	重庆国际信托股份有限公司	未披露	硕士研究生。曾任职于安徽省机械工业厅、国家工商行政管理局，现任北京市天驰律师事务所合伙人、律师，重庆国际信托股份有限公司独立董事
				史锦杰	重庆市劳动保障局退休干部	男	68	2015 年 9 月	重庆国际信托股份有限公司	未披露	大学本科学历，高级经济师。历任重庆市市中区副区长、重庆市旅游局局长、巴南区区委书记、重庆市劳动保障局局长等职，现任重庆市二届政协常委、重庆信托独立董事
				王淑慧	北京化工大学经济管理学院财务管理系主任	女	55	2015 年 9 月	重庆国际信托股份有限公司	未披露	大学本科学历，副教授、注册会计师、税务师、资产评估师。历任北京化工管理干部学院会计系主任、北京化工大学经济管理学院副院长等职，现任北京化工大学经济管理学院财务专业负责人、重庆信托独立董事
				王友伟	重庆市国资委退休干部	男	71	2015 年 9 月	重庆国际信托股份有限公司	未披露	高级经济师。历任重庆市团委书记、市总工会常务副主席、市旅游局局长、市企业工委、国资委副书记等职，现任重庆信托独立董事

续 表

序号	公司简称	设置	数量	姓名	所在单位及职务	性别	年龄	选任日期	所推举的股东名称	该股东持股比例	简要履历
47	北京国信	是	4	贝多广	独立董事，国民小微金融投资有限公司董事局主席、中国人民大学小微金融研究中心理事会联席主席	未披露	58	2015 年 9 月	无	无	未披露
				王化成	独立董事中国人民大学商学院教授		52	2015 年 9 月	无	无	未披露
				吴晶妹	独立董事中国人民大学财政金融学院教授		51	2015 年 9 月	无	无	未披露
				王剑钊	独立董事北京奋进律师事务所合伙人		51	2015 年 9 月	无	无	未披露

续 表

序号	公司简称	设置	数量	姓名	所在单位及职务	性别	年龄	选任日期	所推举的股东名称	该股东持股比例	简要履历
48	交银国信	是	2	张纯	独立董事	女	52	2011 年 7 月	未披露	未披露	博士，历任上海财经大学讲师、副教授、硕士研究生导师、研究员、教授、博士研究生导师；现任上海财经大学会计学院教授、博士研究生导师、会计与财务研究院专职研究员、MPAcc 中心主任
				戴国强	独立董事	男	63	2015 年 5 月	未披露	未披露	博士，历任上海财经大学讲师、副教授、教授，财务金融学院副院长，金融学院常务副院长、院长，MBA 学院院长，商学院副院长；现任上海财经大学商学院教授、博士研究生导师，享受国务院政府特殊津贴专家，中国金融学会常务理事、中国国际金融学会常务理事、上海城市金融学会副会长等
49	渤海信托	是	3	陈日进	独立董事	男	70	2011 年 6 月	未披露	未披露	历任海南省政府副秘书长、财政厅厅长
				王松奇	独立董事	男	64	2013 年 11 月	未披露	未披露	历任中国人民大学财经系金融教研室主任，中国社会科学院金融所党委书记兼副所长
				王力	独立董事	男	57	2013 年 11 月	未披露	未披露	历任内蒙古呼伦贝尔盟计划管理委员会经济所副所长，特华投资控股有限公司执行总裁兼任特华博士后科研工作站执行站长

续 表

序号	公司简称	设置	数量	姓名	所在单位及职务	性别	年龄	选任日期	所推举的股东名称	该股东持股比例	简要履历
50	中投信托	是	3	刘淑兰	独立董事	女	70	2014 年 4 月	中国建银投资有限责任公司	90.05%	曾任职于内蒙古自治区财政厅、鄂尔多斯市财税局、杭锦旗财税局、中国建设银行内蒙古区分行、中国建设银行。2006 年 4 月退休。现任中建投信托有限责任公司独立董事
				许燕	独立董事	女	61	2014 年 4 月	中国建银投资有限责任公司	90.05%	曾任职于中国人民银行北京市分行、中国工商银行北京市分行、中国工商银行。现任中建投信托有限责任公司独立董事
				袁志刚	独立董事	男	57	2014 年 4 月	中国建银投资有限责任公司	90.05%	曾任职于复旦大学。现任中建投信托有限责任公司独立董事
51	中铁信托	是	3	陈永生	西南财经大学教授	男	52	2015 年 12 月	未披露	未披露	历任西南财经大学经济研究所助理研究员、副研究员，西南财经大学金融学院副教授、教授。现任西南财经大学金融学院教授，中铁信托有限责任公司独立董事、董事会信托委员会主任委员
				龙宗智	四川大学教授	男	61	2015 年 12 月	未披露	未披露	历任解放军 38 师战士、班长、排长，成都军区直属军事检察院检察员、副检察长、检察长，成都军区检察院副检察长，四川大学法学院教授，西南政法大学校长、党委常委，西政房地产公司董事长，兼重庆市人大内司委副主任、重庆市社科联副主席。现任四川大学法学院教授、博士生导师、法学研究所所长（学术组织），兼任西南政法大学博导，西南财经大学博导，重庆金平教育基金会理事长，中铁信托有限责任公司独立董事、董事会风险管理与审计委员会主任委员

续 表

序号	公司简称	设置	数量	姓名	所在单位及职务	性别	年龄	选任日期	所推举的股东名称	该股东持股比例	简要履历
51	中铁信托	是	3	周国华	西南交通大学企业与项目管理研究所所长	男	49	2013 年 12 月	未披露	未披露	历任西南交通大学经济管理学院院长助理、副院长。现任西南交通大学企业与项目管理研究所所长，物流与信息管理研究所所长、教授、博士生导师，中铁信托有限责任公司独立董事、董事会提名与薪酬委员会主任委员
52	陆家嘴信托	是	3	殷剑峰	中国社会科学院金融研究所副所长	男	46	2015 年 2 月	未披露	未披露	曾任中国社科院金融所研究室主任、所长助理；现任中国社科院金融所副所长、中国社科院陆家嘴研究基地秘书长，中国社会科学院金融研究所财富管理研究中心主任
				沈宏山	德恒上海律师事务所合伙人	男	45	2015 年 2 月	未披露	未披露	曾任哈尔滨工程大学社科系教师、国泰君安证券股份有限公司经理及业务董事、方正证券有限责任公司法律部总经理；现任德恒上海律师事务所合伙人
				张广鸿	北京金融资产交易所董事、常务副总裁	男	58	2015 年 2 月	未披露	未披露	曾任青岛市证券公司总经理助理、青岛市财贸委员会副主任、青岛证券交易中心副总经理、青岛市商业银行行长及党委书记、青岛银行董事长及党委书记、青岛市国有资产管理委员会副主任；现任北京金融资产交易所董事、常务副总裁

续　表

序号	公司简称	设置	数量	姓名	所在单位及职务	性别	年龄	选任日期	所推举的股东名称	该股东持股比例	简要履历
53	爱建信托	是	3	倪受彬（2015年12月31日离任）	独立董事	男	42	2014年9月	未披露	未披露	曾任中国工商银行上海市漕河泾开发区支行信贷部信贷主管；中国华融资产管理公司上海办事处综合部法律事务主管；第一证券有限公司企业并购部总经理助理；上海爱建信托有限责任公司独立董事
				潘飞	独立董事	男	59	2014年9月	未披露	未披露	曾任上海财经大学会计学院助教/讲师、副教授。现任上海财经大学会计学院教授；上海爱建信托有限责任公司独立董事
				马丽华	独立董事	女	53	2014年9月	未披露	未披露	曾任上海东州资产评估有限公司项目经理。现任上海申威资产评估有限公司董事长；上海九威清算事务有限公司董事长；上海申威房地产估价有限公司董事长；上海爱建信托有限责任公司独立董事
54	华能贵诚	是	3	魏云鹏	未披露	男	73	2015年5月	未披露	未披露	大学本科学历，历任华能国际电力开发公司财务部经理、总会计师、党组成员，华能国际电力股份有限公司总会计师。已退休
				矫丽燕	未披露	女	52	2015年5月	未披露	未披露	北京第二外国语学院外语专业毕业，基点商品期货交易公司（北京）董事总经理
				王涌	未披露	男	47	2015年5月	未披露	未披露	中国政法大学博士研究生学历。现担任中国政法大学民商经济法学院法学教授，博士生导师

续 表

序号	公司简称	设置	数量	姓名	所在单位及职务	性别	年龄	选任日期	所推举的股东名称	该股东持股比例	简要履历
55	中航信托	是	3	吴晓求	中国人民大学	男	57	2009 年 10 月	未披露	未披露	经济学博士研究生，教授职称，博士生导师，现任中国人民大学校长助理兼金融与证券研究所所长，1996 年获得国务院特殊津贴
				朱武祥	清华大学	男	51	2014 年 8 月	未披露	未披露	未披露
				孟焰	中央财经大学	男	61	2014 年 8 月	未披露	未披露	博士学历，注册会计师，现任中央财经大学会计学院院长、教授、博士生导师
56	华澳信托	是	2	朱宁	上海高级金融学院副院长、金融学教授、美国耶鲁大学国际金融中心教授研究员、美国加州大学和北京大学光华管理学院特聘金融教授	男	42	2013 年 3 月	华兴电力股份公司	30. 00%	曾担任雷曼兄弟和野村证券投资研究高级主管，负责拓展企业在亚太区域的股票交易业务。其研究涉足投资、公司财务、行为金融及金融法的研究。他著有数十篇学术论文，其中多篇发表在国际一流金融、管理及法律期刊

续 表

序号	公司简称	设置	数量	姓名	所在单位及职务	性别	年龄	选任日期	所推举的股东名称	该股东持股比例	简要履历
56	华澳信托	是	2	Lam LeeG（林家礼）	国际投资管理公司董事长	男	56	2013 年 3 月	北京融达投资有限公司	50.00%	曾任正大企业国际有限公司行政总裁兼副董事长、中银国际控股董事总经理兼投资银行部副董事长、中银国际亚洲董事总经理，新加坡科技电信媒体业务执行董事，美国海德思哲国际咨询公司全球华人业务首席合伙人，欧洲 MIC 移动电话公司亚太区行政总裁，美国科尔尼国际管理顾问公司大中华地区首席合伙人，大东电报局/香港电讯有限公司总经理。现任 LeeG. Lam Associates Inc 国际投资管理公司董事长
57	金谷信托	是	2	夏执东	独立董事	男	61	2014 年 12 月	未披露	未披露	1984 年至今，历任财政部科学研究所会计研究室副主任，建设银行总行国际业务部资金处副处长，安永华明会计师事务所副总经理，天华会计师事务所合伙人、董事长，京都天华（后更名为致同）会计师事务所副董事长等职务
				郭光	独立董事	男	58	2015 年 4 月	未披露	未披露	1986 年至今，历任中国政法大学助教、讲师；德国慕尼黑克伙尔律师事务所职员；德国克虏伯公司法律部职员；德国年利达律师事务所雇员；北京建元律师事务所合伙人；北京市天睿律师事务所主任合伙人

续　表

序号	公司简称	设置	数量	姓名	所在单位及职务	性别	年龄	选任日期	所推举的股东名称	该股东持股比例	简要履历
58	方正信托	是	2	宋常	独立董事	男	50	2012 年 10 月	方正集团	70.01%	博士，现任中国人民大学商学院财务与金融系教授，博士生导师。2012 年 10 月至今，任方正东亚信托有限责任公司独立董事
				刘志敏	独立董事	男	65	2013 年 11 月	东亚银行	19.99%	工商管理学士，现任香港百德能控股有限公司董事总经理。2013 年 11 月至今，任方正东亚信托有限责任公司独立董事
59	四川信托	是	3	王元	中美国际保险销售服务有限公司首席风险官	女	59	2015 年 4 月	中海信托股份有限公司	30.25%	先后在泰康人寿保险股份有限公司稽核部、合规法律部、法律部工作，担任过员工监事、公司法律责任人
				李光金	四川大学商学院教授、博士导师	男	49	2013 年 11 月	四川宏达（集团）有限公司	32.04%	曾在西南交通大学经济管理学院任教；在四川联合大学管理工程系任教，并担任系科研秘书；在四川大学工商管理学院任教，担任副院长，先后主管过硕士与博士研究生、MBA、ME、外事、EMBA 等工作，其中 2003 年 7 月晋升教授，后被聘为博士导师
				熊敬英	达成铁路有限责任公司副总经理	女	49	2010 年 11 月	成都铁路局	3.57%	曾任成都铁路局成都车务段助理经济师，成都铁路局财务处会计师、高级会计师、副科长、科长，成都铁路局国资办任副主任、主任，成都铁路局财务处副处长

续 表

序号	公司简称	设置	数量	姓名	所在单位及职务	性别	年龄	选任日期	所推举的股东名称	该股东持股比例	简要履历
60	大业信托	是	3	王仲兴	中山大学法学院	男	71	2013年10月	广州金融控股集团有限公司	38.33%	曾任中山大学法律学系主任、中山大学刑事法学研究中心主任、中国法学会理事、中国刑法学研究会理事、中国犯罪学会常务理事、广东省法学会副会长、全国高等学校法学学科教学指导委员会委员
				张衢	工银瑞信基金管理有限公司	男	69	2013年10月	广东京信电力集团有限公司	20.00%	曾任中国工商银行杭州市分行行长、党委书记、浙江省分行行长、党组书记、广东省分行行长、党委书记、中国工商银行总行副行长、党委委员、工银瑞信基金管理有限公司监事会主席
				俞二牛	中国投资有限责任公司	男	67	2013年11月	中国东方资产管理公司	41.67%	曾任财政部人事教育司司长、中国银行董事、董事会薪酬委员会主席、中国投资有限责任公司董事、人力资源总监、公司党委组织部长、工会主席、中央汇金公司派驻光大银行董事、董事会薪酬委员会主任

续 表

序号	公司简称	设置	数量	姓名	所在单位及职务	性别	年龄	选任日期	所推举的股东名称	该股东持股比例	简要履历
61	华鑫信托	是	3	吴晓球	独立董事	男	57	2010年12月	未披露	未披露	曾任中国人大财政金融学院副院长、教授、博士生导师、校学术委员会委员、财政金融学院教授、博士生导师、研究生院副院长；现任中国人大校长助理、研究生院常务副院长、校学位委员会委员、秘书长、校学术委员会委员、财政金融学院教授、博士生导师、教育部长江学院特聘教授
				王昊	独立董事	女	41	2010年12月	未披露	未披露	曾任北京市瑞银律所律师合伙人；英国LAMB CHAMBERS实习；黎明网络公司法律事务部经理；现任德国百达律师事务所北京办事处中国法律顾问
				孟向洁	独立董事	女	58	2013年8月	未披露	未披露	曾任财政部办公厅副司级调研员、农业部计划司副司长、中国农村发展信托投资公司副总经理、中农信香港公司董事长、中国诚信证券评估有限公司党委书记、副总经理、北京中兴正元资产管理咨询有限公司董事长；现任北京中资北方投资顾问有限公司董事长
62	五矿信托	未披露									
63	中粮信托	是	1	毕仲华	独立董事	女	63	2014年12月	中粮集团有限公司	未披露	1993年3月至2013年1月历任兴业银行国际业务部总经理、行长助理、副行长、监事长、监事会主席。2014年12月任中粮信托有限责任公司独立董事

续　表

序号	公司简称	设置	数量	姓名	所在单位及职务	性别	年龄	选任日期	所推举的股东名称	该股东持股比例	简要履历
64	紫金信托	是	2	夏亮	上海通力律师事务所北京分所律师、合伙人	男	41	2015 年 1 月	南京紫金投资集团有限责任公司	60.01%	男，1975 年 1 月出生，硕士。历任上海市毅石律师事务所律师助理，中伦金通律师事务所上海分所律师助理，上海通力律师事务所律师，北京市金杜律师事务所上海分所律师，现任上海通力律师事务所北京分所律师、合伙人，紫金信托有限责任公司独立董事
				黄泽民	华东师大国际金融研究所所长	男	64	2014 年 10 月	三井住友信托银行股份有限公司	19.99%	男，1952 年 12 月出生，经济学博士，华东师范大学终身教授、博士生导师。曾担任华东师大商学院院长，第十、十一届全国政协委员。现任华东师大国际金融研究所所长；兼任上海世界经济学会副会长，中国金融学会学术委员，中国国际金融学会理事，中国国际经济关系学会常务理事，全国日本经济学会副会长，第十二届全国政协委员，上海市人民政府参事，紫金信托有限责任公司独立董事
65	长城新盛	是	2	刘普	独立董事	男	43	2015 年 11 月	长城公司	35.00%	博士研究生，清华大学经济学专业。历任某律师事务所律师；某人民法院法官；清华控股有限公司高级管理人员；清华大学经济学博士后。现任北京天驰君泰律师事务所高级合伙人，兼清华大学中国企业发展研究中心研究员，兼中国政法大学票据法研究中心副主任，兼中国银行业协会首届首席法律顾问

续　表

序号	公司简称	设置	数量	姓名	所在单位及职务	性别	年龄	选任日期	所推举的股东名称	该股东持股比例	简要履历
65	长城新盛	是	2	马德贵	独立董事	男	52	2011 年 10 月	兵团国资	35.00%	硕士研究生，中国社会科学院研究生院工业经济系企业管理专业。历任新疆鄯善县县委办公室文秘；乌鲁木齐市政府办公厅、新疆生产建设兵团党委办公厅秘书；新疆生产建设兵团供销合作公司副总经理；北京鸿运集团新疆分公司总经理；海南睿丰投资公司董事长助理；现任国泰君安证券股份有限公司乌鲁木齐营业部总经理
66	浙商金汇	是	3	周小明	中国人民大学信托与基金研究所所长	男	49	2011 年 6 月	浙江省国际贸易集团有限公司	56.00%	现任中国人民大学信托与基金研究所所长、浙商金汇信托股份有限公司独立董事
				孙振洲	未披露	男	64	2011 年 6 月	浙江省国际贸易集团有限公司	56.00%	现任浙商金汇信托股份有限公司独立董事
				衣锡群	未披露	男	68	2011 年 6 月	中国国际金融股份有限公司	35.00%	现任浙商金汇信托股份有限公司独立董事

续 表

序号	公司简称	设置	数量	姓名	所在单位及职务	性别	年龄	选任日期	所推举的股东名称	该股东持股比例	简要履历
67	万向信托	是	4	李全	新华资产管理股份有限公司总经理	男	53	未披露	未披露	未披露	未披露
				成保良	上海瑞力投资基金管理有限公司董事长	男	55	未披露	未披露	未披露	未披露
				刁维仁	群益国际控股有限公司上海代表处首席代表	男	62	未披露	未披露	未披露	未披露
				吴晓波	蓝狮子出版人	男	48	未披露	未披露	未披露	未披露

续　表

序号	公司简称	设置	数量	姓名	所在单位及职务	性别	年龄	选任日期	所推举的股东名称	该股东持股比例	简要履历
68	民生信托	是	3	齐逢昌	独立董事	男	69	2012 年 12 月	中国泛海控股集团有限公司	59.65%	高级经济师。现任天津滨海农村商业银行名誉董事长，中国民生信托有限公司独立董事
				田忠华	独立董事	男	67	2012 年 12 月	中国泛海控股集团有限公司	59.65%	经济学硕士，高级经济师。现任中国民生信托有限公司独立董事
				刘纪鹏	独立董事	男	59	2014 年 4 月	中国泛海控股集团有限公司	59.65%	经济学硕士、高级研究员、高级经济师、注册会计师。中国政法大学资本金融研究院院长、教授、博士生导师，中国民生信托有限公司独立董事

第三节 影响公司发展的有利因素分析

根据2016年信托公司最新披露信息显示，信托公司普遍认为影响自身发展的前五位有利因素有：①居民收入持续增长，高净值人群不断增多；②经济平稳发展，宏观经济环境好；③监管环境进一步向好，制度保证政策支持加强；④信托市场逐步成熟，信托公司的资产管理能力得到市场认可；⑤私人理财需求迅速膨胀。2014年被普遍认为影响信托公司发展的前五位有利因素有：①经济平稳发展，宏观经济环境好；②居民可支配收入增加，国民财富积累；③信托市场逐步成熟，信托公司的资产管理能力得到市场认可；④财富理财管理市场的巨大需求和潜力；⑤监管环境进一步向好，制度保证政策支持加强。2013年年报披露的前五位有利因素按照重要性排序分别有：①财富理财管理市场的巨大需求和潜力；②全面深化改革，金融改革带来的影响；③信托市场逐步成熟，信托公司的资产管理能力得到市场认可；④监管不断细化；⑤城镇化、工业化和信息化的不断推进。

综上可以发现，2013年、2014年、2015年三个年度影响信托公司发展的有利因素基本没有发生重大变动，宏观环境、行业环境还是监管环境基本上都是大家认同的主要影响因素。比如，2015年与2014年相比，宏观环境因素仍然是主要有利因素，监管环境因素从第五位上升到第三位，说明信托业务监管环境的优化为信托公司的发展带来了极大的便利，能够为信托业发展提供更强大的法律制度支撑，推动信托业发展实现新的高度。信托业正处于成长阶段，以及行业法制建设提升阶段，以此强化行业发展的法制支撑。这就需要监管部门不断推进信托制度与现有法律法规的融合，满足信托机构在业务发展等多方面的制度需求，从而有效促进行业可持续发展，以此实现我国信托业的由人治向法治的转变。另外，信托行业的认可度和市场需求仍居前五位，说明信托行业在高速的发展中，市场环境对信托行业的影响愈加重要。

第四节 影响公司发展的不利因素分析

2015年，信托业经历了资本市场大幅波动、资产端和资金端供求的快速切换、增长动力不足、行业发展越发迷茫的一年，有关影响信托公司发展的不利因素分析，被普遍认可的不利于信托公司发展的因素按照重要性排在前五位的有：①宏观经济下行，经济增速放缓；②互联网金融的冲击；③房地产、基础设施等行业调整仍在继续，风险较大；④金融大资管竞争加剧，资本市场运作难度加大；⑤世界经济低迷，复苏乏力。2014 年排在前五位的因素有：①宏观经济下行；②“泛资管”全面开启，资产管理行业全面开放，竞争激烈；③与银行、证券、保险等相关行业竞争加剧；④信用风险上升、市场风险加大；⑤互联网金融快速崛起的冲击。2013 年被普遍认可的不利于信托公司发展的因素按照重要性排序依次为：①与银行、证券、保险等相关行业竞争加剧；②国内外金融形势复杂，国家宏观调控政策频繁出台，宏观环境的不确定性；③金融改革，利率市场化和人民币国际化加大了信托公司经营的市场风险；④现行监管政策的限制对信托规模的增长的制约；⑤相关配套法规政策的缺乏和不科学。

根据过去三个年度影响信托公司发展的不利因素分析来看，宏观环境下行的影响程度仍居第一位；“互联网金融的冲击”因素的重要程度较前两年进一步上升，达到第二位，互联网金融通过便捷的服务和有竞争力的收益率吸引了大量投资者，间接增添了信托公司资金成本压力；行业调整带来的风险有增大的趋势，同时还受世界经济发展的影响。总之，信托行业虽受到宏观环境和自身调整的影响，但本身仍有巨大的发展潜力，信托公司在充分利用推动信托行业发展的有利因素的同时，也不可忽视影响业务发展的不利因素，如表 9－4、表 9－5 所示。

表 9－4　　影响公司业务发展的主要因素——有利因素（2015 年度）

序号	有利因素	认同公司
1	居民收入持续增长，高净值人群不断增多	30
2	经济平稳发展，宏观经济环境好	24
3	监管环境进一步向好，制度保证政策支持加强	24
4	信托市场逐步成熟，信托公司的资产管理能力得到市场认可	22
5	私人理财需求迅速膨胀	21
6	财富理财管理市场的巨大需求和潜力	20
7	供给侧改革带来新的发展机遇	15
8	依托股东的资源和品牌优势	10
9	制度优势和平台优势，创新能力强	9
10	良好的信誉和品牌形象，先进管理理念	9

续 表

序号	有利因素	认同公司
11	专业的资产经营管理团队的建立	8
12	利率市场化、人民币国际化进程加速，多层次市场体系建设加快推进	8
13	地域、资源优势	7
14	城镇化进程加快，基础设施越发完善	7
15	激烈的行业竞争的推动	6
16	优良的资产	5
17	资产证券化备案制的改革政策	4
18	央行“双降”，社会融资成本下降	3
19	新的十三五布局	3
20	互联网金融发展	3
21	银信、信证、政信合作业务的广度深度提升	2
22	金融体制改革的深化	2
23	行业赢利能力和市场影响力不断提高	2
24	国企改革进一步深化	2
25	“大众创业、万众创新”催生新产业新业态	2
26	与地方政府建立合作关系	1
27	信托业创新转型初露端倪	1
28	信托业保障基金正式启动	1
29	信托行业风险整体下降	1
30	未分配利润转增为注册资本	1
31	基础设施、能源、交通行业及新兴行业的发展提供更广阔的业务拓展空间	1
32	股市持续震荡以及证监会的清理整顿行动	1
33	《信托公司行业评级指引（试行）》和《信托公司条例（代拟稿）》等一系列顶层制度的出台	1

表9-5　　影响公司业务发展的主要因素汇总表——不利因素（2015年度）

序号	不利因素	认同公司
1	宏观经济下行，经济增速放缓	33
2	互联网金融的冲击	30
3	房地产、基础设施等行业调整仍在继续，风险较大	22
4	金融大资管竞争加剧，资本市场运作难度加大	22

续　表

序号	不利因素	认同公司
5	世界经济低迷，复苏乏力	16
6	传统融资业务萎缩	14
7	相关配套法规政策的缺乏和不科学	13
8	与银行、证券、保险等相关行业竞争加剧	12
9	区域的不利影响	7
10	项目风险识别和风险判断的难度加大	6
11	信托公司之间竞争加剧，两极分化	5
12	股市的大起大落	5
13	信托公司资产配置荒	5
14	社会对信托的认知度仍然不高	5
15	我国经济正处于增长速度换挡期、结构调整阵痛期和前期刺激政策消化期	4
16	客户开发难度大，合格投资者尚需培育	4
17	刚性兑付风险	4
18	信托市场还不完善，面临重构	4
19	产能过剩	3
20	公司资本规模偏小	2
21	没有形成核心竞争力	2
22	物价水平增速下行	1
23	地缘政治变化和自然灾变	1
24	外需持续疲软、内部结构性问题及周期性因素	1
25	行业品牌效应偏弱	1
26	现行监管政策的限制对信托规模的增长的制约	1
27	公司净资本实力较弱，抵抗风险能力不强	1
28	业务创新能力有待提高	1
29	受金融危机影响，经济发展的基础不牢	1
30	中国高净值客户人群市场成熟度较低	1
31	信托产品的流动性还未得到有效解决	1
32	没有形成稳定的客户群体	1
33	公司治理需要不断完善	1

第十章　信托公司业务创新分析

第一节　信托公司业务创新概述

根据2016年信托公司最新披露信息显示，在行业整体转型的背景下，信托公司面对复杂多变的市场环境，坚持创新驱动市场化发展，以发展新思路应对经济新常态，翻开了转型发展的新篇章。

有些公司已根据自身的优势与特点，制定了转型的战略方向，并在其战略方向指引下积极探索业务创新。例如，昆仑信托以中国石油建设综合性国际能源公司为战略指引，坚持稳健经营、稳健发展的经营理念，坚持低风险偏好的风险管理理念，为委托人提供安全、可靠的金融服务；稳中求进，进中求稳，通过可持续发展战略，确立公司竞争优势；以特色化、专业化、市场化为发展方向，着力打造国内一流的产融互动平台、财富管理平台和战略共赢平台。2015年，昆仑信托发行首个信托受益权资产证券化产品——广东高速项目，盘活了存量资产，开创了信托公司作为发起人将存量信托受益权在证券交易所挂牌交易的先例；成功投资中国建设银行港股优先股结构化票据的跨境信托产品，首次尝试开展国际化业务。公司创新类业务受到媒体广泛报道，在锻造公司转型创新能力的同时，进一步增强了公司的行业和社会影响力、公信力。同时，在中石油管道重组业务上，继续发挥资产平台作用，助力集团主业，打造石油特色的一流信托公司。

再如英大信托，坚持产融结合、服务实体经济的战略定位，在其信托资产分布中，英大信托投向基础产业的份额超50%，公司全年集合信托业务规模同比增长60%，转型成效显著，业务创新亮点突出。此外，英大信托一直以清洁能源发电、高端电工装备等电力产业链金融业务为主要扩展方向，积极稳健地开拓房地产、基础设施建设、证券投资等行业主流业务。业务创新实现新突破：正式成立“蓝天伟业”清洁能源产业基金；成功设立首单股权管理型家族信托产品；成功操作首单 PPP（政府和社会资本合作模式）业务。

又如北京信托，在稳定传统业务的基础上，积极拓展新业务，涵盖政信合作、资产证券化、资本市场、跨境投资等大类资产配置及业务子领域，投融资能力和客户服务能力有显著提升。具体来看，在以下几个领域取得积极成果：政信合作业务加大布局，助力新型城镇化发展；资产证券化业务进一步拓展，市场占有率居行业前三甲；资产管理业务加速推进，在大健康产业、国企混改、PPP 项目等股权投资领域着力布局；境外投融资业务顺利起航，适应高净值客户境外资产配置需求；房地产信托业务积极探索创新，标准化产品研发取得较好成果；家族信托延续先发优势，搭建客户个性化财富管理平台；消费信托初试锋芒；中小企业信托引领同行。

第二节　信托公司创新业务分析

根据 68 家信托公司的 2015 年年报披露，信托公司的业务创新主要分为四大类：一是围绕信托“本源”属性开展的创新业务，如家族信托、公益信托、资产证券化等；二是围绕产业进行深耕细作，推动产融结合的基金化业务，如基础产业基金、PPP 基金、新能源产业基金、医疗健康产业基金等；三是积极探索互联网信托、消费信托以及国际业务等新兴业务；四是围绕资本市场，开展并购基金、定增基金、新三板基金以及 PE 投资（股权投资）等一级及一级半市场业务，并积极开展二级市场的证券类 FOF 管理业务。

一、家族信托业务发展提速

家族信托集合了风险隔离、财富传承和财富保值增值三大功能，最能体现信托公司的制度优势，是信托公司拓展财富管理业务的重要方向。目前，家族信托业务已成为多家信托公司的战略型业务。2015 年，中信、兴业等多家信托公司分别成立家族办公室，推出定制化和标准化家族信托产品，并开发了生存金信托、上市公司股权家族信托、养老信托、类慈善信托等家族信托专属服务。其中，中信信托成立“家族办公室”，推出了定制化（起点3000万元）与标准化（起点600万元）两大类综合家族信托服务。外贸信托在资金类家族信托基础上完成保险金信托、上市公司股权家族信托、养老信托、慈善和类慈善信托的开发、签约和运行，并持续研发适合长期配置的境内外资产管理产品，为高净值人士“家族财富综合服务”提供一揽子解决方案。山东信托走在业内前列，签署了细分产品保险金信托首单协议，并推出了全权委托的新型业务模式。百瑞信托旗下艺术金融专业运作平台——北京缪斯金服资产管理有限公司已完成私募投资基金管理人登记工作，将围绕艺术家家族信托为艺术家提供全面金融服务。此外，兴业信托、四川信托、长安信托、中航信托、上海信托等也积极推动家族信托业务，以专业化和系统化的平台为客户履行信托职责，为超高净值的个人和家庭实现财富的保值增值和传承，如表10－1所示。

表10－1　　信托公司家族信托业务开展情况

公司	相关业务开展情况
中信信托	2015年年底，中信信托家族信托服务的客户数量与受托资产规模在行业内均位居前列，推出了定制化（起点3000万元）与标准化（起点600万元）两大类综合家族信托服务
兴业信托	成立家族信托办公室，积极营销、开展家族信托业务。报告期内本公司专门成立家族信托办公室，专业开展家族信托业务。同时，充分发挥全国化业务拓展与服务网络优势，积极开展家族信托宣传推广活动，为公司家族信托业务稳步开展奠定基础
外贸信托	外贸信托自2013年5月推出境内私人银行首单家族信托服务以来，业务发展迅速，累计签约170余单，签约规模达60亿元。2015年持续加强业务创新，在资金类家族信托基础上完成保险金信托、上市公司股权家族信托、养老信托、慈善和类慈善信托的开发、签约和运行，并持续研发适合长期配置的境内外资产管理产品，为高净值人士“家族财富综合服务”提供一揽子解决方案
山东信托	尝试回归信托本源的信托业务初见成效。公司组建成立了专门的家族信托业务部，在维护好现有客户渠道的基础上，强化了产品设计过程的参与度和掌控力，优化制度流程，实现了家族信托业务自客户接洽到投后管理的全流程规范化标准化操作，截至2015年年末家族信托业务合同总金额达到16.66亿元。同时，细分产品保险金信托的首单协议已经签署，走在了业内前列，也为公司与保险公司的深度合作开了好头；推出了全权委托的新型业务模式，比原有的三方决策模式更加回归信托本源，迈出了家族信托业务向自主管理方向的重要一步

续 表

公司	相关业务开展情况
四川信托	资金端服务方面，公司积极推进“锦绣财富”财富管理服务平台建设，根据客户的个性化需求量身定制家族信托、消费信托等产品解决方案，努力为高净值客户提供全方位、全流程、全周期的综合金融服务，积极探索财富管理创新发展之道
中航信托	正式发布了“中航信托·新财道安心保障家族信托”，是一款针对客户家族保障需求量身定制的家族保障信托产品，产品发布现场即成功开发20余位家族企业创始人、继承人客户
上海信托	在家族信托方面，不断完善家族信托服务网络，与知名机构建立战略合作伙伴关系，努力为委托人在家族传承和企业发展等方面提供专业化的服务
百瑞信托	家族信托探索提速，百瑞信托旗下艺术金融专业运作平台——北京缪斯金服资产管理有限公司已完成私募投资基金管理人登记工作，将围绕艺术家家族信托为艺术家提供全面金融服务
长安信托	积极推动家族信托业务，以专业化和系统化的平台为客户履行信托职责，为超高净值的个人和家庭实现财富的保值增值和传承

二、消费信托的产品类型更加丰富

2015 年，各大信托公司在原有消费信托的模式上进行了创新升级。中信信托成功开发了影视消费信托和钻石消费信托，拟进一步战略投资消费金融公司——北汽福田汽车金融服务公司，深度介入消费金融产业链。外贸信托则聚焦消费产生的虚拟资产理财需求，与中国移动等积分企业及互联网企业合作，共同推出针对个人积分的理财产品“兑啦宝”，依托“外贸信托积分宝集合财产信托计划”，运用信托方式将虚拟资产转化为金融产品，聚焦虚拟资产理财需求。推出针对个人积分的理财产品“兑啦宝”，运用信托的方式将虚拟资产转为金融产品。百瑞信托的消费信托正式落地，正式推出国内首支真正意义上的教育消费信托计划——百瑞恒益 323 号教育消费信托计划（伊顿游学），通过打通“理财”“消费”双通道，较好地满足了投资者信托理财和教育消费的双重需求，并受到市场的追捧。中建投信托则是正式推出首个主打“旅游 + 投资”的邮轮旅游消费信托。

在经济结构转型升级的背景下，消费对经济增长的贡献度将逐步提升。消费信托将理财和消费有机结合，既能保障消费者的消费权益，也能为消费者带来更多的优惠和价值。围绕客户的消费需求开展消费信托的创新符合信托本源，有助于信托公司开辟新的业务领域，未来发展空间广阔。

三、信托参与 PPP 的业务模式持续深化

2015 年，参与 PPP 项目成为政信合作模式的突围点。河北省政府首批 PPP 示范项目——中信信托“2016 唐山世界园艺博览会基础设施及配套项目”于 2015 年 7 月落地，开创了信托公司参与 PPP 项目的新模式。该项目符合标准 PPP 项目两个关键要素，一是地方政府与社会资本共同参与，政府承担有限责任；二是双方共同持股的项目公司持有项目特许经营权。此外，2015 年 12 月，中信信托牵头运作宁波 PPP 投资基金，该基金规模预计 250 亿元以上。除了中信信托，多家信托公司在 PPP 领域有所斩获。兴业信托探索政府合作新模式，推出产业基金与 PPP 融资业务。紫金信托、江苏信托中标江苏省 PPP 融资支持基金子基金管理人，在 5 家子基金管理机构中，信托机构坐拥 2 席。中航信托与四川省投资集团有限责任公司共同发起设立四川省第一支省级 PPP 投资基金，并通过设立股权投资基金形式直接参与管理四川省 PPP 投资基金业务。且中航信托作为管理人已中标成都市的一家医院迁建 PPP 项目，直接参与主动管理。信托公司 PPP 业务开展情况如表 10 - 2 所示。

表 10 - 2　信托公司 PPP 业务开展情况

公司	相关业务开展情况
中信信托	全国第一个 PPP 信托项目。中信信托在河北推出了全国第一个 PPP 模式信托项目，即“中信·唐山世园会 PPP 项目”，通过集合信托计划向社会募集资金 6.08 亿元，投向唐山世界园艺博览会，开创了公私合作信托项目的新模式
兴业信托	探索政府合作新模式，推出产业基金与 PPP 融资业务。兴业信托·兴信秦壹号单一资金信托计划系本公司与西安高新区合作的软件新城产业基金业务，以特许经营权形式，与当地政府合作产业基金项目，为本公司与政府融资平台及政府合作提供了新路径
中江信托	政信领域尝试开展了 PPP 项目
交银信托	投资基金。信托公司积极响应政府号召，加强与当地政府及行业龙头企业的深度战略合作，加快投资基金在基础设施、混合所有制改革、产业投资等领域的应用和发展，于 2015 年成功中标山东省 PPP 发展基金、四川省 PPP 项目产业投资引导基金、湖北省长江经济带产业基金等项目，同时实现了“福建省兴闽产业基金”“鲁信资本投资基金”和“广投发展股权投资基金”等多个投资基金项目的成功落地

续 表

公司	相关业务开展情况
江苏信托	公司积极探索资产管理新路，2015 年公司正式签约成为江苏省 PPP 融资支持基金首批管理人，受托管理基金规模 20 亿元，首次以管理机构身份参与 PPP 投资
苏州信托	探索信政合作业务的转型，年内成功发行了政府和社会资本合作（PPP）项目，信托规模 5.1 亿元
吉林信托	基础设施项目一直以来都是信托传统业务的重点领域。公司重点关注地方试点项目，以及存量基础设施项目中能够以 PPP 模式转出的项目。以期加大与属地资源和市场的对接，积极试点，积累经验，深度介入基础设施项目，提升专业服务能力，撮合保险、银行等长期低成本资金开展期限较长的 PPP 业务。在新城镇化建设中发挥信托公司的专业优势，为政府和社会资本提供优质的全方位的服务
紫金信托	2015 年公司成功落地南京城市建设发展基金；中标江苏省 PPP 融资支持基金子基金管理人资格，受托管理江苏省融资支持基金 B

四、国际业务步入快速发展轨道

近两年，在传统信托业务增速趋缓的背景下，信托公司开始加快布局海外，国际业务成为信托公司转型的一个重要发力点。国际业务的开拓有助于信托公司更好地适应高净值客户的多样化理财需求，帮助其进行海外资产配置，丰富信托公司财富管理服务内涵和外延。

2015 年，信托公司在国际业务的布局上呈现出加快创新、业务模式及产品类型多样化的特征。兴业信托专门成立国际业务部，布局国际化战略，形成受托境外理财（QDII）信托产品系列，并取得外汇信托业务资格，实现首单外汇贷款信托业务落地。中诚信托完成跨境全牌照布局，截至 2015 年年末管理受托境外理财产品 37 支，规模超过人民币 100 亿元。华宝信托取得多项突破，成功发行了首单 QDII 集合信托计划，推出员工海外持股计划，保持在国际业务的领先优势。外贸信托成功发行业内首单主动管理的净值型权益类境外投资 QDII 信托。中航信托则在公司大股东的大力支持下，参股成立了资信海外控股有限公司，并受托管理，为公司发展海外资产配置提供了重要平台。此外，华润信托、交银信托、上海信托、中海信托等公司也在不断加强海外业务布局和发展，如表 10－3 所示。

表 10－3 信托公司国际业务开展情况

公司	相关业务开展情况
兴业信托	（1）形成 QDII 信托产品系列。在 2014 年获批开办受托境外理财业务（QDII）资格后，专门成立国际业务部，布局国际化投资战略。在取得获批 2 亿美元境外投资额度后，报告期内成功开展首单 QDII 信托业务——海外精选新晋系列 1－1 期单一资金信托计划。并在此基础上，形成海外精选新晋系列产品，多渠道促进境内资产的国际化配置。 （2）取得外汇信托业务资格，并实现首单外汇信托业务落地。取得外汇监管机构核准的外汇信托业务资格，并成功开展首单外汇信托业务——兴业信托·深圳润泰单一外汇资金信托计划。开展外汇信托业务，一方面有利于为企业提供多元化的融资渠道。另一方面有利于拓宽境内外汇资产持有人的投资渠道，可以为境内外汇的盘活、使用提供新的方式，为个人与机构外汇资产持有人带来收益较高的投资标的
中诚信托	在国际业务领域，公司完成跨境全牌照布局，截至 2015 年年末管理受托境外理财（QDII）产品 37 支，规模超过人民币 100 亿元；通过前海子公司平台完成三单合格境内投资者境外投资（QDIE）业务
华润信托	公司在 2011 年获得合格境内机构投资者（QDII）资格的基础上，于 2015 年取得深圳市境外投资基金管理企业（QDIE）资格。QDIE 相较 QDII 投向更为广泛，为公司拓展海外非标资产、股权及不动产投资等主动管理业务打通渠道，并初步筹备首单海外对冲产品项目
华宝信托	开拓国际业务，全球资产类型丰富、可运用的各类衍生工具多种多样，进而实现客户资产的全球配置。另外推出海外员工持股计划，利用公司年金账管系统和 QDII 的优势，积极开拓此项业务
外贸信托	外贸信托积极布局境外理财业务，2015 年成功发行信托行业内首个净值型权益类境外投资 QDII 信托，并由外贸信托进行完全主动管理，实现行业性重要突破，持续为客户打造全市场、全环境、全维度的一站式财富配置服务平台
交银信托	受托境外理财（QDII）产品公司成功设立了首单受托境外理财（QDII）产品“交银国信”汇博 1 号境外市场投资单一资金信托”，信托资金用于认购某证券公司在香港首次公开发行的 H 股。该产品丰富了公司信托业务产品种类，实现了公司跨境市场信托业务的新突破
中航信托	在公司大股东的大力支持下，参股成立了资信海外控股有限公司，并受托管理，为公司发展海外资产配置提供了重要平台
中海信托	受托境外理财业务（QDII）取得重大突破。公司于 2008 年获得银监会批准的 QDII 业务资格，2015 年 6 月成功设立了“中海—香港市场投资 1 号系列”产品，先后发行三期单一资金信托，投资于香港市场 IPO 或 H 股，累计规模人民币 6.2195 亿元；公司于 2015 年 10 月 15 日成立首只投资于中国建设银行在伦敦交易所发行人民币债券的 RQDII 产品；又在 2015 年 12 月 10 日成立了第二只 RQDII 产品，用于投资挂钩中国建设银行境外发行优先股的三倍杠杆票据。目前，公司受托境外理财业务投资标的已包含新股首次公开发行、二级市场股票、债券和结构化票据，覆盖伦敦及香港资本市场

续　表

公司	相关业务开展情况
上海信托	在海外业务方面，加快海外业务布局，初步完成海外市场的架构搭建，并以 QDII 业务为基础，为客户提供国内、国外全市场资产配置

五、资产证券化业务种类日趋多样

随着对资产证券化业务的日益重视，2013 年以来，有越来越多的信托公司加入这一业务竞争行列。中国信托业协会数据显示，截至 2015 年年末，共有 36 家信托公司获得这一业务资格。值得关注的是，目前一些信托公司通过参与低费率的信贷资产证券化业务提高相关业务能力后，开始尝试在一些领域主导资产证券化业务，提供项目论证、方案设计、中介组织、监管沟通、推广发行等全流程服务。

例如，中信信托作为交易安排人和受托人全程主导了全国首个直接以商用物业租金债权为基础资产的企业 ABS 业务——“中信·茂庸投资租金债权信托受益权资产支持专项计划”，另外建信信托主导了国内首单集合信托受益权 ABS。中粮信托主导发行德宝天元 2015 年第一、二期汽车抵押贷款证券化信托，以继续巩固汽车金融资产证券化市场地位，同时进一步扩大银行信贷资产证券化市场份额，成立了兴银 2015 年第 1 ~ 3 期信贷资产证券化信托。中诚信托首次介入小额贷款、消费信贷、信用卡分期应收款等新兴基础资产，2015 年先后发行资产证券化项目 5 个，规模 112 亿元。外贸信托则是持续打造全链条增值服务，2015 年成功发行国内首单以棚户区改造贷款为基础资产的产品，也是国内首次通过注册制发行的对公信贷资产的资产支持证券。交银信托成功发行“汇元 2015 年第一期信贷资产证券化信托资产支持证券”，该产品创新性地引入了境外担保权贷款入池，标志着国内外资银行信贷资产证券化的正式破冰，此外，由公司担任受托机构、发行人及牵头安排人的“交元 2015 年第一期信用卡分期资产支持证券”也成功发行，该产品为个人消费类资产证券化产品的市场首单。另外，华宝信托、长安信托等也进一步提升投研力度，加大资产证券化业务创新升级。随着信托公司对资产证券化业务主导性的加强，这类业务也将成为新的利润来源，如表 10 - 4 所示。

表 10－4　　信托公司资产证券化业务开展情况

公司	相关业务开展情况
中信信托	全国第一款企业债权双 SPV 资产证券化产品。中信信托作为交易安排人和受托人，推出了全国首个直接以商用物业租金债权为基础资产的企业 ABS 业务，即“中信・茂庸投资租金债权信托受益权资产支持专项计划”。项目优先级资产支持证券发行总规模人民币 10 亿元，评级 AAA，期限 8 年
中诚信托	在资产证券化创新业务领域，首次介入小额贷款、消费信贷、信用卡分期应收款等新兴基础资产，2015 年先后发行资产证券化项目 5 个，规模 112 亿元。发行了招商创业（一期）的双 SPV 架构的交易所证券化产品
华宝信托	公司大力开展资产证券化业务，积极向新的资产领域开拓，丰富作为证券化基础资产包含的内容，加强产品创新力度，开拓新的产品模式，丰富公司产品线
外贸信托	在资产证券化领域，外贸信托持续打造全链条增值服务，2015 年成功发行国内首单以棚户区改造贷款为基础资产的产品，也是国内首次通过注册制发行的对公信贷资产的资产支持证券。此单证券化产品的发行，实现了棚户区改造贷款的跨区域、跨企业债务组合的结构化安排
交银信托	信贷资产证券化报告期内，公司成功发行了“汇元 2015 年第一期信贷资产证券化信托资产支持证券”，该产品创新性地引入了境外担保权贷款入池，标志着国内外资银行信贷资产证券化的正式破冰。此外，由公司担任受托机构、发行人及牵头安排人的“交元 2015 年第一期信用卡分期资产支持证券”也成功发行，该产品为个人消费类资产证券化产品的市场首单
长安信托	大力发展债券及资产证券化业务。进一步提升投研能力，推动公司向主动管理方向的业务转型
粤财信托	（1）本年度，公司积极贯彻落实银监会工作要求，加强研发，建立专业团队，大力发展资产证券化业务，相继发行一系列资产证券化产品。成功与广发银行合作发行“启元 2015 年第一期信贷资产证券化信托”，产品规模 29.69 亿元；成功中标广发银行 2016 年第一期信贷资产证券化项目、东莞银行 2016 年第一期信贷资产证券化项目和东莞农商银行 2016 年第一期信贷资产证券化项目；成功募集资金 4 亿元，投资“农盈 2015 年第一期信贷资产证券化信托”的次级档证券。公司信贷资产证券化业务的专业能力得到市场认可，被中央国债登记结算有限责任公司授予“2015 年度中国债券市场资产支持证券优秀发行人”。 （2）参加中国银行间市场交易商协会组织的“银行间债券市场非金融企业资产支持票据指引（2015 年版）”的修订讨论，未来将积极参与银行间债券市场的企业资产证券化试点工作
国元信托	以资产证券化业务为突破口，积极推进转型创新。全年共发行“甬银 2015 年第一期信贷资产证券化信托项目”等公募、私募资产证券化项目 6 个，发行规模 160.18 亿元。凭借丰富的业务经验和成熟的项目管理模式，公司在中央国债登记结算有限责任公司“2015 年中国债券市场优秀成员”评选中，荣获“优秀发行人”称号

续 表

公司	相关业务开展情况
中海信托	持续强化在资产证券化业务领域的优势。在信贷资产证券化方面，公司与多家商业银行紧密合作，共实施信贷资产证券化项目规模约229亿元，走在行业前列
上海信托	在资产证券化业务方面，全面布局公、私募市场，并在各细分领域建立显著市场声誉，并作为受托机构，发行国内首单以公积金个人住房贷款作为基础资产支持证券产品，是有效盘活公积金贷款存量资产的成功实践，具有较强的市场示范作用
华鑫信托	公司取得特定目的的信托受托人资格，获准开展证券资产证券化业务
天津信托	信贷资产证券化业务取得突破，为2016年发展储备动力。信贷资产证券化项目已进入具体实施阶段，现已完成资产池的筛选工作，各中介机构也已完成尽职调查。银行现正向所属监管局进行业务资格申请。同时，公司积极与天津本地法人机构接触资产证券化项目
苏州信托	(1) 2015年，公司发行了以租赁资产、个人住房抵押贷款为基础资产的资产证券化产品，进一步丰富了资产证券化产品线。 (2) 积极开拓新的资产证券化业务，2015年全年共发行三支资产证券化信托产品，总规模28.79亿元
中粮信托	2015年，中粮信托继续巩固汽车金融资产证券化市场地位，成功发行德宝天元2015年第一、二期汽车抵押贷款证券化信托，规模分别为25.69亿元和35亿元；同时进一步扩大银行信贷资产证券化市场份额，成立了兴银2015年第1～3期信贷资产证券化信托，规模分别为49.37亿元、34.41亿元和82.91亿元

六、互联网业务发展势头强劲

2015年7月，十部委联合印发了《关于促进互联网金融健康发展的指导意见》，首提“互联网信托”概念，并明确互联网信托为互联网金融的主要业态之一。

财富管理业务领域，以互联网手段为基础、账户管理为核心的财富管理体系日趋成熟。2015年，信托公司持续推动“互联网+”的实践和创新，打造了以账户为核心的财富管理新模式：中信信托、中融信托等信托巨头均已涉足“互联网信托”，开展多样化的业务并已初具规模，其中中融信托通过子公司自建互联网金融平台盘活存量，为信托投资者提供流动性，中信信托则选择与互联网大鳄强强联手共建平台。中航信托创设了一站式客户账户体系“鲸钱包”，平安信托推出财富宝，以客户主办财富账户为服务核心，通过全覆盖的渠道体系为客户提供卓越的服务体验。信托公司互联网信托业务开展情况如表 10-5 所示。

表 10-5　　信托公司互联网信托业务开展情况

公司	相关业务开展情况
华宝信托	布局互联网金融，与欧冶金融在内的互联网金融企业的合作机会，借力信托在互联网金融领域内布局。为实业企业尤其是集团上下游解决投资、融资需求，建立互联网金融生态圈，构建“互联网+”产业基金的模式
外贸信托	随着互联网科技的迅猛发展，2015 年，外贸信托与中国移动等积分企业及互联网企业合作，共同推出针对个人积分的理财产品“兑啦宝”，依托“外贸信托积分宝集合财产信托计划”，运用信托方式将虚拟资产转化为金融产品，聚焦虚拟资产理财需求
长安信托	在互联网金融、消费信托等方面开展了一系列实践和探索
国投信托	在互联网金融方面，公司联合招财宝、360 金融、快钱等机构实现了业务合作
上海信托	在互联网信托方面，积极探索行业发展路径，在赢通平台的基础上，搭建在线同业资产交易平台，并继续推进标准化信托产品的研究和实践力度，助推财富管理业务转型
江苏信托	在互联网金融领域，与省级媒体文化集团合作，设立了专业财富管理公司，提供专业互联网金融服务，全力打造全新的金融资产市场平台，为信托公司下一步发展蓄力
紫金信托	（1）推动大消费金融领域创新。消费信托具有业务风险低、覆盖投资者范围广、投资金额及单体项目规模小等特点，是信托公司推动互联网金融的一类重要业务。2015 年 6 月，公司首单消费信托“乐享 1 号”顺利落地，将金融和消费有机融合，并结合公司服务号“积分管理”功能，使受益人在获得超值的消费权益的同时，还能享受到前所未有的“互联网+消费+金融”新体验。 （2）积极探索“信托+互联网”。以微官网建设为抓手，依托微信服务平台，实现了线下资产管理+线上财富管理的有效探索。通过微信服务平台已实现：产品信息发布、预约认购、客户资产查询、积分管理及兑换、客户服务活动发布和客户咨询服务等各项功能。通过“信托+互联网”，有效提升了客服服务水平，改善了客户服务体验
爱建信托	2015 年是互联网金融大发展之年，基于对互联网金融创新企业前景的看好，爱建信托与汇付天下、朗程资本等共同出资设立了汇付互联网金融基金，通过利用汇付成熟的巨量互联网入口资源，发掘和投资具有长期成长潜力的互联网金融企业

七、证券类 FOF 业务频繁创新

2015 年，受益于上半年证券市场的火热行情，证券市场一跃成为信托行业的第二大投资领域，证券业务对于信托公司的重要性已不言而喻。基于客户对权益类产品的多元化配置需求，信托公司也加快证券类业务的创新和主动管理能力的培养，这其中 FOF 类产品的开发比较值得关注。

2015 年，兴业信托自建了全套 FOF 投资体系，形成 FOF 业务“兴福系列”品牌，报告期内成立首单专门投资于各类证券投资类产品的主动管理型信托产品——全意通宝（进取）·兴业信托兴福 1 期 FOF 集合资金信托计划，并不断完善 FOF 投资配套条件，丰富 FOF 产品线。国内证券信托业务的“领头羊”——外贸信托，专注于持续提升资本市场主动管理能力，2015 年推出由对冲类“乾元 TOT”、固定收益率“坤元 TOT”两大产品系列。TOT 产品为外贸信托公司自主管理产品，通过组合投资方式，在相对低风险情况下，追求稳健收益。2015 年年底，“乾元 TOT”集合资金信托计划净值增幅已超过 34%，在同类组合投资稳健型权益类产品中名列前茅。爱建信托则加快自主开发投顾评价体系，加强与国内领先私募机构的合作，为未来推出 FOF 类产品奠定了坚实的基础，如表 10 - 6 所示。

表 10 - 6　　信托公司证券类 FOF 业务开展情况

公司	相关业务开展情况
兴业信托	建立全套 FOF 投资体系，形成 FOF 业务“兴福系列”品牌。报告期内本公司成立首单专门投资于各类证券投资类产品的主动管理型信托产品——全意通宝（进取）·兴业信托兴福 1 期 FOF 集合资金信托计划，并不断完善 FOF 投资配套条件，丰富 FOF 产品线。目前已具备数据库、投研系统、宏观研究等配套系列支持，报告期内成功推广开展多单该类型信托计划，并形成“兴福系列”品牌
中诚信托	公司积极探索以基金化等模式拓展市场，成功落地现金管理型产品，推出公司首支自主遴选投顾的证券投资产品“诚润 1 号”
外贸信托	外贸信托持续提升资本市场主动管理能力，2015 年推出由对冲类“乾元 TOT”、固定收益率“坤元 TOT”两大产品系列。TOT 产品为外贸信托公司自主管理产品，通过组合投资方式，在相对低风险情况下，追求稳健收益。2015 年年底，“乾元 TOT”集合资金信托计划净值增幅已超过 34%，在同类组合投资稳健型权益类产品中名列前茅
中泰信托	根据市场的需求和公司以往经验，公司在借鉴同业证券投资类产品研究成果的基础上，重新布局证券投资类业务，在资产证券化、阳光私募、FOF、债券、新股申购等领域进行了积极的探索，并取得了一定的成效

续　表

公司	相关业务开展情况
中粮信托	中粮信托成立了战略创新部，进一步推进创新产品尤其是证券投资类产品的落地。截至2015年年底，该部门成立的证券类信托资产92亿元。通过严格执行交易纪律和遵守合同，较好地避免了操作风险，经受住了2015年6月中下旬以来市场急剧下挫的考验
陆家嘴信托	公司积极布局权益类投资，顺利取得证券基金业协会私募基金管理人资质，为后续开展私募基金业务打下良好基础
爱建信托	爱建信托自主开发投顾评价体系，加强与国内领先私募机构的合作，为未来推出FOF类产品奠定了坚实的基础。 资本市场业务是爱建信托着力培育探索的方向。尽管2015年资本市场大起大落，爱建信托仍在资本市场业务领域取得了较大的进展，先后推出了定增基金、新三板基金、打新基金、分级基金等系列产品。未来爱建信托将通过风险分层，形成风险级由低到高的各种类型产品，重点设计推出风险较低、收益稳健的符合信托客户特质的产品系列

八、基金化业务布局加快

基金化业务是信托公司资产管理业务向高级阶段发展的必经之路。2015年，多家信托公司在基础产业、新能源、医疗健康等领域开展了基金化运作。如长安信托与多地政府积极探索并推进政府引导基金的运作，发挥公司在基金管理、资金募集、资源整合等方面的积极作用，加速公司业务向资产及财富管理方向转型。外贸信托抓住节能环保领域发展机遇及行业并购投资机会，在节能环保领域迈出重要一步，精选“北京大气污染防止创业投资基金”并完成首期出资，为外贸信托进入节能环保领域投资生态圈奠定坚实基础。杭州信托则在以往基金化实践基础上，推出升级版基金化产品，在原有业务模式的基础上引入相对量化、更为科学的风险管理手段和更为精细化的产品组合管理方式。

与普通的信托产品相比，基金化业务是一种投资组合，信托资金不是针对一个项目，而是针对多个项目，能分散投资风险、平滑单个项目的风险，基金化产品的风险抵御能力相对更强。相比于传统的资金来源与项目运用“一对一”的业务模式，基金化产品实际上是管理一个资产池，通过组合管理分散风险和平滑收益，化被动为主动，对于信托公司的专业能力具有更高要求，如表10－7所示。

表 10－7　信托公司基金化业务开展情况

公司	相关业务开展情况
外贸信托	2015 年，外贸信托抓住节能环保领域发展机遇及行业并购投资机会，在节能环保领域迈出重要一步，精选“北京大气污染防止创业投资基金”并完成首期出资。该基金由在节能环保投资行业内具有丰富股权投资经验的投资团队担任 GP，由国家发改委、北京市发改委、环保领域上市公司、业内领先企业代表共同发起，为外贸信托进入节能环保领域投资生态圈奠定坚实基础
长安信托	拓展旨在体现自主投资管理能力的投资类、基金化业务。公司正在与多地政府积极探索并推进政府引导基金的运作，发挥公司在基金管理人、基金夹层投资、基金财务顾问等方面积极作用，加速公司业务向资产及财富管理方向转型
粤财信托	锐意创新，以合伙制基金支持自贸区建设。由公司发起信托计划设立的合伙企业（有限合伙）提供了 22.23 亿元的资金支持，用于珠海市横琴新区综合开发项目。该项目包括横琴本岛市政基础设施建设及人工岛以及土地开发两部分，采用“投资建设一体化”的模式开发。项目建成后，将极大地改善横琴新区的基础设施条件，为横琴新区的腾飞奠定坚实的基础
平安信托	PE 业务以成长基金、夹层、FOF、海外投资为主要业务模式，充分发挥卓越的品牌和资源、专业的投后管理、创新灵活的投资结构和产品、多元化的资产渠道等差异化竞争优势，通过打造平安 PE 生态圈，力争成为具有一流品牌效应的 PE 投资管理机构，为客户获取长期、稳健、超值投资收益
国元信托	2015 年 7 月 15 日，公司作为发起人投资设立的金信基金管理有限公司在深圳揭牌开业。该公司股权架构创新了公募基金治理结构，标志着国内首家由管理团队出任第一大股东的公募基金管理公司正式成立。公司投资金信基金既是固有资产多元化配置的需要，也是信托主业在“大资管”格局下主动寻求突破的路径之一，为公司成为优秀财富管理机构打下坚实基础
上海信托	在基金化业务方面，顺应利率市场化和融资成本不断走低的趋势，加大拓展力度，完善产品系列，增加产品服务功能，将基金化业务作为公司业务转型升级的关键抓手
厦门信托	公司成功设立厦门信托—高特佳健康产业基金集合资金信托计划和汇富新三板投资基金集合资金信托计划。其中高特佳健康产业基金专注于医疗健康领域的投资方向，通过并购、投资、退出安排参与医疗健康领域内具有高成长性的创业板及中小板拟上市企业的股权投资。截至 2015 年 12 月 31 日，健康产业基金规模 2842 万元。新三板投资基金试水全新的新三板投资市场，依托成熟的券商资源，挖掘市场中优质企业，寻找具有较高成长性的中小企业，帮助客户拓宽投资渠道，通过股权增值获得收益。截至 2015 年 12 月 31 日，两期新三板投资基金规模 8000 万元

续 表

公司	相关业务开展情况
百瑞信托	产业基金布局进一步深化，国家发改委已批复同意赣南苏区振兴发展产业投资基金，百瑞信托有限责任公司基金总规模为300亿元，公司产业基金板块已有能力为偏远地区提供金融支持。该基金的设立，对赣南苏区振兴发展有着重大意义，将有效缓解赣州城市产业发展和基础设施建设的资金瓶颈制约
中原信托	备案通过了私募股权投资基金管理人资格，开展了私募投资领域业务；顺应经济金融形势变化，开辟与低成本资金合作的路径
陆家嘴信托	年内实现了股权类投资管理业务开局。在房地产投资方面，设立陆家嘴前滩基金，开展真实股权投资，为陆家嘴城市开发基金的首个项目奠定基础。在资本市场投资方面，与知名私募合作设立新三板投资基金、并购基金等
杭州信托	在以往基金化实践基础上，公司推出升级版基金化产品，在原有业务模式的基础上引入相对量化、更为科学的风险管理手段和更为精细化的产品组合管理方式，并通过信托单位终止日转换设计、流动性管理等业务创新，在改善投资者结构与客户体验、提升业务安全性、拓展机构客户等方面取得了初步成效。公司结合客户需求和研发准备，在“产品驱动”的信托基金业务基础上，启动“客户驱动”的“单独账户管理业务”

九、股权投资业务成为转型方向

随着多层次资本市场逐步完善，未来股权直接融资比例将进一步提高，股权投资将迎来巨大市场空间，开展真实股权投资业务成为信托公司转型的主要方向。实际上信托公司对股权投资的探索早在几年前已经起步，信托股权投资多通过下设PE子公司开展，形式包括PE、定增、资本市场并购重组、产业基金等。

2015年，上海信托牢牢抓住国家债转股战略转型，加快在房地产、PPP、医疗健康领域探索股权和并购业务模式，积极推进城市发展基金的复制推广，全面布局平滑基金、并购基金、定增基金等业务领域，努力探索新的盈利增长点。中原信托加大对房地产股权投资项目的管理力度，研究引入第三方管理的方法。信托公司开展上述多样化的股权投资业务，将扩展进入更广阔的实体经济、战略性新兴行业的渠道，如表10-8所示。

表 10－8　信托公司股权投资业务开展情况

公司	相关业务开展情况
上海信托	在股权投资业务方面，牢牢抓住国家债转股战略转型，加快在房地产、PPP、医疗健康领域探索股权和并购业务模式，全面布局并购基金、定增基金等业务领域，努力探索新的盈利增长点
中原信托	加大对房地产股权投资项目的管理力度，研究引入第三方管理的方法
陆家嘴信托	在资本市场投资方面，与知名私募合作设立新三板投资基金、并购基金等；通过投资医疗、环保等高新技术企业，寻求未来通过借壳上市、创业板或新三板等不同的推出渠道。通过单体项目投资，组建合作型投资基金等方式，锻炼了团队投资能力，提升了业务发展能级
中融信托	通过旗下中融鼎新开展多项主动管理的股权投资业务，包括参与单个新三板企业的定增以及管理新三板基金、定增、并购基金以及 PE 投资

十、新型房地产业务不断探索

新型房地产业务领域，资产证券化和私募地产基金成为新的方向。中信信托在为房企提供低成本、长期限、标准化融资方面取得突破，作为项目主导方，发行了以商业物业租金债权为基础资产的企业 ABS 业务；中融信托在私募地产基金业务领域也有进展，通过资产管理子公司开展了收购酒店式公寓的项目。

十一、新三板市场业务备受关注

新三板自 2013 年年底扩容以来，迅速成为资本市场的关注点。2015 年，伴随着分层制度及转板等一系列利好政策预期，信托公司纷纷开始掘金新三板市场。

2015 年，中信信托成立全国第一支新三板投资集合信托计划，即“中信·道域 1 号新三板信托计划”，为创新成长型中小企业提供量身定制的金融解决方案。由华润信托发行的公司介入新三板的第一单业务君实生物项目，是传统融资模式向投资模式转换的一次尝试。此外，中建投信托也推出了多单新三板信托产品。

然而目前，对于早已涉足新三板领域的私募和券商，信托无论从投研能力还是历史经验，都处于起步阶段。市场已经发行的几款新三板信托产品的实际操作者都不是信托公司本身，而是私募机构或证券公司，信托公司在其中难以体现投资能力。但信托公司的传统业务都是跟实业合作，对于企业所在行业的发展现状和趋势以及对于实体企业的运营、发展都有较为深入的了解，在挑选优质行业、优质企业方面积累了较为丰富的经验，有利于筛选优质的新三板标的企业。信托除了能投资企业股权，还可以在新三板企业转板上市前为其提供融资服务，发挥自己在债务融资市场上的优势。从长期来看，信托公司参与新三板业务还是有发展前景的。

十二、公益信托业务热情不减

公益信托是信托公司的本源业务，作为监管层鼓励信托公司探索的方向之一，同时也是推进公益慈善事业发展迫切需要的金融品种，公益信托已日渐受到越来越多信托公司，甚至社会各界的关注：2014 年以来，越来越多的信托公司开始试水公益类信托项目，并且，与此前信托投资公益主要通过从信托计划中拿出部分投资本金或收益做捐赠这种“准公益信托”模式相比，真正的公益信托计划逐步增多，多家信托公司尝试设立投资于教育、医疗、环境保护等方向的公益信托。

2015 年，中建投信托成功发行行业首款公益性助学贷款信托。厦门信托以“社团法人 + 信托公司 + 银行机构”共同发起的模式，与厦门农商银行、厦门市慈善总会共同发起设立“厦门信托—厦门农商—厦门市慈善总会”公益信托，首期募集金额 100 万元，信托资金用途为厦门市慈善总会的慈善公益项目。杭州信托以业务创新积极探索信托支持公益事项，在推出的浙江省内首个带有“公益资金”设计的信托产品——杭信·阳光 1 号建工地产欧美金融城投资项目集合资金信托计划中，已于 2015 年完成公益资金提取及捐赠运用，分别用于浦江虞宅乡中心小学的“阳光图书角”、贫困儿童唇腭裂手术治疗项目（广东肇庆“微笑行动”）、孤贫先天性心脏病患儿手术治疗等青少年助学与救助项目。

公益信托具有产品设计灵活、管理规范透明以及运营成本较低的特点，有利于公益财产的保值增值，能够弥补传统基金会模式的不足，随着未来《慈善法》的颁布实施，慈善信托将成为公益信托的主要发展类型，并有望迎来大的发展。

下篇

信托公司2015年年度报告（摘要）汇总（见光盘）